청동거울 문화점검 ④

# 동심의 숲에서 길 찾기

김용희
아동문학 평론집

KB011056

청동거울

# 망각의 저편, 그 눈뜸의 새로움

아동문학은 내게 망각의 저편에 존재하던 문학이었다. 바쁜 일상의
분진 속에 지나온 시절을 잊고 살듯, 그렇게 망각 속에 묻혀 있었다.
내가 아동문학을 망각 속에서 떠올리게 된 것은 전적으로 떠올리고 싶
지 않은 1980년이란 시대적 영향이었다. 군복무를 마친 나는 그 해 3
월, 기대에 찬 복학생이 되었다. 그러나 복학의 기대감은 12·12사태
이후, 신군부의 집권 야욕에 의해 불행히 짓밟혔다. 복학 후 얼마 안
되어 휴교령이 내려지고, 나는 과제물로 학점을 받아야 하는 절망적인
대학생 중 한 사람이 되었다. 그러던 어느 날, 과제물 준비를 위해 대
형서점에 들렀다가 우연히 책꽂이 한쪽 구석에서 먼지 먹어 꾀죄죄한
『아동문학평론』지를 발견했다. 그때만 해도 동시, 동화책은 그저 동
시·동화로만 알았지 '아동문학'이라는 용어를 사용하며 문학 장르로
인정받고 있었다는 사실을 까맣게 몰랐다. 나는 부끄러운 역사의 퇴행
을 고통스럽게 지켜보고서야 비로소 알았다. 순리를 위반하는 신군부
의 집권 야욕에 환멸하면서 버릇처럼 되뇌던 생각은 '문학이 부정한
인간들을 잡아가고, 위기의 시대를 구원할 수 없을까'라는 자괴감이었
다. 그 자괴감은 곧 다음의 새 세대를 잘 키워야 정치사의 불행을 구원
할 수 있으리라는 세대의 관심으로 바뀌게 했고, 부끄러운 사유의 퇴

행을 꿈꾸게 하였다.

학문의 관심보다 정치사의 환멸로 시작된 내 사유의 퇴행은 생각처럼 쉽게 이루어지질 못했다. 아동문학에 대한 선행 연구물도 미비했을 뿐더러 내가 대학에서 공부한 문학과는 너무도 생소했기 때문이었다. 일반문학과 아동문학은 그 사유 자체부터 달랐다. 성인의 시각으로 동심을 이해한다는 것, 어른이 아이들의 생각으로 세계를 보고 세상을 읽는다는 것, 그것은 오직 사물에 대한 선입관과 개념화된 인식을 괄호에 묶고, 다시 새롭게 사물을 대해야만 가능한 일이었다. 가끔 내가 바꾼 길에 대한 행방이 묘연해지며, 때때로 십자로에 버려진 미아처럼 괴로워한 적도 있었다. 짙은 안개 속, 아동문학 주변을 서성이던 내가 얻어낼 수 있었던 것은 쉽게 생각하면 쉽게 빠져나갈 수도 있고, 어렵게 생각하면 좀처럼 풀리지 않는 매혹의 함정이었다. 그때마다 나는 무지를 깨달았다. 알면서도 하지 못함과 하면서도 알지 못함의 어설픈 사려였다. 그 사려 속에 아동문학평론은 틈틈이 나의 정체성을 확인시켜 주는 내 삶의 결핍이자 허기가 되었다. 나는 어렴풋하게나마 망각의 저편에서 차츰차츰 새로움에 눈뜨게 되었다. 그것은 삶의 새로운 발견이며 깨달음의 기쁨이었다.

오늘의 아이들은 또 그들 나름으로 불행하다. 도덕이 훼손되고 인간성이 상실된 시대, 엄청난 과학의 발달과 극심한 환경 공해로 수세기 안에 맞이할지 모른다는 인류 미증유의 재난에 대한 어두운 예감, 위험수위를 넘어선 우리 사회의 물신주의와 공동체의 존립을 위협하는 극단적인 이기주의 등 온갖 형태의 가치 전도현상이 우리 사회를 온통 위기 의식으로 몰아가고 있는 불행한 시대를 살아야 하는 존재자들이기 때문이다. 존경할 만한 인물 하나 새겨두고 살지 못한 대신 풍성한 전자오락으로 정서의 허기를 때우며 살아가는 아이들. 그들은 정치적·경제적 이면으로 어른들의 추한 모습만 보며 꿈 없이 살아가고 있는 것만 같아 안타깝다. 이런 시대에 해맑은 아이들은 차라리 우리 사회의 거울이며 어른들의 스승이다. 그들에게서 인간의 진정성이 무엇인가를 배워야 할 노릇이다. 아동문학가는 어른들에 의해 망가진 사회에서 그래도 이 세상은 사람이 살 만한 아름다운 곳이라는 서글픈 이야기를 아이들에게 들려주는 애달픈 사람들이다. 그런 면에서 아동문학은 이상을 추구하는 문학일 수밖에 없다. 아동문학이 이상을 추구하면 할수록 우리가 사는 세상이 얼마나 혼탁한 세상인가를 말해 주는 것이기도 하다.

아직도 아동문학은 풍성하면서도 빈곤한 문학으로 여전히 남아 있다. 거기에는 문학의 역사와 더불어 병행해왔던 비평이 제 몫을 다하지 못하고 있는 것이 가장 큰 이유 중의 하나이다. 비평은 작품과 독자 사이에 매개적 중개역할을 담당하며 긍정적이든 부정적이든 그 중요성을 인정받아 왔다. 독자와 작가 사이에서 안내자로서 혹은 격려자로서 다른 영역의 문학 장르들과 함께 독자적인 가치를 이미 부여받았다. 아동문학비평은 아동문학의 제 특성에 비추어 볼 때, 그 본연의 임무가 절실하면서도 정체되어 있음이 실로 안타까운 일이다. 아동문학도 초창기에 이미 비평적 풍토와 함께 태동하였다. 소파 방정환은 몇몇 주요 평론을 통해 작가와 작품이 나아가야 할 기본적인 방향을 제시하며, 그 장래를 낙관적으로 전망하였다. 그러나 오늘날까지 지겹도록 듣는 말은 비평 부재였다. 거기에는 아동문학비평이 논쟁적으로 일어난 것도 한 원인이다. 초창기, 휴머니즘 논쟁을 거쳐 표절 시비, 번안물 시비 등 비평이 문단의 문학활동과 혼동되어 자주 승패감에 젖은 논쟁을 불러일으켰다. 또 한편으로는 비평이 아동과 어른 사이에서 대상의 초점을 잃고, 느낌과 비평을 혼동해 왔다. 이 혼동은 전문적인 비평가 없이 아동문학에 관심 있는 누구나의 소유물로 전락해 버림으로써 더욱 가중되었다. 해마다 헤아릴 수 없이 쏟아지는 창작물의 발문에 아동과 어른, 그 누구를 위해 쓴 글인지 모호한 평문이 나돌고, 가일층 사사로운 인정에 얽힌 정실비평이 한 몫을 차지하며 문학 비평이 갖는 고유한 사명을 망각해 갔다. 비평이 제 구실을 못할 때에도 해마다 무수히 쏟아지는 창작물들은 여과 없이 그대로 어린 독자에게 흘러가 버렸다. 비평 없는 아동문학은 그 고유 문학 장르까지 위협받는 부작용이 될 것은 뻔한 일이다.

　이 책에 쓰여진 글들은 전적으로 어린이 책에 관심을 갖는 모든 어른을 위한 평론이다. 이 책은 아동문학이 일반문학과 다른 독특한 미학을 지닌 문학이라는 사유로부터 비롯된다. 한 작가가 살아온 삶의 전 과정에서 유독 동심의 근원적 세계라는 고유한 영역만을 창작의 범주로 삼았다는 것은 특별한 의미를 지닐 수밖에 없다. 한 작가가 고집스럽게도 어린 시절의 삶과 기억만을 문학의 전부로 삼았다는 것은 또 다른 어떤 가치있는 삶의 선택일 수 있기 때문이다. 이 책이 동화, 동시의 구조나 작품의 본질과 미학을 규명하는 작업으로 일관해 쓰여진 것도 아동문학이 고유한 장르임을 정당하게 인정받기 위한 일이다. 따라서 책 제목을 '동심의 숲에서 길 찾기'로 정하게 되었다. 여기서 '길 찾기'란 곧 동심으로 본 미학 찾기를 의미한다. 수록된 글들이 하나같이 어줍은 것은 동시·동화문학 속에 감추어진 미학을 드러내고자 한 욕망이 컸기 때문임을 숨길 수 없다.
　이 책은 글의 성격에 따라 모두 세 부분으로 구성되어 있다. 제1부 '깨달음의 미학'은 동화작가론과 작품론이고, 제2부 '새로운 삶의 발견'은 시인론과 작품론이다. 제3부는 아동문학에 대한 일반론이자 자성론이다. 이 책에 실린 글은 거의 청탁에 의해 쓰여졌다. 그것은 작가나 작품의 선택이 거의 자의적이기보다 타의적으로 선정되었음을 의미한다. 하지만 선정한 작가의 작품은 온전히 자의에 의해 가려진 것이어서, 작품의 선정과 평가의 오류는 전적으로 나의 책임이다. 망각의 저편에서 뽀얀 먼지를 뒤집어쓰고 잊혀져 간 글들을 찾아내 다시 정리하고 손질을 가하면서, 그나마 위안 삼은 것은 이 글들도 아동문학비평 부재란 척박한 땅에 무엇인가 도움이 될 수 있지 않겠는가 하는 자위였다.

무엇보다 이 책을 내는 데 가장 힘들었던 일은 몇 개월 병원 신세를 진 일이다. 병원 침대에 누워 망각의 나락으로 끝없이 추락하는 꿈을 꾸던 일. 그때 나는 마비된 오른팔을 부여잡고 한없이 절망했다. 이제 원고 교정을 보고, 이 머리말을 쓰는 도중 할머님이 돌아가셨다. 그간 4년간 병상에 누워 뼈와 쪼글쪼글한 살갗만 남기고 망각의 시간을 사셨던 우리 할머니, 일명 만주 할머니. 맺힌 한이 너무 깊어 끝내 임종하지 못하시다 이제야 그 한을 푸신 것일까. 함초롬히 두 눈에 눈물을 맺고 편안한 얼굴로 가셨다. 쌓인 한을 푸시는 데 들인 4년의 시간, 내내 아버지와 어머니의 마음을 아프게 했다. 할머니는 1903년 애국지사 홍승무 선생의 2녀로 태어나셨다. 18세에 상산 김씨 집안으로 시집을 와 가난에 허덕이다, 동경으로 공부하러 가신 아버지만을 남겨두고 1943년 모든 가족을 데리고 만주땅으로 건너가셨다. 그러다 1981년 아버지의 정성으로 숱한 우여곡절 끝에 찾아 모자 상봉의 꿈을 이루었다. 그러나 서울과 심양, 무순, 흑룡강, 북한 청진으로 4남 1녀의 자식들을 사방 각지 뿔뿔이 다 흩어놓고, 살아생전 오붓하게 한 가족이 모여 앉아 도란도란 이야기꽃 한 번 피워보지 못한 할머니의 무명치마에 닦아낸 눈물의 양은 한국 근대사의 비극, 바로 그것이다. 이쪽으로 가족과 상봉하면 저쪽으로 다시 이산 가족을 남겨놓아야 했던 할머니의 골 깊은 이산의 한을 푸시는 데 걸린 4년간이란 애증의 시간은 어쩌면 당연한 것이었으리라. 할머니와 함께 이 땅의 불행한 역사도 저 세상으로 떠났으면 하는 마음 간절하다.

이 머리글을 쓰는 동안 내내 많은 고마운 분들의 얼굴이 떠나질 않는다. 남들이 탐탁해 하지 않던 아동문학을 택했을 때 먼저 격려해 주시던 황순원 선생님을 가장 잊을 수가 없다. 못믿을 글을 선뜻 추천해 주시고 지켜봐 주신 권영민·이재철 두 분 교수님, 평론의 길에 대한 신념을 주신 최동호 교수님, 이 책을 내는 데 자신의 일처럼 기뻐하며 즐겁게 잡일을 거들어 준 최희영·김선민 선생, 사진을 찍어 준 김성수 선생, 늘 한결같은 마음으로 조언을 잊지 않은 곽현주 학형, 아마도 그들이 아니었더라면 이 글들은 또 망각의 저편에서 잠들어 있었을는지 모른다. 부족한 글들을 묶어내도록 도움을 준 한국문화예술진흥원과 옆에서 항상 힘이 되어 준 마목회 식구들, 후의에 감사드린다. 그리고 책을 정성껏 만들어 준 〈청동거울〉의 가족들과 흔쾌히 표지 그림을 그려 준 안상건 화백, 개구쟁이 둘을 키우느라 마음 고생이 많은 아내에게 진심으로 고마움을 전한다.

늘 몸에 병을 달고 살았던 나를 보며, 병약한 아들을 두신 것이 마치 죄인 양, "엄마는 공부하는 아들보다 건강한 아들이 더 좋다"시며 울음 삼키시던 어머니. 분명 어머니에게 이 글들은 불효의 집적물임을 잘 알지만, 이 책을 어머니께 고이 바칩니다.

1998년 12월<br>
김용희

## 제2부 새로운 삶의 발견

## 제3부 반성과 성찰

제1부

# 깨달음의 미학

# 수난의 상상력과 꿈의 상징성

강소천론

## 1. 머리말

꿈은 문학에서 극단적인 상상의 전형일 수 있지만, 분명 동화가 발생하는 과정의 하나이다.[1] 사실 동화작가들은 아이들의 순수한 이상인 꿈을 인간의 심리적 현상인 꿈과 동일시하려는 경향을 보인다. 대개의 경우, 그들은 환상과 공상과 회상을 꿈으로 유추하여 끊임없이 작품 속에 동원하며 이른바 '내면으로의 전환'[2]을 시도하여 왔다. 이것은 동화가 검증 불가능한 팬터지를 담고 있다는 필연성과 부합되는 일인 동시에 인물과 플롯의 인과성을 강화시켜 어린 독자에게 낯설음을 극소화하고 보다 개방된 상상의 자유로움으로 인도하여 준다는 믿음 때문이다. 그만큼 꿈은 우리 동화문학에서 유독 반복되는 문학적 관습의 하나이다. 동화가 발생하는 과정이 이처럼 꿈으로부터 유추된다는 사

---

1) Marie-Louise von Franz, 홍성화 역, 『동화심리학』(교육과학사, 1986), p.14.
2) Leon Edel, 이종호 역, 『현대심리소설연구』(형설출판사, 1983), pp.39~40.

▲ 꿈의 작가 강소천(姜小泉 1915~1963).

실을 받아들인다면, 동화는 현실을 살피는 것보다 꿈들을 분석해 보는 편이 오히려 문학적 명징성을 드러내는 데 기여할 것으로 보인다.

한편으로는 교육성을 중시하는 작가로 부정되기는 했지만, 우리에게 아직도 꿈의 작가로 간주되어 온 강소천 (姜小泉 1915~1963)의 동화 세계는 그런 의미에서 다시 한번 검증의 필요성을 남기고 있다. 많은 동화작가들이 꿈을 문학의 한 기법으로 원용해 왔지만, 강소천만큼 인간의 심리적 현상인 꿈을 문학 자체로 받아들인 작가는 드물기 때문이다. 「꿈을 찍는 사진관」, 「꿈을 파는 집」, 「꼬마들의 꿈」, 「인형의 꿈」, 「8월의 꿈」 등 작품 제목으로도 쉽게 간취되는 강소천 동화에서 꿈은 일종의 메타포이며 상징이다. 그것은 강소천이 꿈을 통해 '내면으로의 전환'을 시도하며, 순수성에 복귀하여 진정한 의미의 세계로 나아가고자 한 창조적 충동일 터이다. 강소천에게 있어서 이런 창조적 충동이 가능할 수 있었던 것은 강소천 동화의 유형이 상실과 찾음이란 전형성을 띠고 있음에서이다. 이미 박목월도 강소천의 동화를 가리켜 '잃어버린 것을 찾아 헤매는 것'이나 '사랑하는 것을 놓쳐 버린 것'에 대한 이야기들[3]이라고 지적한 바 있듯이, 강소천의 동화 세계는 일관성 있게 상실과 찾음이란 구도의 역정에 의지해 있다. 바로 상실과 찾음에 대한 조력의 활동이 꿈인 것이다.

그러나 지금까지 논의되어 온 강소천 문학연구는 꿈의 상징적 의미

3) 박목월, 「해설」, 『강소천아동문학독본』(을유문화사, 1961), p.6.

보다 교육적 측면에 편중되어 "교육적 아동문학"[4], "로만과 현실 긍정의 교육성"[5], "도덕에 대한 강한 집념"[6], "효용의 문학"[7] 등으로 강소천 동화문학의 대체적인 면모가 세워졌다. 이런 강소천의 교육적 작가로서의 면모는 그의 꿈 모티프가 "어린 옛날로 돌아가는 그리움의 세계"[8]이거나 "소극적 회고 취미를 벗어나지 못하는 단계"[9]쯤으로 방기되어 버릴 위험성을 안게 된다. 강소천 문학에 나타난 꿈은 구성상 단순한 복선이나 인물과 플롯의 인과적 계기로 활용되어 동화의 분위기를 조성해 가는 주제적 문제가 아니라 문학 작품에 고착적인 꿈의 속성들을 다양하게 배치시킴으로써 여러 가지 상징성을 유발해내는 기법상의 문제라는 것을 간과했기 때문이다. 강소천의 꿈 모티프는 현실 도피나 회고 취미이기 전에 그에겐 절박한 상실과 찾음이란 상관 논리 속에 가치있는 대상을 찾아나가는 통로 역할을 하는 매개물이다. 그러므로 강소천 문학 속의 꿈은 인간의 욕망 충족적 삶의 측면에 관련되기도 하지만, 인간의 궁극적 존재에 대한 물음이거나 찾음이란 탐색 과정 속에서 필연적인 삶의 문제로 떠올린 서사적 장치인 셈이다. 따라서 우리가 강소천의 동화 세계를 올바르게 해명하는 일차적인 길은 그의 동화 속에 풍부하게 발현된 꿈의 상징성을 파악하는 일이다. 그 임무는 우리 동화문학에 반복되어 온 문학적 관습에 대한 점검이 되기도 할 터이다.

---

4) 이원수, 「소천의 아동문학」, 『아동문학』 10호(배영사, 1964), p.75.
5) 이재철, 『아동문학개론』(문운당, 1967), pp.137~140.
6) 하계덕, 「모랄의 긍정적 의미」, 『현대문학』 170호(1969. 2), p.341.
7) 남미영, 『강소천연구』(숙명여자대학교 대학원 석사학위논문, 1980), pp.60~71.
   남미영은 강소천 동화문학의 총체적인 분석을 통해 그의 문학적 특성을 '효용의 문학'과 '꿈의 문학'의 양면성을 지닌 것으로 파악하였다.
8) 김요섭, 「구름의 시 바람의 동화」, 『아동문학』 10호(배영사, 1964), pp.79~80.
9) 이재철, 『한국현대아동문학사』(일지사, 1978), p.238.

## 2. 수난 체험과 상실 의식

강소천의 동화 세계가 상실과 찾음이란 이야기 구조를 기본적인 골격으로 갖추었다는 것은 1950년대란 우리의 불행한 시대적 상황과 거기에 봉착된 자신의 환경과도 깊이 연관되었던 사실을 간과할 수 없다.

강소천은 동요·동시인으로 출발한 동화작가이다. 1930년 동요「버드나무 열매」가 『아이생활』에 처음 실리고, 1936년 『소년』지에 동요「닭」이 발표됨으로써 등단하여 1941년 첫 동시집 『호박꽃 초롱』(박문서관)을 간행하였으나, 1938년 동화「돌멩이」를 『동아일보』에 발표한 이래 1950년 이후부터 본격적인 동화작가로 머물면서 타계할 때까지 자신의 동화 세계를 심화·확대시켜 왔다. 강소천이 동요·동시를 써오다 동화작가로의 변신을 꾀하게 된 동인을 첫 창작동화「돌멩이」의 후일담에서 솔직히 고백한 바 있다.

아마 1938년—내 나이 스물셋이었다고 기억된다. 10년 가까이 동요와 동시를 써왔지만 나는 그것으로 만족하지 못했다. 그때 정말 하고 싶은 많은 이야기가 있었기 때문이다.

나는 동화를 써야겠다고 생각했다. 동화에다 나는 일본사람들이 우리 나라를 빼앗은 이야기며 그 때문에 우리들이 고생하는 이야기를 써보고 싶었다.[10]

십여 년간 동요와 동시를 써오던 강소천이 동화를 창작하게 된 결정적인 요인은 동화에 대한 인식 방법에 연유한다. 동화의 기본 속성은 이야기이다. 강소천은 자신이 체험한 나라 잃은 고통스런 삶의 질곡을 숨김없이 이야기하고 싶었고, 그런 자신의 충동감을 동화가 이야기로

---

10) 강소천, 「돌멩이 이후」, 『동아일보』(1960. 4. 3).

서의 역할과 기능을 충실히 감당해낼 수 있다고 믿었던 것이다. 그러나 정작 동화작가로 변신을 꾀한 이후, 그가 써보고 싶었던 "일본 사람들이 우리 나라를 빼앗은 이야기며, 그 때문에 우리들이 고생하는 이야기"를 사실적으로 그린 동화는 거의 없다. 그 대신 대부분의 동화가 6·25 동란으로 야기된 참혹한 피해에 대한 복구가 요원했던 1950년대란 시대사적 명제를 안고 있다. 1952년 첫 동화집 『조그만 사진첩』이 간행된 이래 거의 모든 창작집이 1950년대에 이루어진 사실을 보아도 미루어 짐작할 수 있게 한다.[11] 해방이 되어 나라를 찾은 이후 그에게 고향과 혈육의 상실을 가져다 준 6·25의 엄청난 충격이 더 근원적인 아픔으로 남았던 결과이다. 문학이 한 시대의 갈등과 고뇌를 반영한다는 보편적인 인식을 간과하더라도 6·25 이후 동화와 소년소설에 본격적으로 매달려 온 강소천 문학의 제반 내용은 6·25의 체험과 고착화된 분단의 영향을 배제할 수 없을 만큼, 6·25의 충격은 강소천 동화의 발생론적 배경이 되었다.

강소천은 함경남도 고원군 미둔리에서 출생하였다. 그는 고원공립보통학교와 함흥 영생고등보통학교를 졸업하고, 1939년 고향 미둔리에서 결혼하였다. 그후 고원중학교, 청진여자고급중학교, 청진제일고급중학교에서 교편생활을 하다 고향에서 6·25를 당한다. 1951년 흥남철수 때 강소천은 고향에 부모와 처자를 남겨둔 채 단신으로 월남하였다. 이때 그가 찾아온 남한땅은 고향에 두고 온 가족과는 일시적으로

---

11) 강소천의 동화집 출간은 다음과 같다.
　　제1동화집 『조그만 사진첩』(다이제스트사, 1952).
　　제2동화집 『꽃신』(한국교육문화협회, 1953).
　　제3동화집 『진달래와 철쭉』(다이제스트사, 1953).
　　제4동화집 『꿈을 찍는 사진관』(홍익사, 1954).
　　제5동화집 『종소리』(대한기독교서회, 1956).
　　제6동화집 『무지개』(대한기독교서회, 1957).
　　제7동화집 『인형의 꿈』(새글집, 1958).
　　강소천 동화선집 『꾸러기와 몽당연필』(새글집, 1959).
　　제8동화집 『대답없는 메아리』(대한기독교서회, 1960).
　　『강소천 아동문학독본』(한국아동문학독본6, 을유문화사, 1961).

떨어져 지내야 하는 시한적인 삶의 공간이었을 따름이다. 그러나 6 · 25 전쟁은 남북을 갈라놓은 휴전으로 종결되고, 세월이 흐를수록 분단은 고착화되면서 시한적인 피난처로 여겼던 남한땅이 그에게 삶의 터전으로 새롭게 일구어내야 하는 공허한 삶의 공간이 되고 말았다.

인간에게 고향이란 어머니 품처럼 가장 원초적이다. 그것은 단순히 태어난 곳이라는 지역성만을 지닌 것이 아니라 자아와 세계가 분열되지 않은 진정한 세계로 기능한다.[12] 강소천에게 6 · 25가 가져다 준 고향과 가족의 상실은 존재 의미를 감당하기 힘들 만큼 진정한 세계의 상실을 뜻하게 된다. 이처럼 강소천에게 있어서 의미를 상실하게 한 1950년대란, 살아가야 하는 생존 자체도 문제였지만 보다 근원적인 자신의 진정한 의미를 찾는 문제가 우선 과제일 수밖에 없었던 시기이다. 스스로 삶의 의미를 차단한 분단의 벽을 당면한 현실로 받아들여야 한다는 고통스런 인식 때문이다.

이와 같이 강소천의 동화문학은 그에게 상실감을 안겨준 엄청난 6 · 25의 체험을 어떻게 받아들여야 하는가라는 수난의 문제를 감싸안고 있는 삶의 원리이자 존재 방법이었다. 동요·동시로부터 동화로의 전환은 이야기하고 싶은 단순한 대리충족의 차원에 머문 것이 아니라 어쩔 수 없이 새로운 삶의 창조 곧 '찾음'이란 생성의 길을 선택할 수밖에 없었던 자기 극복의 한 방법이었던 것이다. 강소천은 안으로 '상실'이라는 충격적인 현실에 순응하면서, 밖으로는 새로운 자기 발견을 감내하지 않으면 안 되었을 터이다. 6 · 25로 인해 죽음의 공포와 굶주림, 밀려오는 그리움과 외로움을 몸소 체험해야 했던 강소천에게 우선 어떠한 과제보다 가장 인고하기 힘들었던 문제는 고향에 두고 온 아이들에 대한 상실감이었다.

---

12) 유재천, 「님 · 고향 · 민족의 변증법」, 『현대문학』, 통권 417(1989. 9), p.374.

나는 골목 길에서 이북에 두고 온 내 아이와 모습이 흡사한 아이를 만난 적이 있다.

　나는 달려 들어 부둥켜 안고 싶은 충동을 느꼈다. 〔…중략…〕

　나는 때때로 사진이라도 한 장 있었으면 하는 생각을 가져 본다. 그런 생각이 이번 나로 하여금 「꿈을 찍는 사진관」이란 작품을 쓰게 했는지도 모른다.[13]

　이 글은 강소천 동화를 지배하고 있는 6·25 이후 분단의 영향력과 절박한 창작심리에 대한 자기 변론이다. 강소천에게 6·25는 아이들을 통한 고통받기를 감내하게 만든 하나의 폭력이었다. 그 폭력은 대개의 경우, 강소천 동화에서 부모를 잃은 아이, 아이를 잃은 부모 등 전쟁에 의해서 가족을 상실한 상처 입은 불행한 아이들로 입상화되었다. 이런 현상은 단순한 피해의식의 반영이라기보다 6·25의 현장성을 자신의 처지에서 받아들인 결과이다. 「퉁수와 거울」의 인호, 「꿈을 찍는 사진관」과 「꿈을 파는 집」의 나, 「그리운 메아리」의 박 박사 등 고향에 대한 집념을 버리지 못하는 인물을 비롯해서, 「민들레」의 준이, 「크리스마스 카아드」의 춘희, 「무지개」와 「어머니 얼굴」의 춘식이, 「찔레꽃」의 데레사, 「느티나무만 아는 일」의 은희 등 '어머니 향기'에 굶주린 인물들과 「꼬마 산타의 선물」의 준이, 「그리다 만 그림」과 「눈 내리는 밤」의 춘식, 「딱다구리」의 희성이와 나, 「그리운 얼굴」의 명호, 「아버지」, 「신파 연극」, 「영점은 만점이다」에서의 인호 등 "아버지를 잃은 쓸쓸함을 참지 못하는" 인물들, 그 모두 강소천 자신이 처한 환경을 직접 혹은 간접적으로 투영한 그늘진 인물들인 것이다. 이런 유형의 인물들은 한결같이 "어머니 사진마저 사변 중에 잊어버려" 잊혀져 가는 어머니의 모습을 안타까워하거나, 아버지를 잃고 가난에 빠져 신문팔이나 구

13) 강소천, 「세월」, 『강소천문학선』(경진사, 1954), p.226.

두닭이를 하며 구차스럽게 살림을 이끌어 가는 어머니를 돕는다. 6·25로 부모를 잃은 운명적 상황이 그들의 그늘진 환경을 만들어 놓은 것이다.

강소천은 이러한 불행한 인물들을 통해 진정한 삶의 의미를 제시하고자 했다. 그것은 물질적 빈곤보다 더 가슴 아프게 받아들인 애정적 결핍을 통해서이다. 애정적 결핍은 어린 인물들이 어디에도 정을 붙이며 정착할 수 없게 만드는 방황의 근본 요인이자, 꿈을 잃게 하는 잠재적 위협이라고 판단했기 때문이다.

> "모두 사랑에 굶주려 그래요. 어디 자기들의 몸을 내맡길 사람을 찾고 있어요. 잘 먹고, 잘 입는 게 문제가 아니어요. 정말 따뜻한 손, 부드러운 손, 자기들을 어루만져 주는 그런 사랑의 손을 찾고 있는 거에요. 춘식이는 그 손과 그 품을 찾아 떠난 거에요. 그런데 이렇게 서로 어긋났구먼요."

이 인용은 "6·25 동란으로 집과 부모를 한꺼번에 잃어" 정에 굶주린 보육원 아이의 방황을 그린 「무지개」의 마지막 대목이다. 강소천은 여기서 전쟁은 단순히 아이들의 부모만을 빼앗아 가는 폭력 현상이 아님을 말해 주고 있다. 전쟁은 그들의 부모를 빼앗아 가고 단란한 가정을 파괴시킴으로써 아이들로 하여금 애정의 굶주림과 방황 속으로 빠져들게 하는 연쇄적 위협이라는 인식이다. 강소천은 순진한 아이들을 연쇄적 위협으로부터 구해내기 위하여 건강성을 잃지 않고 적극적인 용기와 의지를 가진 어린 인물을 설정했다. 이런 상황의 극복은 잃어버린 학급문고를 사기 위해 다시 거리로 나가 신문팔이를 하는 인호와 그를 돕는 친구의 우정이 눈물겹게 그려진 「신파 연극」이나, 학급에서 일어난 어떤 도난 사건이 계기가 되어 오해와 질시를 받게 되는 영남이가 떳떳하게 그 상황을 타개해 나가는 「개구리 대장」 등에서 효과적으로 제시되고 있다. 그만큼 강소천의 애정적 시선은 "늘 꼴찌에 가까운 애", "그야말로 천치나 바보" 같지만 일이라면 끝까지 남아 "선생님과 함께 손을 씻는"「칠녀라는 아이」의 진실성이나, 키가 크고 힘이 세어도 싸움은 잘 하지 못하지만 부당한 일에는 결코 참지 않는「짱구라는 아이」의 정의감, "밉살스러우리만큼 떼만 쓰던 꾸러기"지만 감사할 줄 아는 마음을 지닌「꾸러기라는 아이」의 윤리성 등에 두고 있다. 정당한 행위 규범과 올바른 판단 능력을 지닌 절대적인 인물보다, 어리숙하면서도 진정한 인간성을 가진 전형적인 인물을 통해서 감응의 원리를 찾고자 했기 때문이다.

따라서 강소천은 동화 속에 가족을 상실한 불행한 인물을 등장시킬 뿐 비극적인 결말은 그리지 않는다. 6·25 전쟁의 파괴성에 대한 피해를 고발하거나 전쟁의 현장성을 사실적으로 그리는 법도 아예 없다. 늘 그늘진 인물의 진정한 인간성을 통해 전쟁이 가져다 준 내성화된 후유증을 드러내고 또 수습하고 있을 뿐이다. 그것은 강소천이 전쟁 이후 피폐한 사회 상황에 대한 수습의 과정만을 문학적 대상으로 문제 삼고 있음을 말해 주는 일례이다. 곧 상실의식을 아픔 그 자체로 드러내고자 한 것이 아니라 찾음이라는 인과적 논리성으로 새로운 생성의 방식을 마련하고자 했던 것이다. 강소천의 동화에는 그래서 잃어버린 과거를 현재적으로 되돌리는 회복의 원리나 현재 속에 잠복해 있는 상처의 근원을 치유하는 극복의 한 방법으로 모든 인물이나 플롯이 설정되어 있다. 강소천의 동화에 나타난 상실이나 죽음의 문제도 언제나 과거에 일어난 상

▲『강소천아동문학독본』(을유문화사, 1961).

실이며 죽음일 뿐이다. 그가 전쟁의 연쇄적 폭력 현상을 현실로 받아들이면서 그늘진 인물을 통해 외로움과 방황을 일깨워 주고 극복해내는 '찾음'이라는 경험의 모형을 동화로 제시해 주고자 했기 때문이다.

그러나 강소천 동화에서는 극히 드물게 「꽃신」과 「꽃신을 짓는 사람」에서, 우리는 뜻밖에도 현재적 상실과 죽음의 문제를 만나게 된다. 이것은 작품의 다양성을 제공하기 위한 의도화된 구도가 아니다. 강소천이 왜 동화를 써야 하고, 또 동화 속에 가족을 상실한 인물들로 찾음이라는 경험의 모형을 설정하지 않으면 안 되었나 하는 당면한 작가적 사명감을 정당하게 내세우고자 했던 필연적인 장치라 하겠다. 「꽃신」과 「꽃신을 짓는 사람」에서의 현재적 죽음과 상실의 문제는 과거의 죽음과 상실의 문제를 극복해내는 그 방법적 준거가 되었던 셈이다.

「꽃신」은 아이를 위해 선물한 꽃신으로 말미암아 결국 아이의 상실을 가져온 인과성을 가슴 아프게 형상화한 작품이다. "아기 아버지께! 세상에 나서 처음으로 당신을 이렇게 불러 봅니다. 당신이 아기 아버지가 된 것 같이 나도 이젠 아기 어머니가 되었습니다"라는 아기의 탄생을 기뻐하는 엄마의 편지로 시작하는 이 「꽃신」 이야기는 "그러나 여보! 당신이나 내가 이젠 아버지도 어머니도 아니어요. 우리가 난이 아빠와 난이 엄마의 자격을 가지는 것은 오직 꿈나라에 갔을 적만이어요"라는 두 돌도 안 된 아기의 죽음을 알리는 편지로 끝맺고 있다. 난이의 죽음은 아기를 낳기 전에 입대해 아이의 얼굴을 한번도 보지 못했던 군인 아빠가 아기의 첫돌 기념으로 사서 보낸 '꽃신'이 원인이 된 것이다.

아이가 처음 선물로 받았던 꽃신은 퍽 컸다. 커다란 꽃신을 아기는 신는 것보다 가지고 노는 것을 더 즐거워했다. 그러던 어느 날, 아기는 꽃신 한 짝을 바둑이가 물고 가 잃어버린다. 아기 엄마는 어서 휴가를 얻어 "꽃신을 신고 아장아장 걸어다니는 난이가 보고 싶다"는 아빠의 편지를 받고, 아빠에게 꽃신 신은 아기의 예쁜 모습을 보여줄 수 없다는 서운한 생각에서 생전 처음으로 아기의 엉덩짝을 한 짝만 남은 꽃신으로 때리게 된다. 그날 밤부터 아기는 잠을 들지 못하고 놀라 깨어나서 울곤 하다 그만 병이 나 죽고 만다. 아기 아빠에게는 아이의 모습을 한 번도 보지 못한 채 아이를 영원히 상실한 셈이다. 이러한 「꽃신」 이야기에서 아기의 죽음이 우리에게 보다 큰 아픔으로 남는 것은 꽃신 한 짝을 바둑이가 물고 가 잃어버리게 된 단순한 경위에서 아기의 죽음이란 커다란 사건을 불러왔다는 계기성보다 아이의 죽음이 아빠가 사 보낸 그 꽃신에 의한 죽음이란 비극적 인과성에 연유한다. 이것은 작가가 아빠와 아기와의 만남이 한 번도 이루어짐 없이 영원히 이별을 하게 된 비극성 그 자체에만 문제의 초점을 맞추어 놓은 결과이다.

강소천은 이 현재적 죽음의 비극성을 극복해내는 방법으로 아기의 죽음을 가져다 준 꽃신이 '꿈나라'에서만은 "영원히 신고 다닐 수 있는 꽃신"이며, 엄마·아빠의 자격도 "오직 꿈나라에 갔을 적만" 얻을 수 있다는 꿈의 논리로 피력하게 된다. 곧 '꿈나라'라는 영원성의 문제로 그 비극성 자체를 아름답게 승화시키고자 했던 것이다. 이런 비극성의 인식 방법은 「꽃신을 짓는 사람」에서도 동일하게 적용한다. 다만 여기서는 개인적인 꿈의 논리에서 보편적인 사랑의 논리로 확대시켰을 뿐이다.

「꽃신을 짓는 사람」은 결혼한 지 오랫동안 아이가 없는 내외에게 누군가 예쁜 아이를 마당에 놓고 간 것이 인연이 되어, 그 아이를 내 자식처럼 정성껏 키우다 그만 잃어버리게 된 슬픔을 겪어내는 과정의 이야기이다. 아이 아빠는 아이 잃은 슬픔에서 빠져나오기 위해 팔지도 않을 아이의 꽃신 짓는 일에 몰두한다. 이런 아빠의 꽃신 짓는 행위야말로 비극적인 행위 그 자체일 수밖에 없다. 잃은 아이의 꽃신을 짓는 일은 보다 더 잃은 아이에 대한 슬픔 속으로 몰입하는 방법일 수 있기 때문이다. 그러나 강소천은 꽃신을 짓는 비극적 행위를 통해 모든 아이에 대한 보편적인 사랑의 인식으로 승화시키며, 현실에 내재한 아픔을 극복하고자 한다.

"예쁜이는 본시 우리 아이가 아니었다. 남의 아이를 얻어다 기른 거야. 예쁜이는 제 갈 데로 간 거다. 자기 부모를 찾아갔던, 또 딴 사람이 데려다 기르건, 그런 게 문제가 아니다. 남의 아이를 위해 난 여태까지 몇 해를 두고 신발을 짓고 있었어. 왜 예쁜이 하나만을 위해 신발을 지어야 하나? 세 살짜리로부터 여섯 살까지 신을 수 있는, 아니 갓난 아이라도 신을 수 있는 예쁜 꽃신을 만들어야 해. 세상의 모든 어린이가 다 내 예쁜이인 거야!"

이처럼 「꽃신 짓는 사람」은 개인적인 불행을 잊기 위해, 잃어버린 자신의 한 아이만을 위한 꽃신을 지을 것이 아니라 모든 아이들을 위해 꽃신을 짓는 사람이 되어야 한다는 당위적 결론에 이르게 된다. 바로 「꽃신」에서의 개인적 상실의식을 「꽃신을 짓는 사람」에서 보편적인 사랑의 '찾음'이란 새로운 꿈의 논리로 확대시켜 나갔던 것이다.

강소천은 이와 같이 현재적 죽음과 상실에 대한 아픔의 경험을 통해 동화작가로서의 정당한 행위 규범을 설정했으며, 그 극복 방법으로 아이들에게 용기와 의지를 심어주는 찾음이라는 경험의 모형을 상징적인 꿈의 논리로 발견해내고자 했던 것이다. 강소천이 동화작가로 변신한 것도 이 같은 맥락에서 이해될 수 있다. 동요·동시는 자신의 개인적인 정서에만 머물게 하지만, 동화와 소년소설은 개인적 정서를 넘어 민족적 아픔과 시대사적 해결 과제를 수습할 수 있는 유일한 방법이라고 믿었던 때문이다. 강소천은 이러한 믿음을 실제로 상징적인 꿈을 통해 보다 직접적이고 구체적으로 제시해 놓고 있는 것이다.

## 3. 꿈의 상징성과 내면 정신

강소천의 문학은 앞에서 말한 바와 같이 상실체험을 통한 수난의 상상력에 기초되어 있다. 그 수난의 상상력으로 인해 "나는 여러분에게 아름다운 꿈을 주기 위해서 늘 동화를 쓰고 있습니다"[14]라는 신념을 표명할 수 있었다. 그러므로 강소천 문학에 나타난 꿈은 자신이 인식한 수난의 문제에 대한 수습의 과정을 실현하는 인과적 계기물이자 보다 극명한 자신의 내면 정신을 구현하는 하나의 상징물인 것이다. 고향을 북에 두고 단신 월남한 그에게 동경하는 세계에 대한 내면적 지향성이 절실하면서도 6·25란 시대사적 명제를 극복해내고자 한 긴장감이 꿈으로 변이되었던 까닭이다. 곧 그에게 꿈은 6·25 이후의 고통스런 자폐적 삶의 공간으로부터 탈출할 수 있게 하고, 정당한 문학적 감응력을 소진할 수 있게 한 양식임은 자명한 일이다.

이 같은 강소천의 꿈에 대한 인식은 신념과 통찰의 대상으로서 제기된다.

경희와 영순이는 내일 새벽 떠날 간단한 준비를 했다.

준비를 끝마치고 자리에 누운 경희는,

"언니, 오늘 밤 내가 꿈을 꿔서 안 가도 될 것 같으면 내일 여행은 그만 두기로 해요."

"꿈? 너는 꿈을 믿니?"

"믿는다고는 할 수 없지만 마음으로 알려 주는 일이 있지 않아요? 우리들이 미처 생각지 못한 일이 꿈에 알려질 때가 있지 않아요?"

영순 언니는 경희의 말에 놀랐다.

자기보다 나이 어린 아이라고 얕볼 게 아니라고 생각했다. 어떤 면으로

---

14) 강소천, 「후기」, 『인형의 꿈』(새글집, 1958).

보아서는 자기보다 생각하는 게 앞선 것 같이 느껴졌다.

이 담화는 장편 소년소설 『봄이 너를 부른다』에 나오는 한 대목이다. 경희가 헤어진 어머니를 만나기 위해 영순 언니와 함께 시골로 내려가기로 약속한 날 밤 삼사리에 들기 전 꿈에 대한 자신의 신념을 말한 것이다. 강소천의 꿈에 대한 이러한 신념은 경희가 집을 나간 아버지와 장사를 하며 살림을 꾸려가야 하는 어머니 사이에서 어쩔 수 없이 외가에 맡겨져 자랄 수밖에 없었던 한 인물이 처한 환경과 작가의 정신적 지향성이 일치되고 또 동일시되어 나타난 현상이다. 그러므로 이 작품의 제목인 "봄이 너를 부른다"는 것은 사실 '꿈이 너를 부른다' 는 상징적 의미를 담기 마련이다.

강소천의 이런 꿈에 대한 신념은 불가능한 것을 가능하게 하고 해결할 수 없는 문제를 해결해 주는 관념적인 개념이기보다 등장인물들에 삶의 의미와 질서를 부여하는 의도화된 개념이라 할 수 있다. 그 의도화된 소천의 꿈은 "커다란 꿈, 실현할 수 있는 꿈, 실현하는 꿈을 주자는 것"[15]이란 구체적이고 또 명징한 문학관으로 표명하게 되었다. 따라서 수난의 상상력에 기초되었던 강소천의 꿈 모티프는 분단과 이산의 아픔에 촉매된 자유의 정신, 상실의식의 극복에 촉매된 희망의 정신, 인간적인 따사로운 휴머니티에 촉매된 사랑의 정신으로 대별해 볼 수 있게 된다.

### 1) 커다란 꿈, 혹은 자유의 정신

동화작가들은 종종 잃어버린 유년의 세월로 거슬러 올라가며 지나간 과거를 아름답게 회상하고자 한다. 그리고는 과거의 순수함과 현재 아이들의 순수성을 비교하며 문득 비애를 느끼곤 한다. 사람이 보편적으

---

15) 강소천, 「지상강좌」, 『새교육』(1956. 8), p.82.

로 가지는 잃어버린 과거에 대한 향수 때문일 것이다. 과거뿐 아니라 돌아갈 고향마저 송두리째 잃어버린 강소천에게는 그런 향수나 비애 자체도 어쩌면 사치일지 모른다. 그에게는 분단 이념으로 인해 현실적으로 실현이 불가능한 인간적 향수가 '커다란 꿈'으로만 남았을 뿐이다. 작품 자체가 하나의 커다란 꿈으로 이루어진 「꿈을 파는 집」을 통해 강소천은 잃어버린 과거와 고향에로의 정신적 여행을 자유롭게 하게 된다. 엄밀히 말하면 이것은 수난의 상상력이 빚어낸 결과이며, 남과 북이 자유롭게 오갈 수 있는 자유의 정신을 심어주는 꿈 모티프의 한 유형이다.

「꿈을 파는 집」은 주인물이 새가 되는 꿈에 의탁하여 북에 두고 온 고향을 다녀오는 정신 여행을 하게 된 경위와 그 결과를 그린 동화이다. 혈육이라곤 하나도 없이 외롭게 지내던 '나'는 어느 친구로부터 한 쌍의 작은 새를 선물로 받아 그 새에 마음을 붙이며 살게 된다. 그러던 어느 날 그 새가 없어졌다가 다음날 다시 나타나서 나를 산 속으로 유인한다. 아무 생각 없이 새를 따라 깊은 산 속으로 들어간 나는 그만 길을 잃고 만다. 길을 찾아 헤매던 나는 우연히 '꿈을 파는 집'을 찾게 되고, 온 김에 그 집의 '꿈을 파는 할머니'에게 이북에 두고 온 아이들의 사진을 주고 알약 하나를 얻는다. 다음날 그 할머니가 일러준 대로 나는 어제 길을 잃었던 곳에서 그 약을 먹고는 한 마리의 새가 되어 북에 두고 온 고향을 찾아간다. 그러나 내가 경험한 것은 나를 포근하게 맞이해 주는 진정한 의미의 고향이 아니라 헐벗고 굶주린 낯선 세계이다. 나는 실망만 안고 남으로 되돌아올 수밖에 없었지만, 그 실망은 좌절감을 주지 않고 더욱 '커다란 꿈'으로 피어나게 만든다. 결국 「꿈을 파는 집」은 꿈에서도 그리던 고향을 찾아 새가 되어 북으로 갔던 '나'가 다시 "이 고향의 새 임자가 되어 태극기 앞세우고 찾아오리라"는 더욱 '커다란 꿈'을 품고 서울로 날아온다는 이야기이다.

새는 가볍게 날아, 가고 싶은 곳을 어디든지 자유롭게 도달하는 존재이다. 강소천이 단신으로 월남하여 암울한 현실을 외롭게 살며, 북에 두고 온 가족들에 대한 귀소의지를 새로운 창조적 충동으로 생성해낸 것이 바로 '새'의 꿈이다. 강소천에게 새는 남북의 경계를 허물어버리며 비상의 갈망을 담아내기에 적합한 상징물이기 때문이다. 바로 「꿈을 파는 집」은 새의 상징을 통해 끊임없이 솟구치는 자유 지향성 또는 자유의 정신을 심어주는 꿈 모티프를 주된 요소로 형상화된 것이다. 강소천의 이런 새의 꿈 모티프는 자신이 가 보고 싶은 욕구를 성취하는 정신적 보상기능과 분단된 조국의 현실을 극복해야 한다는 자각 기능의 역할을 동시에 갖고 있는 것이다.

이러한 꿈 모티프는 고독한 한평생의 연구 끝에 새가 되는 비법을 발견한 '박 박사'가 북에 두고 온 고향을 방문하는 「그리운 메아리」에서 보다 성취된 꿈으로 구체적이고 직접적으로 제시된다. 또한 고향에 대해 떠오르는 기억과 세월의 흐름을 안타깝게 형상화한 「꿈을 찍는 사진관」에서 나의 꿈이나, 고무 풍선에 소리를 담아 북한 동포에게 연설을 계획하는 「커다란 꿈」에서 영식의 꿈, 그리고 혈육에 대한 애타는 심정을 담은 「퉁수와 거울」, 「방패연」에서 인호의 꿈 등은 모두 이 같은 꿈 모티프로 논의될 수 있는 동화들이다. 고향을 다녀왔으면 하는 '절실한 꿈'에서 남북 통일이란 '커다란 꿈'으로 확대되고 있는 이 새의 꿈 모티프는 모두 근원적인 면에서 실향의식과 자유의 정신에 그 뿌리를 두고 있다. 이것은 잃어버린 고향에 대한 개인적 상실의 아픔이 민족적 아픔으로 승화되어 분단 이념과 이산 문제라는 역사 혹은 시대적 삶에 촉매되어 나타난 현상인 것이다.

### 2) 실현할 수 있는 꿈, 혹은 희망의 정신

강소천의 동화에 나타난 또 하나의 유형은 상실의식의 극복에 뿌리를 둔 희망의 정신이다. 이 유형은 현실의 절망감과 위기 상황을 슬기롭게 극복하는 타개책의 일환으로 발현된 예지의 꿈이기도 하다. 현재 진행되고 있는 일에 대하여 미래의 방향이나 사건의 추이를 미리 지각하게 하여 차후로 전개되는, 해결하기 힘든 사태의 실마리를 풀어 주고 현실의 불행을 극복하게 하여 희망찬 내일의 꿈을 실현할 수 있게 하는 꿈 모티프인 것이다. 이런 꿈 모티프는 상실의식으로 인한 외로움과 방황을 일깨워 주고 극복해내는 경험의 모형을 제시하고자 한 강소천의 동화 속에 산재해 있는 유형이다.

「진달래와 철쭉」은 철모르는 아이들이 외부 조건에 의해 시련을 겪다가 남의 도움으로 훌륭하게 성장하여 모든 시련을 슬기롭게 극복하고 행복한 결말로 나아가는 전래동화적 성격을 지닌 작품이다. 어린 진달래와 철쭉 형제는 일찍 어머니를 여의고 "남이 속여도 그대로 곧이 믿는" 바보같이 순진한 아버지로 인해 산에 버려지는 시련을 겪게 된다. 어린 형제는 그후 백포수를 만나 활 잘 쏘는 훌륭한 청년으로 성장하여, 온 나라의 백성을 괴롭히는 붉은 여우를 잡으러 가게 된다. 그러나 먼저 떠났던 형 진달래가 그 여우의 꾐에 빠져 돌로 변하는 위기에 처해진다. 동생 철쭉은 슬기를 발휘하여 둔갑술을 부리는 여우를 용케 죽이기는 하지만, 여러 날 동안 산 속을 헤매도 형을 찾지 못하다가 문득 형의 꿈을 꾸게 된다.

"날, 하루바삐 살려다오. 나는 갑갑해 못 살겠다. 인제 너무 오래 있으면 숨이 막혀 죽을지도 모른다. 왜 나를 찾아오지 못 하느냐? 나는 땅위에 있지 않고 나무 구멍 속에 있다. 썩은 나무 구멍에 있는 나를 왜 못 찾니?"
꿈을 깬 철쭉은 미칠 듯 기뻤습니다.

이 꿈은 형을 찾지 못해 근심에 싸여 있던 철쭉에게 기쁨을 주고 슬기를 발휘하게 하는 예지의 꿈이다. 이 예지의 꿈은 "어쩌면 모든 일이 어젯밤 꿈과 같을까"라는 현실과 꿈과의 일치 현상으로 나타나, 동생의 꿈은 실현되어 행복한 결말을 가져다 준다. 이런 꿈 모티프는 논리적 객관성은 전혀 없지만, 이론적 추론으로는 불가능한 미래의 사건을 해결해 주는 실마리 구실을 한다. 사건의 발전 과정에 대한 암시와 상상의 질서를 부여하여, 어린 독자에게는 미궁에 빠진 사건에 희망과 호기심을 주는 데 기여한다. 강소천의 동화 속에서 이런 꿈 모티프는 유독 반복되어 나타나는 흔한 유형 중의 하나이다. 그가 예지의 꿈을 통해 불행에 빠진 인물들에게 현실을 극복하여 희망을 심어주고자 했기 때문이다.

「인형의 꿈」은 성악가의 길을 포기한 채 가난한 생활에 시달려온 정란이 엄마가 끝까지 간직해 둔 성악에 대한 꿈이, 작은 인형을 통해 다시 힘을 얻고 재기하여 결국 엄마의 꿈이 실현되는 과정을 그린 이야기이다. 여기서 그 작은 인형은 정란이 엄마에게 과거의 소박한 꿈을 간직하게 했던 이상으로 그의 삶에 위안과 희망을 주는 '늘 새로운 힘'이다. 이 동화는 정란이 엄마가 간직해 온 꿈의 성취라는 주제 플롯 밑에, 정란이네 집과 명애네 집 식구들의 꿈도 상호 교류하여 성취된다는 종속 플롯이 인과적인 필연성을 갖고 구조화된다. 작가가 현실의 절망을 극복하고 실현하고자 하는 꿈의 성취를 희망적으로 제시하고자 한 의도화된 꿈인 까닭이다. 소년소설 「해바라기 피는 마을」에 잠복된 정희의 꿈도 "어떤 어려운 일이 있더라도 해바라기처럼 새로운 희망에 불타 살 것을 다시 한번 굳게 맹세"하는 희망의 정신이 직접적으로 발현되어 있다.

반면에 「민들레」에는 어머니 상실로 인한 근원적인 불안심리가 어머니의 꿈을 통해 회복되는 과정이 암시적으로 그려져 있다. 어머니가 살아 계실 때 준이가 어머니 저고리에 달린 금단추를 몰래 빼내어 가지고 놀다 잃어버린 아픈 기억이 옷고름을 풀어 헤친 어머니의 꿈으로 나타난다. 민들레꽃을 꺾어 어머니 사진 앞에 갖다 놓았더니 단정하게 옷고름을 매신 어머니가 다시 꿈으로 나타났다는 이 회생의 꿈 모티프는 어머니의 금단추와 민들레꽃의 유추 작용에 의해 착안된 것으로 이 동화의 아름다움을 잘 전달해 준다. 곧 어머니의 상실로부터 불안 심리가 비롯되어 다시 어머니의 꿈으로 회복되는 동화 「민들레」는 근원적인 어머니의 존재를 확인하게 하는 이야기이다. 바로 강소천에게 있어서 어머니는 모든 갈등이 극복되는 희망의 존재이자 실현할 수 있는 꿈의 하나이다. 그에게 어머니는 예지를 가져다 주는 정신체이기 때문이다.

### 3) 실현하는 꿈, 혹은 사랑의 정신

강소천 동화에 나타난 또 다른 유형은 꿈의 경험을 통해 사랑의 정신을 실현하고자 하는 꿈 모티프이다. 이것은 작중인물이 어떤 계기로 다른 사람으로 변신하는 새로운 경험을 통해 중요한 자신을 발견하고 과거의 자신을 반성하며, 그 결과로 가정과 사회에 대한 조정의 역할을 하게 되는 성숙의 모티프이다. 이 유형의 대표적인 작품은 「잃어버린 나」이다.

「잃어버린 나」는 어느 우연한 계기로 자신의 외모를 잃어버렸다가 다시 자신의 외모를 찾게 될 때까지 주인물이 겪는 삶의 편력을 순환적으로 이야기한 작품이다. 이상한 새를 보고 돌을 던진 영철이가 나뭇가지에 맞고 되돌아온 그 돌에 자신이 맞고 쓰러졌다가 정신을 차렸을 때, 영철이는 죽은 신문팔이 소년 만수로 바뀐다. 만수로 바뀐 영철이는 구두닦이 소년이 되기도 하고, 자신의 친구인 정훈이와 이모를 만나 자신의 잘못된 과거를 듣기도 한다. 또한 지난날 자신의 잘못한 결과로 인해 현재 병고에 시달리는 할아버지도 만나고, 자신을 애타게 찾고 있을 부모님의 사랑을 새롭게 깨닫기도 한다. 이러한 과정을 거친 뒤에야 다시 제 모습을 찾게 되는 영철이가 진정으로 사랑을 실천하는 착한 영철이로 변하게 된다는 이야기가 곧 「잃어버린 나」이다. 영철이가 이러한 고달픈 편력을 통해서 깨달은 사실은 "제 생각만 해선 안되겠어. 남이 되어서 날 볼 줄도 알아야겠어. 다른 사람의 딱한 사정도 봐야겠어"라는 사랑의 정신이다.

이와 같이 자신을 '잃어버림(꿈)—편력—되찾음(깨달음)'이라는 순환 구조로 짜여진 이 성숙의 모티프는 인간적인 따사로운 휴머니티를 고양시키며, 독자에게 새로운 가치관을 심어주고자 한 작가의 의도화된 이야기인 것만은 분명하다. 이런 순환적 이야기는 「다시 찾은 푸른 표」에서 춘길이의 꿈에도 잘 나타난다. 그러나 이 순환적 이야기의 중요성이 깨달음을 주려는 단순히 의도화된 주제의 문제에만 있는 것은 아니다. 꿈 모티프를 통해 외부세계에 대한 새로운 인식의 단계로 나아가게 하는 과정을 고도화된 환상으로 환원시킨 기법적 배려에도 있다. 이 기법은 '커다란 꿈'과 '실현할 수 있는 꿈'의 이야기를 통해서 보여준 꿈의 상징성을 논리화로 시도해 새롭게 이루어낸 강소천 동화의 독특한 꿈의 모형이 된다. 「잃어버린 나」에서 영철이는 신문팔이 소년 만수로 바뀌어 경험한 자이지 꿈꾼 자가 아니라는 사실이 그것을 잘 뒷받침해 준다. 만수로 뒤바뀐 영철이가 "나는 내 살을 꼬집어 보았습니다. 아팠습니다. 그러니까 꿈은 아니었습니다"라고 현재의 상황을 확인했듯이 꿈은 영철이 어머니가 꾼 것으로 전치되어 있다. 곧 「잃어버린 나」는 주인물이 자신의 외모를 잃어버려 새로운 환경을 경험하는 이야기 틀로 짜여져 있지만, 실은 꿈의 자리바꿈(displacement)을 통해 자식에 대한 어머니의 불안심리로의 환치된 구조로 전이되어 있는 것이다.

"아마, 어느 벌판이었던 것 같애. 아이들 몇이 놀고 있는데 난데없이 독수리란 놈이 하늘에서 내려와 웬 아이 하나를 채 가지고 하늘로 날아 오르지 않겠니? 그러니까 함께 놀던 애들이 모두 큰 소리를 지르겠지."

"무어라고요?"

"영철아! 영철아! 하고……."

"내가 그럼 독수리한테 채여 갔다는 말이에요?"

〔…중략…〕

"그럼 어머닌 그 때 어디서 보셨어요?"

"나도 언제 갔었는지 아이들 곁에 서 있었지."

"난 다시 땅에 내려와 앉았어요?"

"처음엔 독수리가 내려오는 것을 보고 네가 내려온다고 좋아했는데, 정말 독수리가 땅에 내려놓고 날아가는 것을 보니 그 앤 네가 아니고 한 번 본 적도 없는 딴 애였어."

이것은 영철이가 자신을 다시 찾고 집으로 돌아왔을 때 문을 열어 준 어머니가 낮잠을 주무시는 동안 꾼 꿈 이야기이다. 어머니의 꿈 이야기를 듣던 영철이는 어머니의 꿈과 자신의 경험이 비슷한 것에 놀라게 된다. 이처럼 경험한 자와 꿈을 꾼 자의 자리바꿈은 이질적인 경험을 당돌한 병치를 통해 "아무리 생각해도 모를 일"이란 의아심을 불러오고, 생소화의 효과를 보여준다. 이 의아성은 오히려 꿈과 경험의 동일성을 가져다 주며, 인물이 변신하는 황당한 요소에 대한 당혹감과 저항감을 극소화해 줄 수 있는 요소로 작용하기도 한다.

이와 같이 강소천은 성숙의 꿈 모티프를 통해 인간의 심리적인 꿈과 팬터지를 교묘하게 융합한 새로운 환상적 기법을 구축하기에 이른다. 「느티나무만 아는 일」에서 은희의 꿈, 「꽃이 되었던 나」에서 나의 꿈, 「그림 속의 나」에서 영식이의 꿈, 「대낮에 생긴 일」에서 미향이의 꿈,

「시집 속의 소녀」에서 나의 꿈, 「크리스마스 카아드」에서 춘희의 꿈 등이 모두 이러한 환상적 기법으로 구축된 비밀스런 특징을 지닌 꿈 모티프들이다. 결국 수난의 상상력으로 비롯된 강소천의 동화 세계는 1950년대 우리 동화문학을 미학적 차원에서 한층 높이 끌어올린, 새로운 꿈의 모형을 창조해내었던 것이다.


## 4. 맺음말

지금까지, 우리는 강소천 동화문학 속에 풍부하게 발현된 꿈의 상징성을 규명해 보았다. 그 상징적인 꿈들은 우리 동화문학이 문학적 개성으로 뿌리내릴 정당한 토양을 충분히 마련해 주었을 뿐만 아니라 강소천의 정신적 지향성과 미학을 두루 살피는 데 중요한 열쇠가 되었다.

강소천에게 있어서 꿈은 '내면에로의 전환'으로 기능하여 상상의 자유로움을 촉발시킴으로써 순수성에의 복귀를 유도하며, 진정한 의미의 세계로 나아가고자 한 창조적 충동이다. 6·25 때 단신으로 월남하여 암울한 현실을 고통스럽게 살아야 했던 강소천에게 꿈이란, 북에 두고 온 혈육에 대한 정신적 보상 기능의 역할로부터 새로운 창조와 생성의 원리를 촉발시킨 방법이 되었다. 고향은 삶의 가장 순수한 원형을 간직하고 있는 진정한 의미의 세계이다. 강소천에게 있어서 그런 고향 상실은 현실적으로 고통과 외로움과 그리움 속에 방황하는 자신을 유년의 고향으로 되돌리며, 모든 삶의 조건을 벗어버리고 완전한 인간으로 복원되기를 꿈꾸게 했을 것이다. 그리하여 소천의 꿈은 자신의 내면에 깊이 침잠해 있던 울혈진 상실감이 의식적이거나 무의식적으로 분출된 절박한 창작심리에 관여할 수밖에 없었을 것이다. 한마디로 강소천의 문학이 상실 체험을 통한 수난의 상상력에 기초되어 있는 사실도 이 때문이다.

강소천의 문학에 나타난 수난의 상상력은 두 개의 축으로 맞물려 있다. 하나는 전쟁의 체험과 분단의 아픔이 작중인물의 물질적·애정적 결핍으로 감싸여 있고, 다른 하나는 인간적인 따사로움과 휴머니티를 고양하는 작중인물들의 건강성에 귀속되어

▲ 강소천 문학비. 서울 어린이대공원에 소재.

있다. 이 수난의 상상력은 1950년대란 시대 상황이 주는 자폐적 공간으로부터 꿈의 상징성을 통해 자유로운 탈출을 시도하며, 어린 독자들에게 당면한 시대의 아픔을 용기와 의지와 희망찬 꿈으로 극복할 수 있는 경험의 모형을 제시해 줄 수 있었다. 그러므로 강소천은 개인적 정서를 노래하는 동요·동시로부터 꿈의 동화에로, 6·25 이후 가장 큰 비극이라 판단하였던, 꿈을 상실한 아이들에게 가치있는 꿈을 회복시켜 주려는 집념에로 나아갔던 것이다. 이것이 그를 교육적 동화작가로 부정하게 만드는 요인으로 작용되기도 했고, 그의 문학 속에 나타난 꿈 모티프가 현실 도피나 회고 취미적 성향으로 방기되는 결과를 낳기도 했다. 그러나 진정한 강소천 문학의 의미가 상실과 찾음이란 전형성을 띠고 있는 수난의 상상력을 간과하지 않는다면, 그의 문학이 인간의 심리적 현상인 꿈을 통해 순수한 이상인 꿈의 모형을 찾고자 한 것임을 간취할 수 있을 것이다. 따라서 소천의 꿈 모티프는 인간의 욕망 충족적 삶의 측면에 관여하기도 하지만, 더 나아가 인간의 궁극적 존재에 대한 물음이자 삶의 문제로 제기된 서사적 장치라는 것을 알 수 있을 것이다. 이런 수난의 상상력을 통해 이룩한 강소천 동화에 나타난 꿈은 다음 세 가지의 상징적 의미를 함축하고 있다.

첫째는 새의 꿈을 통해 발현된 자유의 정신이다. 이 꿈의 모티프는 잃어버린 고향에 대한 개인적 상실의 아픔을 민족적 아픔으로 승화시켜 분단 이념과 이산 문제라는 역사 혹은 시대적 삶 의식이 '커다란 꿈'에 촉매되어 나타난 현상이다. 둘째는 어머니 꿈을 통해 드러내는 희망의 정신이다. 이것은 불행에 처한 현실을 극복하여 희망찬 미래로 지향해 가고자 하는 현실 극복에의 의지가 '실현할 수 있는 꿈'에 촉매되어 나타난 현상이다. 셋째는 변신의 꿈을 통해 자아와 세계를 새롭게 깨닫는 사랑의 정신이다. 이것은 자신의 입장과 남의 입장을 바꿔 중요한 자신을 발견하고, 또 새로움에 눈뜨게 하는 성숙의 원리가 사랑의 실천이란 '실현하는 꿈'에 촉매되어 나타난 현상이다. 특히 이 꿈 모티프는 인간의 심리적인 현상인 꿈과 동화 속의 팬터지의 기법을 교묘히 융합하여 새로운 환상을 구축하는 비밀스런 기법이 되었다.

강소천 동화에 나타난 꿈의 세계는 이렇듯 비밀스럽고 아름답다. 시대 현실을 아프게 인지할수록 그의 꿈은 더욱 비밀스런 아름다움을 발한다. 그 비밀스런 꿈의 세계가 아름답다는 것은 소천의 꿈이 신념의 대상을 탐색한 결과이다. 신념의 대상에 대한 탐색은 그의 동화가 터무니없는 공허한 환상으로 치달으며 내부적 혼돈의 세계로 나아가는 것을 막아주는, 삶의 질서와 의미에 대한 원리가 되어 주었기 때문이다.

아직도 강소천의 동화는 독자를 잃지 않고 있다. 독자를 끌어들이는 힘은 그 비밀스럽고 아름다운 꿈의 상징들에 간직되어 있다. 마치 "소천은 마르지 않는다"라고 했던 자신의 유언처럼, 그 꿈의 문학은 오늘날 어린 독자들의 가슴 속에서도 여전히 꿈꾸고 있을 터이다. (1991)

# 현실 체험과 상상적 경험

권용철론

## 1. 머리말

문학은 본질적으로 가치있는 어떤 표현이다. 작가가 가치있는 어떠한 정황이나 국면을 선택해 상상의 옷을 입혀 놓은 형상물이다. 그러므로 그 정황이나 국면의 선택은 작가의 가치 의식을 가늠하는 척도가 될 터이다.

아동문학의 경우, 주된 독자가 지식과 경험의 축적량이 적은 아이들인 탓으로 그 정황이나 국면에 대한 선택의 범주는 그만큼 제한받을 수밖에 없다. 그러면서도 아이들에 내재한 특유의 경이심과 호기 본능(instinct of curiosity)으로 인해 그 제한된 범주 안에서 독특한 예술적 자유가 불가피하게 허용된다. 이런 불가피한 전제는 창작동화에서 두드러지게 현실화된다. 창작동화는 그 제한된 테두리 안에서 상상의 자유와 가능성이 무한히 용인된 이야기이다. 그런 면에서 창작동화 속의 정황이나 국면은 아이들에 대한 순수한 애정으로 이루어 놓은 가치있는 선택이어야 한다. 제한된 범주 안에서도 환상까지 포괄하는 상상의 무한성, 그리고 순수한 애정으로 선택한 가치있는 예술적 구현이 창작동화가 갖는 독자성이다.

권용철(權容徹 1943~ )은 '동심의 순수한 울음을' 표방한 순수성의 가치를 동화의 정황이나 국면으로 제시하여 동화의 미학을 끊임없이 추구해 온 대표적인 동화작가이다. 그는 1943년 안동에서 태어나 1965년『경향신문』신춘문예에 동화「들국화」가 당선되어 문단에 데뷔한 이래 시적인 언어로 창작동화의 독자적인 세계를 구축한 작가이다. 그의 동화 세계는 주로 순수한 동심의 환영(幻影)과의 만남과 어머니의 부재에 따른 현실 체험에 의해 일어날 수 있는 가능한 경험들을 신비스런 시적 환상으로 이룩한 것이다. 그런 체험들은 동화의 공간 안에서 아이들의 지각으로도 언제나 인지 가능한 경험으로 환치된다. 곧 권용철의 창작동화는 현실에서 체험한 가치있는 정황과 국면들을 동화의 공간으로 끌어들여와 상상력에 질서를 부여하며 어린 독자들을 경이로운 상상적 경험으로 인도한다. 이때 작가와 어린 독자 사이에 긴밀히 유지되는 진지함은 긴장을 유발해내는 힘이 된다. 그의 창작동화는 웃는 법 없이 시종일관 진지하다. 그 진지함은 신비감을 불러일으키거나 한에 사무칠 정도로 철저하다. 그 진지함은 권용철의 현실 체험에 대한 진실성이자 아이들 삶의 성찰 과정에서 우러나오는 진정성이다.

창작동화가 갖는 독자성을 전제해 두고, 한 작가의 현실 체험이 변이되어 어린 독자들의 상상적 경험을 가능하게 하는 과정에 접근해 보려는 우리의 태도는 권용철의 작품 세계의 조망뿐 아니라 우리 창작동화의 굴절된 미학을 살피는 데에도 중요한 의의가 될 것으로 여겨진다. 이 글은 권용철이 이제까지 출간한 작품집[1]을 근간으로 삼아, 그 작품집 속에 유입되어 있는 작가의 체험적 진실이 어떠한 의미화 과정을 거쳐 아이들에게 가치있는 상상적 경험으로 구현되어 있는가를 밝혀 보려 한 것이다. 실제로 그의 작품집 속에는 자신이 가슴 아프게 체득한 어머니의 부재에 대한 각기 다른 체험들이 신비로운 환상으로 의미화되어 있기 때문이다. 따라서 그 과정을 밝히는 일은 한 작가의 '순수한 울음'으로 형상화된 가치있는 구현 의미를 살피는 일이기도 하거니와, 한편으로는 우리 창작동화의 어제에 부대끼던 '동화의 문학성 회복'[2]의 문제에도 시사하는 바가 클 것으로 여겨진다.

## 2. 작가의 체험적 진실과 심층 의식

인간의 체험은 지속적으로 살아온 생활 환경과의 관련 속에서 체득되는 하나의 과정이라 할 때, 한 작가가 살아온 삶의 전과정에서 유독 동심의 근원적 세계라는 고유한 영역만을 창작의 범주로 삼았다는 것은 특별한 의미를 지닐 수밖에 없다. 한 작가가 고집스럽게도 어린 시절의 삶과 기억만을 문학의 전부로 삼았다는 것은 또 다른 어떤 가치있는 삶의 선택일 수 있기 때문이다. 그것은 단순히 한 개인의 유별난 취향이라 속단할 수도 있겠지만, 전적으로 그 개인의 지적인 삶의 선택에 속한 일일 터이다. 하지만 문제는 문학이 작가의 상상 혹은 체험

---

1) 1965년 『경향신문』 신춘문예를 통해서 등단한 이후 출간한 권용철의 작품집은 다음과 같다.
  『하얀 물새의 꿈』(육민사, 1969).
  『봄 바다의 물결 소리』(대한기독교서회, 1970).
  『별이 내리는 눈밭』(육민사, 1971).
  『들장미 언덕』(계몽사, 1978).
  『봄 하늘에 피던 무지개』(율성사, 1979).
  『사랑의 자장가』(견지사, 1980).
  『영혼이 부는 트럼펫』(갑인출판사, 1981).
2) 한상수는 무감동한 우리 동화문학의 극복 과제로, ① 주제의 교육성 ② 천편일률적인 표현 방법 ③ 인물창조의 무관심 ④ 팬터지라는 이름 아래 황당무계한 이야기 등을 추방시켜야만 동화가 문학으로서의 면목을 갖출 수 있다고 지적하고 있다.
  한상수, 「동화의 문학성 회복」, 『아동문학평론』(1976 가을호, 통권 2호), pp.55~56 참조.

의 표현일 뿐만 아니라 독자에게 읽힌다는 문학적 목적을 감안하면,
특히 창작동화의 경우 아이들의 정신적 성장에 직접 혹은 간접적인 영
향을 미친다는 사실을 따라서 고려해야 할 일이다. 곧 이 말은 동화 창
작에 앞서 동화작가가 지니고 있어야 할 확고한 아동문학관의 중요성
을 의미한다. 권용철에게 있어서 아동문학관은 "동심에 순수한 울음
을"[3]이란 글에 잘 입각해 있다.

　　아동문학가는 어린이의 빈 마음의 밭에 진실의 씨앗을 뿌려주는 농부이
　다. 어린들의 마음은 처녀지이기 때문에 한 번 뿌려진 씨앗은 마음의 밑
　바닥까지 뿌리를 내리고 성장하여 그 인간의 생애에 큰 영향을 미친다. 그
　러므로 아동문학 작품은 가장 순수한 울음이어야 한다. 순수한 울음 속엔
　감동이 있고 사랑이 있고 무한한 가능성이 있다.
　　아동문학은 가장 순수한 동심을 통해 진실에 접근하는 문학이다. 이 세상
　을 운용하는 것이 성인이라고 하여 그들이 먹을 수 있는 것만이 유일하고
　진실한 것은 아닌 것이다. 어린이는 어린이대로 완전한 인격체이다. 저들은
　저들대로 완전하고 아름다운 것이다.

　이 글은 권용철이 살아온 삶의 전과정 속에서 유독 동심의 근원적인
세계만을 창작의 고유 영역으로 삼았던 까닭을 짐작하게 하는 아동문
학관의 일부이다. 이 글을 한마디로 요약하면, 어린이는 '완전한 인격
체'이고 '어린이의 마음'은 '처녀지'라는 것이다. 창작동화는 어린이의
'생애에 큰 영향을 미치'는 문학이기 때문에 '처녀지'에 뿌려질 '진실
한 씨앗'이어야 하며 '가장 순수한 울음'으로 표현되어야 한다는 내용
이다.
　권용철의 아동문학관은 그의 중요한 두 가지 문학적 관심을 살필 수

---

3) 권용철, 「동심에 순수한 울음을」, 『조선일보』(1977. 8. 23).

있는 단서를 제공한다. 하나는 어린이를 어린이 나름의 '완전하고 아름다운' 독립된 '인격체'로 본 창작 대상의 인식을 통해서이다. 어린이를 하나의 독립된 인격체로 인식했다는 것은 그의 창작동화가 전적으로 그 순수 인격체에 대한 성찰에서 비롯되었다는 점이다. 따라서 그 성찰은 어린이라는 순수 인격체의 가치나 존재를 확인하는 문학적 관심을 예견하게 한다. 또 하나는 창작동화가 '가장 순수한 울음이어야 한다'는 표현의 문제를 통해서이다. 가장 순수한 울음이란 우리 인간의 마음 '밑바닥'에서 우러나오는 소리일 것이다. 바로 순수한 울음은 작가의 내면 깊숙이 간직된 가장 순수한 내면을 드러내는 절실한 의식이나 욕망이다. 이런 울음은 그에게 한으로 사무친 어머니의 부재에 대한 체험이 그의 창작동화의 귀중한 제재가 되었다는 사실을 암시해 준다. 그런 면에서 이 두 가지 권용철의 문학적 관심은 동화작가라는 존재 이유와 창작동화의 지향성에 깊이 관련된 문제가 될 터이다.

### 1) 순수한 동심의 인식

권용철의 창작동화는 완전히 독립된 순수한 인격체라는 어린이의 성찰에서 비롯된다. 이것은 그가 "어린이 마음을 처녀지"로 파악하고, "어린이의 빈 마음의 밭에 진실의 씨앗을 뿌려주는 농부"라는 작가 의식에도 근거한다. 곧 권용철은 순수한 동심이라는 근원의 문제를 동화 창작의 제일 덕목으로 삼았다는 뜻이다. 그런 성찰은 권용철이 동화를 창작하는 정당한 사유의 기초가 된다. 권용철이 창작의 대상으로 선택한 어린이에 대해 투철한 이해와 성찰은 곧 인간의 가장 순수한 본 마음이야말로 어린이의 마음인 동심과 같다는 확고한 믿음에서이다. 권용철은 이러한 믿음을 어린이의 진실된 환영(幻影)과의 만남을 통해 제시한다.

"너, 이름이 뭐니?"

"세원이야."

[…중략…]

"이상하다. 내 이름도 세원인데."

"그러니? 반갑구나!"

아이의 흰 말 소리에서는 향긋한 난초꽃 향기가 풍겼습니다.

"목소리도 너랑 같은데, 왜 내 말소리는 흰빛으로 눈에 보이지 않니?"

"그건 나를 잊어버렸기 때문이야. 나를 생각하면 네 말소리도 흰빛으로 반짝이고, 또 눈에도 보일 거야."

흰 옷을 입은 아이는 말을 마치자, 해를 들고 저쪽 풀밭으로 뛰어가 버렸습니다.

―「아침 나라로 간 아이」 일부분

이 「아침 나라로 간 아이」는 권용철이 추구하고자 하는 성찰의 세계를 간명하게 제시한 창작동화이다. 이 창작동화에서 주인물인 '세원이'는 자신과 다른 '세원이'를 만나고, 그를 통해서 자신과 목소리가 같으면서도 말의 모습이 다른 점을 발견한다. 그 이유는 '나를 잊어버렸기 때문'이라는 것이고, '나를 생각하면' 서로 같아질 수 있다는 충고도 받는다. 여기서 '세원이'와 또 다른 '나'는 누구일까. 주인물인 세원이가 현실적 인물이라면, 또 다른 '나'는 상상적 공간에 세워 놓은 허상이다. 그 허상은 본질적으로 문학의 본령이다. 권용철은 또 다른 '세원이'를 허상으로 설정해 놓고, 현실적 인물과 대조하여 아이들이 잊고 살아가는 마음의 본 바탕인 진정한 동심을 제시하고자 한 것이다. 곧 '나'와 '또 다른 나'와의 만남으로 인해서 '나'의 본 마음 바탕인 순수한 동심의 진정한 모습을 새롭게 발견하고자 한 행위이다. 다시 말하면, 권용철은 진정한 동심이란 무엇인가 하는 문제를 세원이의 허상인 '또 다른 나'라는 동심의 환영과의 만남을 통해서 제시하려 한 것이다. 이런 만남은 어린이를 하나의 독립된 인격체로 인정함으로써 가능한 일이다. 이제 권용철은 나와 또 다른 나와의 만남으로부터 한 걸음 더 나아가 타인과의 만남이라는 대인 관계 속에서 비극적인 관계를 설정해 놓고 진정한 순수 인격체의 가치나 존재를 확인시키고자 한다.

> 학반 동무들은 하나같이 아이의 옆에 앉지 않으려고 했습니다.
> 아버지와 어머니가 몹쓸 병에 걸려 있기 때문에 앉으면 행여나 어떻게 될까 해서였습니다.
> 그래서 아이는 늘 외토리로 지내야만 했습니다. 다른 동무들은 다 짝이 있는데 아이만은 언제나 옆이 비어 있었습니다.
> 보건 시간에도 아이는 외토리였습니다. 아무도 짝이 되어 주지 않았던 것입니다.
> 아이는 우두커니 서서 동무들이 하는 놀이를 가만히 지켜보고만 있을 수밖에 없었습니다. 그럴 때마다 아이는 작은 가슴에 못이 박히는 듯한 아픔을 느꼈습니다.
>
> ―「말이 없는 아이」 앞부분

대인과의 관계 속에서 제시되는 주인물은 「말이 없는 아이」에서처럼 대개 불행한 가정 환경에 놓이고 고립감에 휩싸인 아이들이다. 그러면서도 그들은 자신의 존재를 수긍하는 착한 인물이다. 그런 인물은 어쩔 수 없는 집안 환경에 의해 타인으로부터 소외되어 '말이 없는 아이'로 지낼 수밖에 없고, 유일한 놀이 동무는 오직 자신의 '그림자'일 뿐이다. 따라서 그 인물이 자신은 외부 세계에서 고립된 아이라고 스스로 인정할 때, '외토리는 서러움'이라는 등식을 실감하며 "작은 가슴에 못이 박히는 듯한 아픔을" 절실히 느끼게 된다. 그러면서도 그 아이는 그림자와의 놀이에 시들해질 때면 외부 세계에 대한 끈질긴 투사를 통해 자신을 인정받으려 노력한다. 여기서 끈질긴 투사란 대인 관계를 정상적으로 유지하기 위한, 자신의 존재도 남과 다름이 없다는 동일성의 추구이다. 결국 '말이 없는 아이'는 아이들이 가장 싫어하는 변소청소를 마다 않고 깨끗이 치운다거나, 혹은 들국화를 꺾어 교실에 꽂아 놓기도 하고, 모과를 학생들의 책상 속에 넣어주기도 하는 선행으로 동무들과 동일성의 추구를 모색하게 된다. 그의 선행은 그야말로 "다른 사람들과 단합하고 그들과 관련지으려는 관련성의 욕구이며 일종의 건전한 삶의 조건"[4]을 위한 한 방법이다. '말이 없는 아이'의 고립은 "아버지와 어머니가 몹쓸 병에 걸려" 있어서, 전적으로 남과 다른 불우한 가정 환경으로 야기된 문제이기 때문에 이런 관련성의 욕구는 단지 '나'라는 개인의 존재 의미와 깊이 관련된 것이다.

하지만 권용철이 「말이 없는 아이」를 통해 어린 독자들에게 확인시켜 주는 것은 '불신은 추방'이라는 무서운 등식이다. 학반 동무들에게 남몰래 선행을 하며 자신의 삶의 조건을 대인과의 관계 모색으로 새롭게 조성하려 하던 '말이 없는 아이'는 반 동무들에 의해 "끝내 교실 밖으로 쫓겨나기" 때문이다. 권용철은 이처럼 '말이 없는 아이'의 대인 관계를 비극적으로 심화시키는 일로 어린이에 대한 독립된 인격체로의 관심과 순수한 아이에 대한 가치 의식을 환기시키고자 한다. 그 순수한 동심에의 환기는 불신과 아픔의 경험과 함께 내면의 눈을 뜨는 일이라는 점을 각인시켜 주기 위한 것이라 할 수 있다. 그러므로 추방당하는 '말이 없는 아이'의 비극은 보다 아이들의 현실을 냉엄하게 인식하는 일이 된다. 이 냉엄한 인식은 우리가 일상의 일로만 생각하고 그저 지나치기 십상인 아이들의 현실을 보다 바르게 인지하려는 작가

---

4) 에릭 프롬, 문상득 · 이정은 공역, 『건전한 사회』(박영사, 1978), pp.39~46 참조.

의 지적인 성찰에 속한다. 권용철의 대인 관계 속의 비극적인 순수한 동심의 성찰은 아이들끼리의 관계에서뿐만 아니라 어른과의 관계 속에서도 똑같이 모색된다. 우리는 「어린 선녀」를 통해서 그것을 쉽게 확인할 수 있다.

어린 선녀는 이 말에 아무 대답도 않고 가만히 있다가,
"아저씨, 꽃이 말하는 걸 들어본 적 있으셔요?"
하고 엉뚱한 말을 했습니다.
"있지, 어렸을 때 말야. 어렸을 땐 꽃하고 말을 주고 받기도 했으니까."
"어렸을 적 말고 어른이 되어서 말여요."
"흐흐, 없어. 넌 내가 어린앤 줄 아는 모양이구나. 난 어른이야. 어른들은 꽃이 말을 할 수 없다고 생각한단다. 사실 꽃은 말을 할 수 없거든."
"마음으로 하는 말도 말인데, 그런 말이 제일 좋은 말인데. 꽃은 마음으로 말한단 말여요."
어린 선녀는 혼잣말로 중얼거리며 쓸쓸한 모습을 지었습니다.
"어른들은 왜 생각에 금을 긋는지 몰라……."
—「어린 선녀」일부분

권용철은 어린이와 어른의 근본적인 시각의 차이를 '생각의 금'으로 규정한다. 어른은 현실을 현실 그대로 인정하려고 들지만, 어린이는 자신의 상상 세계 안에서 일어난 생각을 그대로 받아들인다. 이런 어른과 어린이의 시각 차이에서 파생된 이 '생각의 금'도 순수한 어린이에게는 또 다른 불신의 한 가지이다. 그 불신은 어린 선녀에게 "그 뒤로 두 번 다시 나타나지 않는", 상심한 동심을 갖게 하는 주된 원인이 된다. '어린 선녀'도 동화의 공간 안으로 끌어들인 허상이자 순수한 동심의 환영이다. 이 「어린 선녀」는 작가가 어린이와 어른과의 차이를

'생각의 금'으로 가르고, 온전한 동심의 존재를 규명하려 한 이야기이다. 이 규명은 순수한 동심을 소유한 '어린 선녀'를 통해 어린이를 이해하지 못하면서 그들을 위한다는 어른들의 위선을 진지하게 반성한 것이기도 하다. 어린이라는 순수한 인격체의 가치를 인정하고 존중하는 일은 무엇보다 어린이에 대한 깊은 성찰 위에서 나올 수 있기 때문이다.

이렇듯 권용철은 나와 또 다른 나의 관계에서, 또한 비극적인 대인관계 속에서, 혹은 어린이와 어른의 서로 다른 '생각의 금'을 통해서 진정한 동심의 본 모습을 찾으려 했고, 창작동화의 존재 이유와 동화를 창작해야 하는 정당한 사유를 말하고자 했던 것이다. 이처럼 권용철은 순수한 동심과의 만남을 통해서만이 비로소 동화다운 참다운 동화를 쓸 수 있다는 결론에 이른다.

"들려 주지, 아름다운 동화를!"
나는 눈을 뜨며 밝은 목소리로 말했습니다.
"고마와요, 아저씨! 고마와요!"
소라 껍데기들은 소나기가 지나간 뒤의 꽃들처럼 밝게 웃었습니다.
이튿날부터 나는 일이 끝나면 그 좋아하는 술도 한 잔 안 마시고 곧장 집으로 돌아왔습니다. 그리고는 멀리 흰 모래밭과 하얀 물새와 석양빛이 담뿍 어린 저녁 바다가 바라보이는 창가에 앉아, 소라 껍데기들에게 들려 줄 동화를 쓰기 시작했습니다.

―「산호꽃 피는 바다」 끝부분

결국 「산호꽃 피는 바다」는 동화작가의 길과 동화를 쓰는 존재 이유의 정당성을 밝히고 있는 동화라 할 수 있다. 권용철에게 있어 동화를 창작하는 일은 숭고하다. 어린이의 순수한 환영과의 참된 만남을 이루는 가치있는 일이며, 이 땅의 모든 어린이를 독립된 인격체로 존중하는 일이기 때문이다. 권용철의 이 같은 투철한 아동문학관과 작가의식은 의식적이든 무의식적이든 그의 동화 전반에 걸쳐 자기 확신과도 같이 드러나고, 또 그런 바탕 위에서 '소라 껍데기' 같은 어린 독자에게 동화를 들려주며, 자신의 확고한 동화 세계를 구축해 나갔던 것이다.

## 2) 모성과 재생 양식으로서의 물

권용철의 창작동화는 동화작가의 정당한 이유와 순수한 동심의 가치 인식 위에서 문학적 지향성이 설정된다. 그것은 '가장 순수한 울음'이라는 표현과 직결되는 문제이기도 하다. 가장 순수한 울음이란 작가의 내면 깊숙이 간직된 가장 절실한 의식의 문제와도 통한다. 인간의 눈물만큼 순수한 내면을 드러내는 것이 또 어디 있을까. 진정한 동심과의 만남 안에서 이제 권용철 창작동화는 우리 인간에게 가장 순수한 애정적 존재자인 어머니에게로 지향되며 확장된다. 바로 어머니는 권용철의 내면 깊숙이 간직된 가장 순수한 내면을 드러내는 절실한 의식이자 욕망이며 그의 가장 순수한 울음이다. 어머니는 추방되고 불신되던 순수한 어린이의 세계에 건전한 삶의 조건을 이루게 하는 최적의 의미체이기도 하지만, 작가 자신에게 있어서 실제로 여덟 살 때 돌아가신 한에 사무친 어머니 부재와도 깊이 관련되기 때문이다. 권용철의 창작동화에서 어머니로의 지향은 대인 관계 속에서 '말이 없는 아이'의 추방이나 '어린 선녀'의 상심한 동심을 복원하는 일이면서, 그의 어머니 부재에 대한 체험의 진실이자 근원에의 향수인 것이다. 권용철은 어린 시절 어머니 부재를 눈물겹게 체험해야 했던 자신의 체험적 진실에 근거하여 인간의 심리적 정황을 포착하며, 동화를 통해 어머니라는 사랑체의 집착으로부터 현상적인 의미를 구현해내고자 했던 것이다. 따라서 우리는 어린 시절 그가 직면했던 체험으로 소급해 올라가면 갈

수록 그의 어머니에 대한 고착화된 의식의 공간을 쉽게 만날 수 있다.

　무슨 이유 때문인지는 모르지만 그날 나는 하학길에 단짝 동무와 들길에
서 싸웠다. 여느 땐 힘이 엇비슷했는데, 그날은 어머니 장례식이 있어 그런
지, 나는 그 동무 밑에 깔려 몹시도 얻어 맞았다. 그러나 나는 조금도 아픈
줄 몰랐다. 〔…중략…〕
　나는 가까스로 황량한 들길에 일어나 앉았다. 그 때야 내 눈에선 눈물이
흐르기 시작했고, 이제 내겐 내 편을 들어 줄⋯⋯ 어머니가 없다는 생각이
뼈저리게 들었다. 나는 코에서 물내음이 나도록 울고 또 울었다. 〔…중략…〕
　어쨌든 예민한 감수성과 예기치 않던 어머니의 죽음은 내가 동화라는 그
허망한 미로를 선택하는데 적지 않은 충동질을 한 것 같다.[5]

　이 글은 어머니의 죽음이 그에게 근원에의 상실로서 어느 사이에
"내 편을 들어줄" 사람이 없는 고독한 성주가 되어 있음을 깨닫게 되면
서 "코에서 물내음이 나도록 울었다"는 고백담이다. 이 고백담은 어머
니의 부재가 권용철에게 동화작가의 길을 선택하게 한 결정적인 동기
가 되며, 그의 창작동화에서 그토록 집착하던 상심한 아동상은 그저
막연한 상상의 결과물이 아님을 알게 해주는 근거가 된다. 그의 창작
동화는 실제 잃어버린 어머니라는 사랑체에 대한 뼈저린 아픔이며, 근
원을 향한 순수한 울음인 것이다. 또한 어머니의 부재라는 자신이 체
험한 진실을 이야기하고픈 욕망의 변형된 표현이다. 이에 내정된 관심
의 하나로 권용철은 진실된 동심의 환영과의 만남을 통해 순수한 삶의
환원을 꿈꾸어 왔다고 할 수 있다. 그런 면에서, 이미 제시한 '말이 없
는 아이'나 '어린 선녀' 그리고 「산호꽃 피는 바다」의 '나' 등은 모두
작가 자신이 투사된 변이체일 수 있다.

5) 권용철, 「나를 말한다」, 『학생중앙』(1978년 2월호), p.98.

권용철은 이러한 자기 내면에 잔존하던 근원에의 향수를 상상적 경험으로 확대시켜 나감으로써 자신의 동화 세계를 구축하기에 이르렀고, 거기에 따르는 깊은 내면적 고통을 보다 아프게 체득했을 터이다. 그는 어렴풋이 맴도는 어머니의 기억을 재생하여 그 근원적인 체험들을 의미화하면서 위안받고자 했을는지도 모른다.

> 꽃씨들은 커감에 따라 더욱 많은 먹이를 먹었습니다.
>
> 어머니꽃은 있는 힘을 다해 일해도 꽃씨들의 먹이를 댈 수 없었습니다.
>
> "가엾은 것들, 엄마를 잘못 만나서……. 내 몸에 있는 양분이라도 먹어라."
>
> 어머니꽃은 몸 속에 있는 양분마저 꽃씨들에게 주었습니다.
>
> "야, 맛있다! 엄마 몸 속의 양분은 더 맛있는 것 같은데."
>
> 꽃씨들은 어머니꽃이 주는 먹이를 맛있게 받아 먹었습니다.
>
> 어머니꽃은 날이 갈수록 점점 여위어 갔습니다.
>
> ─「어머니꽃」 끝부분

이 「어머니꽃」은 어머니와 자식 간의 유대, 그것도 희생적 유대라는 그야말로 가장 근원적인 관계를 이야기하고 있다. 아이에게 어머니는 "모든 생리적 욕구와 온정과 애정에 있어 그가 절대로 필요한 것을 충족시켜 주는" 사랑체이다. 아이는 "어머니를 인생의 근원이요, 모든 것을 감싸고 보호하고 기르는 힘으로서 경험하여 그녀에게 사랑을 받는다는 것은 살아있다는 것과 근거지에서 편안히 있다는 것"임을 동시에 체험하며 안위하게 된다. 이런 근원적 체험을 프롬은 인간 생존의 조건에서 비롯하는 인간의 욕구 본능 중 하나로 지적하고 있다.[6] 이렇듯 「어머니꽃」에 나타난 어머니의 희생 정신은 그가 고독한 성주로 존재

6) 에릭 프롬, 앞의 책, pp.49~50.

하며 고통스럽게 기억하는 어머니의 근원적인 모습이다. 이 「어머니 꽃」은 자식으로서 누려야 할 당연한 어머니 사랑을 실제 작가 자신이 제대로 누려보지 못한 애달픈 마음의 이야기일 수 있으며, 그런 어머니를 생각하면 할수록 더욱 그리움으로 치닫게 되는 안타까운 반향일 수 있다.

권용철은 어머니에 대한 안타까운 반향을 물의 상상력에 의지하여 그리움의 형태를 구체적으로 구현해내고자 한다. 물은 그의 작품 속에 녹아 있는 그리움, 안타까움, 진지함, 소외감, 의지력, 죽음, 사랑 등의 추상적 명제를 구체화하고 가시화하는 매개물이자 욕망의 변형된 상징물이다. 권용철의 창작동화는 어머니의 원초적 영상을 떠올리게 하는 물의 상상력을 통해 구현되며, 그 상상력을 어린 독자에게 생각할 수 있는 가능한 경험으로 확대시켜 나간 것이다.

"할머니 이 샘이 잊어버린 사람의 모습을 되살려 주는 물거울이어요?"
할머니는 아이의 얼굴을 뜯어보며 조용히 고개를 끄덕였습니다.
"아, 그럼 할머니, 엄마의 모습을 되살려 주셔요, 네? 제 머릿속에요."
아이의 눈망울은 눈벌 위에 살아나는 햇살처럼 밝아졌습니다.
"왜, 엄마가 없니?"
"네, 다섯 살 때 저 세상으로 가버리셨어요."
아이는 시무룩한 표정을 지으며 고개를 떨구었습니다.
"엄마의 모습을 잊어버렸니?"
"네, 아무리 생각해도 떠오르지 않아요."
"그럼 사진을 보지 왜?"
"한 장도 없어요, 엄마 사진이."
아이는 먼 하늘로 눈길을 보냈습니다.
"아버지가 어떻게 생겼다고 이야기해 줘도 떠오르지 않아요. 왼쪽 이마엔가 있는 검정 사마귀밖에 말여요. 얼굴이 갸름하고 입술이 도톰하고, 속눈썹이 길고, 코 끝이 약간 들렸다는데, 아무리 생각해도 떠오르지 않아요."

아이의 말소리엔 서러움과 안타까움이 안개처럼 서려 있었다.

"그렇게 보고 싶니 엄마가?"

"네, 하늘만큼요. 철 없을 땐 몰랐는데 여덟 살, 아홉 살이 되니까 못견디게 보고 싶어져요."

"생각나게 해주지."

할머니는 달걀 같은 아이의 얼굴을 쳐다보며 자신에 찬 목소리로 나직히 말했습니다.

〔…중략…〕

할머니는 박달나무 막대기로 물거울을 휘젓기 시작했습니다.

―「물거울」 일부분

「물거울」은 물거울의 신비한 반사경적 속성에 유추하여 잊어버린 어머니를 다시 보고 싶어하는 강렬한 심리적 욕망을 표현한 창작동화이다. "박달나무 막대기로 물거울을 휘"저었을 때 생기는 소용돌이처럼 일어나는 어머니에 대한 그의 갈애는 애처롭기까지 하다. 샘물은 잔잔하고 고요한 물이다. 이 고요한 물은 얼굴이 비치기 마련이어서 거울 작용을 하게 된다. 이러한 물의 거울 작용은 권용철 창작동화에 열려진 상상력의 기회를 제공한다. 하지만 그 기회는 자연적으로 생성된 것이 아니라 할머니의 '박달나무 막대기'로 휘젓는 인위적인 변화에 의해 일어난다. 이때 물의 움직이는 작용과 함께 이 동화의 주인물인 물거울을 바라보는 아이와 어린 독자는 동시에 심미적 기대감에 젖어드는 신비 체험을 하게 된다. 그것은 할머니가 물거울을 휘저어 소용돌이 무늬를 일으키면 "아무리 생각해도 떠오르지 않는" 어머니의 영상이 떠오르게 될지 모른다는 신비 체험이다.

이렇듯 「물거울」에서 보여주는 권용철의 어머니에 대한 갈애는 막연한 환상이나 꿈이 아니다. 물거울을 휘젓는 운동은 자신의 실제 체험에 입각한 어떤 기억 연상이 수축하고 확대되는 일종의 의식 작용이라 할 수 있다. 권용철에게 있어서 어머니의 기억 연상을 위해 수축하고 확대되는 물의 상상력은 어머니에게로 보다 가깝게 접근해 가는 무의식적 동경과 동일시된 충동인 것이다. 곧 「물거울」에서 보여주는 어머니에 대한 아이의 갈애는 안타까운 어린 시절의 기억이 그대로 남아 집요하게 압박하는 어머니에 대한 작가의 간절한 욕망의 일종이다. 따라서 이런 무의식적 동경이 현실적 체험과 상상적 경험으로 공존하면서 원초적 영상으로 그려진 것이 「물거울」이나 「가고 싶은 나라」 등 일련의 창작동화들이다. 그러므로 「물거울」의 아이나 「가고 싶은 나라」의 소야는 작가의 어린 시절 환영이 투영된 등장인물인 것이다. 이 같은 그의 어머니로 지향하는 집요한 욕망은 창작동화에서 장편 소년소설로 넘어오면서 더욱 구체화되고, 기억 연상의 의지도 또한 극적으로 드러난다. 물의 상상력은 창작동화에서 보여주던 얼굴을 비추는 작은 샘물이, 장편 소년소설에서는 바다라는 거대한 물로 확대되어 나타난다.

　　나는 점점 더 학교와 선생님들을 혐오하게 되었고, 더욱 문제아가 되어 갔다. 이런 나를 마음 속으로 구원해 준 것은 바다였다.
　　내륙에서 성장하여 바다를 본 적이 없어 그런지, 아니면 속박에서 벗어나려는 무의식적인 저항에서였는지, 나는 광적으로 바다를 동경하게 되었고, 어느새 마도로스가 되는 게 미래의 꿈이 되어 있었다.[7]

어머니에 대한 충동과 그 결핍이 방황으로 이어지던 권용철에게 구

7) 권용철, 앞의 글, p.100.

원의 돌파구가 된 것은 다름 아닌 '바다'라는 거대한 물에 의해서이다. 바다는 그에게 어머니라는 '속박'에서 벗어나게 하는 '무의식적 저항'이며, 어머니를 대신할 유일한 대체물이 되었다. 이것은 달리 말하면, 어머니에게로 지향하는 욕망이 그만큼 깊어지고 넓어졌음을 의미하는 것이기도 하다. 샘물이 고여 있는 물이라면, 바다는 확트여진 언제나 거대하게 움직이는 물이다. 이 거대한 물은 샘물처럼 인위적인 작용에 의해 움직여지는 물이 아니라 자연 현상에 의해 스스로 움직인다. 바다는 동성(動性)이며 멈춤이 없다. 멈춤이 없는 바다는 끊임없는 그 동성에 의해 존재 의미를 낳는다. 물로 된 근원 세계와 무한 세계가 그것이다. 항상 살아 움직이고 숨쉬는 그 거대한 바다는 그야말로 근원 체험이다. 그 체험은 인간에게 동경의 대상이 되고 이상을 심어준다. 이러한 바다는 권용철에게 있어서 어머니로 인해 생성된 현실적 방황이나 '무의식적 저항'으로부터 벗어나게 하고 새로운 욕망을 심어주는 계기가 된다. 그 욕망은 미래에 대한 꿈과 이상이 되기에 충분하다. 현실적 욕망의 변이체로 나타난 이 '바다'는 권용철의 장편 소년소설에서 보다 구체화되어 어머니를 떠올리고 그리워하는 주인물의 욕망을 충족시키는 직접적인 공간이 되었다.

　　파정은 시무룩한 얼굴로 바닷가로 내려갔다. 오늘따라 별나게도 엄마 생
　　각이 났다.

―「들장미 언덕」의 일부분


　　"상철이가 바닷가에 나가 트럼펫을 분 건 어머니가 그리워서 그랬대요.
　　저한테 보낸 편지에 그렇게 적혀 있었어요."

―「영혼이 부는 트럼펫」의 일부분

시무룩한 얼굴이 되었을 때, 트럼펫을 불고 싶을 때, 유별나게 어머니를 찾게 되는 파정과 상철이의 생득적인 충동이 바다와 직결되고, 또 그 바다로 인해 어느 정도 마음의 안정을 회복하게 된다. 언제 찾아도 변하지 않고 똑같은 모습으로 남아 있는 바다, 밀려갔다 밀려오며 끊임없이 움직이는 바다는 어머니를 향한 주인물들의 욕망을 새로운 꿈으로 생성시키는 중요한 체험이 된다. 이러한 생성의 바다야말로 어린이의 미래 의지나 이상과도 동일시되는 꿈의 심상이다. 바다 체험으로 인간의 근원적 욕망을 새롭게 생성하는 권용철의 문학은 바다의 근원체험과 상상적 경험이 결부되어 구현 의미를 드러내는 것이다. 따라서 작가의 체험적 진실로 생성된 정신적 존재양식으로서의 어머니와 현상적 생성양식으로서의 물은 권용철에게 중요한 경험의 의미들인 것이다. 결국 작가의 상상은 어머니에 대한 기억 연상이라는 근원적 생명성으로 귀결되지만, 물의 심상은 작가의 상상과 어린이의 이상이 자연스럽게 포개져 동화의 아름다운 표상이 되는 것이다. 이 아름다운 표상이 형상화되어 나타난 것이 동심의 순수한 울음이라는 권용철의 동화 세계이다. 이렇듯 아동문학이라는 그 제한된 테두리 속에서도 불가피하게 요구되는 구현의 자유를 권용철은 물(샘, 바다)의 상상력을 빌어 가능한 경험으로 확대시켰던 것이다.

　여기서 우리는 "단순한 하나의 이미지가 반복되고 집착되어 지속성과 안정성을 얻음으로써 그 독특한 의미를 획득할 수 있다"[8]는 지론을 받아들일 때, 권용철의 현실 체험과 상상적 경험 속에 생생하게 제시되던 어머니와 물이라는 두 개의 상상력은 하나의 동일성을 실현하는 근원적 체험이 된다. 즉 어머니와 물은 정신적 교감을 형상화한 상징으로서 어머니는 안으로부터, 물은 밖으로부터 도출되어 내면화된 욕망들인 것이다. 그러므로 어머니가 마음 속에 사무침으로 귀속되는 정

8) P. Wheelwright, 『Metaphor and Reality』(Indiana Univ. Press, 1973), pp.93~98 참조.

적 욕구이자 불가시성을 띤 정신적 활동의 한 양태라면, 물은 사무침을 불러일으키는 동적 욕구이자 가시성을 지닌 현상물이다. 좀더 쉽게 말하면, 권용철 동화 세계에서 어머니는 내면 깊숙이 간직된 그리움의 표상이며, 물은 그 신비를 제공하며 침잠된 상상력을 불러일으키는 매개물인 것이다. 이처럼 물의 상상력은 심층에 잠복된 어머니에의 그리움이, 실존의 가변성과 더불어 변이되는 순수한 움직임 속에서 구현된 권용철 동화 세계의 중요한 상징인 것이다.


## 3. 상상적 질서와 구현 의미

   권용철의 창작동화는 이렇듯 순수한 동심의 환영과의 만남과 어머니의 부재에 따른 현실 체험에 의해 일어날 수 있는 가능한 경험들을 신비스런 시적 환상으로 이룩해 놓고 있다. 이때 권용철은 창작동화 속에 인위적인 장치를 설정하여 상상력에 일정한 질서를 유지하고자 한다. 그 상상력의 질서는 동화의 공간 안에서 아이들의 지각으로도 언제나 인지 가능한 경험으로 인도된다. 이 과정을 살피는 일은 권용철 창작동화의 구조를 이해하는 일이기도 하다.
   권용철 창작동화의 구조는 현실을 초월하여 운위되는 황당무계한 환상을 억제하는 결정적 요인이 되게 한다. 그의 동화 구조는 언제나 현실에서 경험할 수 있는 현상적인 장벽을 배치해 두고, 그 장벽을 극복해 나가는 주인물들의 의지를 구현하는 데 적극적으로 활용된다. 그런 동화의 구조는 어린 독자들에게 현실적 삶을 이해시키는 한 방편으로 의도화된 정황이나 국면을 질서있게 제공한다. 따라서 권용철 창작동화의 공간 속에 배치해 둔 상상력의 질서를 밝혀내는 일은 그가 구현하고자 하는 동화의 의미에 한층 가깝게 접근하는 방편이 될 터이다.

## 1) 현상적인 질서 구도

창작동화의 정황이나 국면은 외부 세계에 대해 알고자 하는 욕망과 이야기하고자 하는 욕구에 의해 선택된다. 권용철의 창작동화에 나타난 정황이나 국면들은 자신의 체험적 진실을 드러내면서 한편으로는 어린 독자를 염두에 둔 가치있는 선택물이다. 어린 독자를 염두에 두었다는 것은 창작동화의 공간이 어린 독자가 인지 가능한 상상적인 질서로 구도화되었다는 뜻이다. 그는 창작동화의 공간 안에 실제 어린 독자가 현실적으로 인지 가능한 경험을 그대로 설정하여 현상적인 장벽으로 구도화해 둔다. 그 현상적 장벽은 필히 작중인물들이 시련을 겪어 나가도록 작가가 의도적으로 설치해 둔 동화 속의 장애 요소이다. 작중인물이 겪는 갈등의 원인과 사건의 발생 요인이나, 사건의 새로운 국면을 제시하는 데 중요한 요소로 작용하는 것도 이 현상적 장벽이다. 권용철의 창작동화는 현상적 장벽을 질서있게 설치해 두고 주인물이 그 장벽을 통해 시련을 겪고 또 극복해 나가는 과정을 이야기하고 있다. 어린 독자는 그 이야기의 구조를 통해 상상적으로 현실을 경험하고, 현실적인 삶을 점진적으로 이해하게 된다. 이러한 권용철 창작동화의 제반 구조는 그가 사전에 치밀하게 세운 창작기법이면서도, 동화 속의 가장 실제적이고 자연스러운 정황이나 국면이기도 하다. 권용철의 창작동화에서 작중인물이 극복해야 할 장벽 중 가장 대표적인 것은 전술한 바 있는 대인 관계에서의 소외나 불신, 그리고 어머니의 부재라 할 수 있다. 그 외 전체적인 작품을 통해 뚜렷이 살필 수 있는 현상적 장벽으로 정황이나 국면에 따라 다음 세 가지로 구별해 볼 수 있다.

하나는 계절의 변화에 따라 우리의 현실에서 경험하는 보편적인 자연 현상이다.

여름:

하늘은 여전히 동그랗고, 태양은 불볕을 내리 쬐었습니다.

언덕의 풀들은 조금이라도 더 물을 빨아 먹으려고 하나같이 아우성을 쳤습니다…….

"번쩍 번쩍……" "쿵쿼르르……" "딱따그르르……" 이 세상의 마지막이라도 온 듯 번개와 천둥은 쉴새없이 일었습니다…….

뿐만 아니라 "휘유웅!"하고 바람마저 거세게 불었습니다.

—「들국화」일부분

가을:

"엄마, 정말 조금 있으면 우리들이 엄마와 헤어지게 돼요?"

막내 단풍잎이 은백양나무를 빤히 쳐다보며 물었습니다.

"애들이 벌써 알고 있었구나!"

은백양나무는 가슴이 뭉클했습니다.

—「예술가와 은백양나무」일부분

겨울:

거센 눈보라가 울부짖으며 지나갈 때마다 할머니는 수수울타리와 작은 오막집이 통째로 날아가 버릴 것 같아 가슴이 조마조마했다.

광창에 어려 있는 석양빛이 사라지자 눈보라는 더욱 거세게 불어댔다.

—「겨울꽃」일부분

이와 같은 계절적 현상은 연약한 작중화자인 식물들이 반드시 겪어내야 하는 극복의 대상이다. 여름에는 불볕 더위·폭풍우·번개와 천둥·거센 바람 등을, 가을에는 쫓겨남·이별·죽음 등을, 겨울에는 눈보라·추위 등 어린 독자의 지각으로 충분히 인지 가능한 자연의 변화에 따른 제반 현상이다.

둘째로 동물의 세계 안에서 약육강식이란 자연의 순리 현상이다.

> 여우들은 청노루에게 고추연기를 뿜어 멀리멀리 쫓아버렸습니다.
> 뿐만 아니라 청노루 마을로 몰려가 눈물 거울까지 산산이 부수어 버렸습니다.
> 난초꽃과 매화꽃과 백합꽃도 시커먼 구둣발로 모두 짓밟아 버렸습니다.
>
> —「떠돌이 별」일부분

> 아카시아 숲과 바위투성이인 벼랑길을 넘어가야 했습니다.
> 게다가 골목에는 늑대들이 파란 눈을 번득이며 울부짖고 있었습니다.
>
> —「아기 사슴의 모험」일부분

> "이 젊은 사슴이 내 목숨을 구해주었소. 내가 사냥꾼에 쫓기고 있을 때 용감하게 나타나서 사냥꾼이 헛총질을 하게 했소."
>
> —「사슴과 노루여왕」일부분

이와 같은 동물의 세계에서는 약자로 상징화된 사슴·노루의 순진무구성에 대해 강자나 권력자로 부상되는 여우와 늑대의 교활잔악성과 사냥꾼의 무자비성을 대조적으로 설정해 둔다. 약자는 필수적으로 강자들을 극복해내기 위해 겪어야 하는 삶의 고통을 늘 감내해야만 한다.

셋째로 어린이에게 있어서는 그들의 신체적·정신적 성장 발육 과정에 장애를 가져다 주거나 생명을 위협하는 병(감기·몹쓸 병)이나 외로움 등이다.

아저씨는 손을 뻗쳐 선화의 이마를 짚어 보았습니다.

선화의 몸은 불덩어리처럼 뜨거웠습니다.

—「사랑의 자장가」 일부분


이화누나의 얼굴은 너무 희어 연두빛이 감도는 한 송이 배꽃 같았다.

"엄마, 음, 엄마……"

이화누나는 입술을 달싹거리다가 하얀 침대 위에 붉은 꽃 같은 피를 울컥 토했다.

—「들장미 언덕」 일부분


권용철 창작동화의 주된 화자는 대개의 경우 연약하고 온순한 동식물이거나 착하고 순진한 어린이들이다. 따라서 이들의 삶은 계절에 따라, 동물의 세계에서 보여주는 약육강식이란 자연의 순리에 따라, 어린이의 생명을 위협하는 병고나 외로움 등 현실적 장애 요소들에 언제나 노출되어 시련을 받게 마련이다. 권용철의 창작동화는 그 문학적 공간 안에 이런 상상적 질서를 배치해 두고, 어린 독자에게 현실을 이해시키는 데 보편 타당성을 추구한다. 이 상상적 질서는 우리의 일상적 관찰이나 체험에 의해 제공되는 일련의 규칙들이다. 이 규칙은 현실이든 상상이든 어린이들이 인지 가능한 현실에서 유추한 것이다. 실상 권용철의 창작동화는 이러한 현상적인 장애 요소들을 주인물들이 피하지 않고 직접 부딪치게 함으로써 의미화된다. 그 부딪침 과정에 필연적으로 요구되는 것은 주인물들이 겪는 시련에 대한 인내와 극복이다. 이런 과정은 주인물들이 직면한 외부 세계의 또 다른 매개적 인과에 의해서 극복된다. 다시 말하면, 계절적 변화 과정이나, 교활잔악한 강자나 권력자들에게 고통을 당할 때에나, 혹은 몹쓸 병으로 인한 죽음 등을 목격하거나 겪어내는 도중에 남의 도움이 연계되어 이루는 사랑의 전도이다. 이 사랑의 전도는 권용철 창작동화를 구현하고 의미화하는 데 또 하나의 중요한 국면이며 정황인 것이다.

## 2) 깨달음의 미학

권용철의 창작동화가 제시하는 다양한 상상적 경험들 중에서 진정한 동화의 미학을 지니는 것은 주인물들이 어려운 시련을 극복해 나가는 의지를 형상화하며 깨달음에 이르게 하는 상상력에 의해서이다. 그 깨달음의 상상력은 주인물이 자신의 존재 의미를 새롭게 발견하는 아름다운 이야기로 인도한다. 이런 이야기는 크게 두 가지 유형으로 이루어진다. 우리는 이 두 유형의 가치있는 상상적 경험을 통해 작가의 자율적인 기능 위에서 지향되는 창작동화의 구현 의미를 비로소 만나게 된다.

하나는 자연의 생태계에서 환경을 극복하며 생물이 살아가는 모습을 의미화한 국면이다. 이 국면은 동식물이 살아가는 동안, 겨울에서 봄·여름에서 가을·가을에서 겨울 등 계절의 변화나 유년에서 노년에 이르는 생태의 변화 속에서 그들이 삶의 의지로 어려운 환경을 극복해 나가는 아름다운 모습을 형상화한 것이다. 「들국화」, 「예술가와 은백양나무」, 「할미꽃」, 「봄 꿈」 등 주로 환상성이 짙은 단편동화를 통해 함축적으로 제시되어 있다. 이를테면 여름 내내 불볕 더위와 폭풍우로 인해 고통에 시달리던 들국화가 마침내 꽃을 피우며 외부 세계에 자신의 존재가 알려지면서 그 긴 여름을 이겨냈음을 깨닫고 자신의 소중함을 새롭게 인지하는 「들국화」 이야기라든지, 겨울을 맞이하며 그저 단순한 죽음으로 의미 없이 떨어지던 단풍잎들이 자신의 삶을 새롭게 깨달으면서 아름다운 낙엽으로 마지막 죽음을 연출해낸다는 「예술가와 은백양나무」의 이야기라든지, 또는 다른 꽃보다 먼저 봄을 알리려고 눈보라 속에서도 부지런히 일을 하여 겨울의 시련을 누구보다 빨리 극복하며 한 송이 꽃을 피워내는「할미꽃」이야기 등에서 작중화자들이 한 결같이 보여주는 것은 눈물겨운 삶의 의지력이다. 이들 작품은 모두 자연계 동식물의 생태에 의미를 부여하고 작중화자의 의지력을 형상화하여 자신의 참모습을 새롭게 발견한다는 이야기들이다. 이같이 권용철의 창작동화는 어린 독자들에게 자연계 동식물의 생태를 현실 그대로 이해시키려는 것이 아니라 동화적 팬타지로 형상화하여 작가에 의해 의도화된 새로운 의미를 부여한 것이다. 이런 이야기 유형을 창조적 재연이라고 할 수 있을 터이다. 그저 생물의 살아가는 모습을 재연한 것이 아니라 그들의 생태에서 삶의 의미를 새롭게 발견하여 삶의 소중함을 인지시키고 깨달음의 길로 이끄는 창조적 과정의 하나이기 때문이다.

또 하나는 작중인물이 어떤 도전에 대한 실패의 경험을 통해 현실을 새롭게 깨닫게 하는 의지의 형상화 국면이다. 이 국면은 미지의 세계를 알고자 하는 욕망과 그 욕망을 실현하고자 하는 등장인물의 강한 의지에 의해 구현된다. 또한 이 국면은 어린이의 모험심이 그대로 반영되어 경이감과 호기 본능을 지닌 아동의 심리에 부응한 이야기이기도 하다. 주로「들장미 언덕」,「영혼이 부는 트럼펫」등 장편 소년소설을 통해서 제시되어 있다.

"가지 마, 가면 죽어, 어른도 가 본 사람이 없단 말이야. 그 섬 주위의 바다엔 마귀가 득실거리고 있어. 입에서 빨간 불을 획획 내뿜는……."

"그 때문에 가겠다는 거야. 마귀들이 있고 아직 아무도 가본 적이 없는 섬이기 때문에 가보겠다는 거야."

명수는 도리어 의지가 더 굳어지는 것을 느꼈다.

어디서 그런 용기가 솟아나는지 제 자신도 놀라지 않을 수 없었다.

상철은 어이가 없는지 더 이상 아무 말도 않고, 아니 못 하고 명수를 빤히 바라보기만 했다.

"상철아, 너무 염려하지 마. 사람이란 그렇게 간단히 죽는 게 아냐. 생명은 의지가 강하면 강할수록 더욱 활활 불타오르는 거야. 우리 주위엔 우리의 생명을 빼앗아가려는 것들이 많아. 몹쓸 병도 그 중의 하나야. 언젠가 내가 이야기했지만 의지만 강하면 그 어떤 병도, 험한 파도도 물리칠 수 있어. 네 병 같은 건 아무것도 아냐. 살겠다는 의지만 강하다면 말이야. 내가 그 섬에 가려는 건 내 의지를 한 번 시험해 보기 위해서야. 내가 앞으로 얼마나 큰 일을 할 수 있느냐 하는 것을 알아보기 위해서야. 큰일을 하려면 의지가 강해야 돼. 보통 사람보다는 몇 배도 넘을 정도로 말이야."

명수는 저도 모르게 흥분되어 있었다. 마치 웅변을 할 때처럼 주먹으로 허공을 쥐어박기도 했다.

"내가 그 섬에 갔다 오면 네 병은 말끔히 나아 버릴 것 같아. 왠지 모르게 그런 생각이 들어."

명수는 먼 바다를 바라보며 나직이 중얼거렸다.

"듣고 보니 나도 그럴 것 같아. 네가 전설의 섬에 갔다 오면 내 병이 말끔히 나아 버릴 것 같아져."

—「영혼이 부는 트럼펫」 일부분


이 대목은 장편 소년소설 「영혼이 부는 트럼펫」에서 병이 들어 학교를 못 나가는 상철과 자신의 의지를 시험해서 그의 병에 대한 의지를 심어주고자 하는 명수와의 대화이다. 우리는 이들의 대화를 통해 미지의 세계를 알고자 하는 욕망과 그 욕망을 실현하고자 하는 강인한 의지에 불타는 주인물을 만날 수 있다. 명수는 의지가 강하면 강할수록 생명을 위협하는 모든 시련들을 이겨낼 수 있다는 강한 믿음을 지니고 있다. 그리고 그는 자신의 의지력을 시험해 보기 위해서 "아직 아무도 가본 적이 없는" '전설의 섬'인 미지의 세계에 도전하고 싶은 충동감에 사로잡혀 있다. 명수의 미지 세계에 대한 도전은 친구인 상철이에게 병에 대한 의지력을 심어주고자 한 우정의 발로로 표명된 것이다. 명수의 그 강한 의지력은 상철이를 동화시키고, 아무도 모르는 밤을 이용해 드디어 '전설의 섬'으로 떠나는 모험길에 오르게 만든다.

그러나 권용철은 미지의 세계로 떠나는 명수 일행에게 그 세계에 도달하여 종횡무진 연속되는 어떤 흥미로운 모험담을 어린 독자에게 제공하지 않는다. 권용철은 모험길에 오른 명수의 욕망과 상철의 기대감을 여지없이 깨뜨리는, 실패와 좌절감을 맞보게 하는 인위적인 국면을 그려놓는다. 바로 권용철이 「영혼이 부는 트럼펫」을 통해서 어린 독자에게 보여주고자 한 것은 주인물들이 미지의 세계로 향한 무모한 도전에 대한 쓰라린 패배의 경험이다. 그것도 두 차례씩이나 패배를 경험하도록 만들어 둔다. 우리는 이러한 주인물들이 보여주는 패배의 경험을 통해 권용철 문학 세계의 진정한 구현 의미와 가치의식을 확인해 볼 수 있게 된다. 두 차례에 걸친 쓰라린 패배의 경험은 주인물들이 자기 자신을 새롭게 깨닫게 하는 과정이자 자기 존재를 재인식하는 도정인 것이다. 이렇듯 이 「영혼이 부는 트럼펫」은 어린이들의 미지 세계에의 도전에 대한 시행착오와 더불어 정신적 성숙을 의미있게 이야기하고 있는 장편 소년소설인 것이다.

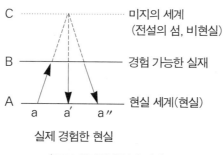

〈도표〉 의지의 형상화 체계

▲ 권용철의 장편 소년소설 『영혼이 부는 트럼펫』(갑인출판사, 1981).

이를테면, 도표(의지의 형상화 체계)에서 보는 바와 같이 출발지인 Aa지점(현실 세계)에서 명수 일행이 욕망 대상지인 C지점(미지의 세계, 전설의 섬)으로 가서 어떤 정황과 국면을 목격하며, 그들의 의지를 시험해 보고 또 새로운 변화를 추구하려 들지만, 그들은 결국 경험 가능한 실재 세계인 B지점에서 되돌아오고 만다. 이 길은 미지의 세계로 향하는 명수 일행이 두 번에 걸쳐 실패한 도정이다. 하지만 작가는 그들의 실패가 좌절만을 맛보게 하는 무모한 도전이 아님을 어린 독자에게 은연중 이야기한다. 그것은 그들에게 B의 지점까지 갔다옴으로써 얻어낸 값진 경험을 Aa′, Aa″(실제 경험한 현실)인 고귀한 경험과 깨달음에 두고 있기 때문이다. 다시 말하면 권용철은 어린이의 문학을 팬터지의 문학이라고 하여 그저 A의 현실 세계에서 C의 미지 세계로 옮겨가는 터무니없는 환상 세계를 구축하고자 한 것이 아니라 현실에서 유추된 기억 경험의 축적과 함께 한 단계씩 한 단계씩 경험의 세계로 점진적으로 진전하는 상상적 질서를 세웠던 것이다. 그럼으로써 그 경험을 토대로 하여 출발지인 Aa에서 실제 경험한 현실인 Aa′→Aa″로 한 차원씩 삶의 이해 범위를 넓혀나가고, 삶의 의미를 깨닫게 해주었던 것이다. 이 값진 깨달음은 어떤 차원에서 또 다른 차원으로 가는 과정에 B지점을 필연적으로 거쳐야 하는 통과제의적(rite of the passage) 의미를 찾아볼 수 있게 한다. 바로 권용철의 문학 세계가 보여주는 진정한 구현 의미는 현실 체험에서 비롯되어 상상적 경험으로 전이되는 과정 속에서 어린이에게 정신적 성장의 체험인 통과제의적 경험을 주고자 했던 것이다. 이것이 그의 문학 세계가 지니는 깨달음의 미학인 것이다.


## 4. 맺음말

이제까지 우리는 권용철의 체험적 진실이 어떠한 의미화 과정을 거쳐 아이들에게 가치있는 상상적 경험으로 구현되었는가를 살펴보았다. 권용철이 현실 체험으로부터 상상적 경험으로 획득한 구현 의미는 비현실적이고 허무맹랑한 환상동화가 갖는 문제점에 대한 문학성 회복에 기여하는 바가 클 것으로 여겨진다. 하지만 동화문학이 갖는 독자성의 입장을 고려할 때, 어떤 정황이나 국면의 선택에 있어 제한된 범주를 지니면서도 어린이 특유의 호기 본능에 의한 독특한 예술적 자유가 불가피하게 용인된 만큼, 문제는 작가가 얼마나 가치있는 동화의 의미를 구현하며, 어린 독자에게 심도 있는 현실적 삶의 이해와 경험을 가능하게 할 수 있는가라는 점에 있을 터이다.

권용철의 창작동화나 장편 소년소설에서 우리는 그가 가장 본질적으로 추구하던 순수한 동심의 환영과의 만남과 어머니의 부재에 따른 현실 체험에 의해 일어날 수 있는 가능한 경험들을 질서적으로 형상화하고 있다는 사실을 알 수 있었다. 그의 창작동화가 순수한 동심의 환영 위에 샘과 바다라는 물의 상상력으로 잠재된 어머니의 영상을 새겨 놓으며 어린 독자에게 신비 체험과 근원 체험을 제공하기도 한다. 그의 창작동화에서 어머니는 내면 깊숙이 간직된 욕망의 표상이며, 물은 그 신비를 제공하며 침잠된 상상력을 일으키는 매개물이기 때문에 가능한 일이다. 권용철은 이러한 체험적 진실을 통해 얻어낸 경험을 토대로 동화의 공간 안에 현상적 장벽을 설치해 두고 작중화자로 하여금 그 장벽을 인내와 의지력으로 극복하게 하면서 새로운 깨달음에 이르도록 하는 동화의 구조를 창출해 내었다. 깨달음의 경험들은 작가의 체험만으로 이루어지는 것은 결코 아니다. 거기에는 아동문학관에 대한 진지한 성찰이 전제되어야 함은 물론이다. 권용철의 창작동화는 '동심의 순수한 울음'이라는 아동문학관에 대한 투철한 성찰 안에서 구현된 가치있는 형상물이다. 권용철은 이러한 성찰 위에 순수성의 가치를 동화의 정황이나 국면으로 제시하여 동화의 미학을 끊임없이 추구해 온 대표적인 동화작가인 것이다.

권용철의 현실 체험들은 동화의 공간 안에서 어린이들의 지각으로도 언제나 인지 가능한 경험으로 환치된다. 그의 창작동화가 현실에서 체험한 가치있는 정황과 국면들을 동화의 공간으로 끌어들여 상상력에 질서를 부여하며, 어린 독자를 경이로운 경험으로 인도하는 동화의 구조를 창출해낸 때문이다. 그 동화의 구조는 작중화자들이 삶의 의미를 새롭게 발견하며 삶의 소중함을 인지시키고 깨달음의 길로 이끄는 창조적 재연이나 주인물들이 강인한 의지로 시련을 극복해 나가며 한 차원씩 삶의 현실에 눈뜨는 통과제의적 성찰을 인지시키는 데 용이한 방법이 되었다. 이렇듯 권용철 창작동화의 구조는 현실을 이해하고 새로운 삶을 경험하는 하나의 방법으로 운용한 창작 기법인 셈이다. 결국 권용철의 문학 세계는 실제 현실과 문학 현실의 공간을 교묘히 왕래하며 현실을 상상적 세계로 옮기고, 그 세계를 다시 현실로 환원시켜 나가는 상상적 질서의 과정을 통하여 동화의 형상 미학을 구축할 수 있었던 것이다.

동화문학의 이야기 본질은 사랑이다. 권용철의 창작동화에 나타난 구현 의미와 가치의식도 사랑의 전도라는 어린이에 대한 순수한 애정으로 빚어진 결과이다. 이처럼 동화문학이 사랑의 가치로 전도될 때 우리 동화문학의 장래가 밝아질 것은 분명하다. (1982)

# 순수에로의 끝없는 길 찾기

이효성론

## 1. 작가의 길과 생활인의 길

이효성(李曉成 1942~ )은 남다른 문학적 열정과 개성으로 등단 이래 한 번의 휴지기도 없이 부단히 자기 세계를 구축해 온 60년대 작가 중의 한 사람이다. 우리 아동문학에서, 선배 문인이라는 이름값 하나로 문단을 대표하려는 작가가 있는가 하면, 데뷔 작품이 곧 대표작이 되어버리고 작가라는 이름에 값하는 실질적인 창작 활동을 일찍 중단해 버린 일과성의 작가가 허다한 점에 비추어 보면, 이효성이 차지하는 문학사적 비중은 그만큼 크다. 그는 창작동화에 대한 문학적 각성과 동화작가라는 전문인적 깊은 자각 아래 여느 60년대 작가들보다 창작 영역의 폭을 넓혀온 작가이다. 그는 문학성이 뛰어난 단편동화와 장편 소년소설에서부터 아동의 전기·교양물에 이르기까지 폭넓은 창작의 영역을 감당해 왔다. 이 같은 이효성의 작가적 역량은 부지런하고 다재다능한 작가라는 긍정적인 측면으로 이해될 수 있지만, 자칫하면 명

▲ 단편 동화를 통해 순수 서정을 추구한 작가 이
효성.

랑소설 작가 내지는 교양물 작가라는
부정적인 일면으로 비칠 소지도 안고
있다. 그러나 거기에는 그럴 만한 그
의 이력이 내재해 있다는 점을 간과해
서는 안 된다.

분명 그는 60년대 작가들 중 남다른
이력을 지닌 동화작가이다. 그에게는
내세울 만한 학력이라든가 가정 형편
도, 만족할 만한 직장 생활이나 사회
활동도 없다. 오직 동화문학에 대한
열정과 집념이 그를 독학으로 동화작
가가 되게 하였을 따름이다. 그는 1942년 경기도 용인에서 삼 남매 중
장남으로 태어나 대전 등지에서 유년 시절을 보낸다. 일찍이 아버지를
여읜 그의 유년은 동화책 한 권 제대로 소유해 보지 못한 채 가난을 견
디어내야 했을 뿐, 아예 문학이란 말조차 들어보지 못하고 자란다. 뒤
늦게 성년이 되어서야 우연한 계기로 읽게 된 동화책에 감동받은 그는
오직 외곬으로 동화 창작에만 전념하게 된다. 직장 생활이라야 약 십
여 년간 몇몇 출판사를 전전하며 출판사 편집실에서 일한 것이 고작이
고, 줄곧 집에서 홀로 창작 생활에만 열중했을 뿐이다. 이 같은 변변찮
은 이력을 그는 첫 단편동화집 『달과 뱃사공』(세종문화사, 1975)의 「책
끝에」에서 솔직히 고백한 바 있다.

나는 어렸을 적에 동화 한 편을 읽어 보지 못하였다. 6·25라는 처참한 전
쟁 비극도 그 원인이었지만, 열한 살 때 아버지가 세상을 뜨셨기 때문에 누
르스름한 종이로 학습장을 매어 쓰기 바빴을 뿐, 동화책 한 권 손에 쥐어 보
지 못하였다.

그러다가, 스무 살이 넘어서야 우연히 동화책 한 권을 읽고 감동했다. 감동했을 뿐만이 아니라, 취직시험도 내팽개치고 동화 창작에 힘을 기울여 오늘에 이르렀다.

만일 아버지만 안 돌아가셨으면, '저 녀석은 크게 한 자리 할 거다'는 말을 나는 집안 어른들에게 자주 들어 왔다.

그랬다면, 나는 회전의자에 앉았을 것이다. 그리고, 지금쯤 배가 나왔을 것이며, 자가용을 굴릴 것이다.

하지만, 나는 장님이 되었을 것이다. 사람을 잘 몰라보는 눈뜬 장님이 되었을 것이고, 불에다 구워야 따뜻해지는 차돌멩이가 되었을지도 모른다.

이 고백은 그가 작가의 길로 들어서게 된 동기와 작가가 된 자부심을 함께 털어놓고 있는 소중한 이야기이다. 이 이야기를 요약하면, 그는 유년 시절 홀어머니 밑에서 그 흔한 동화책 한 권 구해 보지 못할 만큼 철저한 가난을 살아오다 나이 들어 우연히 읽게 된 한 권의 동화책에 감명받아 작가의 길로 들어서게 되었다는 것이다. 그러나 분명히 이 이야기는 그가 변변찮은 이력을 지닐지라도 돈만 아는 눈뜬 장님이 되기보다 참다운 삶이 무엇인가를 진지하게 성찰해 보는 작가가 되었다는 만족감과 자부심을 함께 읽게 한다. 그가 선택한 작가의 길은 회전의자에 앉아 거드름을 피울 만한 부유함을 가져다 주진 못했지만, 대신 자신에게 '눈뜬 장님'이 아닌 참다운 인간의 삶을 바라보게 하는 안목을 키워 주었다는 것이다. 거기에다 한 권의 훌륭한 동화작품이 지닌 감동은 무한히 살아남아 성인이 된 후에도 커다란 영향을 줄 수 있다는 평범한 진리를 체득했다는 것이다.

결국 그는 1969년 동아일보 신춘문예에 「네 발 달린 우산」이 당선되고부터 지금까지 뚜렷한 휴지기 없이 동화문학의 창의적 영역을 넓혀

오며, 60년대가 다 저물어 가던 그 해 막차를 탔던 그가 60년대 대표적 작가로 남게 되었다. 그는 1975년 첫 단편동화집 『달과 뱃사공』을 상재한 이래, 『울엄마』(삼성당, 1982), 『인형 아가씨』(예림당, 1983), 『뿌리 깊은 나무』(홍신문화사, 1983), 『잔디 놀이터』(꿈동산, 1983), 『호랑이네 집』(예림당, 1983), 『나팔공주』(견지사, 1984), 『열두 대의 꿈마차』(아동문예사, 1985), 『이야기하는 그림』(지경사, 1985), 『꽃송아지』(청화, 1985), 『꾀돌이 대장전』(예림당, 1986), 『황새와 촉새』(꿈나무, 1987), 『덜컹바람』(꿈동산, 1987), 『서울 동자꽃』(삼익출판사, 1990), 『사랑이라는 열매』(용진, 1991) 등의 창작동화집을 간행하며, 80년대 누구보다 부지런히 활동한 60년대 대표적 동화작가로 뚜렷한 자리를 잡는다. 그것은 오로지 그가 보여준 동화 창작에 대한 남다른 열정과 근면성에 기인한 것일 터이다.

그러나 그에게는 이 창작동화집 외에도 그의 이력에 소상히 밝히지 못한 약 150여 권에 달하는 위인전기물, 전래동화집, 명랑소년소설 등의 교양물이 있다. 바로 이 방대한 교양물이 그를 다재다능하고 부지런한 작가라는 호칭에다, 명랑소년소설 작가 내지는 교양물 작가로 평가절하하는 혹평의 대상이 되게도 한다. 하지만 그 방대한 저작물들은 그가 오직 어린이를 위한 글쓰기에만 매달려 왔던 문학인인 동시에, 그의 나이 사십 이후 어느 직장에도 몸담지 않고 글쓰기에만 의존하며 생활해야 했던 엄연한 생활인이라는 점을 고려해 넣는다면, 명랑소설 작가니 교양물 작가라 하는, 문학적 한계와 맞닿는 뉘앙스를 품고 있는 그런 호칭을 함부로 부여하지 못할 듯하다. 다시 말하면 이효성은 어린이물 전업작가로 창작동화에만 매달려 온 문학인인 동시에 생활인이라는 입장에도 충실하려 했던, 그 두 가지 활동을 옹색하게 나누어 쓰지 않으면 안 되었던 점을 감안해 두어야만 이효성에 대한 평가의 정당성이 유지될 수 있으리라 본다. 그런 의미에서 이효성의 동화

문학에 대한 올바른 이해는 우선 작가의 길과 생활인의 길을 극명하게
구분해 놓는 일로부터 출발해야 마땅하다.

이효성이 처음 작가의 길로 들어서면서부터 창작 활동에 세심한 열
정을 보인 갈래는 단연 단편동화이다. 그가 단편동화를 '모든 문학 중
의 꽃'으로 여길 만큼, 누구보다 단편동화의 심미적 특성과 가치를 중
요하게 인지한 작가라는 점에도 연유한다.

> 좋은 단편동화는 성인 소설문학보다 문학 예술성이 풍부해야 하고, 쉬우
> 면서도 그 작품 속에 철학과 사상이 깃들어져 뜻이 깊어야 한다. 굳이 외국
> 의 명작 동화를 들출 필요가 없다.
>
> 단편동화는 원고 매수가 짧다.
>
> 때문에 한 자만(토씨 하나만) 없애도 작품이 망가질 정도로 짜임새가 있
> 어야 하고, 짧은 원고 매수 안에 무게(주제)를 담아야 한다. 쓰기 쉬운 것 같
> 지만 사실은 잘 쓰기가 매우 어렵다. 신춘문예나 여러 잡지에서 동화 부문
> 을 단편으로 역량을 재는 것도 그 때문이리라.
>
> 또, 단편동화를 잘 쓰려면 철학이나 사상 외에도 시가 밑바탕을 이루어야
> 한다. 소설적인 구성도 필요하다. 여기에 희곡 같은 대화도 필요하다. 뿐만
> 아니라, 단편동화에는 미술성과 음악성도 곁들여져야 한다. 적당히 아이들
> 의 이야기나, 의인화로 꾸며 쓰는 것이 단편동화가 아니다.
>
> 모든 문학 중의 꽃처럼 다루어야 할 이 단편동화, 고도의 기법이 동원되
> 어야 성공할 수 있는 이 단편동화의 의식이 흐트러져서는 안 되겠다.[1]

우리는 이 글에서 단편동화에 대한 이효성의 중요한 문학적 관점을
포착하게 된다. 먼저 단편동화는 "토씨 한 자만 없애도 망가질 수 있는
짧은 글"이어서 고도의 기법으로 운용되어야 하는 문학이라는 인식이

---

1) 이효성, 「순도 높은 예술작품이라야 대접받는다」, 『아동문학평론』(1988년 봄호), p.134.

다. 훌륭한 단편동화는 비록 짧은 글이지만, 그 속에 시적 바탕과 소설적 구조, 희곡적 대화가 서로 유기적인 관련성을 맺고 긴밀하게 짜여지도록 고도의 문학적 기법이 필연적으로 동원되어야 한다는 것이다. 그가 "적당히 아이들의 이야기나 의인화로 꾸며 쓰는 것이 단편동화가 아니다"라고 단정지은 것은 이런 기법 문제와 관련된 지적이다. 또 하나는 단편동화가 쉬운 글이면서 종합적인 예술이라는 인식이다. 그 쉬운 글 안에는 철학과 사상이 깃들어 있어야 하고, 미술성과 음악성도 곁들여져야 한다는 것이다. 따라서 이 글에는 한 편의 '순도 높은 단편동화'란 그 짧고 쉬운 글 속에 고도의 문학적 기법과 깊은 예술성이 함께 어우러져 이룩된 동심의 문학이어서 필수적으로 작가의 확고한 창작 수준이 뒤따라야 한다는 지적이 담겨 있다.

한 편의 '순도 높은 단편동화'는 독자가 한정되지 않고, 폭넓게 읽혀지기 마련일 터이다. 이효성이 단편동화를 가리켜 "모든 문학 중의 꽃"이라고 말한 것은 바로 단편동화가 고도의 문학적 기법이 동원되어야하는 섬세한 문학인 데다, 독자의 층위가 한정되지 않은 가장 보편성을 지닌 문학이라는 인식에서 비롯된다. 아무리 문학성이 뛰어난 단편소설이라도 그 독자의 층위는 청소년 이상의 성인이라는 제한성을 갖게 마련인데 비해, 훌륭한 단편동화는 글자를 아는 사람이라면 나이를 가리지 않고 아이들로부터 노인에 이르기까지 폭넓게 읽혀질 수 있는 강점을 지닌다. 이효성이 인식하는 '모든 문학 중의 꽃'이라 할 만한 훌륭한 단편동화가 지니는 고유한 가치란 이처럼 독자의 층위에 제한 없이 누구에게나 감동을 공유할 수 있는 가장 보편성을 띤 순수 문학이라는 점에 있게 된다. 이효성은 이 같은 단편동화에 대한 가치 인식을 '단편동화의 의식'으로 규정하고, 단편동화에 세심한 관심을 기울여 왔던 것이다.

이 글은 그러한 이효성의 작가적 의식이 잘 반영된 단편동화만을 검토의 대상으로 삼고자 하였다. 사실 이효성이 단편동화를 중심축으로 창작해 왔고, 또 단편동화에 미학적 가치를 두었다고는 하나, 한 작가의 진정한 문학적 특질은 장·단편 가릴 것 없이 논의의 대상으로 삼아야 할 때, 그의 문학적 전모가 비로소 가능해지는 법일 터이다. 그럼에도 이 글에서 단편동화만을 논의의 대상으로 삼은 까닭은 이효성의 문학적 평가를 보다 객관화하고, 그의 작품 세계를 심화된 분석을 꾀하는 방향으로 나아가고자 함에 있다. 거기에는 장편 소년소설까지 검토할 경우, 자칫 생활을 위해 쓴 교양물을 잘못 건드려 그의 문학 세계에 나타난 문학적 특질을 잘못 전달할 수도 있다는 우려가 함께 작용했기 때문이다.

## 2. 정제된 이야기 구조와 순수 서정

단편동화에 대한 미학적 관점을 염두에 둔 이효성의 첫 단편동화집 『달과 뱃사공』에는 절대 순수한 삶의 아름다움을 구현하거나 순수 생명의 복원이라는 인간 내면의 미묘한 정감의 세계가 잘 담겨져 있다. 그 세계에는 서정성이 탁월하게 드리워져 자연과 인간의 상호 조응적인 동심의 공간이 조성되어 있다. 그의 탁월한 서정성은 등장인물의 주관적 의식으로 서두를 열어가는 방식에서부터 단일하고 정제된 이야기의 구조, 인간 내면으로부터 우러나오는 자연과의 순수한 서정적 교감, 농촌과 산촌을 중심으로 한 한결같은 서정적 배경, 동화적 은유성과 의인화의 기법으로 구축된 팬터지란 동화의 원리에 이르기까지 이효성 초기 단편동화의 중심을 이룬다.

한 편의 동화를 만들어 나가는 데 있어서 서두를 어떻게 제시할까 하는 고민은 작가라면 누구나 하게 마련이다. 먼저 이효성의 단편동화에서 서두를 열어가는 방식을 살펴보면, 서두에 등장인물의 의구심이나 상념, 혹은 근심이나 각성 등의 주관적 의식을 독백형식으로 제시하며, 현재의 상황을 암시해 놓고 있다.

①뒷산 골짜기가 희끗합니다.

그 눈은 여러 가지 짐승의 모습을 띠어 보이며, 잔뜩 웅크려 있습니다. 머리를 푹 숙인 채 근심에 쌓여 있습니다.

'봄이 왔는데, 왜 아직 날아가지 않을까……'

소년은 머리를 갸우뚱했습니다.

겨우내 내렸던 눈들이 이미 다 날아가 버렸습니다. 녹아 없어진 게 아니라, 아무도 보지 못하는 동안에 어디론가 날아가 버렸습니다.

—「눈과 소년」 서두

②나룻터에 강 건너는 손님들이 뜸해졌습니다.

뱃사공은 노를 천천히 저으며 강물 속에 잠긴 달을 굽어 봅니다. 그것은 마치 초록 포대기에 싸인 아기 얼굴 같았습니다. 아, 달아기였습니다. 노 젓는 소리조차 그 달아기가 코딱지를 발락거리며 코 고는 것처럼 들립니다.

그럴 때마다, 뱃사공의 눈꼬리에 웃음살이 번져나고 뻐드렁니가 한층 더 두드러집니다.

"여보셔유"

저편 나룻터에서 여자 손님의 다급한 부름 소리가 강물결을 타고와 뱃머리를 철썩 때렸습니다.

뱃사공은 대답 대신 노를 잽싸게 저었습니다.

—「달과 뱃사공」 서두

이효성의 첫 단편동화집 『달과 뱃사공』을 통람하면, 이처럼 이야기의 주제나 배경은 각기 다를지라도 서두를 열어가는 방식은 어떤 일정한 자기 나름의 전개 방법을 설정해 놓고 있음을 쉽게 간취하게 된다. 가령, ①의 경우는 등장인물의 의구심이나 깊은 상념을 내적 독백 형식으로 제시하고 있고, ②는 달밤의 고요한 풍경 속에 '다급한 부름소리'와 '대답 대신' '잽싸게' 노를 저어대는 뱃사공의 행동묘사에 담긴 심리상태를 청각현상으로 환치시킨 감정의 격류로 서두를 삼고 있다. 서두에서부터 등장인물의 주관적 의식을 표출하며 내적 갈등을 드러내고 현재의 상황을 암시해 준다는 것은 무엇보다 독자에게 감각적 인상을 심어주고 긴장감을 조성하며, 서정적 분위기를 일깨우는 데 커다란 몫을 하게 된다.

이효성의 단편동화에서 서정적 공간 조성에 보다 중요하게 기여하는 요소는 정제된 이야기의 구조이다. 그 이야기의 구조는 대체로 두 개의 큰 시퀀스로 짜여져 있다. 하나는 현실에서 일어난 단일한 사건을 역전시키거나 굴절시키는 일 없이 차근차근 늘어놓은 수평적 이야기이고, 다른 하나는 현실을 팬터지로 환치시켜 문제를 해결하고 또 주제를 부여하는 수직적 이야기이다. 다시 말해서, 전자가 현실이란 표면상 이야기의 성격을 지닌다면, 후자는 환상이라는 심층적인 이야기로서, 전체 이야기틀 속에서 서로 조응하는 두 개의 의미 구조들이다. 일단, 현실과 환상이라는 두 시퀀스는 서로 상치된 듯이 보이지만, 자세히 살펴보면, 일관된 글의 흐름 속에 선후 인과관계로 설정되어 전체 이야기틀 속에 조화를 이루고 있다. 따라서 『달과 뱃사공』에 나타난 이효성의 단편동화들은 대체로 그 두 개의 시퀀스로 인해 단순하면서도 압축적이다. 여기서 압축적이라는 것은 줄거리가 두드러지지 않는다는 뜻이다. 사건은 있되, 그 사건은 이야기 전개에 있어서 필연적인 사건이라기보다 중심인물의 순수한 내면을 드러내기 위한 계기에 지나지 않는다. 그래서 표면적 이야기 속에 내재된 사건은 에피소드에 가깝다. 그러한 사건도 단순한 이야기 구조 속에서는 전체화되어 이야기를 주도해 가고, 또 그 나름에 걸맞는 주제로 부각되는 듯이 보이게 마련이다. 그러나 이효성은 현실과 환상이란 서로 상치된 두 개의 의미 구조로 이야기를 대치시킴으로써 표면상의 이야기 속에 내재한 사건은 뒤의 심층적 이야기 구조 속으로 더 진전하지 못하고, 심층에 잠복해 있던 주제를 환기시켜 주는 구실만을 하게 된다. 곧 표면에 드러난 현실적 사건은 전체 작품 속에서 단순히 뒤에 따르는 다음 이야기와 연결시켜 주는 이야기의 매개 역할을 담당한다는 것이다. 이미 서두로 제시한 「눈과 소년」과 「달과 뱃사공」에서 그것을 확인하기란 그리 어렵지 않다.

①의 「눈과 소년」은 사냥이 가져다 주는 자연의 파괴 행위와 파괴된 자연에 대해 속죄하고, 또 원형 그대로의 복원을 꿈꾸는 산지기집 소년의 상념을 담은 단편동화이다. 정월 어느 날, 성묘를 핑계로 사냥을 나온 산 주인에게 사냥 길잡이를 부탁받은 산지기집 소년의 내면적 갈등으로부터 이 이야기는 시작된다. 누구보다 동물을 사랑하는 산지기집 소년은 산주인의 사냥 길잡이로 "안 가자니, 당장에 말림산을 내 놓으랄 것만 같아" 하는 수 없이 따라나서지만, 그들을 가급적 동물이 없는 곳으로만 이끌고 다니느라 지칠 대로 지친다. 그래도 산 주인이 바스락 소리를 듣고 총뿌리를 겨눌 때면, 소년은 살이 바짝바짝 마르도록 긴장이 되곤 한다. 어느덧, 눈발이 날리며 바람도 사나와져, 사냥꾼 일행은 사냥을 포기하고 하산하게 된다. 그러나 산을 내려오던 길에 불현듯 상수리나무 밑에서 그들은 산토끼 한 마리를 발견하고는 재빨리 엽총을 겨눈다. 이때 소년은 토끼몰이 시늉을 해 보이며 총을 못 쏘게 가로막아 보지만, 결국 산을 뒤흔드는 총소리와 함께 산토끼는 눈 위에 시뻘건 피를 내뿜으며 죽어 나자빠지고 만다. 그날부터 소년은 산토끼의 죽음이 자기 때문에 생긴 일이라며 깊은 상심과 죄의식에 사

로잡히게 되는데, 바로 이 대목이 「눈과 소년」의 전반부에 해당하는 표면상 이야기 부분이다.

후반부는 그 죽은 산토끼에 대한 속죄의식으로 상심에 잠긴 소년의 순수한 내면과 그 순수한 생명의 복원을 꿈꾸는 잠복된 심층의 이야기로 이어진다. 소년은 그후 토끼의 죽음이 있었던 눈 쌓인 골짜기를 자주 쳐다보는 버릇이 생긴다. 그 골짜기 눈이 좀처럼 날아가지 않고 있는 이유를, 소년은 토끼의 죽음을 차마 새겨가지고 날아갈 수 없다는 뜻이라고 생각하며 겨우내 슬퍼한다. 그러던 어느 날, 좀처럼 날아갈 줄 모르던 골짜기의 눈도 어디론가 날아가 버리게 되자, 소년은 봄 시냇물이 모락모락 김을 피워 올리는 냇가로 발길을 돌린다. 순간 소년은 봄 시내에서 하얗게 눈으로 뒤덮인 산토끼 한 마리가 목욕을 하다 뜻밖에도 구름처럼 흘러 하늘로 날아가는 것을 목격하게 된다. 엊그제만 하더라도 산골짜기에 움추려 있던 그 눈이, 토끼의 모습을 담아서 소년의 머리 위로 천천히 날아가는 것이다. 소년은 그 산토끼를 봄 시냇물에 깨끗이 씻겨 산토끼의 고향인 산골짜기로 데려다 주지 못하는 것을 못내 안타깝게 생각한다. 그렇게 해야만 소년은 그 산토끼가 다시 살아날 수 있고, 또 눈은 다음에도 "어김없이 이 세상에 찾아와 소년과의 아름다운 삶 이야기를 담을 것"이라고 믿고 있었던 때문이다. 하지만 이제는 소년도 "매일 냇가에 나와서 다른 눈들을 만나는 일"에 '한가닥 희망'을 걸어본다는 것이 「눈과 소년」 후반부의 심층적 이야기 부분이다.

이와 같이 앞 대목에서 주요 사건으로 처리되던 사냥 사건은 전체화되어 이야기 전개나 주제를 이끌어내는 필연적인 사건처럼 보이다가, 다음 대목으로 이어지면서 그 사건은 하나의 계기물에 지나지 않음을 알 수 있게 된다. 곧 사냥 사건은 주제의 부각에 필수적 요인으로 설정되어 이야기 전개에 전체화한 것처럼 보이지만, 실은 중심인물의 순수한 내면을 드러내는 데 필요한 보조 장치에 불과하다는 점이다. 그것은 다음 대목에서 사냥 사건이 소년에게 남긴 죄의식을 팬터지로 환치시켜 죽은 산토끼의 복원을 꿈꾸고 산토끼와의 화해를 기원하는 소년의 환영이 담긴 환상으로 굴절되는 것을 통해 드러난다. 그러므로 심층적 이야기 부분에 오면, 「눈과 소년」의 주제는 '사냥 사건'에서 '하얀 눈'으로 자연스럽게 옮겨가게 되고, 그 눈을 통해 파괴된 자연에 대해 속죄하고, 또 순수 생명의 복원을 꿈꾸는 소년의 상념만이 부각될 수 있었다. 바로 「눈과 소년」이라는 제목에서도 시사하고 있는 바와 같이, 이 단편동화의 중심 제재는 사냥이 아니라 눈이다. 사냥 사건은 단지 작품의 발단으로 제시되어, 전반부에서 후반부로 소년의 행위와 상념을 이어주는 인과물로 설정된 것이라 할 수 있다. 그런 반면, 눈은 이 이야기에 침잠된 주제를 끌어올리는 주된 제재가 된다. 눈들이 "어떻게 목욕을 하길래 몸과 마음이 천사같이 희어지는지"를 알아보고, 그 순수를 각인시키고자 한 계기가 바로 「눈과 소년」의 결정적인 창작 이유가 되었던 셈이다.

이효성은 이렇듯 「눈과 소년」에서 '하얀 눈'을 통해 파괴된 자연을 복원하고자 하는 정감의 세계를 드러내며, 인간과 자연의 순수한 서정적 교감을 이루어내는 내면 풍경을 그리고자 하였던 것이다. 따라서 「눈과 소년」에서 우리가 만날 수 있는 것은 절대 순수를 동경하는 신비적 아름다움이며, 인간과 자연이 서로 조응하는 탁월한 서정성의 세계이다. 그런 아름다움이란 눈이 녹아 없어지는 현실적인 소멸의 아름다움이 아니라 눈이 "아무도 보지 못하는 동안에 어디론가 날아가 버리"고 "소년의 꾸밈없는 모습과 생각과 말을 하나도 빠뜨리지 않고 촬영해 가기"도 하는 환상적 아름다움이다. 이처럼 「눈과 소년」은 때묻지 않은 순결한 '눈'과 순수한 '소년'의 마음을 환상적 공간으로 자연스럽게 끌어들여 유추와 연상을 통해 절대 순수한 삶의 아름다움을 부각시키고자 한 이효성의 동화적 은유성을 살필 수 있게 하는 작품이다.

②의「달과 뱃사공」은 회한의 서정시적 공간 속으로 녹아들어 가는 듯한 서정성의 깊이를 더해 주는 단편동화이다.「달과 뱃사공」은 젊은 시절 외아들을 잃은 늙은 뱃사공이 어느 달밤에 "댓 살쯤 되어 보이는" 아픈 계집아이를 업고 다급해 하는 여자 손님에게 강을 건네준다는 짤막하고도 단순한 이야기이다. 뱃사공은 손님이 업고 있던 계집아이를 들여다보다가 한바탕 껄껄 웃는다. 업힌 계집아이의 등에 또 인형아기가 업혀 있었기 때문이다. 배가 강 한복판을 지날 때, 뱃사공은 몹시 앓아 "엄마 등에 업힌 채 두 손을 척 늘어 뜨리고" 지쳐 잠이 든 계집아이와 그 "계집아이 등에 업혀" "두 눈을 동그랗게 뜨고 보름달을 쳐다보고" 있는 인형아기를 어깨 너머로 훔쳐보다가 그만 노를 헛젓는다. 그럴 때마다 배가 심하게 흔들거렸고, 엄마 등에 업혀 졸던 계집아이의 인형을 묶은 띠도 늘어져, 인형아기가 강물에 떨어지게 된다. 인형아기가 강물에 떨어진 줄도 모르고 자던 계집아이와 그 계집아이를 업은 여자 손님은 강을 다 건너오자, 뱃사공과 바삐 인사를 나누고는 집으로 돌아간다는 대목이「달과 뱃사공」전반부의 표면상 이야기 부분이다.

이때였습니다.

어디선지 아기의 울음소리가 가냘프게 들려왔습니다.

뱃사공은 배 위에서 또 강물을 굽어봅니다.

초록 포대기에 싸여 자던 달아기가 잠 깨어 울고 있었습니다.

'저어런······.'

혀를 쯧쯧 차고 난 뱃사공은 그 쪽으로 허겁지겁 노를 저어 갔습니다. 초록 포대기를 걷어 차고 우는 달아기 앞에 배를 대었습니다.

그리고 나서, 뱃사공은 달아기를 덥석 안아 올렸습니다.

"어이구, 오유월에 감기 들겠다."

뱃사공은 저고리를 벗어 흑흑 느껴 우는 달아기를 감쌌습니다.

"오오, 우지 마아. 엄마 불러 줄게"

그래도 달아기는 점점 더 흐느껴 웁니다.

"여보오—"

마중 나오며 부르는 아내의 목소리를 듣자, 뱃사공은 부리나케 노 저어 강가에 와서 달아기를 부둥켜 안고 모래사장 위에 껑충 뛰어내렸습니다.

이 이야기는 후반부로 이어지는 심층적 이야기의 첫 대목이다. 뱃사공은 그 여자 손님과 헤어지고 나서, 강 쪽에서 들려오는 가냘픈 아기의 울음소리를 듣게 된다. "초록 포대기에 싸여 자던 달아기가 잠 깨어 울고 있었"던 것이다. 뱃사공은 그 '달아기'를 안고 와서, 마침 마중 나온 자기 아내에게 "아기 젖 좀 줘" 하며 안겨준다. 달아기를 받아든 아내는 이내 한숨을 몰아 쉰다. 뱃사공 아내의 한숨이 채 걷히기도 전에 우는 계집아이를 업은 여자 손님이 잃어버린 인형아기를 찾으러 되돌아오고, 아내는 안고 있던 달아기를 여자 손님에게 되돌려준다는 이야기가 이어지는 후반부의 전부이다.

이렇게 짧고 단순한 이야기로 이루어진 「달과 뱃사공」에서도 우리는 두 개의 의미 구조를 확연히 만날 수가 있다. 또 「달과 뱃사공」에도 아픈 계집아이를 업은 여자 손님이 강을 건너는 동안, 뱃사공이 노를 헛 저을 때마다 계집아이의 등에 업힌 인형아기의 띠가 느슨해져, 인형아기가 강물에 떨어진다는 단순한 사건만이 복선처럼 깔려 있다. 그리고 그 단순한 사건도 이야기 주제를 드러내는 결정적인 사건이기보다 뱃사공의 내면에 감추어진 염원을 표출하는 데 필요한 계기물에 지나지 않는다는 사실도 마찬가지다. 이렇듯 「달과 뱃사공」의 이야기 구조도 이미 앞에서 살펴본 「눈과 소년」의 이야기 구조와 동일하다.

결국 이 이야기의 주된 매재는 심층적 이야기 속에서 돌출되는 '달아기'에 모아지게 된다. 여기서 달아기란 실제 어린 계집아이가 업고 있던 인형아기의 은유적 표현이자, 뱃사공 부부가 간절히 염원하던 달덩이 같은 아이란 동화적 팬터지이다. 이를테면, 달아기란 그 부부의 내면에 잠재해 있던, 키우고 싶어 하던 아이에 대한 간절한 소망을 순수 생명으로 복원시킨 의미체인 것이다. 우리는 숙련된 뱃사공이 노를 헛젓는 실수

▲ 이효성의 단편동화집 『달과 뱃사공』(세종문화사, 1975).

에서, 또 뱃사공 아내의 한숨에서 그것을 감지할 수 있다. 숙련된 뱃사공이 노를 헛젓는 실수 과정과 아내의 한숨이란, 그야말로 젊은날 외아들을 잃은 그들의 회한이자, 다시 아기를 갖고 싶어하는 간절한 열망을 동시에 인지시켜 주는 일이 되기 때문이다. 「달과 뱃사공」에서 달아기는 뱃사공 부부가 환영으로나마 아기를 갖고 싶어하는 순수한 염원을 살아 있는 생명체인 달아기로 은유화했던 것이다. 그 은유화는 생명이 없는 인형아기라는 단순한 개념을 넘어서 "초록 포대기에 싸여" "잠 깨어 울고" 있는, 살아 있는 순수 생명체로의 복원을 가능하게 해줄 수 있었다. 이처럼 「달과 뱃사공」은 진정으로 아이를 키우고 싶어하는 뱃사공 부부의 미묘한 정감의 세계를, 인간 내면에 역류하는 진지성을, 사물과 인간 사이의 서정적 교감으로 일구어낸 단편동화이다. 대상과 대상 사이의 서정적 교감으로 교통하는 은유성과 의인화란 동화적 원리는 이효성의 첫 단편동화집 『달과 뱃사공』에 담긴 미학적 특

질이며, 그의 독특한 이야기 구조를 통해서 잘 드러나고 있다.


## 3. 자기 연민과 순수한 인간상의 발견

이효성의 단편동화에 나타난 탁월한 서정성은 독특한 이야기 구조에서뿐만 아니라 등장인물들의 티없이 맑고 순수한 인간상을 통해서도 명확히 드러난다. 이효성의 단편동화 속의 중심적인 인물이나 화자는 농촌이나 산촌에서 살아가는 가난한 아이들이며, 도시 문명에 물들지 않은 순수한 아이들이다. 「은행나무와 그 친구」에서의 병호, 「눈과 소년」에서의 소년, 「바다의 소년」에서의 해규, 「하얀 꿈길 이야기」의 소녀와 율이 등 대개의 경우, 그들은 자신들의 행동을 순수하게 꾸미려 하거나 착한 일을 일부러 만들어 하지 않는다. 그저 주어진 환경 안에서 긍정적으로 사고하고, 자신들의 모습 그대로 천진스럽게 행동할 뿐, 의식적으로 의미화하지 않는다. 그렇다고 그들이 자신들은 생활해 보지 못한 미지의 세계에 대한 무모한 동경이나 허황된 꿈을 꾸는 것도 아니다. 이효성 단편동화 속의 등장인물들은 어린이나 어른 할 것 없이 따뜻한 인정에 감동하고 인간 본연의 모습에 동화되는 온정적인 인물들로 자기 앞에 놓여진 삶과 자신의 행동을 그대로 인지하고 수긍할 뿐이다.

가령, 단편동화 「아기와 도둑」을 보면, "아가는 아랫목에 반듯이 뉘인 채 잠들어 있고, 그 옆에 엄마도 아가 쪽을 향해 모로 누워 자"지만 "회사일이 무척 바빠서 매일 통행금지 시간이 가까워져야 집에 들어오곤" 하던 "아빠는 보이지 않는" "밤 12시 5분", "두 눈만 내놓고 얼굴을 검은 보자기로 가린" 도둑이 들어와서 아가를 위해 산 물건들을 몽땅 훔쳐가려 한 사건이 일어난다. 때마침 도둑은 "제 방구소리에 놀라화들짝 잠이 깬"아가의 눈과 마주치게 되자, 아가 엄마가 깨지 않게 하기 위해서 아가를 어르다 그만 아가의 마음과 동화되어 도둑질을 포기하고 만다. 이효성의 단편동화 속의 등장인물들은 「아기와 도둑」에서처럼 비록 도둑일지라도, 도둑질을 포기할 정도로 순수한 내면을 지닌 온정적인 인물들로 입상된다. 그것은 이효성이 자각하고 깨달으며 크는 아이들에게 따뜻한 인정으로 주어진 본연의 모습을 깨닫게 하면서 인간 본연의 순수성을 회복해 가는 인간상을 그리려 한 데에 기인한다. 따뜻한 인정으로 서로 위로하며 살아가는 온정적인 인물들은 신춘문예 당선 작품인 「네 발 달린 우산」에서부터 일관되게 펼쳐 보인 이효성 단편동화의 전형적인 인간상이다.

「네 발 달린 우산」은 한 가난한 아이가 자신에게 베풀어 주는 따뜻한 인정 앞에서 미묘한 감정의 변화를 내보이는, 인간의 순수한 내면을 그린 단편동화이다. 현이는 회사에도 못 나갈 정도로 편찮으신 아버지 때문에 "그 흔한 비닐우산조차 하나 사달라는 소리를 못하는 형편"인 가난한 집 아이다. 어느 날 현이는 학교에서 비를 맞으며 집으로 돌아오는 길에, 우산을 받쳐주는 고마운 신사분을 만나게 된다. 그 신사는 자신의 집에까지 와서, 문득 그 비닐우산을 현이에게 주고는 집으로 들어가 버릴 정도의 온정적인 인물이다. 현이는 신사의 따뜻한 정에 눈시울을 붉히며, 내일 아침 일찍 그 우산을 갖다 드리리라 마음먹고 집으로 돌아온다. 다음날 현이가 그 비닐우산을 갖다 주러 신사의 집으로 가는 도중, 갑자기 불어닥친 사나운 비바람에 그만 비닐우산이 뒤집혀져 망가지고 만다. 현이가 신사의 집 대문 앞에서 망가진 우산을 들고 어찌할 줄 몰라 할 때, 마침 출근하는 그 신사와 마주치게 된다. 신사는 그런 현이에게 오히려 미안쩍어하며 망가진 비닐우산을 쓰레기통에 버리고는, 대신 자기의 깜장우산을 같이 쓰고 가자고 한다. 현이는 또다시 신사의 따뜻한 친절을 뿌리칠 수 없어 그분과 함께 우산을 받고 학교를 가게 되었는데, 어느새 비가 그치자 신사는 그 깜장우산을 자신의 집에 갖다 달라는 심부름으로 현이에게 주고는 회사로 가버린다.

학교에서 넷째 시간이 끝날 무렵, 느닷없이 하늘이 찌푸려지며 다시 장마비를 뿌리기 시작한다. 현이는 그만 신사에게 '고마운 심부름거리'로 받아온 깜장우산이 도리어 '무거운 폐끼침'으로 바뀌어 고민하게 된다. 궁리끝에, 현이는 그 신사분의 퇴근 길에 내리는 버스 정류장에서 기다렸다 우산을 받쳐드리는 것이 보답하는 길이라 생각한다. 방과 후, 현이는 버스 정류장으로 나가 그 신사분을 기다리다, 거기서 우연히 누군가를 기다리는 차유미라는 같은 학교 학생을 만나게 된다.

그러자 현이는 가슴이 마냥 뛰었다.
'신사를 반기는 걸 이런 때에 저 아이에게 보여줬으면…….'
"어쩌, 울 아버지가 안 오신다."
현이는 일부러 차유미가 들으라고 중얼거렸다. 그 순간, 얼굴이 화끈했다. 엄청난 거짓말을 하였기 때문이다. 그렇지만, 현이는 신사를 제 아버지인 양 뽐내는 잘못에 차차 재미들었다.
"울 아버지가 회사에서 곧 오신다고 전화 했는데……."
이렇게 거침 없이 지껄인 현이는 얼른 멋진 신사 아버지를 반겨서 우산을 받고 싶었다. 그걸 차유미에게 보이고 싶었다.

이렇듯 현이가 버스 정류장에서 친구를 만나게 되자, 뜻밖에 묻지도 않은 '엄청난 거짓말'을 서슴없이 하게 된다. 그것은 단순히 '차유미에게 보이고 싶은' 마음에서 나온 자랑심리의 발로이다. 이런 현이의 당돌한 자랑심리는 일종의 자기 현시라기보다는 인간적 순수함이 담긴 자기 연민이며 위안이기도 하다. 일 년째 앓아 누우신 아버지와 "약값도 달리는 판이어서 그 흔한 우산조차 하나 사달라는 소리를 못 할" 정도로, 갑자기 불어닥친 가정의 불행에서 온 정신적 소외를 스스로 달래고자 하는 보상심리이기 때문이다. 그런 자기 연민은 무의식적인 반사 행동으로 표출된 현실적 상황에 대한 아이러니이자, 자신의 불행을 감싸안고 행복으로 발현하고자 하는 순수한 인간 내면의 진솔한 표현법이라 할 수 있다. 그러나 현이의 보상심리도 신사가 버스에서 내리면서 어이없이 깨지고 만다. 그 신사가 바로 차유미의 아버지였기 때문이다. 순간 현이는 스스로 한 '엄청난 거짓말'에 대해 쥐구멍이라도 찾고 싶도록 부끄러워서 도망치려다가 신사에게 붙잡힌다. 그리고 그 신사는 현이에게 "아버지 친구도 아버지라고 부르는 법 누가 가르쳐 주던?" 하면서 "아버지 친구도 아버지라고 부르는 법"이라고 새롭게 각인시키며, 현이의 처지를 따뜻하게 감싸안아 주는 것이다.

현이는 그들 부녀가 함께 쓰고 가는 '네 발로 걸어가는 깜장우산'을 뒤에서 바라보며, '뜨뜻한 눈물'을 흘린다. 그 '뜨뜻한 눈물'의 의미란 자기 처지의 처연함에서 오는 비관적인 눈물이기보다 자신을 바르게 인지시켜 주고 따뜻한 인정으로 감싸안아 주는 현실에 대한 보답의 눈물일 것이다. 바로 이 단편동화의 제목인 '네 발 달린 우산'이란 표면적으로는 신사와 그의 딸인 유미가 함께 우산을 받으며 빗속을 걸어가는 다정스런 모습을 의미하겠지만, 심층에는 순수한 본연의 모습을 새롭게 인지시켜 주는 현실의 따스한 사랑의 교감을 의미하는 것이라 할 수 있다. 이처럼 이효성의 단편동화 속에 등장하는 인물들은 대체로 자신의 불행을 인식하면서도 자신의 삶을 비관하지는 않는다. 또는 불행한 삶과 세계를 의미있고 행복한 것으로 변화시키려는 행동에 스스로 뛰어들지도 않는다. 다만 현이처럼 그러한 현실을 수긍하고 인지하며 또 각성할 따름이다.

「하얀 꿈길 이야기」에서의 등장인물도 스스로의 각성을 통해 인간 본연의 순수에로의 복귀를 열망한다. 「하얀 꿈길 이야기」에서의 소녀는 깊은 산골에서 국민학교를 졸업하고 삼 년 동안 집안일을 돌보다가 아는 사람의 소개로 서울에 올라와 친척집에서 생활하며, 양품점 직원으로 일하게 된다. 여덟 살박이 동생 율이와 헤어질 때 그들은 서로 거울을 보지 않고, "옹달샘이나 냇물 속의 파란 하늘보자기에 자기의 얼굴을 비추면서 살아가자"는 약속을 한다. 그러나 서울에 온 소녀는 양품점의 점원으로 취직하고, 납작한 코를 오똑하게 성형수술하고부터 아예 백 속에 손거울을 넣고 다니며, 율이와의 약속을 깨뜨릴 뿐만 아니라 "속눈썹을 붙이고, 손톱도 빨간 매니큐어를 칠하고, 요즈음 유행하는 맥시 코우트를 입고" 출근하면서 아예 '하얀 꿈길 이야기'는 잊고 살아간다. 그러던 어느 날, 소녀는 꿈에 '하얀 꿈길'에서 누나를 알아보지 못하는 동생 율이를 만나고부터 동생과의 약속을 어긴 것에 대해 새롭게 각성하기 시작한다.

이 「하얀 꿈길 이야기」는 우리에게 소녀와 율이가 '거울'로 자신의 얼굴을 비춰보지 않고, 대신 "샘물에 비친 파란 하늘보자기에 자기 얼굴을 비추며 살아가자"고 한 약속을 되짚어보게 한다. '거울'이 지닌 속성이란 자신의 모습을 비추어보는 행위 곧 자신에 관한 바라봄이다. 인간은 거울이든 사진이든 실물로서가 아닌 하나의 차폐물을 통해서 간접적으로 자신을 들여다볼 때 평소의 나보다 좀더 신비롭고 아름다운 모습으로 비춰지기를 바란다. 동생과의 약속을 깨뜨린 소녀의 거울은 엿보는 쾌감을 지닌 의식의 거울이며, 일종의 차폐물의 역할을 하고 있다. 그러므로 소녀와 율이가 자신들의 얼굴을 비춰보지 않기로 약속한 거울은 인위적인 현대문명의 이기로 만들어져, 자기 치장을 조장하며 순수를 훼손한다는 인식에 기인한 거울일 터이다. 반면 '샘물에 비친 파란 하늘보자기'는 자연 그대로의 순수한 거울이다. 소녀가 파란 하늘보자기에 얼굴을 비추며 살아가자고 한 동생 율이와의 약속은 그러니까 자연 그대로 순수한 본연의 모습을 잃지 말자는 굳은 언약인 셈이다. 어쩌면 이 언약은 소녀가 산골을 떠나 도회지에서 살더라도 하얀 꿈길의 순수성을 잃지 않고 살아가겠다는 자기 스스로 가슴에 새겨둔 다짐일 터이다. 이처럼 「하얀 꿈길 이야기」는 티없이 맑은 순수한 모습 그대로 살아가는 동생 율이와 스스로 순수에로의 복귀를 꿈꾸는 소녀의 정결성을 아름답게 그린 단편동화라 할 수 있다. 이 같은 순수한 인간 본연의 모습으로 복귀하고자 하는 염원이 이효성이 추구하는 단편동화의 세계이다.

따라서 이효성의 단편동화 속에는 사랑 받지 못하는 불행한 환경에서 성장기 아이들이 겪는 정신적 외상이라든가 그런 유년 시절의 정서를 대변하는 작품은 어디에서든 찾아보기 힘들다. 아이들의 꿈과 모험의 세계를 실감나게 체험시키는 작품도 찾아볼 수 없다. 단지 그의 단편동화 속에는 따스한 인정으로 감싸안은 아이들이 스스로 자각하고 또 자연과 동화되어 자아의 진실을 확인하며, 순수성을 지켜나가고자 하는 이야기로 가득 차 있을 뿐이다. 그래서 이효성은 아이들의 세계를 적극적인 태도로 그리기보다는 관조적인 태도로 바라본다. 그것은 그의 문학적 모색이 아이들에게 처해진 현실을 초극하는 인간적 욕망이나 현실에서 위안받는 개인적 연민 등을 표나지 않게 따스한 인정으로 감싸안으면서 순수라는 삶의 지표로 나아가고자 했기 때문이다.

이효성의 단편동화 속에 일관되어 흐르는 중심 이미지는 바로 '눈'이다. 「함박눈」, 「눈과 소년」, 「눈보라」, 「눈사람 마을」, 「하얀 꿈길 이야기」, 「아기 손님」 등과 같이 눈을 직접 제목으로 삼았거나, 혹은 눈을 소재로 한 작품들이 유난히도 많이 등장한다. 유독 눈이 많이 등장한다는 것은 하얀 눈꽃송이와 같은 순수성과 정결성이 그의 단편동화 세계의 바탕을 이루고 있다는 증거가 될 터이다. 이렇듯 이효성은 단편동화를 통해 순수라는 추상 세계를 구상화하는 작업을 시도함으로써 인간 본연의 아름답고 순수한 인간상을 정립하고자 했던 것이다. 결국 이효성의 단편동화는 관조하는 아이들의 순수한 세계를 탐구하여 순수한 인간상을 발견해내고, 인간과 자연이 서로 조응하는 동심의 공간을 이룩해낼 수 있었다.

## 4. 실존적 자각과 고향 지향성

이효성은 초기 단편동화를 통해 내향적 세세로의 지향을 꾀하며 인간 내면에 존재하는 순수성의 발견에 주력해 왔다. 그는 동심을 순수한 근원 세계로 인식하고, 단편동화로 현대 사회에서 마멸되어 가는 인간적 정서의 회복과 순수한 생명에로의 복원을 꿈꾸어 왔다. 그러나 첫 단편동화집 『달과 뱃사공』 이후, 이효성은 보다 뚜렷하고 다양한 주제의식을 드러내는 방향으로 나아가며, 외향화된 아이들의 삶의 모습을 애정깊게 포착해내고 있다. 그런 아이들의 삶의 모습도 결코 과장하거나 미화하지는 않는다. 이효성은 이들에게 사랑의 소중함을 직접적으로 각인시켜 주며, 행복한 삶으로 나아가는 가능성의 세계를 펼쳐 보이고자 한다. 가령 「코끼리차」에서 보듯, 이름모를 꽃 한 송이에도 사랑의 소중함을 인식시키려 하고, 「사랑이라는 열매」에서처럼 과일 하나가 탐스럽게 익어가는 데에도 자연과 인간의 섬세한 사랑의 과정이 필요함을 일깨워 주기도 한다. 또한 「겨울 봄날에」, 「우리들의 꽃나무」, 「행복을 사온 아기」, 「아기 손님」 등의 작품들에서 보듯, 평온하고 안정된 행복한 삶은 어디에서 오는가 하는 것을 아이들의 생활 주변에서 일어날 수 있는 현장감 넘치는 삶의 이야기를 통해 제시하기도 한다.

이렇듯 첫 단편동화집 『달과 뱃사공』 이후, 이효성의 작품 세계는 내향적 성격을 지닌 인물을 통해 순수성의 세계로 내밀하게 지향해 오던 창작 방향을 바꾸어, 외향화한 인물을 통해 사랑의 소중함을 일깨우며 순수한 인간적 정서의 회복으로 나아가고자 하였다. 그것은 그가 아이들의 가난한 삶을 이야기하고 있을지라도, 사랑이라는 자아의 진실을 확인하는 의미로운 삶 속에서 행복을 꽃피울 수 있고, 순수라는 삶의 근원에서만이 사랑이 살아 움직이는 힘을 발휘할 수 있다는 믿음 때문일 것이다.

『달과 뱃사공』 이후, 이효성이 진정으로 근원적인 행복을 찾고 순수한 인간 정서의 회복을 꿈꿀 수 있었던 것은 자연이나 고향이라는 소중한 가치를 지닌 곳의 상실로부터 비롯되는 실존적 자각에서 촉발된다. 그가 인식하고 있는 자연 혹은 고향이란 삶의 가장 순수한 원형을 온전하게 보전하고 있는 '최초의 세계'이다. 우리의 삶은 자기가 태어난 고향으로부터 시작되고, 그런 고향은 인간의 육체와 영혼의 근원적 안정이나 은신처로 삼을 수 있는 유일한 공간이다. 순수성을 고스란히 간직하고 있는 행복한 유년의 추억은 고향의 정겨움으로부터 비롯되며, 그곳은 늘 형용할 수 없는 그리움이 함께 추억된다. 따라서 이효성은 인간이 희구하는 가장 본원적인 것을, 자연을 사랑하는 아이들의 근원적 삶의 모습이나 「그리너라 언덕」, 「고향나무 이야기」, 「내가 그린 그림」, 「내가 찍은 사진」, 「열두 대의 꿈마차」 등 나를 태어나게 하고, 어린 시절이 실존적 자각으로 다가오는 일련의 고향을 주제로 한 단편동화를 통해 구현하고자 한다. 그만큼 현재 그의 고향 인식은 고향이 행복하고 화사한 유년의 추억을 온전히 간직하고 있는 아름다운 회상의 공간으로 남지 못하고, 근대화의 물결을 타고 그것을 고스란히 상실한 회한의 장으로 남았다는 방증일 터이다.

첫 단편동화집 『달과 뱃사공』 이후, 이효성의 작품세계는 이같이 상실한 고향의 복원으로 지향되면서 원초적인 자연에의 동화나 실존적 자각을 구체화하며 삶의 근원적 안정을 회복하는 길을 모색하기에 이른다. 그에게 고향 상실은 아름다운 인정과 버릇처럼 해오던 일거리의 상실뿐만 아니라 어느새 도시화의 진행으로 옛 모습조차 사라진 원형의 상실을 절실히 경험하게 만든다. 그것은 60년대 이후 도시 중심의 급속한 산업화 과정에서 새로운 사회·경제적 기회의 도시 편중이라는 상황이 야기되고, 이에 따라 농촌은 이른바 이농 현상과 개발 붐에 따른 자연 파괴로 이어지는 새로운 사회 현상이 낳은 결과이다. 연립주택 정문에 앉아 새끼를 꼬는 두 노인을 찍은 「내가 찍은 사진」의 두 번째 사진에서 그 같은 고향 상실의 편린을 읽게 한다.

「내가 찍은 사진」의 두 번째 사진은 "시골의 집과 논밭을 모두 팔아 아들에게 주고는" 연립주택으로 이사해 오면서 무료하게 살아가는 두 노인의 이야기이다. 연립주택은 도시의 인구 편중이란 산업화 과정에서 필연적으로 생겨난 전형적인 도시형 건축물의 하나이다. 두 노인은 고향을 떠나오면서부터 일거리를 잃고, 하릴없이 연립주택 밖 벤치에 앉아 매일 장기판이나 두드리며 소일하고 있는 형편이다. 그러던 어느 날, 한 노인이 '한가한 일거리'를 찾아보자는 제안을 하게 된다. 농촌에서 농사일에 익숙해 있던 그들에게 한가한 일거리란 새끼 꼬는 일밖에는 달리 없었다. 한 노인이 그 길로 전철을 타고 가까운 시골에 짚 몇 단을 구하러 간다. 노인은 어렵게 짚 몇 단을 구해 비닐끈으로 동여매고는 전철을 타지만, 검불이 삐어져 나와 승객들에게 구박을 맞는다. 그뿐 아니라 연립주택 정문 앞에서 새끼 꼬는 일도 그리 편치 않다. 수위 아저씨가 눈살을 찌푸리더니, "연립주택 자가 운전 아줌마"들에게 "연립주택 값이 뚝 떨어진다"며 극성스런 항의를 받는다. 어느새 연립주택 사람들이 잔뜩 모여 새끼 꼬는 노인들을 경멸스런 눈초리로 구경하더니, 마침내 경찰을 불러온다. 결국 이 작품은 노인들의 새끼 꼬는 일이 연립주택 정원에 있는 나무들을 얼어죽지 않게, 나무 밑동을 새끼로 둘러쳐 주려는 월동준비임을 알게 되고는 그들이 부끄러운 듯이 슬금슬금 자리를 피한다는 이야기이다. 이렇듯 이효성에게 고향의 상실은 이농의 결과로서 버릇처럼 해오던 일거리의 상실을 의미하기도 한 것이다.

인간은 나이가 들어갈수록 절실히 고향 그리움에 젖어들게 마련이다. 그런 고향이 도시화의 진행으로 옛 모습조차 사라진, 원형을 완전히 상실한 고향이라고 했을 땐 고향에 대한 아쉬움과 허무함은 이루 말로 다 헤아릴 수 없을 듯하다. 이효성의 단편동화에 있어서 인간이 희구하는 이러한 본원적인 자연과 고향의 회복은 「그리너라 언덕」에서 보다 구체화된다. '그리너라 언덕'이란 "부모님이 가꾸시던 꽤 넓은 콩밭"의 다른 이름이다. 그에게 고향의 상실은 '그리너라 언덕'의 원형 상실을 뜻하기도 하지만, 그 속에는 부모님이 피땀으로 남겨준 눈물겨운 가난 극복 정신도 함께 상실되어 있다. 그러므로 그의 고향 상실감은 행복하고 화사한 유년의 추억이 간직된 향수 어린 고향의 상실을 넘어서, 가슴 아픈 회한과 속죄 의식을 함께 가져다 주었던 것이다.

"일찍이 홀로 되신 네 증조 할머니께선 겨울만 빼놓고, 매일 그 밭에서 살다시피 하셨단다. 그 밭을 혼자 일구시어, 농사를 지으셔서 독자인 이 할아버지를 키우셨단다. 네 증조 할아버지는 양반인데도 전에 남의 집 머슴을 사셨어. 그래서 모아 둔 새경으로 거친 자갈 언덕을 장만하셨단다. 그 자갈 언덕이 기름진 콩밭으로 바뀌어진 것은, 장가 드셔서 나를 나으신 지 몇 해 안 되어서였어. 네 증조 할머니와 손톱 발톱이 다 닳도록 황무지를 옥토로 바꾸어 놓으셨단다. 내가 초등학교에 들어가던 해에, 네 증조할아버지는 그만 일을 너무 많이 하셔서 병환이 나셨다가 끝내 일어나지 못하고 저 세상으로 떠나셨단다. 그래도 네 증조 할머니는 눈물 한 방울 흘리지 않으셨어. 옥토로 바꾸어진 콩밭을 일궈서 농사지으며 이 할아버지를 키우셨단다."

"아주 장하신 분이세요."

"그래 낳 놓고 기억자도 모르는 증조 할머니셨지만 이 할아버지에게는 세상에서 둘도 없이 장하고 훌륭한 어머니셨지. 인자스럽기가 이를 데 없고 말야. 하루는 내가 학교에 갔다 와서 '어머니!' 하고 집으로 뛰어들다가 강아지에게 걸려 넘어졌어. 넘어진 나를 본 증조 할머니는 부엌에서 뛰어나오시다가 강아지 밥그릇에 걸려 넘어지셨지."

"하하하, 할아버지는 강아지에게 걸려 넘어지고, 증조 할머니는 강아지 밥 그릇에 걸려 넘어지고……."

"그때, 네 증조 할머니는 앞니가 부러졌어."

"아유, 굉장이 아프셨겠네요?"

"그 뒤부터 네 증조 할머니는 '오' 소리를 잘 내지 못하셨단다. 그 말이 앞니 사이로 빠져 버려서, 내가 학교에 갔다 오면 점심을 차려 주시고 일하러 나가시며 '그리너라' 하셨단다."

"그리너라?"

"'그리(그 곳으로) 오너라' 라는 말씀이셨어."


「그리너라 언덕」은 화가인 할아버지가 손자를 데리고 변모한 고향을 확인하고, 달라지기 전의 고향 모습을 그림으로나마 복원하려는 실존적 자각을 담은 단편동화이다. 이 대목은 자식들을 서울서 공부시킨다며 부모님이 남겨 놓은 '그리너라 언덕'을 "야곰야곰 다 떼어 팔아 버리고" 오랫동안 "고향마저 등진" 이후 뒤늦게 할아버지가 그림으로 옛 고향을 복원하러 가는 길에서 동행한 손자에게 들려주는 고향 이야기의 일부분이다.

누구나 고향의 그리움은 어머니에 대한 그리움으로부터 솟아오르게 마련일 것이다. '초록 바다'와 같이 콩잎이 파도처럼 출렁이는 '그리너라 언덕'을 그리워하는 할아버지의 회한 서린 강렬한 충동도 그의 어머니에 대한 그리움으로부터 파급된다. 자신 때문에 앞니가 부러져 '오'자 발음을 끝내 못하여 '그리너라'라고 하던 아련한 어머니의 음성이 더욱 그리움과 회한으로 북받쳐 오르게 했을지 모른다. 그뿐 아니라 '그리너라 언덕'은 "일을 너무 많이 하셔서 병환이 나셨다가 끝내 일어나지 못하고 저 세상으로 떠날" 정도로 아버지의 가난 극복 정신이 서린 땅이며, "어떤 일이 있더라도 그리너라 언덕을 팔아서는 안 된다"는 어머니의 유언이 담긴 땅이었던 것이다.

상실한 고향에 대한 인식은 전쟁·빈곤·산업화로 인하여 농촌의 절대 다수가 고향을 등진 채 삶을 개척해야 했던, 우리의 역사적 현실과 함께 하는 아픔이기도 하다. 특히 60년대 이후 도시 중심의 급속한 산업화 과정에서 대다수 농민들이, 더러는 온 가족이 이농을 해 새로운 살거리를 찾기도 했지만, 주로 청년 자녀들이 취업이나 교육, 혹은 혼인 등을 위해 도시로 떠나갔다.「그리너라 언덕」에서의 그 할아버지도 자녀의 교육을 위하여 '어머니의 유언'을 지키지 못하고, 온 가족이 이농을 해 도회지에서 살게 되었던 것이다. 그런 후, 농촌이 도시화의 물결을 타고 개발되기 시작하였고, '그리너라 언덕'도 예외없이 "십여 년 전에 시로 승격되어" 주택단지가 들어서면서 옛 모습을 완전히 상실하게 되었다. 화가인 할아버지에게 있어서 그러한 고향에 대한 회한은 그림으로나마 고향의 옛 모습을 복원하려는 강렬한 의지로 표출되게 하였다. 현실에서 찾아볼 수 없는 과거 추억이 서린 고향 풍경을 화폭에 담아 보려 한 할아버지의 고향 복원 행위야말로 근원적 안정을 찾는 길이며, 순수한 인간적 정서의 회복을 의미하는 것일 터이다. 말 그대로 할아버지가 그림으로나마 고향을 복원하려는 행위는 자연과 동화된 티없이 맑고 순수한 어린 시절의 회복이자 순수에로의 복귀를 의미하는 것이다. 따라서『달과 뱃사공』이후, 이효성의 단편동화에 나타난 자연과 고향 지향성은 현실적 삶의 고뇌, 즉 회한이 담긴 일상적 삶의 세계를 극복하는 정신적 승화 작용을 떠맡고 있었던 셈이다.

그러나 이효성의 고향 지향성도 연작 단편동화인『열두 대의 꿈마차』에 오면, 고향은 어른들의 회고적 정서가 담긴 실존적 자각의 대상이 아니라 순수한 생명력이 넘치는 행복한 유년의 삶 현장으로 재현된다. 즉『열두 대의 꿈마차』에서는 아이들 스스로 지각하고 순수한 사랑을 나누며, 자연과 동화된 생동감 넘치는 건강한 아이들의 삶이 적극적으로 제시된다. 이효성은 다시 외향화되고 능동적인 어린 인물을 통해서 사랑을 일깨우고, 자연과 합일된 생동감 있는 고향의 원형을 되살리고자 하였던 것이다. 이렇듯 열두 편의 단편동화를, 고종사촌 산인 서울 꼬마네 가족과 시골 옥이네 가족 이야기를 연쇄적으로 엮어 놓은 연작인『열두 대의 꿈마차』를 통해 아이들로 하여금 삶의 가장 순수한 원형이 온전하게 보존된 유년의 공간을 마음껏 뛰놀게 하며, 자연과 인간이 합일된 동심의 텃밭을 만들어 근원적 안정을 찾고자 하였던 것이다.

『열두 대의 꿈마차』의 전체 이야기를 요약하면 다음과 같다.

홀어머니에게는 아들과 딸이 있었다. 어머니는 '그리너라 언덕'에 있는 밭에 농사를 지어 남매를 키웠다. 아들은 시골에서 착실하게 농사를 지으며, 재산을 늘려 마을에서 부자 소리를 듣고 살게 되었다. 농촌의 지붕을 개량할 시절에는 아예 양옥집을 지었다. 그러나 딸은 산너머 마을로 시집 가서 살다가 가난에 못 이겨 서울로 떠났다. 그 딸은 서울의 산동네에 무허가 블록집을 짓고, 리어카를 끌며 과일 행상을 하여 그날그날을 힘겹게 살아간다. 어머니는 아들 집에서 남부러울 것 없이 살면서도 딸이 오빠에게 돈을 꾸어 달라고 하면, "출가 외인이 친정에 와서 손을 벌리다니!" 하며 호통을 치곤한다. 그러면서도 남몰래 딸이 걱정되어 눈물을 흘린다. 이 연작 이야기는 그러한 딸의 가족이 결국 어머니의 도움으로 서울 생활을 청산하고, 다시 고향으로 돌아온다는 과정을 그리고 있다. 여기에 주된 인물은 서울 꽃동네에 사는 일학년 아이인 꼬마와 어른들이 일하러 들에 나가면 혼자서 집을 보아야하는 시골의 소녀 옥이로, 이 『열두 대의 꿈마차』는 순수한 두 아이의 진솔한 삶의 이야기를 연쇄적으로 엮어 놓고 있다.

나는 전봇대에 손바닥을 대고 술래처럼 얼굴을 들이대었습니다.

리어카를 끌고 가는 그 아주머니의 모습이 내 머리 속에 떠올랐습니다. 순간, 아주 이상한 일이 벌어졌습니다. 한 사내아이가 산동네에서 훨훨 날아오더니 리어카 뒤로 사뿐 내려서는 게 아니겠습니까?

이어, 그 아이는 리어카를 뒤에서 밀기 시작했습니다.

'저 아이는……'

꽃동네 아이 꼬마였습니다.

'그래! 그 아주머니가 피곤한 줄을 모르고 리어카를 끄는 것은, 귀여운 꼬마 아들이 있기 때문이야.'

나는 전봇대에서 두 손과 얼굴을 떼며 소리 안나게 웃었습니다. 가슴이 훈훈했습니다.

―연작동화 3, 「어른 술래」 일부분

『열두 대의 꿈마차』는 사랑을 통해 순수 자연과 합일하는 이효성의 고향 지향성으로 구현해낸 이야기이다. 여기에는 서울의 산동네에서 리어카를 끌고 과일 행상을 하며 가난하게 살아가지만, 어머니를 도와주며 구김살 없이 생활하는 순수하고 건강한 아이가 등장한다. 그 아이는 비록 가난하더라도 사랑으로 의미로운 삶을 확인하며 순수하게 살아가는 외향화되고 능동적인 인물이다. 그의 자연스런 삶과 순수한 사랑은 자연과 쉽게 동화된다. 그러므로 자연은 모두 그와 다정한 친구가 된다. 제비도, 여치 남매인 치치와 사각이도, 꿀벌 도련님도, 나비 아가씨도, 아기 바람 시원이도 모두 친구가 되어 함께 어울리며 서로 돕는다. 그의 자연에 대한 사랑은 "나는 나무들만 보면, 잠바 같은 거 입지 않아도 견딜 수 있을 것 같아. 나무들은 추울수록 옷을 벗는데, 왜 사람들은 옷을 자꾸 껴입지?"라며 자연과 합일된 모습으로 거리감 없이 동화될 수 있었다. 이처럼 그런 아이들의 자연과 고향은 아름다운 인정과 사랑의 정신을 환기시켜 주고 행복이라는 것을 누리게 하는 유일한 장소이자, 인간과 자연이 동화된 삶의 가장 순수한 원형으로 살아 있는 곳이다.

연작 동화 『열두 대의 꿈마차』는 이효성의 동화 세계가 지향해 가는 또 다른 중요한 의미를 안고 있는 작품이기도 하다. 그것은 우리 삶의 가장 순수한 원형을 복원해 가고자 하는 그의 고향 지향이 민족의 순수한 원형으로 새롭게 각인되면서, 우리의 순결한 민족성과 비극적인 역사 의식을 각성시키는 계기를 마련해 준다는 점이다.

옥이가 창문 밖을 내다보며 외쳤습니다.
반짝반짝, 눈송이들이 옥이에게 눈짓을 합니다. 반갑다고 인사를 합니다.
옥이는 장갑을 끼고 밖으로 나왔습니다.
"아유, 온 세상이 하얗게 변했네."
어머니도 뒤따라 나와서 마당을 둘러봅니다.
"엄마 하얀 색은 깨끗해서 좋아. 할머니가 그러시는데, 우리 나라 사람은 옛날 하얀 옷만 입었대."
"그래, 그래서 우리 민족을 '백의 민족'이라고 하지."
해님이 동산 위에 솟아 올라 벙긋 웃었습니다.
"아유, 눈부셔."
"우리 민족은 눈부시도록 깨끗하지. 남의 나라를 한 번도 넘본 적이 없고, 침략만 당했지."

"침략이 뭐야?"

"남의 나라에 쳐들어가는 거란다."

"왜 쳐들어가?"

"욕심이 나니까."

"응, 깨끗하니까 빼앗아 갖고 싶은 거구나."

어머니가 마당에 내려서서 눈을 밟았습니다.

—연작동화 10, 「눈꽃송이」 일부분

이렇듯 이효성에게 있어서 고향 지향성은 우리 민족의 비극적인 역사 의식을 새롭게 각성하는 인식의 출발점이 되기도 한다. 우리의 고향이 비극적인 역사를 경험한 현장이라는 사실도 그렇겠지만, 민족의 순수성을 자각하는 순수성의 지향에서 비롯된 인식이다. 곧 우리 민족이 순수한 '백의 민족'이며, 눈처럼 눈이 부시도록 '깨끗한 민족'이라는 데에 있다. 여기서 깨끗하다는 것은 민족의 순수성과 남을 침략하겠다는 욕심 한 번 부리지 않은 민족의 순결함을 동시에 포괄하는 말이 된다. '침략'이란 순수를 침탈하는 행위에 다름 아니다. "깨끗하니까 빼앗아 가고 싶은 거구나"라고 한 옥이의 말에서처럼 침탈당하는 민족적 비극이 그의 인식 안에서는 민족의 순결성으로 새롭게 각인되었던 것이다. 그러므로 그에게 고향 지향성은 순수성의 회복으로 이어지고, 또 끝없는 민족애로 확대되는 지향성이 될 수 있었던 것이다.

이효성은 솔나무, 솔바람, 차돌멩이 등 고향의 낯익은 소재를 우리 민족의 기상을 상징하는 제유적 제재로 원용하여 어린 독자들에게 역사 의식을 인지시켜 주기도 한다. 바로 「청자 돌멩이」, 「늘푸름나무」 등 일련의 작품들은 이러한 맥락 위에서 창작된 작품들이다. 조상의 얼과 끈기, 지혜 등 면면히 이어 내려오는 우리 민족의 순수성과 정통성을 가장 잘 보존하고 있는 곳이 자연이며 고향이란 인식 때문이다.

다시 말하면, 이효성의 고향 지향성은 순수성의 원형 회복이라는 과제 앞에서, 아이들에게 놓여진 순수한 개인적인 삶의 제 문제들과 더불어, 순수했던 우리 민족의 불행한 역사적 사실들을 환기시켜 나가는 계기가 된 셈이다. 이렇듯 이효성은 순수성의 회복을 위해 인간의 근원에의 복귀를 추구해 오다 우리 민족의 근원적 뿌리 찾기로 나아갔던 것이다. 그것은 그의 동화가 '나'의 고유한 경험으로부터 '우리'라는 공동체적 정서로 지향해 가는 정신적 준거를 찾고자 했다는 의미이기도 하다.


## 5. 순수에로의 끝없는 길 찾기

이상에서 살펴본 바와 같이, '모든 문학 중의 꽃'이라 여긴 단편동화를 통해 이효성이 구현하고자 한 동화의 세계는 결국 순수한 근원 세계의 추구이며, 순수 생명의 회복이었다. 그러므로 그가 그리는 주된 인물도 한결같이 농촌이나 산촌에서 살아가는 가난한 아이들이며, 도시 문명에 물들지 않은 순수한 아이들이다. 그들은 자신들의 행동을 순수하게 꾸미려 하거나 착한 일을 일부러 만들어 하는 일 없이 그저 주어진 환경 안에서 자신들의 모습 그대로 천진스럽게 행동하면서 따뜻한 인정에 감동하고, 자기 앞에 놓여진 삶과 자신의 행동에 대하여 인지하고 자각하는 내향화된 인물들이다. 이효성은 이 같은 인물을 통해 인간 내면에 존재하는 순수성의 발견에 주력하며, 현대 사회에서 마멸되어가는 인간적 정서를 회복하고자 하였던 것이다. 그러던 그가 『달과 뱃사공』이후에는, 삶의 가장 순수한 원형을 온전하게 보존하고 있는 자연이나 고향이라는 소중한 가치를 지닌 곳으로 내밀하게 지향해 가며, 진정으로 삶의 근원적 안정을 회복하는 길을 모색하였던 것이다. 그런 모색이 민족의 순결성을 각인시키는 귀중한 체험이 되기도 하였다.

대체로 이효성의 단편동화는 전체 이야기의 틀 속에 서로 조응하는, 현실이란 표면상의 이야기와 환상이라는 심층적 이야기인 두 개의 단순하고도 정제된 이야기의 구조로 짜여진다. 그 이야기 구조는 두 개의 시퀀스로 인해 단순하면서도 압축적이다. 그러므로 사건은 있되, 그 사건은 이야기 전개에 필연적인 사건이라기보다 중심인물의 순수한 내면을 드러내기 위한 계기물에 지나지 않는다. 그가 현실과 환상이라는 서로 상반된 두 개의 의미 구조로 이야기를 대치시킴으로써 표면상의 이야기 속에 내재한 현실적 사건은 뒤의 심층적 이야기 속으로 진전되지 못하고, 심층에 잠복해 있던 주제를 새롭게 돌출시켜 주는 역할만을 하게 된다. 이러한 구조적 특성은 이효성의 단편동화가 자유로운 대상의 해석을 통해 탁월한 서정성을 담아내는 방식이 되기도 한다. 그 방식은 작가가 대상을 사실적으로 충실하게 그리는 듯이 보이면서도, 실은 하나의 사건으로부터 기억에 보존되어 있는 대상에 대한 개념에 의존하여 주제를 드러내고 있음을 말해 주는 것이다. 대상에 대한 지각을 환상적 아름다움으로 인지시켜 주거나 사고의 확장으로 이끌어내는 주된 방법으로 그는 은유성이나 의인화된 동화의 원리에 의존하고 있다. 그것은 동화적 은유성이나 의인화된 주 제재의 함축성에 대해 사전의 경험을 가지지 못한 아이들에게 정신적 준거를 마련해 주고자 함에서이다.

이효성 단편동화의 미학적 특성은 단편동화의 형식적 특성에서 보여주는 추상화된 삶의 서정성에 있기보다 순수한 근원 세계로 지향하는 끝없는 길 찾기에 있다고 하겠다. 이 같은 순수한 근원 세계란 인간 내면에 잠재해 있는 순수성에의 탐사로부터 삶의 가장 순수한 원형을 온전히 보전하고 있는 자연 혹은 고향이라는 인간이 회구하는 본원적인 것을 이효성은 단편동화를 통해 끈질기게 구현하고자 하였던 것이다. 순수한 근원 세계의 발견과 순수 생명의 복원이야말로 이효성이 인식한 인간의 가장 참다운 삶의 진실이며, 그의 단편동화가 지니는 핵심이었던 것이다. 이효성의 단편동화 속에 일관되어 흐르는 중심 이미지가 바로 '눈'이라고 하는 사실도 그것을 잘 대변해 주는 일일 터이다.

이렇듯 이효성은 누구보다 순수성이라는 심미적 특성과 가치를 단편동화로 잘 구현한 작가이다. 그렇기는 하지만, 이효성을 가리켜 단편동화 작가라고 한정지을 수만은 없다. 이 말이 그가 단편동화 이외에 장편 소년소설, 전래동화집, 위인전기물 등 방대한 양의 어린이 교양물을 창작한 작가라는 사실과는 무관하다. 바로『열두 대의 꿈마차』가 단편의 미학을 확장시켜 장편동화의 가능성을 열어준 연작 단편이라는 점을 간과할 수 없기 때문이다.『열두 대의 꿈마차』는 열두 편이나 되는 정제된 단편동화를 모아 놓음으로써 장편으로 나아가는 길을 표본으로 제시해 준 중요한 작품인 셈이다. 곧 연작 단편동화인『열두 대의 꿈마차』는 이효성의 작품 세계의 확대라는 가능성을 열어준 동시에 순수에의 길 찾기로 끝없는 사고의 확장을 가져다 준 작품이기도 한 까닭이다. 그의 순수에로의 끝없는 길 찾기는 다른 한편 서정성의 깊이도 심어준 결과가 되었다.

인간의 내면이 무한한 깊이를 지니고 있듯이, 이효성이 지향하는 순수란 근원 세계도 그만한 깊이를 담고 있다. 생각하고 느끼고 꿈꾸고 상상하는 인간 내면에 잠재된 세계란 그 내면적 깊이의 차이에 따라 달리 작용되기도 할 터이다. 그런 인간 내면의 세계가 아이들의 관점에서는 결코 쉽고 편안하게 읽혀지는 않을 성싶다. 인간 내면의 세계가 결코 관념화되어 난해한 이야기로 떠오르지 않는다 하더라도, 생각하고 느끼고 꿈꾸고 상상하는 깊이의 차이는 달리 작용될 수 있을 것임에서이다. 이효성의 단편동화는 일일이 작가가 개입하는 일 없이,

동화적 은유화나 의인화로 어린 독자들의 상상력에 그대로 맡겨두고 있다는 점에서도 그의 단편동화가 어린 독자에게는 결코 편안한 독서가 되지 못하는 이유가 될 듯하다. 거기에는 순수한 근원 세계의 지향과 서정성의 깊이도 어린 아이들에게, 생각하고 느끼고 꿈꾸고 상상하는 내적 소양을 제법 요구하는 요소로 작용될 수 있을 것이기 때문이다. 그런 면에서 보면, 이효성은 어린 독자들이 읽기 편안한 방대한 양의 교양물을 따로 마련해 둔 친절한 작가라 할 만하다.

　오직 이효성은 어린이를 위한 글쓰기에만 매달려 왔던 문학인인 동시에, 그의 나이 사십 이후 어느 직장에도 몸담지 않고 글쓰기에만 의존하며 생활해야 했던 옹색한 생활인이었던 점에서, 비록 방대한 양의 교양물을 생산해 놓기는 했지만, 그런 비문학적 작업이 계속되면 될수록, 아마도 순수한 근원 세계에로 지향하고자 하는 욕망이 더욱 강하게 일었을는지 모른다. 그는 순수에로의 끝없는 길 찾기를 동심의 지표로 삼아온 전형적인 리리시즘의 작가이기 때문이다. (1997)

# 아픔의 인식과 그 극복의 아름다움

### 강준영의 『촛불 하나 켜놨죠』

## 1. 충고를 일깨워 준 한 권의 창작동화집

일상 속에 묻혀 무심히 잊고 지내던 어떤 일이 갑자기 어떠한 계기로 되살아나는 경우가 종종 있다. 이렇게 되살아난 경우는 그 어떤 일에 대해 더한 아쉬움과 안타까움을 불러일으키곤 한다. 1983년 위궤양 수술 후유증으로 문단 생활 15년을 마감하고, 39세의 아까운 나이로 세상을 떠났던 강준영(姜俊榮 1944~1983)에 대한 문학적 편린이 그런 경우의 하나이다. 그를 떠나 보낸 뒤 십 년이 지난 이제, 그를 아끼던 친지·동료들에 의해 간행된 그의 대표작 선집 『촛불 하나 켜놨죠』(서림문화사, 1992) 출간의 계기가 유독 그러하다.

나에게 강준영은 가장 짧은 만남으로 가장 오랜 아쉬움을 남긴 동화 작가였다. 1982년 겨울, 내가 아동문학 평론에 막 손댈 무렵 어느 문학 단체 문학상 시상식에 참석차 대구에서 방금 올라왔다는 그를, 서울의 광화문 외진 골목 조그만 다방에서 처음 만났다. 수수한 잠바 차림에 아무런 꾸밈이 없던 그가, 어느 누구에게도 관심 밖이었던 아동문학 평론을 내가 자임했다는 기대감에서인지 초면인 내게 남긴 첫 마디가 "오늘날 같은 분파된 아동문단의 상황에서 평단의 분파적 이기주의나 평자 자신의 편협한 시각이 작가들의 문학적 열정을 허무하게 무너뜨릴 수 있다"는 짤막하면서도 의미깊은 충고였다. 그리고 이듬해 가을, 또다시 만날 기회도 주지 않고, 내가 그 충고의 의미를 미처 알아채기도 전에 그는 불현듯 세상을 떠났다. 그가 떠난 뒤 그를, 아니 그의 충고를 잊고 지낸 지 십 년이 다 되어서 그의 지우들에 의해 대표작 선집 『촛불 하나 켜놨죠』가 불현듯 출간되었다. 이 『촛불 하나 켜놨죠』는 한 동화작가의 문학 세계를 추억하고 되돌아보는 귀중한 자료로도 그만한 가치를 지니겠지만, 특히 나에게는 일상에 묻혀 무심히 잊고 지내오던 지난날 그의 충고를 되살려 곱씹게 해주는 또 하나의 충고가 되었던 셈이다. 그러니까 강준영에 대한 나의 더한 아쉬움과 아타까움이란 십여 년의 세월, 일상의 분진 속에 나를 일깨워 주었던 강준영의 작품 세계나 문학관을, 나 스스로 까마득히 잊고 지내왔었다는 자괴감에 기인한 것이라 하겠다. 이번에 출간된 대표작 선집 『촛불 하나 켜놨죠』를 자괴감으로 읽는 동안 그의 충고가 오래도록 귓전에 맴돌던 일은 결코 숨길 수 없었다.

동화작가가 확고한 자신의 동화 세계를 구축한다는 것은 그리 쉬운 일이 아니다. 그것은 창작동화가 단지 아이들의 삶을 다루고 아이들에게 읽히기 위해 쓰여지는 단순한 이야기 차원의 문제가 아니라 동화 본연의 미학을 담는 독특한 기법을 창출해내고, 아이들의 다양한 삶에서 시대성에 필연한 인간상을 정립해야 하는 구현의 문제에 기인하는 일이기 때문이다. 강준영은 그리 길지 않은 문단 생활에서도 자기 나름의 독특한 기법을 구사하며 끊임없이 아이들과 교감되는 토속적 서정을 찾아 한국 창작동화 본연의 미학성을 정립하고자 노력한 70년대 선도적 작가이다. 처음 그는 1968년 지방의 일간지인 『대구매일신문』에 동시 「아침」이 당선되어 문단에 나와, 1970년에 동시집 『영희는 자라서』(자필 프린트물)를 간행한 동시인이었다. 그런 후 1973년 『대구매일신문』에 창작동화 「달」를 발표하면서 무명의 동화작가의 길에 들어선다. 그는 중앙의 일간지 신춘문예를 통해 정식으로 동화작가로 데뷔하여 작가로의 입신을 이루려 했으나 번번히 실패하고 만다. 신춘문예에 마지막으로 투고하여 고배를 마시던 1975년, 그해 강준영은 그 동안 써두었던 작품들을 추스려 첫 창작동화집 『그리움 나무』(영진문화사, 1975)를 조심스럽게 내놓는다. 이 『그리움 나무』는 뜻하시 않게도 그에게 제8회 세종아동문학상을 안겨주면서 자연 동화작가로 데뷔하는 작품집이 되었고, 지방의 무명작가에서 일약 신예작가로 이름을 알리는 계기가 되었다. 독특한 개성 없이 아이들 삶의 이야기에 안주하던 70년대 동화문학에 『그리움 나무』가 던진 파문은 거의 충격적이었다. 70년대의 마감을 눈앞에 두고, 그는 제2창작동화집 『진주조개 이야기』(계림출판사, 1979)를 출간하면서 70년대 선도적 동화작가로 확고한 자리매김을 해둔다. 80년대 들어서는 그의 문학적 관심이 한국적 동화 찾기에 주력하여, 경북 상주지방에 산재해 있던 구전 민담의 채집과 재구에 전력하며 『도깨비와 자전거』(견지사, 1982), 『열두 고개의 도깨비』(아동문학사, 1982)를 간행하였으나 1983년 강렬한 문학에의 의지를 다 펴지 못하고 아깝게 타계하고 말았다. 그는 가고, 이듬해 유고작품집 『고마와요 선녀님』(아동문학사, 1984)이 상재되었고, 사후 10주년이 되어 그의 지우들에 의해 대표작과 못다 발표한 몇몇 작품들을 추스린 『촛불 하나 켜놨죠』(서림문화사, 1992)가 간행되었다.

70년대 동화작가의 선도자로 확고한 자리매김을 해두는 두 권의 창작동화집, 『그리움 나무』와 『진주조개 이야기』는 관념적 세계를 의미화하는 서사성과 비유와 상징, 그리고 이미지에 의존한 서정시적인 동화의 공간을 탁월하게 이룩해내고 있다. 제1창작동화집 『그리움 나무』는 주로 고향과 유년이라는 삶의 근원에 인식의 뿌리를 두고 외로움, 그리움, 진실, 사랑, 희망, 행복이라는 관념적 세계를 의미화하는 작업으로 일관되어 있다. 이 관념을 의미화하는 과정에는 체험이 자기화되어 구현된다. 이때 그의 인식의 뿌리에 깊숙이 자리잡고 있는 대표적인 상징물로 은행나무가 등장한다. 은행나무는 강준영의 기억 속에 남아 있는 고향과 유년의 가장 강렬한 이미지이며 동화의 실마리를 풀어가는 근원적 상징이다. 제2창작동화집 『진주조개 이야기』에서는 인간의 삶은 타인과의 관계 논리라는 시각을 견지한 사회학적 상상력으로 확대되어, 그 시대와 사회 속에서 개인의 존재와 가치가 의미화된다. 그가 사회학적 상상력으로 소중하게 모색하는 것은 인내, 나눔, 정의, 자유, 진실, 사랑, 생명의 존엄성 등의 가치관이다. 이때에도 개인의 존재와 가치를 의미화하는 과

정에 비유와 상징, 혹은 이미지가 동원된다. 그러나 이 두 창작동화집에는 관념적 세계나 개인의 존재와 가치에 대한 인식 작용에 한결같이 '아픔'이라는 공통된 체험이 내재되어 있다. 외로움과 그리움이라는 아픔, 진실이 왜곡된 아픔, 개인의 존재 가치가 억압당하는 아픔, 현실의 모순됨이라는 아픔 등이 동기가 되어 의미화 과정에 관여한다. 곧 강준영의 창작동화는

▼ 첫 창작동화집 『그리움 나무』로 제8회 세종아동문학상을 수상한 강준영과 모친 이강자 여사.

이런 아픔들을 인식하고 극복해 나가는 과정의 이야기라 할 만하다. 아픔을 아름답게 의미화하는 과정에서 그의 독특한 기법은 상상력과 인식 세계가 더욱 넓어지고 깊어지게 이끈다.

이처럼 강준영이 그리 길지 않은 문단 생활에 결코 많지 않은 작품으로도 이미 70년대 선도적인 동화작가가 되었다는 사실은 그 두 권의 창작동화집으로 70년대에 풍성한 문학적 성과를 거둔 작가라는 점에만 있지는 않다. 그보다 자기만의 고유한 기법을 창출하여 독창적인 동화 세계를 구축했다는 점에 있다. 그의 고유 기법은 단순히 강준영 문체의 섬세함과 구성의 치밀함이라는 형식 차원에만 머문 것이 아니라 더 나아가 개인의 관념적 사고로부터 사회학적 상상력에 이르기까지 의미화 과정을 통괄하는 개연성을 유연하게 부여하고 있다. 이런 개연성은 개인적 아픔이나 시대적 아픔이 어느 세대에나 공유하는 상징적 기억으로 의미화되고, 아픔 그 자체만을 드러내지 않고 극복의 아름다움으로 승화시키는 작용에 결부된다. 강준영의 동화적 상상력의 폭은 단순한 70년대의 언어적 감수성을 넘어서 시대적 현상을 포괄하는 현장성과 역사적 생명성에까지 확대되어 있다. 거기에다 80년대 보여준 토속적 서정의 탐구와 전래동화나 민담의 발굴과 재구로 우리 동화문학의 전통적인 모습 찾기에 어느 정도 문학적 성과도 발휘하였다. 이런 강준영의 문학적 성과는 모

▼ 사후 십 년 만에 출간된 강준영의 대표작 선집 『촛불 하나 켜놨죠』(서림문화사, 1992).

든 인간에 공동으로 내재하고, 아이들이 한결같이 공감하는 따뜻하고 아름다운 이야기 찾기라는 일관된 추구의 과정으로 이루어진 자연스러운 소산이다.

우리가 강준영을 70년대 대표적이고도 선도적인 작가로 꼽는 이유는 그가 단순히 70년대 활동해 온 작가라는 시기적 관점에 놓이기보다 이처럼 일관된 추구의 과정을 통해 소설과 다른 동화의 미학을 발견해 내고, 동화를 독특한 고유 장르로 독립시키기 위한 다양한 기법과 한국적 소재 발굴에 주력해 왔다는 점에 있다. 분명 강준영의 동화는 하나의 상징이며 비유 혹은 이미지의 미학이다. 그는 스토리를 중시하던 동화문학에 새로운 표현법을 제시한 동화작가이다. 거기에다 시적 응축미와 환상과 현실의 조화미, 한국적 서정을 통해 우리 동화 본연의 미학성을 회복하려 부단히 노력한 작가이다. 또한 강준영은 시대적 상황과 문학적 상상력의 조응을 통해 자기화된 체험을 보편화시키고, 개인과 사회의 아픔을 극복해내어 자유와 희망, 그리고 진실과 행복의 가치를 경도하던 70년대 선도적 동화작가인 것이다.

이러한 강준영의 문학 세계를 한눈에 볼 수 있도록 정선된 작품들을 가려 뽑은 대표작 선집이 바로 사후 십 년 만에 출간된 『촛불 하나 켜 놨죠』이다. 모두 24편의 작품을 수록한 이 대표작 선집 『촛불 하나 켜 놨죠』에는 그리움·아픔·희망을 그린 이야기, 올바른 세상을 위한 이야기, 아름다운 자연을 위한 이야기, 고사리손을 맞잡고 바라본 이야기, 할머니에게 듣던 옛이야기 등 각각 주제별로 모두 5부로 나누어, 그의 정돈된 동화 세계의 면모를 잘 보여준다. 특히 이 글은 『촛불 하나 켜놨죠』의 표제 작품이며, 이미 한 편의 작품 속에 그의 특유한 고유 기법을 고스란히 담고 있고, 그의 문학관을 대표하는 자리에 우뚝 서 있는 뛰어난 창작동화인 「전쟁과 촛불」을 통해 강준영 창작동화의 면모를 살펴보고자 한 것이다. 뛰어난 한 편의 작품을 보다 면밀히 살피면서 그의 동화 창작의 비밀스러움을 밝혀보는 편이 오히려 더 의미 있는 일이 될 수도 있다. 아직도 나의 가슴 속에 아쉽고 안타까움으로 종종 떠오르는 그의 충고를 잊지 않고 일깨우는 일도 여기서 비롯될 수 있다고 여겨진다.

## 2. 동화 창작의 독특한 기법과 구성 원리

강준영의 창작동화는 아픔의 기억과 연상이라는 내밀한 의식에 의해 의미화된다. 이러한 의식은 거의 변함없이 강준영의 독특한 고유 기법과 결부되어 동화적 공간을 구성하는 원리가 된다. 이런 구성 원리에 의해 강준영의 동화는 아픔이 의미화되고 아름답게 극복되는 탁월함을 제시한다. 강준영의 대표작 선집 『촛불 하나 켜놨죠』에 수록된 일련의 작품들은 이러한 구성 원리와 고유 기법의 이해로부터 바르게 살필 수 있는 일이다.

강준영의 동화 세계를 관장하며 관념을 의미화하는 과정에서 우리는 기본적으로 세 가지 방법을 목도하게 된다. 첫째는 서사에 운문을 삽입하고, 한 사건에서 다른 사건으로 전환하는 연결 과정에 소제목을 붙인 표현 방법이다.

우리나라의 예산 지방에 전해오는 민요 중에,

산에 올라 산나무

로 시작되는 '나무의 노래' 가 있습니다.
노래는 홰나무, 등나무, 용나무, 오리나무로 이어지다가

버선 끝에 상모나무
오목다리 오목나무
마주 섰다 은행나무

가 됩니다. 노래는 또 계속됩니다. 그러나 여기서 노래를 그치고, 은행나무
의 구절을 다시 불러 보십시오.

마주 섰다, 은행나무.

아주 썩 듣기 좋은 노래입니다. 은행나무는 대개 이렇게 마주보게 심어
준답니다. 그래야 엄마나무가 예쁜 은행알을 맺을 수 있기 때문입니다.
—「그리움 나무」 중 '은행나무 이야기'의 일부분

문득 내가 이 아이만 했을 때 이빨을 빼던 생각이 났습니다.

까치야, 까치야
너는 헌 이 가지고
나는 새 이 다오.

아이는 내 얼굴에 나타난 작은 웃음을 보았습니다.
—「까치 이야기」 일부분

문득, 나는 오랜 기억 속에 남아 있는 노래를 학생들에게도 가르쳐 주고
싶은 생각이 떠올랐습니다.

"……

……

수풀 속에 새집에는

촛불 하나 켜놨죠."

이 노래는 뜻밖에 학생들에게 인기가 있었습니다.

간드러지게 팔 동작을 하는 유희와 함께 노래가 산골을 울렸습니다.

—「촛불과 전쟁」 중 '은희의 집에 촛불이'의 일부분

이와 같이 서사 과정에 운문을 삽입하고 소제목을 붙인 표현 방법은 서사적 공간 안에 서정적 요소를 결합시키고, 사건의 진행 과정에 호흡을 조절하여 시간적 경과를 알리기도 하고, 여운을 수반하거나 핵심 내용을 드러내거나 하는 다양한 구실을 하게 된다. 이런 표현 방식이 길고 딱딱한 서사를 받아들이기 거북한 어린 독자에게 동화 읽기의 평이함과 듣기의 재미성을 동시에 얻게 하고, 동화의 상상 세계로 끌어들이는 데 용이한 수단이 되기도 한다. 하지만 그보다 동화에 시적인 환상을 구가하고 이야기의 실마리를 제공하며, 주제와 긴밀히 직조되어 있다는 점에서 의도화된 고도의 표현 기교로 보인다. 특히 삽입 노래의 성격을 동요, 전래 동요나 민요에서 찾았던 점은 한국적인 정서의 융합까지 염두에 둔 신념의 표현이라 할 만하다. 이런 표현 방법은 어린 독자들의 독법에 대한 배려와 함께 작품의 내용과 긴밀한 관련을 맺는 필연성의 소산이다.

둘째는 액자소설과 다른 영화의 오버랩 기법을 도입한 구성 방법이다. 강준영은 하나의 사건과 또 다른 사건을 겹치게 제시하기도 하고, 자신의 실제 체험과 허구를 겹치게 하거나 현실과 환상을 서로 겹쳐 보이게 하는 다양한 기법을 구가한다. 이 구성 방법은 주인물의 입장이 서로 바뀌기도 하고 또 주제 감추기와 드러내기 수단도 되며, 우리가 생각하는 것보다 훨씬 폭넓게 활용된다.

해가 떠오릅니다.

보오얀 햇살이 번집니다. 이슬 맺힌 나뭇잎들이 파닥일 때마다, 햇살은 영롱한 보석이 됩니다. 사과나무의 작은 열매들이 삐죽삐죽 얼굴을 내밀고 햇살을 쬡니다.

'잘 잤니? 열매들아.'

할아버지는 과수원의 이쪽에서 저쪽 끝까지 한 눈으로 바라보며, 아침 인사를 했습니다.

"네."

"네."

"네."

"네."

열매들이 단번에 대답을 합니다. 할아버지는 따뜻한 눈웃음을 한껏 던져 줍니다.

'저 귀연 열매들—'

마치 소년들의 또록또록한 얼굴을 보는 것 같았습니다.

생각이 떠오릅니다.

어쩌면, 그것은 그리움인지도 모릅니다.

아, 아, 아.

어디선가 소년들의 함성이 들립니다.

그리운 교실입니다.

할아버지가 평생을 서 계시던 교단이 보입니다.

"조용히 하시오. 시간은 금입니다!"

소년들의 얼굴이 흐릅니다. 모두 낯익은 얼굴들입니다.

"출석을 부르겠어요."

교탁이 보입니다.

교탁 위에 출석부가 펼쳐집니다.

그 위에 사과나무가 한 그루 그려집니다.

—「자라는 열매들」 중 '교탁 위의 출석부'의 일부분

이 인용 동화는 평생을 초등학교 선생님으로 지내오다 정년을 맞고 집에서 사과나무 과수원을 가꾸며 사는 할아버지가 사과나무의 과실을 보며 옛 교실의 사랑스러운 아이들을 떠올리는 대목이다. 어디까지가 회상이고 어디까지가 현실인지 구별해내기 곤란할 정도로 이「자라는 열매」에서 그 기법을 과감하게 응용하고 있다.「전쟁과 촛불」에서는 '서산 너머 해님'이라는 동요와 율동에 대한 회상과 현실이 교차되고, '안영희 선생님'이 이야기하는 전쟁의 비극적 체험이 '나'의 체험처럼 전이되기도 하고, 은희가 켜놓은 촛불이 동요의 촛불과 교차되게 하는 데 이 기법이 활용된다. 우리가 관념의 문제와 인간의 존재 가치 문제를 재단하듯 쉽사리 의미화할 수 없듯이, 이 오버랩 기법은 비유와 상징의 겹치기 수법을 통해 서사적인 동화를 이미지화하여 어린 독자에게 생각하는 근거를 마련해 주고자 한 창의적인 방법인 것이다.

셋째는 아이들에게 담화하는 형식을 도입한 발화 방법이다. 이 발화 방법은 이른바 이야기를 이끌어 가는 화자가 독자에게 자신의 이야기를 들려주듯 말하는 방식으로 어린 독자에게 친근감을 주며 주제적 문제로 접근해 간다는 특징을 갖는다. 강준영은 일인칭의 서술시점에 의하건 삼인칭 시점의 이야기이건, 초기작에서 후기작에 이르기까지 대표작 선집『촛불 하나 켜놨죠』에 일관되게 이 발화 방법을 구가하며 아이들에게 구수한 이야기를 들려주듯 말하는 태도를 취한다. 이때 화자는 허구의 이야기를 자신이 체험한 이야기처럼 담화하는 것이다. 초기 창작동화들, 특히 「그리움 나무」, 「신의실·봄」, 「전쟁과 촛불」 등이 작가의 자전적 동화처럼 읽혀지는 이유가 여기에 연유한다.

　　이제 나의 이야기—가슴 속에 그리움을 간직하고 사는 고향의 은행나무 이야기를 들어 보셔요.

—「그리움 나무」 일부분

　　신의실은 나의 고향입니다. 봄이 오면 앞 동산에 진달래꽃이 피고, 여름이면 담마다 호박 넝쿨이 줄기차게 뻗는—.
　　가을이 되면 지붕 위에 빨간 고추가 널리는 아름다운 산골 마을, 마을 한복판에는 은행나무가 한 그루 서 있습니다. 그뿐이 아닙니다. 앞 동산 골짝에는 신기하게도 약수터가 있고, 약수터의 참가죽나무 위에 대낮에도 올빼미가 꾸벅꾸벅 졸고 있습니다.

—「신의실·봄」 일부분

　　전쟁이 일어나기까지 겨우 한 달 남짓을 배웠지만 그때의 일이 지금도 기억에 남아 있습니다.
　　운동장이었는지, 강당이었는지는 잘 생각이 나지 않지만, '서산 너머 해님'이라는 노래를 배웠던 것은 아직도 눈에 선합니다.

—「전쟁과 촛불」 일부분

　　강준영의 창작동화는 이와 같이 과거 자신의 이야기를 숨김없이 털어놓듯 이야기한다. 이런 방식은 고백적이다. 강준영 자신이 직접 어린 독자를 지칭하고 친절하게 언급해 주는 이러한 진술 태도는 작가가 스스로 동화라는 문학 장르를 작가와 어린 독자 사이의 직접적인 담화의 수단으로 인식하고 있음을 뜻한다. 이러한 발화 방법은 구연동화의 기법을 도입한 것이기도 하고, 민담의 전래 방식을 그대로 현대 창작 동화 기법으로 응용한 것이기도 하다. 창작동화가 활자 매체를 통해서 독자들에게 간접적으로 전달하는 방식을 취하는데 반해, 강준영은 자신이 체험한 이야기를 직접 전달하는 방식으로 진술한다. 곧 창작동화 자체를 작가와 독자 사이의 직접적인 커뮤니케이션의 수단으로 인식하고 있다는 증거이다. 그러므로 강준영 동화의 화자는 자신과 무관한 어떤 사건이라 하더라도 자신의 체험처럼 스스럼없이 어린 독자에게 말을 건넨다. 작가가 일방적인 발화 주체가 되어 직접적으로 독자와 소통하는 담화의 방식이 강준영 동화의 특징적인 모습이다. 이런 발화 방법은 구어체가 되어 구연동화를 듣는 것 같은 친근함을 주고 실제로 우리의 이야기라는 소중함과 진실됨을 심어준다. 대표작 선집 『촛불 하나 켜놨죠』에 담긴 이야기들이 진실됨과 공감력을 획득할 수 있는 것도 이런 발화 방법의 영향이다.

　강준영 창작동화의 주제는 『촛불 하나 켜놨죠』의 대표작 선집에 잘 나타나 있는 것 같이 주로 그리움, 외로움, 진실, 사랑, 아픔, 자유, 정의, 희망, 행복 등 인간의 가장 근원적인 것들이다. 강준영은 이런 근원적인 삶의 문제에 접근해 가는 방식으로 어린 독자들의 독법까지 배려한 독특한 이야기 기법을 도입했을 법하고, 장차 어린 독자들이 겪게 될 그리움, 외로움, 사랑, 아픔 등 삶의 문제를 인식하고 극복해 나가는 방법을 자연스럽게 이해시키는 데 이런 기법들이 필요하다고 판단 했을 터이다. 어려운 관념적인 주제를 강준영은 가장 자연스럽게 자기 삶의 경험과 자기 주변 이야기를 끌어들여와 자전적 동화처럼 이야기했을 법하다. 이런 이야기 기법은 강준영 동화의 고유한 상징적 토대를 마련하는 고유 기법이 되고 구성 원리가 되었던 것이다. 그의 창작동화 「전쟁과 촛불」은 이런 고유 기법과 원리가 융합되어 일구어 낸 대표적인 작품으로, 아픔의 인식과 그 극복의 아름다움을 성공적으로 의미화해내고 있다.


## 3. 「전쟁과 촛불」에 담긴 문학적 의미

「전쟁과 촛불」은 이른바 이야기를 이끌어 가는 화자가 자신의 기억 속에 소중히 간직된 한 인물의 아픈 체험을 독자에게 진솔하게 털어놓는 방식으로 작가의 의도화된 의미를 내밀히 드러낸다. 곧 이 작품은 어린 시절의 해맑은 모습 속에 고스란히 남아 있는 초등학교 때 만난 담임 안영희 선생님이란 인물이 겪은 아픈 체험을 자신의 체험으로 받아들이면서 민족사와 개인의 족적에 남긴 아픔을 극복하고자 하는, 유장한 미학을 정교하게 그려내고 있다. 이 작품은 어찌보면 자전적 동화같이, 순간순간 자신의 가슴 속에 고이 감추어 둔 기억들을 들추어내듯 어린 시절로 거슬러 올라가 이야기를 진솔하게 풀어놓는다.

> 서산 너머 해님이
> 숨바꼭질할 때에
> 수풀 속에 새집에는
> 촛불 하나 켜놨죠……

전쟁이 나던 해에 나는 서울에서 학교를 다녔습니다.
안영희 선생님─이름을 기억할 수 있었던 것은 어머니의 덕택이었지만─이 분이 나의 담임 선생님이었습니다.
선생님은 아주 마음이 좋은 분이었습니다.
전쟁이 일어나기까지 겨우 한 달 남짓을 배웠지만 그때의 일이 지금도 기억에 남아 있습니다.

운동장이었는지, 강당이었는지는 잘 생각이 나지 않지만, '서산 너머 해 님'이라는 노래를 배웠던 것은 아직도 눈에 선합니다.

"서산 너머 해님이……."

하고 선생님이 먼저 두 팔로 동그란 해님을 만들면서 노래를 부르면, 우리 들은 소리 맞춰 따라 불렀습니다.

그러다가,

"촛불 하나 켜놨죠."

할 때는, 왼손으로 오른쪽 팔꿈치를 받고, 오른손 끝으로 촛불처럼 간들간 들 흔드는 것이 여간 재미있는 일이 아니었습니다.

학교에서 돌아오면, 집안 식구들 앞에서 응석처럼 이 노래를 부르곤 했던 것 같습니다.

—『촛불 하나 켜놨죠』(26~27쪽)


언제나 고향은 행복한 곳이다. 어린 시절의 정겨운 추억이 스며 있 고, 어디까지나 옛모습을 그대로 간직하고 있는 곳이다. 집안 식구들 이 '나'의 응석을 즐겁게 받아주는, 무한한 사랑에 대한 근원적 접근이 가능한 곳, 그러므로 '나'의 고향과 유년은 언제나 행복이 깃들기 마련 이다. 이 이야기의 주인물은 '나, 김인국'이다. 나는 소중히 간직하고 있던 어린 시절의 행복했던 기억들을 담담하게 털어놓으며 이야기를 시작한다. "지금도 기억에 남아 있습니다", "아직도 눈에 선합니다", "했던 것 같습니다"라는 서술어들이 그때의 어렴풋하게 떠오르는 행복 한 기억들을 되살려내며, 지금은 그렇지 못하다는 현재적 상황을 암시 하는 주된 복선이 된다. 곧 '나'의 행복했던 어린 시절은 "전쟁이 일어 나기까지 겨우 한 달 남짓"에 불과할 뿐이다. 이 이야기의 제목인 '전 쟁과 촛불'에 전제된 사실과 같이 6·25란 전쟁은 '나'의 행복한 어린 시절을 앗아간 발단이 되었고, 기억 속에 내밀히 간직된 이야기를 풀어놓는 '나'에게 처음으로 아픔을 알게 해준 근원이 되었다. 나에게 전쟁은 아버지를 잃게 하고, 초등학교 일학년 때 내게 재미있는 율동과 함께 '서산 너머 해님'이라는 노래를 가르쳐 준 '아주 마음이 좋은 분'인 담임 선생님과 헤어지게 만들고, 먼 친척이 살고 있는 시골로 피난을 가게 하여 나의 가슴 한 구석에 '서럽고 가슴 아픈 일'을 새겨준 근원적 동인이었다. 그렇지만 그 전쟁이 내게 안겨준 서럽고 가슴 아픈 일이란 단지 집과 아버지와 선생님을 잃게 한 상실에 대한 아픔일 뿐이지 절박한 위기와 삶의 고통스러움이란 생존을 위협한 폭거는 아니었다. 그 전쟁이 내게 준 아픔은 무엇보다 '서산 너머 해님'으로 시작하는 동요와 율동을 가르쳐 주고 나를 귀여워해 주던 안 선생님과의 이별이 남긴, 상실에 대한 그리움에 지나지 않을 따름이다. 그러나 나와 이별을 하게 된 안 선생님에게 6·25란 전쟁은 생존 자체를 뒤흔들며 치유하기 힘든 아픈 상처를 남겨 준 폭거였다. 안 선생님은 전쟁이 일어나자 남편이 전쟁터로 나가고 일 년 만에 전사 통지서를 받게 된다. 그때 안 선생님은 두 살짜리 아이를 두고 남편을 잃은 슬픔이 채 가시기도 전에 그 아이가 폭격에 맞아 죽는 엄청난 비극을 맞는다. 안 선생님은 아이의 비참한 시체 앞에서 그만 미쳐 버리고 만다. 그녀는 미친 사람으로 길거리를 헤매기도 하고, 병원 신세를 지기도 하고 또 도망쳐 나오기도 하며 그렇게 십 년간을 살아온 것이다. 그러다 '기적같이' 죽었다는 남편을 다시 만나 안정을 회복하고, 새 아이를 낳아 키우며 살아간다. 그야말로 전쟁은 그녀에게 행복한 삶을 파행으로 치닫게 만든 폭거인 셈이다.

이 「전쟁과 촛불」은 '나'의 기억 속에 우두커니 남아 있는 상실의 아픈 체험과 '나'의 기억 속에 내밀히 존재하던 '안영희 선생님'이 겪어낸 비극적 체험이란 두 이야기를 강준영의 고유한 세 가지 이야기 기법으로 정교하게 짜놓고 있다. 곧 이 「전쟁과 촛불」 속에는 '나'가 경험한 상실의 아픔이란 이야기 유형과 안영희 선생님이 겪은 비극적 체험 이야기 유형이란 각기 다른 체험이 전쟁이라는 근원적 배경 속에 똑같은 무게로 묶여져, 서로 다른 아픈 체험들을 공유하게 만든다. 그것은·나의 상실의 아픔이란 빈 가슴 공간 안에 안 선생님의 비극적 체험이 전이되어 채워졌기 때문이다. 주인물인 나에게 '시신 너머 해님'으로 시작하는 동요와 율동을 가르쳐 주던 안 선생님을 상실했던 어린 시절의 기억이 커다란 아픔이었고, 또 자신이 커서 미친 사람으로 다시 만나게 된 그녀의 건강한 정신에 대한 상실감이 엄청난 충격이었기 때문에 용인되는 일이다. 그러나 그들에게 아픔의 모태가 된 사건이 6·25 전쟁이라고는 하지만, 강준영은 결코 이「전쟁과 촛불」에서 그 가혹하고 비극적인 전쟁을 의미화하지 않는다. 이것은 보편적으로 겪게 되는 전쟁의 비극적 체험을 통해 역사성이나 현장성에 놓인 삶의 진실을 이야기하려는 것이라거나 전쟁의 가혹성을 고발하려는 작품이 아니기 때문이다.

강준영이 이「전쟁과 촛불」을 통해 어린 독자에게 전하고자 하는 소중한 의미는 '나'가 '안영희 선생님'을 우연히, 아니 '기적 같이' 십 년쯤의 세월의 간격을 두고 만나는 세 번의 만남 속에 얹혀 있다. 그 만남에 반드시 '서산 너머 해님'이라는 따뜻하고 행복한 분위기의 동요가 매개되어 있고, 그 동요를 통해 그녀가 겪은 전쟁의 비극적 체험이 '나'가 경험한 상실의 아픔에 전이되어, 내가 겪은 상실의 아픔과 그녀가 겪은 비극적 체험이 똑같은 무게로 공유된다는 사실이다. 그 첫번째 만남은 초등학교에 입학해서 '한 달 남짓' 담임 선생님으로 만나 '서산 너머 해님'이라는 동요와 재미나는 율동을 배울 수 있었던 어린 시절이다. 이때는 어떠한 갈등과 분열도 개입되지 않는 말 그대로 행복한 만남이다.

두 번째 만남은 버스 대합실에서 우연히 만난 사범학교 졸업 무렵이다. 안 선생님과 헤어지고 십 년쯤 지난 후 전쟁의 상처가 어느 정도 치유될 무렵, 행복한 기억 속에 그리움으로만 남아 있던 안 선생님과의 두 번째 만남은 나에게 엄청난 충격으로 다가와 하나의 커다란 아픔으로 남는다. 그녀는 "풀어 헤친 머리"에 "촛점 잃은 초라한 눈"을 한 "첫눈에도 성한 사람이 아닌" 여인의 모습으로 나타났던 까닭이다.

> 나에게는 문득 잊었던 생각들이 떠오릅니다.
> "수풀 속에 새집에는, 촛불 하나 켜놨죠."
> 나는 알고 있습니다.
> 왼손으로 오른쪽 팔꿈치를 받고, 오른손 끝으로 촛불처럼 간들간들 흔드는 것을……
> 이 여인도 그렇게 했습니다.
>
> ─『촛불 하나 켜놨죠』(29~30쪽)

그저 스쳐지나칠 뻔한 그녀가 버스 대합실에서 나에게 아련한 그리움으로 잔존해 있던 이 '서산 너머 해남'이라는 동요를 콧노래로 부르고 흥에 겨워 율동까지 하며 많은 사람들의 웃음거리가 되어 있었던 것이다. 내가 여인의 손을 잡고 옛 기억을 되살려 주려고 애를 썼으나 그녀는 갑자기 "얼굴에 경련을 일으키"며 "쫓기는 사람처럼" 슬픈 웃음을 흩날리며 달아나 버린, 애처롭고 안타까운 만남이었다. 이 두 번째 만남은 나에게 "자꾸 가슴이 아려"오게 하고, "마음이 몹시도 춥"게 만드는 아픔을 남긴다. 전쟁이 준 그녀의 정신적 외상이 나에게 또 다른 아픈 체험으로 전이되었기 때문이다.

세 번째 만남은 '나'가 초등학교 선생님이 되어 어느 조그만 시골 학교에서 귀여운 일학년을 맡아 가르치던 교사 시절이다. 그것은 두 번째 만남 이후 또 십 년쯤 세월이 흐른 뒤의 일이다. '기적 같이' 나는 그 시골 학교에서 그녀를 학부형으로 만나게 된다. 내가 오랜 기억 속에 그리움으로 남아 있던 안영희 선생님에게 배운 따뜻하고 행복한 분위기의 '서산 너머 해님'이라는 동요를 "학생들이 조금씩 글자를 알게 되고, 노래도 제법 부를 수 있게 되었을" 때 가르친 것이 결정적인 계기가 된다. 그 동요는 뜻밖에 아이들에게 인기가 높아 "촛불처럼 간들간들 흔드는" 팔 율동과 함께 온 동네에 널리 퍼지게 되자 그녀가 "시골 사람답지 않게 말쑥한 중년 부인"으로 나를 찾아온 것이다. "햇병아리처럼 솜털이 보송보송한 은희"라는 '귀여운 아이'의 어머니였다. 그녀는 "학생들이 모두 돌아간 텅 빈 교실에서" 그 동안 가슴에 묻어 두었던 전쟁이 남긴 정신적 외상들을 서슴없이 풀어 놓는다. 전쟁이 할퀸 그녀의 깊은 상처는 두 번째 만남 이후 애처로움과 안타까움으로 잔존하던 나의 아픈 빈 가슴 공간 안으로 깊숙이 들어와 내가 직접 겪은 아픔으로 공유된다. 바로 나에게 전쟁이 남긴 아픔이란 안 선생님의 비극적 체험이 공유된 아픔이 되는 셈이다.

이렇듯 이 「전쟁과 촛불」에서 가장 비중을 갖는 중요한 제재는 6·25 전쟁처럼 보인다. 그들에게 똑같이 정신적 외상과 근원적인 아픔을 남긴 전쟁이었기 때문이다. 그러나 강준영이 이 「전쟁과 촛불」에서 어린 독자에게 주고자 한 소중한 의미는 전쟁이 남긴 외상이 아니라 바로 동요와 관련된 촛불의 의미에 놓여 있다. 즉 두 주인물의 만남은 전쟁이 매개되어 만나고 서로 아픔을 나누었던 것이 아니라 동요와 율동이 매개가 되어 만남이 이루어지고 아픔을 공유하게 되었던 사실이다.

여기서 '나'가 그녀의 아픔을 공유한다는 것은 아픈 체험 그 자체를 인식하는 데 그치지 않고, 더 나아가 다음 세대(은희)에 대한 희망으로 극복하고자 한다는 의미가 내포되어 있다. 전쟁은 이들의 헤어짐과 비극적 체험을 갖게 한 동인이 되었지만, 강준영은 동요의 분위기와 같은 현실을 실현하고자 한 것에 이야기의 의미를 두었기 때문이다. 여기서 "서산 너머 해님이/숨바꼭질할 때에/수풀 속에 새집에는/촛불 하나 켜놨죠"라는 삽입 동요는 낮 동안 모이를 구하러 나갔던 산새 가족들이 해가 져서 어두워 오면 모두 새집으로 돌아와 도란도란 이야기 꽃을 피운다는 행복의 노래이다. 따라서 「전쟁과 촛불」은 두 주인물들의 첫번째 만남이 동요의 분위기와 내용이 일치하는 행복한 만남이었고, 두 번째 만남은 동요와 불일치한 불행한 만남이며, 마지막 세 번째 만남은 다시 동요와 일치하는 행복한 만남으로 나아가기를 바라는 구조를 가진 이야기인 것이다. 다시 말하면, 이 창작동화의 구조는 '행복—불행—행복'이라는 서사적 진행 과정으로 이루어져 있다. 여기에 행복에서 불행으로 나아가고 다시 행복으로 진행될 때 반드시 아픔이라는 인식 작용이 결부되고, 그 아픔을 극복하는 의식으로 진행된다는 동화의 과정을 작가는 실현시키고 있다. 이때 중요한 것은 아픔의 극복이 어떤 노력의 대가로 이루는 것이 아니라 '기적 같이' 이루어지는 우연한 계기성에 놓여 있다는 사실이다. 안 선생님은 '기적 같이' 남편을 다시 만나 그의 정성으로 성한 사람이 되어 또 은희를 낳았고, 나는 '기적 같이' 안 선생님을 두 번씩 만나고 은희를 가르치게 된다. 이 '기적 같이'라는 말은 작품의 내용을 압축시키는 효과를 가져다 준다. 그렇게 압축시킨 동화적 공간 안에 작가의 어떤 의도, 즉 이 작품의 주제가 되는 아픔을 의미화하기 위해 설정된, 자연스런 연결 고리가 또한 '기적 같이'라는 말이다. 그것은 이 작품의 주제를 전쟁에 대한 고발에 두고자 한 것이 아니라 촛불의 의미에 두기 위한 의도화이자 촛불의 의미화인 것이다.

선생님은 잠시 말을 끊었습니다. 무거운 침묵이 흐릅니다.
그 때 만나 뵙던 선생님의 슬픈 모습으로 나는 가슴이 멥니다.
"선생님 은희가 있잖아요."

"그래, 은희가 있지. 은희는 나의 생명이야. 나의 촛불이지. 은희 아버지는 처음부터 죽어 있었는지도 몰라. 나를 위해서 잠시 이 세상에 내려와, 꺼져 가는 나의 생명에 불씨를 주시고 떠나신 거야."

뺨 위에 눈물이 흐릅니다. 안 선생님은 손등으로 눈물을 닦습니다. 아픔을 닦습니다.

나의 가슴이 찡하게 아파옵니다.

창 밖으로 눈을 돌립니다.

어둠이 깃든 창밖에 별들이 반짝 빛납니다.

옷깃을 여미고, 안 선생님이 일어섭니다.

"가시겠어요?"

"응."

"염려 마셔요."

"그래, 은희를 잘 부탁해."

"잘 키워드릴게요."

안 선생님과 헤어집니다. 선생님의 뒷모습이 어둠 속으로 빨려들어갑니다.

먼 빛으로 보이는 시골 마을에 집집마다 환한 불이 켜집니다. 은희의 집에도 불이 켜집니다.

어머니를 기다리는 은희가 켜논 촛불입니다.

'선생님, 당신의 촛불은 꺼지지 않습니다.'

— 『촛불 하나 켜놨죠』(36~38쪽)


촛불이 지닌 의미는 따뜻하고 행복한 분위기의 '서산 너머 해님'이라는 동요와 율동에 잘 담겨 있다. 그 동요와 율동은 안영희 선생님과 나의 기억의 연결 고리이자 '십 년쯤'이란 세월을 둔 사건을 이어나가는 기나긴 끈이다. 그러니까 삽입된 동요와 율동은 그저 동화의 시적 분위기를 위해서 삽입시켜 놓은 것이 아니라 사건을 연결하며 안 선생님과 나의 기적 같은 만남을 개연성의 만남으로 인식시켜 주는, 이 동화의 주제를 내포한 중요한 비유이자 상징인 것이다. 결국 은희가 켜놓은 촛불은 어머니를 기다리는 따뜻하고 행복한 마음의 불꽃이며, 안 선생님에게 있어 촛불이란 죽은 남편이 "잠시 이 세상에 내려와" 남긴 생명의 불씨인 딸 '은희'를 의미한다. 은희처럼 기다릴 사람(어머니)이 있다는 것과 안 선생님처럼 미래(은희)가 있다는 것, 그 자체가 모두 행복이기 때문이다. 또한 은희는 안 선생님의 행복의 촛불이자 '나, 김인국 선생님'의 희망의 촛불이기도 한 것이다. 따라서 「전쟁과 촛불」은 한마디로 '전쟁'이 한 집안의 파괴와 정신적 외상이란 어둠을 몰고 왔다 할지라도 '촛불'은 그 삶의 어둠을 밝히는 생명의 불씨이자 한 가닥 가냘픈 희망임을 의미화한 작품인 것이다.

「전쟁과 촛불」은 제목만 놓고 보면, '전쟁'이라는 거대한 파괴력 앞에 놓인 '촛불'이라는 작은 형상이 좀처럼 어울리지 않는 모습으로 동격이 되어 있다. 그 동격은 '전쟁과 촛불'의 의미가 파괴/평화, 어둠/밝음, 헤어짐/만남, 거대함/가냘픔, 갈라짐/이어짐, 불행/행복이라는 이항대립으로 설정되어 있는 것처럼 보인다. 그러나 작품 전체를 놓고 보면, 전쟁의 이야기와 촛불의 이야기가 동등한 무게를 지니고 있는 것 같이 느껴지게 하질 않는다. 진정 강준영이 이 동화에서 '전쟁과 촛불'을 테마로 설정해 놓고 독자에게 의도하고 있는 것은 바로 가냘프기만 한 촛불에 실린 무게감이다. 거대한 파괴력 앞에서 꺼질 듯 꺼질 듯하면서도 꺼지지 않는 촛불의 가냘픈 형상이 동화 내용의 중심에 서서 어린 독자를 압도하기 때문이다. 그러므로 이 작품은 줄거리 중심의 동화가 아니라 이미지 동화라는 것을 알려준 셈이다. 이 동화를 단지 줄거리로 읽으면 전쟁의 의미가 전체를 압도하지만, 이미지로 읽으면 촛불의 의미가 더 무게를 지니게 된다는 뜻이다. 강준영은 하고 싶은 말을 직설적으로 하지 않고 에둘러 말하는 발화법으로 전쟁의 그 무서운 충격과 거대한 파괴력 앞에서도 되살아나는 촛불의 의미를 어린 독자에게 희망적으로 이야기하고 싶었을 터이다. 촛불은 그 충격과 파괴 앞에서도 꺼지지 않는 희망의 불씨로 살아남아 있다는 신념을 "선생님, 당신의 촛불은 꺼지지 않습니다"라는 '나'의 마지막 독백에서 확인시켜 주고 있는 셈이다.

이렇듯 이 작품은 강준영의 고유 기법을 통해 비유와 상징 그리고 이미지로 주제를 빚어놓고 있다. 강준영은 처음부터 끝까지 주인물인 '나'의 기억을 안영희 선생님의 비극적 체험에 맞춰놓고 그 기억을 풀어 놓듯 이야기하고 있다. 그것도 6·25와 관련된 정신적 외상을 객관적인 묘사와 함께 이야기가 추억, 회한의 서정시적 공간 속으로 녹아들어가게 하는 서정 동요와 탁월하게 어울어지며, 자신의 경험담을 어린 독자에게 들려주듯이 전달하는 담화의 전략을 구사하고 있다. 거기에다 안 선생님과의 헤어짐과 만남의 매개로 "'촛불 하나 켜놨죠' 할 때에는 왼손으로 오른쪽 팔꿈치를 받고, 오른손 끝으로 촛불처럼 간들간들 흔드는" 율동을 곁들인 동요로 연결시킴으로써 시적 환상과 재미성까지 기여하고 있다. 흔히 동화를 팬터지 문학이라고 하지만, 이 「전쟁과 촛불」은 팬터지가 있어야 할 자리에 비유와 상징, 그리고 이미지의 언어로 정교하게 짜놓았다. 다시 말하면, 팬터지가 있어야 할 자리에 따뜻한 동요의 서정 공간을 정교하게 옮겨 놓음으로써 이 이야기가 아픔을 드러내는 이야기가 아니라 아픔을 극복하는 따뜻하고 아름다운 이야기라는 무게와 깊이를 더해 준다. 강준영은 자신의 고유 기법을 통해 남의 아픔을 자신의 아픔으로 공유하면서 나아가 우리의 보편화된 아픔으로 확대시킬 수 있었고, 또 어린 독자에게 공감력을 배가시킬 수 있었다.

결국 이 「전쟁과 촛불」은 아픔을 인식해 가는 삶의 현실에 대한 눈뜸과 그 치유 방법을 깨달아 극복해 나가는 아프면서도 아름다운 이야기라 할 수 있다. 강준영은 어린 독자에게 의식의 저층에 깔려 있는 6·25 전쟁으로 인한 실조(失調)현상을 알게 하고, 또 그 현상을 극복하게 하는 동인이 남의 아픔을 나의 아픔으로 받아들이는 일관성있는 진실된 삶이라는 사실을 은연중 이야기하고 있는 것이다. 또한 전쟁의 외상으로부터 그리움과 안타까움, 애처로움과 아픔 등의 인식에 눈뜨게 하고, 또 그 아픔 속에서 희망이나 진실, 사랑이나 행복 따위가 무엇인지를 깨닫게 해주었던 것이다.

남의 아픔을 바르게 인지하고 자신의 아픔으로 받아들일 때 '촛불'의 의미가 비로소 행복의 의미로 대체되는 것이다. 이러한 아픔을 위무하며 아름답게 극복하는 힘은 「전쟁과 촛불」에서뿐만 아니라 『촛불하나 켜놨죠』의 어느 작품에서든 우리가 동일하게 맛볼 수 있는 귀중한 체험이다. 바로 강준영의 『촛불 하나 켜놨죠』는 개인적 관념에 의해서든 세계에 대한 인식에 의해서든, 한결같이 아픔을 동기 부여해 따뜻하고 아름다운 결말로 이끌어 나가는 일관된 이야기를 모은 창작동화집이다.

독특한 개성으로 70년대 동화문학에 큰 파장을 그리고 39세의 아까운 나이로 홀연히 세상을 떠나버린 강준영. 그의 못다 한 문학에의 열정을 추스려 사후 십 년 만에 내놓은 이 『촛불 하나 켜놨죠』는 아쉽고 안타까운 그의 자취를 더듬어 보게 하는 대표작 선집이다. 분명 아픔을 올바르게 인지하고, 아름답게 극복하는 귀중한 체험을 전해 주고 떠난 강준영과 『촛불 하나 켜놨죠』가 있다는 사실만으로도 우리의 동화문학사는 흡족하고 행복하다. 하지만 나에겐 아직도 그의 체취가 아픈 충고로 여전히 남아 있다. (1992)

# 역사성 · 시대성 · 일상성

### 정목일의 「반지 호수」
### 조대현의 「우리 동네 김 상사」
### 최은섭의 「도대체 누굴까」

## 1. 동화문학의 주제

우리 동화문학에서 어느 특정 시기를 떠나 포괄적으로 다루어지는 주제는 역사성과 시대성, 그리고 일상성을 토대로 그에 딸린 여러 문제들이다. 역사적 과거와 현재, 한 시대에 새롭게 떠오르는 현상과 난문제, 일상사에서의 삶의 통찰과 발견 등이 그것이다. 이들 주제들은 늘 반복되어 새로울 것이 없으면서도 동화문학이 추구해 나가야 하는 탐구 과제들이자, 동화작가들의 주된 관심사이다. 동화문학에서 주체인 아이들은 역사와 한 시대 또는 일상을 살아가는 삶의 실제이기 때문이다. 어디까지나 그 주제들이 아이들의 삶과 밀접하게 관계되어 있는 한, 항상 반복되어 전혀 새로울 것이 못 되어도 동화작가는 그들 주제로부터 멀리 떠날 수도, 또 자유로워질 수도 없다.

역사성과 시대성 그리고 일상성이라는 이 세 가지 문제성은 사실 별개의 것이 아니다. 서로 연계선상에 놓여 긴밀하게 늘 우리의 삶에 반향하는 현실들인 까닭이다. 실제로 이들 세 가지 문제성은 아이들이 접하는 시대의 문화 현상과도 밀접히 관계한다. 그러므로 이들은 아이들의 삶을 담보하는 동화문학의 흐름과도 그 운명을 함께하기 마련이다. 다만, 오늘날과 같은 한 시대의 문화 변동이 하루가 다르게 대변동을 경험케 할 때도, 동화문학의 그 흐름은 상당히 완만한 변동의 굽이를 지어 왔을 뿐이다. 동화작가들이 한 시대의 굽이에 재빨리 동참하는 일도 중요하겠지만, 아이들에게 삶의 굽이를 객관적이고 점진적으로 이해시키는 일이 그보다 중대한 과제일 수 있기 때문이다. 그러므로 역사성, 시대성, 일상성에 관한 문제들은 어느 시대, 어느 특정 시기를 떠나 담화되지 않으면 안 되는 동화문학의 주된 관심사일 수밖에 없다. 우리 아이들이 겪는 현실의 개별성을 묘사하는 일도 이 세 가지 문제성을 떠나서는 그 존재 의미를 확보할 수 없기 때문이다.

## 2. 정목일의 역사적 상흔과 극복의 아름다움

정목일의 「반지 호수」(『아동문예』 1996. 4)는 가슴이 아리도록 아프면서도 아름다운 이야기이다. 한 가정이 아직도 6·25의 아픈 상흔을 떨쳐내지 못하고 고통스럽도록 가슴에 묻어두고 살아가야 하는 까닭에 가슴이 시리도록 아프다면, 그 같은 상흔을 직조하는 작가의 서정적 문체와 상흔을 극복해 가는 작가의 화해적 숨결이 담겨 있어 아름답다. 이 작품에 스며 있는 아픔과 극복의 아름다움은 처음부터 끝까지 '은반지'라는 소재의 단순성에서 비롯되고 파급된다. 곧 일생 동안 어머니 손가락에 끼인 은반지가 어머니와 아들과의 인식적 차이를 불러오며 갈등을 야기시키고, 또 화해시키는 중심 매개물이다. 그 갈등은 어머니에게 있어서 은반지가 "조용한 시간이면 버릇처럼 매만지며" 아

▲ 「반지 호수」의 작가 정목일.

버지를 회상하고, 인고의 세월을 견디게 해 준 귀중한 '올가미'이지만, 아들에게는 "어머니 손에서 풀러나지 않고" 있는, "한과 슬픔을 되살려 주는 가난과 고통의 단단한 자물쇠"라는 상반된 인식에 기인한다. 그러므로 은반지는 어머니에게는 소중함의 대상이 되지만, 아들에게는 버려야 할 유산일 뿐이다. 이처럼 정목일의 「반지 호수」는 6·25가 남긴 상처가 일생에 걸쳐 지워지지 않고, '올가미'처럼 덧씌워 순종적으로 시대를 살아온 한 어머니의 순정과 어머니의 아픔을 치유해 주고자 하는 아들의 효성이 빚어내 놓는 갈등과 화해를 아름답게 그린 것이다.

「반지 호수」는 흔히 전쟁의 비극을 60~70년대식 이데올로기의 이분법으로 재단한 반공교육적 묘사나 유년기적 외상의 감상 정도에서 벗어나, '반지'라는 매개물을 통해 어머니와 아들의 대상물에 대한 각기 다른 인식의 차이를 통합·화해하는 길을 모색해 나간다. 그 모색과정은 아버지로 인해 남겨진 한 가정의 비극을 넘어서, 결국 6·25라는 거대한 역사적 상흔을 극복해내는 일이다. 6·25라는 거대한 폭력은 한 어머니에게 남편과 '신혼의 단꿈'을 송두리째 빼앗아 가게 했고, 이제 남편의 유언처럼 남겨진 '은반지'가 '올가미'가 되어 이제나 저제나 행상을 하며 아들 하나만을 바라보며 살게 한, 인고의 세월을 만들어주었다. 아들에게는 아버지의 얼굴을 단지 "희미한 흑백사진으로만" 볼 수 있게 하고, 어머니의 모습을 "한없이 측은하고 을씨년스러워" 보이게 만든 폭력 그 자체일 뿐이었다.

어머니와 아버지가 만난 것은 6·25 전쟁이 나던 해였다. 그해 어머니는 임신 삼 개월의 몸으로 아버지를 전선으로 보내게 된다. 아버지가 군에 가기 하루 전날, "달빛이 호수 위에 은빛 비단을 펼쳐 놓아 그 위를 사뿐히 걸어가고 싶은" 보름달 밤, 내외는 이 호숫가에서 이별의 밤을 보낸다. 두 사람이 아무 말도 하지 못하다가 밤이 깊어 집으로 돌아올 때쯤 아버지는 호주머니 속에서 은반지를 꺼내 어머니에게 끼워준다. 그런 후 아버지는 어머니에게 아이를 잘 키워달라는 부탁을 남기고, 전선으로 떠난다. 아버지가 전선으로 떠난 지 일 년 만에 어머니는 아버지의 전사통지서를 받게 된다. 어머니는 외로운 밤이면 이 호숫가에 나와 은반지를 매만지며, "이 은반지가 올가미지……"라고 푸념하면서 남 몰래 울곤 한다. 아들은 그런 어머니의 한과 슬픔, 가난과 고통을 지켜보면서, 아버지가 쥐어준 "단단한 자물쇠가 되어 어머니 손에서 풀려나지 않고 있는" 그 '궁상스런 은반지' 자물쇠를 풀어주고, 언젠가 새로운 다이아반지를 끼워 드리고자 맹세한다.

세월은 흘러, 어머니는 어느새 "등이 굽은 초라한 노인"이 되었고, 아들은 "머리가 희끗희끗해진 오십 대"가 된다. 이제 아들이 팔순 어머니를 위로해 드리는 길은 어머니를 모시고 호숫가로 산책을 나오는 일뿐이다. 그곳이 어머니에게는 아직도 아버지에 대한 흐릿한 기억이 남아 아버지를 만날 수 있는 유일한 장소였기 때문이다. 그리고 그곳에서 아들의 유일한 다짐이었던, 평생 "어머니 손가락에 가난의 굴레처럼 꼼짝 없이 끼워져 있던 그 궁색해 보이는 은반지를 뽑아내고 번쩍번쩍 빛나는 다이아반지를 끼워드려 얼굴을 환하게 해드리고 싶어" 했던 것이다. 드디어 아들은 오십대가 되어서야 "오랜 세월을 참고 기다려" "눈부신 빛을 뿜어내는 다이아반지"를 구입할 수 있었고, 또 환한 "달밤 팔순 어머니의 손을 잡고 호숫가의 의자"에 앉아 비로소 어머니의 여윈 손가락에 그 다이아반지를 끼워드리게 된다. 그리곤 어머니 손가락에서 빼낸 한과 슬픔의 덩어리인 은반지를 어머니의 허락도 없이 잽싸게 호수 안으로 집어던져 버리고 만다. 그 순간 깜짝 놀란 어머니는 얼굴이 파랗게 변하여 울먹이며 호수 안으로 걸어 들어가다, 이번에는 아들이 끼워준 다이아반지를 호수에 냅다 던져버린다. 그리곤 어머니는 "지금까지 너를 키우고 어려운 세월을 견디게 한 건 바로 은반지였단다. 아버지의 선물이잖니? 내게 보석반지가 무슨 소용이 있겠니?" 하시면서 아들을 나무란다. 어머니의 꾸짖음은 그 동안 아들이 어머니의 마음을 헤아리지 못하고 있던 새로운 것을 깨닫게 해준 계기가 된다.

그러나 이 「반지 호수」는 아들이 어머니의 마음을 헤아리게 하는 것에 그치지 않고 부자간의 갈등까지 해소하는 전기를 마련해 준다.

"어머니, 반지를 다 잃었으니 어떻게 해요."
아들이 손수건을 꺼내 걱정스레 어머니의 눈물을 닦아 주며 물었다.
주름살 투성이에다 뼈만 앙상하게 드러난 어머니는 더욱 연로해진 모습이었다.
"이 호수에 오면 되겠구나. 호수 안에는 아버지가 주신 은반지와 아들이 준 다이아반지가 있지 않겠니. 두 개의 반지가 만나서 부자간의 정을 나눌지도 모르지……"
어머니가 눈물을 글썽이며 웃고 있었다. 달빛이 두 모자의 웃음 위로 부서져 내리고 있었다.

—「반지 호수」 끝부분

이 「반지 호수」가 소재의 단순성에도 불구하고, 이렇듯 우리는 "아버지가 주신 은반지와 아들이 준 다이아반지"가 호수라는 한 장소에서 서로 만나, 평생 처음으로 '부자간의 정'을 나누며 비로소 아버지에 대한 원망도 해소되고, 6·25라는 역사적 상흔도 극복되는 이야기라는 것을 새롭게 깨닫게 된다. 결국, 제목이 갖는 「반지 호수」란 어머니에게는 "내가 돌아 오지 못하면 우리 아이들을 잘 키워 달라는" 아버지와의 약속의 굴레가 씌어진 곳이자 "등이 굽은 초라한 노인"이 될 때까지 그런 아버지를 추억할 수 있는 유일한 장소이다. 그러면서도 아들이 준 다이아반지와 아버지의 은반지가 만나 화해하는 공간이 되었던 것이다. 이 두 개의 반지를 함께 품고 있는 '반지 호수'를 통해 아들은 처음으로 어머니의 은반지가 아버지의 "가난과 고통의 단단한 자물쇠"라는 인식에서 벗어날 수 있었기 때문이다. 곧 그 '반지 호수'에 가라앉은 은반지가 아들에게 어머니의 눈물과 한의 족쇄가 아니라 어머니의 한평생 인고의 세월을 견딜 수 있게 해준 힘이 되었다는 사실을 반어적으로 인지시켜 주었던 것이다.

이렇듯 「반지 호수」에서 6·25라는 역사성은 한 가정의 비극을 야기시키는 중요한 사건의 계기는 되었지만, 회고적 분위기와 '달', '달빛', '호수' 등이 제공하는 서정적 분위기가 현실과의 거리감을 불러일으킬 정도로 환상성을 띠고 있다. 다만 "희미한 흑백 사진으로만 보아왔던 아버지의 얼굴이 달처럼 떠오르고 있었다"라는 표현이든가, "이 호수에서 어머니에게 은반지를 끼워주고 전쟁터로 나갔던 아버지……"라는 표현 등에서 우리는 비극적인 역사성을 만날 수 있을 뿐이다. 그런 면에서 이 작품은 역사를 담는 데 사실적이지는 못하다. 그렇지만 작가가 미적이고 주관적으로 파악되어진 상상의 세계 안에서, 아버지의 반지와 아들의 반지가 한 호수에서 하나로 만날 수 있다는 상상력을 부여하여 동화의 신성한 원리와 공감력을 효과적으로 상승시켜 주었다.

이처럼 「반지 호수」는 우리 역사의 비극성을 인유하여 아버지와 아들의 화해적 숨결을 조용히 감지하게 해주는 이야기인 것이다. 「반지 호수」를 읽는 동안 느끼는 아픔과 아름다움은 바로 여기서 비롯된다.

## 3. 조대현의 시대적 아픔과 집단 이기주의 비판

조대현의 「우리 동네 김 상사」(『아동문예』1996. 5)는 「반지 호수」와는 대조적이다. 「반지 호수」가 역사성을 모티프로 하면서 회고적이고 우회석으로 서정적 정서를 전하는 반면, 「우리 동네 김 상사」는 시대성을 모티프로 하면서 현실적이고 직접적인 고발정신을 담고 있다. 조대현은 동화작가도 "동화가 환상을 창조하는 데도 기여해야 하지만 이 시대의 아픔을 외면해서는 안된다"며 이 작품의 창작 동기에서 그것을 시사하고 있다.

「우리 동네 김 상사」는 우리 아파트 동네에 '큰맘 먹고' 한번 살아보겠다며 들어온 김 상사와 아파트 아주머니들의 지역 이기주의에 의해 그의 큰맘 먹은 삶의 의지가 무참히 짓밟혀 치유될 수 없는 상처를 안겨주는 가슴 아픈 이야기이다. 그러니까 이 작품은 오늘날 각종 형태의 이기주의가 번성하여 공동체적 문화가 붕괴되고 있는 참담한 시대적 상황을 극복해내지 못하고, 김 상사의 꿈이 부서진 포장마차의 잔해처럼 무참히 깨어져 쓸쓸한 겨울 거리에 서글프게 나뒹구는 현실을 항변해 주고 있는 것이다. 도시의 아파트 건설 개발 붐과 지역 이기주의 현상이 갈수록 이웃간의 대립과 증오를 첨예화시키고 있는 이 시대적 풍조를 조대현은 어김없이 「우리 동네 김상사」를 통해 고발하고 있는 셈이다.

▼「우리 동네 김 상사」의 작가 조대현.

지난 해 가을 무렵부터, 우리는 우리 동네 "아파트 단지 입구 수퍼마켓 앞뜰이나 잔디밭에서 혼자 오징어포를 뜯어 놓고 술을 병째로 마시고 있는 김 상사 아저씨의 모습"을 자주 보게 된다. 그때까지만 해도 우리 동네 사람들은 그를 그저 떠돌아다니는 불량배이거나 거지이겠거니 하고 아무런 관심도 가져주지 않는다. 그러다 늦가을 무렵, "해병대 복장에 여러 가지 훈장과 뺏지가 다닥다닥 달린 군모를 쓰고", "아파트 단지 입구와 큰길이 마주치는 도로 한가운데서 호루라기를 불며 교통정리를 하고 있는 그의 모습을 발견"하고부터 우리 동네 사람들은 "그가 어떤 사람이고 무엇을 하는 사람인지 차차 궁금증"을 갖기 시작한다. 사람들은 그가 "월남전에 참전했던 해병대 용사며 계급은 상사이고 성은 김씨라는 사실"을 "자주 술을 사러 드나드는 수퍼마켓"에서 흘러나온 소문을 통해 알게 된다. 지금은 그가 "우리 아파트 건너편 산비탈을 깎아내려 새로 짓는 아파트 공사장에서 막일을 하는 일꾼이라는 사실"도 알게 되었다. 그때쯤에서는 그가 "그저 마을을 떠돌아다녀도 해를 끼칠 사람이 아니라는 데까지 후한 인심을 쓰게" 된다.

우리가 그런 김 상사 아저씨와 친하게 된 것은, 그 동안 방위병 아저씨들이 훈련하느라 파놓은 벙커인 우리의 아지트를 동네 큰 형들에게 빼앗기고 새 아지트를 물색할 무렵이었다. 그 아지트는 큰 형들이 모여 "담배도 피우며" "여학생 누나들까지 불러들여" 비행을 저지르는 장소로 바뀌고 만다. 우리가 학교에서 돌아오는 길에 비밀 아지트를 새로 찾기로 하며, 그저 빈 집인 줄 알고 들어간 곳이 바로 김 상사 아저씨의 집이었다. 거기는 새로 "큰 도로가 뚫리게 되어서 사람들이 모두 이사를 가고 빈 집 몇 채만 남아 있는 곳"이다. 그때 우리는 공사장에서 막 돌아오는 길인 듯, 먼지 묻은 옷을 털고 들어오는 김 상사 아저씨와 우연히 마주치게 된다. 그 집에서 우리에게 '큰맘 먹고' 사발면을 대접하는 아저씨와 그런 인연으로 친하게 지내게 된다. 그리고 우리는 아저씨가 월남전에 참전했다가 고엽병을 얻어 "겉은 멀쩡하지만 여기저기가 붓고 가렵다는 것, 그래서 어디 취직도 못하고 떠돌이 생활을 한다는 것, 돈이 좀 있으면 큰 병원에 가서 진찰을 한번 받아보는 것이 소원이라는 것" 등과 "유독 전쟁 얘기와 자기 가족에 대해서는 말을 하기 싫어 한다는 것"을 알게 된다. 우리는 그 아저씨에게 "우리의 별명이며 집안 식구 얘기며, 동네 형들에게 아지트를 빼앗긴 이야기까지" 모두 허물없이 털어놓는다.

어느새 쌀쌀한 초겨울이 다가왔다. 아저씨는 "공사장의 큰 일이 대충 끝나서 이제는 아저씨의 힘을 필요로 하는 일이 없어졌노라는 말을 하면서" 여기를 떠나야 할 때가 왔다며 한숨을 내쉬었다. 우리는 이 마을을 떠나기 싫어하는 아저씨에게 우리가 사는 아파트 단지 입구에다 포장마차를 차리기를 권유하게 된다. 며칠 뒤 아저씨는 우리 아파트 단지 입구에다 그럴 듯한 포장마차를 차린다. 그런데 사흘째 되는 날 우리는 "어머니들로부터 김 상사 아저씨의 포장마차에 드나들지 말라는 명령을 받게" 된다. 명분은 "그런 지저분한 음식을 먹으면 건강에 해롭다는 것이지만" 사실은 "아파트 부근에 그런 잡상인이 들어오면 동네가 지저분해지고" "아파트 값이 떨어진다"는 큰 이유 때문이었다. 엄마들은 서로 집집마다 아이들을 잘 단속해 "아저씨 스스로 장사를 그만두게 하고 그래도 포장마차를 걷지 않으면 구청이나 파출소에 찾아가 진정을 하자는 약속까지" 해둔다.

그러던 차에 우리에게 큰 문젯거리가 하나 생긴다. 그것은 "우리의 아지트를 빼앗고 잔돈푼을 긁어오던 형들이" 이번에는 어른한테 일러바치면 칼로 찌르겠다는 위협까지 해보이며, "하나 앞에 삼만 원씩이나 되는 큰 돈을 가져오라고 명령을 내린 것"이다. 우리는 형들의 위협이 무서워 "벙어리 저금통을 뜯거나 엄마 돈지갑을 슬쩍하여 저마다 삼만 원씩을 준비"해서 형들에게 바친다. 그리고는 분을 참지 못하여 김 상사 아저씨에게 일러바친다. 그는 우리들의 이야기를 다 듣고 나서 우리를 앞세우고 벙커로 찾아가 형들을 혼내주고, 빼앗긴 돈을 도로 찾아준다. 이 사건이 발단이 되어 김 상사 아저씨는 뜻하지 않은 곤경에 처하게 된다. 그날 김 상사에게 혼나고 돌아간 형들이 자기 엄마에게 고자질하게 되고, 또 그 엄마들은 다른 엄마들에게까지 알리어 모두 나오라고 선동한다. 그렇잖아도 김 상사를 쫓아내고자 빌미를 찾고 있던 동네 엄마들이 구실이 없어 망설이고 있던 차에 마침 좋은 기회라도 만난 듯 한꺼번에 몰려나와 김 상사 아저씨를 쫓아내는 데 힘을 합친다. 심지어는 우리들이 "빼내간 돈도 김 상사 아저씨가 시켜서 한 짓이라고 넘겨 짚고, 모든 잘못과 책임을 아저씨에게 뒤집어 씌우"며 "아저씨를 아주 형편없는 범죄자"로 몰아세운다. 아저씨는 나서서 한마디 변명도 못하고, 엄마들의 기세에 눌려 그저 당하기만 할 뿐이다. 개중에는 파출소로 몰려갔던 엄마들이 마침내 경찰 아저씨를 데리고 와서 김 상사 아저씨를 무조건 연행해 가게 한다. 아저씨가 파출소로 "연행되어 가자 엄마들은 더욱 기세가 올라, 아저씨의 포장마차를 아파트에서 멀리 떨어진 큰길가 마른 수풀 속에다 밀어 넣어"버린다. 그런 김 상사 아저씨가 그날 밤 자정이 가까워진 시각에 경찰에서 조사를 받고 무사히 풀려나와서는, 홧김에 술을 마시고 자정이 넘도록 아파트 이동 저동을 돌며 고함을 지르면서 포장마차를 자기 손으로 부수고, 마침내 마을을 떠나는 이야기이다.

이 작품의 주인물은 김 상사이기보다 '우리'이다. 우리의 시점으로 김 상사의 행적을 관찰하는 이야기인 것이다. 그러나 우리는 이 작품의 주인물이면서 사건의 동기를 유발할 뿐 실제 일어난 사건을 해결하는 데는 지극히 수동적 인물로 저만치 뒤로 물러나 있다. 곧 아이들인 우리는 이 작품의 주체이면서도 어른들이 하는 행동을 지켜보고 있는 관망자의 입장에 지나지 않는다. 그것은 순전히 김 상사의 개인적 삶의 수난을 부각시키려는 작가의 의도에 의해서이다.

그렇다면 이 작품에서 작가가 부각시키고자 하는 김 상사의 개인적 수난을 통해 어린 독자에게 전해주려 한 것은 무엇인가? 그것은 작가가 아파트 엄마들의 집단 이기주의와 그로 인해 삶의 뿌리가 송두리째 뽑히는 한 변두리 인물의 비극적 삶을 통한 비인간화 현상과 이 시대 공동체 정신의 상실을 알리고자 한 것이다. 아파트 엄마들의 집단 행동은 '큰맘 먹고' 한번 살아보겠다고 다짐한 김 상사라는 변두리 인물의 삶의 의지를 철저하게 외면하고, 집단의 외부로 격리시키는 결과를 가져온다. 그들은 아예 생활 수준이 다른 변두리 인물의 유입과 유대를 끊어버리자는 심사이다. 월남전에서 얻은 고엽병으로 인해 김 상사는 가족으로부터도 소외되고, 이웃으로부터도 철저하게 외면당해 오면서 이제 한번 '큰맘 먹고' 어느 한 곳에 정착해 보려했던 인물이다. 그러나 이 같은 김 상사의 삶의 의지와 꿈은 여지없이 좌절당하고 철저하게 뿌리 뽑히게 된 것이다. 이미 김 상사의 삶은 월남전 참전 이후부터 뿌리를 내리고 정착할 수 있는 곳이 아무데도 없었다. 그런 상황을 상징적으로 말해주는 것이 바로 '큰맘 먹고'라고 반복해서 나오는 문맥이며, 또 "자기 가족에 대해서는 말을 하기 싫어 한다"는 구절에서 쉽게 읽을 수 있게 한다. 이 이야기는 이러한 인물이 어렵게 정착해 보려한 삶의 의지를 아파트에 사는 아주머니들에게 여지없이 꺾이고 만다는 것이다. 그의 소외되고 외면당하는 삶의 고통을 경찰에서 풀려나와 아파트 이동 저동을 돌아다니며 고래고래 지르는 고함 속에서 확인할 수도 있게 한다.

그러던 그날 밤 자정이 가까워진 시각이었습니다. 갑자기 아파트 앞 광장에서 고래고래 고함 지르는 소리가 들렸습니다.

"야! 이 잘난 것들아! 이리 좀 나와 말 좀 해 보자! 너희들만 잘 먹고 잘 살면 그만이냐? 나 같이 못난 놈도 좀 함께 어울려 살면 안 되냐? 안돼? 어디, 대답 좀 해 보라구! 대답을……."

 김 상사 아저씨였습니다. 아마 경찰에서 조사를 받고 무사히 풀려나와 홧김에 술을 마신 모양입니다.

―「우리 동네 김 상사」 끝부분

 결국 이 작품은 사람들끼리의 유대가 끊어지고 공동체적인 우리의 문화가 붕괴되어 가는 시대적 상황을 잘 부각시킨 작품이다. 그러나 작가가 주제적 문제에 집착한 나머지 '우리'라는 아이들이 주체이면서도 관찰자적 입장으로 비켜서게 함으로써 등장하는 아이들 스스로 시대적 삶의 문제에 뛰어들지 못하는 한계에 부딪히고 만다. 이런 한계는 작위성의 위험을 안게 된다. 따라서 「우리 동네 김 상사」는 단순히 한 인물에 대해서만 촛점이 맞추어져 총체적인 시대적 상황 탐구가 미진한 반면, 대신 한 시대의 부정적 일면에 대한 작가의 고발정신만이 강하게 부각된 작품이라 할 수 있다.

 조대현은 고발정신이 뚜렷한 작가이다. 그의 고발정신이 초기에는 보다 우회적이었다면, 최근에는 직접적으로 드러난다. 조대현의 「우리 동네 김 상사」는 그런 작가정신을 살펴볼 수 있게 하는 작품의 하나이다.


## 4. 최은섭의 일상에 대한 관찰과 발견의 기쁨

 주제를 드러내는 면에서 최은섭은 조대현과는 상당히 다른 방식을 취한다. 최은섭의 「도대체 누굴까」(『아동문학평론』 1996. 봄)는 주제를 직접 드러내기보다 일상의 어떤 작은 문제에 대한 의문을 제기하고, 그 의문을 풀어나가는 추리의 과정 속에서 동화의 주제를 조금씩 조금씩 드러내는 방식을 취한다. 이 작품은 일상성에서 제재를 취택해 왔지만, 우리가 예견하는 일상적인 관습과 타성을 영락없이 깨뜨린다. 그것은 작가가 일상사에 대한 섬세한 관찰과 발견의 기쁨을 동시에 추구하고자 했기 때문이다.

자연 교과서에 강낭콩 기르기가 나와서 우리 반 아이들은 저마다 교실 남쪽 창문 턱에 두 줄로 나란히 놓아 두고 강낭콩을 기르고 있었다. 자연 시험 문제를 풀던 나는 깜짝 놀란다. 요즘 축구에 푹 빠져 열흘 전부터 물 주는 것을 잊고 지내던 나는 자연 시험 문제에 "강낭콩이 자라는 데에 필요한 것 세 가지만 쓰세요"라는 문제를 읽다 말고 갑자기 강낭콩이 생각났기 때문이다. 그런데 시험시간이 끝나고 나서 강낭콩을 들여다본 나는 또 한 번 놀란다. 강낭콩 화분은 "검붉은 흙이 촉촉히 물기를 머금고 있었기" 때문이다. 모두들 자기 강낭콩만 잘 키우려고 '자리다툼'까지 벌이는 판에 남의 화분에다 물을 준다는 것은 생각할 수 없었던 탓이다. 도대체 시키지도 않은 "착한 일을 하고도 시침 딱 떼는 사람이" 누군지 알아내기 위해 우리는 제각기 추리를 시작하게 된다.

평소 "우리 반에서 일어나는 궁금한 문제는 거의 다 해결해" "꼬마탐정"이라는 별명을 얻은 나는 그 '누군가'를 찾아내기 위해서 궁리에 빠진다. 먼저 나는 물뿌리개 손잡이에 흰 물감을 칠해 놓는 일로부터 몇 가지 묘책을 써본다. 그러나 다음날 와보니 그 물뿌리개 손잡이가 말끔히 닦여 있을 뿐 그 누군가를 알아내는 데는 실패하고 만다. 번번히 실패를 거듭하는 내가 끝내 생각해낸 것은 '물 주는 누구'가 나처럼 궁금해지도록 내가 반대로 "착한 일을 하고도 시침 딱 떼는 사람이" 되고자 한 것이다. 그래서 나는 먼저 교실 뒷문의 낙서를 지운다. 그랬더니 금방 효과가 나타난다. 친구들이 낙서를 누가 지웠느냐고 교실이 떠들썩해진다. 다음에는 게시판 옆에 있는 못을 빼고, 또 다음날은 창틀 아래에 붙어 있던 시커먼 껌덩이를 떼어 버리고, 그 다음은 교탁 위에 백합꽃을 꽂아 놓는 것 등으로 하루에 한 가지씩 순서있게 선행을 계속하면서, 강낭콩에 물 주는 일이나 그런 선행한 사람을 알아내는 일에는 별로 신경을 쓰지 않는다. 다만 나는 '아무도 모르는 누구'가 된 기분만을 한껏 만끽한다. 그랬더니 이번에는 몰래 물을 주던 사람도 그 일에 흥미를 잃었던지, 이제는 물 주기를 중단하게 된다.

그러는 동안 강낭콩은 콩꼬투리를 맺는다. 반대로 행동했던 작전이 성공했다고 판단한 나는 이제부터 다시 내 강낭콩에 물 주기를 시작한다. 그러던 어느 날 강낭콩 화분에 물을 주려다, 흙 위에서 내가 금방 알아차릴 수 있는 낯익은 글씨로 "부지런한 농부님! 이제는 콩꼬투리가 여물어 가므로 물을 자주 주지 않는 게 좋아요"라고 쓴 쪽지를 발견한다. 그 쪽지를 본 순간 나는 '물 주는 누구'를 알게 되나 "그 비밀을 소중히 간직하고 싶어" 아무에게도 발설하지 않는다. 이제는 강낭콩이 우리에게 한 웅큼씩 열매를 돌려주고 강낭콩 화분은 치워졌지만, 나는 그 동안 '남 모르는 누구'가 된 체험을 한 기쁨에 가슴이 뿌듯해진다.

겨울 방학이 얼마 남지 않은 어느 날, 함박눈이 수북이 내린다. 나는 또다시 '남 모르는 누구'가 되어 우리 교실에 "선생님, 강낭콩에게 남몰래 물을 주듯이 저희를 사랑으로 돌보아 주셔서 고맙습니다"라고 쓴 쪽지를 가슴에 숨겨놓은 커다란 눈사람을 하나 만들어 놓는다. 이 동화는 결국 우리들이 공부하는 사이 눈사람은 조금씩조금씩 녹아내려 가슴 속에 숨겨 두었던 쪽지가 발견되면서, 한동안 아무도 모르게 강낭콩에 물을 준 '도대체 누굴까'의 정체가 드디어 드러나게 된다는 이야기이다.

이렇듯 이 작품은 지극히 일상적인 소재를 이야기화한 동화이다. 그 소재는 모든 초등학교 교실에서 일어날 가능성이 있을 법한 일상적인 일이다. 사실 모든 문학 작품 속에서 독자들이 찾고자 하는 공통된 심리가 있다면 그것은 일상성으로부터의 탈주이다. 일상성이란 다름 아닌 우리가 살아가는 생활의 궤적이다. 일상적인 삶이 우리의 생활 그 자체라는 면에서 매우 중요한 것인데도 불구하고 동화문학에서 일상성은 진부성과 맞닿아 어린 독자에게 아무런 의미를 제공해 주지 못한다고 생각한다. 아침에 일어나 학교 가고 공부하고, 운동장에서 공놀이 하고, 집에 와서 학원 가고, 밥 먹고, 군것질하고, 동네 친구들과 늘 반복되는 놀이를 즐기고 하는 일이 아이들에게 있어 삶의 전부이다. 그런 아이들에게 자신과 똑같은 생활을 가진 주변 이야기라면 전혀 흥미를 느끼지 못할 것이 뻔하다. 동화는 이런 아이들 주변에 널려 있는 일상성의 한계와 만나서 싸우며 내밀한 탐구를 멈추지 않아야 한다. 왜냐하면 아이들은 보다 특별한 것, 보다 엉뚱한 것을 즐기려는 심성을 소유하고 있기 때문이다. 따라서 일상성의 탈주는 동화작가들의 고유한 권한이며 과제인 셈이다. 동화작가들은 그 일상으로부터의 탈주를 위해 팬터지라는 기법을 도용하기도 한다. 그 기법은 일상성을 벗어나고자 하는 삶의 또 다른 모습일 터이다.

최은섭의 「도대체 누굴까」는 소재를 아이들의 학교 생활 그 자체란 일상에서 취택해 왔으면서도 우리가 예견하는 일상성을 일탈한다. 최은섭은 일상성으로부터의 탈주를 위해 일종의 추리 형식을 도용한다. 이 동화는 일상적인 학교 생활 속에서 '아무도 모르는 누구'를 찾고자 하는 의문으로부터 비롯되어, 아이들의 생각이 닿는 일상을 넘어서 반대로 '꼬마 탐정'이라는 별명을 가진 '나'가 '아무도 모르는 누구'가 되어 은근한 즐거움을 누리다, 결국 그 '아무도 모르는 누구'를 찾아낸다는 이야기이다. 바로 '나'가 찾아낸 '도대체 누굴까'의 장본인은 담임 선생님이다. 이쯤되는 이야기라면, 어지간한 동화작가면 '나'가 지닌 '꼬마 탐정'이라는 별명에서 언뜻 짐작할 수 있듯이 '셜록 홈즈'처럼 되어 비밀을 캐내는 탐색 과정을 팬터지라는 이름을 빌어서 맹랑하게 전개해 가며 현실성을 잃고 말 법한 일이다. 그러나 최은섭은 현실성을 잃지 않는 범위내에서 아이들의 일상적인 생활 묘사 수준을 뛰어나게 벗어난다. 그것은 작가가 일상성에 대한 탐구 과정에서 본질 규명을 위한 관찰과 발견의 결과이다. 그러면서도 이 작품은 '도대체 누굴까'라는 의문이 전달해주고자 하는 이야기를 놓치지 않고, 끝 대목을 통해 아주 자연스럽게 드러내고 있다.

> 그런데 말이야. 학년을 마치던 날. 그 눈사람 선생님이 전근을 가시면서 글쎄 우리에게 어떻게 하셨는지 아니?
> 우리 손바닥 안에 강낭콩을 한 알씩 쥐어 주시는 거야. 그리곤 그 멋진 글씨로 이렇게 칠판에 쓰셨어.
> "사랑하는 농부들아,
> 모든 열매는 또한 씨앗이란다.
> 새로운 싹을 틔울 줄 아는 사람에게는.
> 안녕."
>
> ─최은섭의 「도대체 누굴까」 끝부분

이처럼 최은섭이 이 창작동화를 통해 전달하고자 한 것은 '모든 열매는 또한 씨앗'이라는 말 속에 숨겨져 있다. 열매가 성취의 기쁨이라면, 씨앗은 시작의 의미가 내포되어 있어서 새로움의 경험을 가능케 하는 출발을 뜻한다. 곧 이 작품은 일상 속에서 일어날 수 있는 의문을 통해 빌견의 기쁨을 맛보게 해줄 뿐만 아니라 성취의 기쁨인 열매가 다시 새로운 시작이라는 씨앗이 되는 것처럼 삶의 탐구를 잠시도 멈추지 말라는 주제를 내밀하게 숨기고 있다는 것이다. 멈춤 없는 삶의 탐구란 바로 아이들의 성장을 의미하는 것이 아닐까. 이런 발견의 기쁨이야말로 최은섭의 「도대체 누굴까」를 읽는 즐거움일 터이다. (1996)

# 분단 현실의 문학적 인식과 분단 극복

## 1

최근 부각되고 있는 '한소협력시대' 란 말의 당혹감 못지않게 국제정세 변화는 참으로 엄청나다. 몇 해 전만 해도 미·소 양국의 냉전체제에 의한 긴장 상황을 생각하면 격세지감을 느끼게 마련이다. 국제정세는 동구 공산국가들의 개방화 물결을 탄 탈이데올로기화와 때를 같이하며 평화공존의 시대를 예견하듯 남북 예멘의 통일은 물론 동·서독도 사회, 경제적 통합을 이룩해 놓은 형국이다. 아직 우리에겐 요원한 민족통일이지만 지난 6월 한소정상회담이 이루어진 이후 거기에 거는 우리의 기대는 실로 막대하다. 한소정상회담 이후 양국 수교와 경제협력의 강화 등 일련의 조치가 뒤따를 것이라는 조감에 앞서 한소관계 개선을 통해 한반도 긴장 완화의 토대가 마련되고 나아가 통일에의 결정적 전기를 가져오리라는 팽창된 기대감 때문이다. 이미 동서화해와 사회주의 국가의 변신이라는 국제정세의 일대 전환이 세계 평화에 기여한 동인이 되었다면, 북한과 우호 관계를 맺어 왔던 소련과의 관계 개선은 그야말로 남북간 화해와 번영의 디딤돌이 되지 않겠느냐는 인식에 기초한다.

'한소협력시대'라는 우리의 당혹감은 그만큼 우리가 분단시대를 뼈저리게 살아왔다는 사실의 확인인 셈이다. 제2차 세계대전 승전국인 미·소의 지배질서 재편성 과정에서 비롯된 한반도의 분할 점령과 양극화된 냉전 체제 모순이 6·25란 우리 민족간의 결정적 비극을 몰고 왔음을 상기해 볼 때 급작스럽게 느껴보는 당혹감 바로 그것이다.

올해로 우리가 일제 식민지에서 해방된 기쁨을 제대로 맛보기도 전에 분단이란 역사적 수난을 안은 지 45년, 또 6·25란 동족상잔의 처절한 비극을 겪은 지 40년을 맞고 있다. 이는 일제 식민지시대를 겪어온 우리 자신에 대해 제대로의 반성도 해보지 못한 채 민족과 국토의 분단뿐만 아니라 이념과 사고의 분열까지 초래해 왔던 참으로 비극적인 역사 체험일 터이다. 우리의 역사 체험이 비극적이라는 것은 분단 상황이 우리 민족끼리 불신의 골을 깊게 파놓은 체제 모순으로 고착화되고, 그후 군사독재로 이어지는 파행적 역사가 숱한 정치, 경제, 사회, 문화적 제 모순으로 이어져 오늘에 이르고 있다는 모순의 파급 현상에 기인한다. 곧 우리의 분단은 분단시대란 인식으로 끝나는 것이 아니라 우리 시대가 안고 있는 일체의 갈등과 깊이 맞물려 있다는 점이다. 따라서 우리의 분단 극복은 우리 시대에 직면해 있는 가장 절실한 공통 관심사적 해결 과제임은 두말할 나위가 없다.

한국 아동문학에 있어서도 분단 극복의 문제만은 절대 명제일 수밖에 없음은 자명하다. 탈이데올로기와 평화공존의 시대로 접어든 오늘날의 국제 사회 변화를 생각하면 할수록 아동문학에서의 분단 극복은 더욱 절실한 해결 과제로 제기된다. 그것은 우리의 아동문학이 어른들에 의해 만들어진 분단모순을 분단된 나라에 태어난 이유 하나만으로 다음 세대인 아이들이 고스란히 물려받아야 하는가라는 세대의 책임 의식과 동서화해로 조성되고 있는 세계 질서의 개편 과정에 우리는 왜 극한적 분단상황을 지속하면서 모든 교류를 차단하고 있는가라는 시대적 책임의식을 동시에 짊어지고 있는 다음 세대의 문학이기 때문이다. 아이들에게 우리의 비극적 역사 체험을 소중하게 들려줄 수는 있지만, 분단으로 인한 모순들을 모두 떠넘겨 버릴 수 없다는 이와 같은 문학적 인식에 기초되어 있는 것이다. 그러므로 한국 아동문학에 있어서 분단 극복이란 분단모순의 현실이 가져다 주는 온갖 고통스러움에 대한 자각이며, 동시에 그 고통스런 현실을 극복해 나아가고자 하는 전진적 의지인 셈이다. 결국 분단 극복의 문학적 의의는 분단에 의한 고통스런 현실을 넘어서 우리 민족의 화해와 통일로 나아가려는 소명 의식에 결부되어 있음은 물론이다.

그러나 분단 이후의 한국 아동문학사를 점검해 볼 때, 분단 극복에 대한 충분한 성찰과 검토가 이행되지 못했던 점을 먼저 반성할 필요를 느끼게 한다. 우리 아동문학은 분단 문제라 하면, 6·25의 비극을 소재로 한 작품이라는 통념에 사로잡혀 분단 극복에 대한 문제 인식조차 하지 못한 실정이었다. 언제나 분단 문제 앞에서, 한편으로는 남북간의 적개심만 부추겨 적과 싸워 이겨야 하며 다시는 그런 비극적인 일이 발생하지 말아야 한다는 경각심을 지닌 교조주의적 차원에 머물러 왔고, 다른 한편으로는 분단 정서를 통한 순응적 인간형과 통일에의 낭만적 이상주의만 조성해 왔을 따름이다. 진정한 분단상황의 질곡과 심각한 민족분열의 위기감을 하나로 통합시키려는 분단 현실에 대한 인식이 부재한 형편이었다. 이렇듯 우리 아동문학에 있어서 분단 문제가 다른 문학적 제재에 비해 상대적으로 열악한 문학정신을 드러내게 된 가장 큰 이유는 다음 두 가지의 영향을 결코 간과할 수는 없다.

하나는 전쟁과 이데올로기에 관련된 교육성의 문제이다. 이데올로기의 극한적 대립으로 돌발된 6·25는 우리 민족 개개인에게 심대한 정신적·물리적 상처를 입히게 되었다. 이때 전쟁을 일으킨 자는 혹독한 가해자의 모습으로 군림하게 되고 그 속에 휘말린 인간 개체는 처참한 피해자의 모습으로 결정된다. 그 가해자와 피해자의 숙명적 대결양상은 선과 악의 대립을 명확히 하는 아동문학적 특성에 의해서 자연히 북은 악으로, 남은 선으로 대치될 수밖에 없는 교육적 구도로 짜여지게 마련이어서 전쟁과 이데올로기를 담은 문학은 자칫 그 흔한 반공 아동문학으로 오인될 소지를 안게 된다. 문학은 예술성에 바탕을 두어야 한다는 인식을 가진 작가에게 이런 문학적 제재는 창작 의욕을 떨어뜨리게 하고, 독자는 전쟁이나 이데올로기를 다룬 작품이라면 으레 반공 아동문학 정도로 폄하하는 인식이 자리잡히게 되었다.

다른 하나는 아동문학에 선별적인 주제 설정을 요구하는 순수예술성의 문제이다. 항상 전쟁이란 거대한 폭력은 전투와 피난생활, 죽음과 굶주림, 폐허와 절망감 등 비극적인 제재를 동반하게 마련이다. 아동문학은 아이들의 성장과 직결되어 있어 그들에게 꿈과 정서를 심어주어야 한다는 문학적 인식이 전쟁이라는 거대한 폭력으로 불가피하게 돌출되는 참혹한 제재 선택을 기피하게 만들고 말았다. 우리 아동문학이 불행했던 우리의 역사를 담는 데 매우 편협적이고 소극적이었던 점도 여기에 연유한다 하겠다.

이처럼 아동문학의 당대 미학적 규범에 속하던 교육성과 예술성의 문제는 아이들이 소유한 천성인 동심의 탐구를 통한 가치구현이란 순수성의 논리로 작용되어 작가에게 시대 반영의지나 역사의식을 둔화시킨 요인이 되어 왔다. 대신 아이들의 천성을 그대로 표출한다는 문학적 성향이 어른들의 감상적인 회고 취향에도 맞아 때로는 일종의 향수로 발산되기도 하고, 자연의 순수성과 원시성이 동심과 접목하기에 가장 적절한 소재로 널리 활용되기도 하였다. 그 결과 이데올로기나 분단문제는 비순수 문학 영역으로 밀려나고, 대신 교육적으로 용인되어 전쟁의 참혹성이나 공산 집단의 허구성을 통렬히 고발하고 자유민주주의 정신을 고취하는 반공 아동문학에서 그 의의를 찾아야 했다.

이제 냉전체제의 종언과 더불어 지구촌의 화해를 모색해 가고 있는 90년대를 지켜보면서 늦게나마 아동문학도 우리 민족의 동질성 회복이라는 당면한 민족사적 과제를 위해 필연적으로 분단 극복의 문학적 탐구를 모색해야 함을 각성하게 된다. 이 각성은 그 동안 편협적이었던 분단모순을 어떻게 감당하고 수렴해야 할 것인가 하는 물음에 직면해 있음을 뜻한다. 이를테면 우리 아동문학이 우리의 불행한 역사의 근원을 바르게 제시하고 현실의 갈등과 제 모순을 포용하는 문학으로 발돋움해야 한다는 궁극에 이른다. 민족모순인 분단모순을 극복하는 길이 민족 동질성을 회복하는 일이며, 앞으로 맞이하게 될 통일시대를 예비하는 길이기 때문이다. 이러한 시대적 인식과 각성이 확대되고 심화되기 위해서 지나온 80년대를 돌아보고 반성해 봄으로써 90년대 한국 아동문학에서의 분단 극복을 전망해 보고 또 기대해 볼 수도 있을 것이다.


## 2


우리의 분단상황과 연관되어 있는 80년대 아동문학 작품은 매우 협소한 문학적 소재에 한정되어 있기는 하지만, 일단 반공교육적 차원에서 벗어나 있다는 점에서 고무적이다. 그것은 우리의 문학도 분단상황에 대한 인식 방법의 변화를 보이고 있다는 증거일 터이다. 분단상황에 연관된 아동문학은 거기에 대응하는 문학적 태도나 관점에 따라 두 가지 경향으로 구별할 수 있다. 하나는 분단모순을 벗어나기 위하여 새로운 세계를 창출해 가는 작품군이며, 다른 하나는 분단상황 속에 안주하며 모순과의 화해를 모색해 가는 작품군이다. 전자의 경우는 어른들이 만들어 놓은 모순된 현실에서 절망하지 않고 낭만적 이상주의로 극복해 나가는 능동적 아동상이 제시된 데 비하여, 후자의 경우는 어쩔 수 없이 휘몰리게 된 그 현실에 순응하며 꿋꿋하게 살아나가는 수동적 아동상이 제시된다. 이 두 가지 경향은 모두 예각적인 분단상황의 산물이라는 점과 현실 극복의지의 한 반영이라는 점에서 공통성을 지니지만, 80년대 분단 문제를 다룬 작품들의 구체적 양상은 대개 다음과 같이 몇 갈래로 대별할 수 있게 된다.

### 1) 전쟁물에 대한 두 가지 시각

우리 민족의 최대 비극사인 6·25를 정면으로 다룬 70년대 방대한 작품으로 송명호의 「전쟁과 소년」을 기억해낼 수 있다. 6·25 그 자체가 남겨 놓은 숱한 비극의 후유증들이 묵은 상처를 건드리며 깊은 통증으로 빈번히 살아날 때 '소년' 지수가 '전쟁'의 와중에서 위기 상황을 넘으며 펼쳐 보이는 낭만적 모험담들을 잠시 떠올리게 된다. 그것은 커다란 무게로 짓눌러오는 6·25의 비극을 반어적으로 가볍게 넘어서고자 하는 변형된 욕망에 지나지 않을 것이다. 그만큼 6·25는 분단이라는 현실 사회와 우리 민족의 삶에 끼친 너무도 충격적인 사건이기 때문이다. 이러한 6·25의 비극적인 체험을 직접 제시하고 있는 80년대 소년소설로 김요섭의 「이슬꽃」과 김재창의 「동굴 속의 사람들」이 있다. 이 두 작품은 모두 6·25를 문학적 제재로 삼고 있으면서도 6·25의 체험을 다루는 태도나 관점은 사뭇 다르다. 김요섭은 팬터지의 기법을 통해 어린 아이의 심리 안에 파고드는 6·25를 자기화하여 제기한 반면, 김재창은 처음부터 끝까지 모험과 고통의 전장을 사실적 기법으로 그려가며 6·25를 성장기의 각성으로 끌어올리는 데 주력한다.

김요섭의 「이슬꽃」에 투영된 팬터지는 한 가족이 6·25로 인해 급작스럽게 불행한 삶으로 전락하는 과정 속에 드러나는 가정의 와해와 우리 사회의 단층 붕괴현상을 어린 아이의 순수한 눈으로 환치한 기법이다. 그 속에서 어린 아이의 순수한 눈으로 그려지는 6·25는 비극적이기보다 비성적이다.

전쟁이 발발하자 은실이의 아버지 김중위는 전쟁터로 나가고 어머니는 은실이를 데리고 친할아버지 집을 찾아 나서면서부터 어린 은실이는 6·25를 직접 체험하게 된다. 그의 체험은 피난길에서 "팔에 붉은 완장을 두른 젊은이"들에게 조사를 받으며 아버지가 없다고 말하라는 어머니의 거짓말에서부터 은실이 새할머니의 철저한 외면과 은실이 유괴사건에 이르기까지 모두 비정적인 사건들일 뿐이다. 그러므로 은실이의 순수한 눈에 비쳐진 6·25는 전쟁으로 인해 한 가정이 와해되는 비극을 겪게 되었다기보다 비정한 사건의 개입으로 단지 가족과 헤어져 자신이 외로움과 공포 속에 던져져 있다는 천진성의 세계일 따름이다. 6·25가 은실이에게 죽음과 삶의 순간에 가로놓인 전장의 현실이 아니라 집을 버리고 떠돌아다녀야 하고, 또 자신을 잃어버린 어머니가 자기를 못 찾고 있다는 소원한 개인의 욕망 차원에 머물게 된 것은 그 때문이다. 단지 은실이에게 6·25란 똑바로 있어야 할 것이 모두 사라져버린 그야말로 '안개 속의 얼굴'이었다. 이런 세계에 대한 판단 근거가 철모르는 어린 아이의 심정적 차원에 둔 천진성의 세계이어서 팬터지의 기법은 6·25의 비정상적인 현실을 더욱 철저한 사실성으로 만들어 주고, 시대의 아픔을 보다 극명하게 해주는 요소가 될 수 있었다. 은실이 내부에 작용된 천진성이 천진하면 할수록 은실이를 둘러싸고 있는 외부세계는 더욱 왜곡된 세계로 인지될 수밖에 없었기 때문이다. 다만 은실이에게 처해진 비정한 사건들의 매듭을 푸는 보조적 연결사건에 아이들의 우정과 모험을 결부시킴으로써 팬터지의 기법은 진작 유지되어야 할 6·25의 객관적이고 냉엄한 현실을 망가뜨리는 결과를 초래하고 말았다. 곧 작가의 주제 노출 전략이 팬터지로 이룩한 천진성의 세계를 상투적인 이야기로 추락시켜 전쟁의 극적 현장감을 흐리게 하는 결과로 작용되었다는 것이다.

김재창의 「동굴 속의 사람들」에서는 「이슬꽃」과는 달리 '어두운 동굴 속' 같은 6·25의 혼돈과 암흑으로부터 가족이나 조직에서 이탈된 각 개인들의 삶이 결속되는 과정이 사실적 수법으로 제시된다. 곧 「동굴 속의 사람들」은 피난길에서 부모를 잃고 각각 가족으로부터 분리된 바우와 혜수형, 큰 절에서 떨어져 나와 암자에 기거하는 늙은 스님, 군대라는 조직에서 이탈된 군인들 개개인에게 심각한 물리적, 정신적 상처를 강요하는 전쟁 속에서의 결속과 다짐을 주된 구도로 삼고 있다. 이 독립된 개체들은 전쟁이라는 거대한 비극 앞에서 모두 능동적으로 대처하는 인간형들이고, 그런 인간형으로 인해 그들의 결속은 자연스럽게 유지될 수 있었다.

바우는 6·25가 일어난 그해 여름 "공습통에 함께 피난 가던 아버지를 놓치고 울며 헤매다가 기진맥진해 있을 무렵" 같은 처지에 놓인 혜수형을 만난다. 이들은 피난민을 따라가다 길을 잘못들어 괴뢰군에게 붙들리고 만다. 다시 그 곳을 탈출하여 험한 산을 헤매다 스님의 도움으로 암자에서 피난 생활을 하게 된다. 그해 가을 바우와 혜수형이 개암을 따러 높은 산에 오르다 뜻밖에 동굴 속에 숨어 지내는 국군 두 사람을 만난다. 그러던 중 후퇴한 국군들이 다시 반격해 오게 되고 전세가 불리해진 괴뢰군들은 퇴각하기에 앞서 암자를 불태우며 만행을 저지른다. 바우와 혜수형은 국군이 있는 동굴로 몸을 피하지만 괴뢰군이 동굴을 포위해 와 동굴 속은 위험한 상황에 이른다. 이때 큰 절에까지 진군해 있던 국군부대에 동굴의 긴박한 상황을 전하기 위하여 혜수형이 자원해서 괴뢰군에게 포위된 산을 내려가게 된다. 결국 혜수형이

▲ 김요섭의 장편 소년소설 『이슬꽃』(현암사, 1986).

전해준 급보를 받은 국군이 동굴 속 사람들을 모두 구출해 주지만 산을 내려가다 괴뢰군의 총에 맞은 혜수형만은 끝내 죽고 만다. 이런 과정에서 형이라 부르며 따랐던 혜수형이 남장을 한 여자 아이로 밝혀져 바우에게 큰 충격이 되고 각성의 전기를 가져다 준다. 이 「동굴 속의 사람들」에서 6·25는 '어두운 동굴 속' 같은 세계이고, 그 '동굴 속을 헤매는' 혼돈이며 암담함이다. 바우에게는 '어두운 동굴 속' 같은 이 6·25의 체험이 어둡고 긴 동굴 속을 빠져나오는 동안 혜수형에 의해 헤맴 끝에 깨닫게 되는 성장기적 체험이자 각성이 되었던 것이다. 그러나 이 성장기적 각성은 불행한 민족사에 대한 각성으로 더 나아가지 못하고, 개인적 차원에 머물러 있음으로써 막힌 분단 상황을 새롭게 환기시키는 데에는 그 한계성을 드러내고 만다.

결국 「이슬꽃」과 「동굴 속의 사람들」에서 아직 철나기도 전 어린 은실이나 바우에게 강요된 6·25의 체험은 그대로 폭력이며 참을 수 없는 배고픔과 깜깜한 밤, 도저히 갈피를 잡을 수 없는 어두운 동굴, 안개 같은 세상이고, '자아의 상처'이다. 이 두 작품은 6·25의 비극을 자기화함으로써 '자아의 상처'를 초월하기도 하고 성장기적 각성으로 체득하는 데 종전의 전쟁물에서보다 진전된 모습을 보여주기는 하지만, 개인적 차원에 그쳐 전장의 직접성을 넘어 분단상황에 대한 깊은 통찰로 나아가지 못한 한계를 한결같이 안고 있다. 차라리 전쟁의 공포와 비극을 다시 되새기고 싶지 않은 과거사로 묻어 두려는 6·25 체험 세대와, 우연히 발견한 녹슨 철모와 국군의 유골을 통해 6·25의 파장을 간접적으로 인식하고자 한 미체험 세대의 대립적 결말을 보여주는 심후섭의 「녹슨 철모」가 아직 우리가 6·25 속에 깊숙이 살고 있음을 솔직하게 각인시켜 주는 진실성에 닿아 있다고 하겠다. 그것은 6·25가 물리적인 파괴력의 피해보다 건드리기만 하면 덧나는 심각한 정신적 상처라는 점을 제시하고 있기 때문이다. 6·25는 이처럼 분단이 있는 한 아직 살아 있는 우리의 현실인 만큼 우리 아동문학에서도 그것의 정당한 평가와 이행 없이는 해마다 거쳐가는 6·25가 우리 아이들에게 결코 공소한 것으로 남을 수밖에 없음은 자명하다.

## 2) 전쟁의 상흔과 극복 의지

6·25의 휴전과 더불어 제기되는 문제는 전쟁이 남긴 상처 아물기에 놓이게 마련이다. 우리 아동문학이 이 문제에 있어서는 대개 하나의 에피소드적 소재로 심각한 상흔을 치유하고자 하는 대유적 방법과 화해를 통해 자아의 갈등을 아름답게 극복해 가는 과정을 보여주고자 노력한다. 그만큼 아동문학은 정서적 환기를 중요한 문학적 규범으로 삼고 있음을 의미한다. 임교순의 「날아간 까만 나비」, 윤사섭의 「목각인형」, 강원희의 「할아버지의 훈장」, 이동태의 「조막손 아버지」 등 짧막한 단편동화 속에서 그 일례를 찾을 수 있다.

임교순의 「날아간 까만 나비」는 전쟁의 상흔이 6·25 직후 파생된 생존의 문제와 직결되어 있다. 간난이네가 전쟁 중에 아버지를 잃고 다시 돌아온 고향은 철저히 파괴된 고향이다. 그 고향에서 "무엇이든 어떻게 해서 살아야 할지" 막막하기만 할 때 생존의 문제 해결을 위한 한 방편으로 간난이네는 미군부대 사람들을 상대로 막국수 장사를 시작하지만, 그 과정에서 또 다른 비극이 잉태된다. 간난이 엄마가 미군과의 생활 감정의 차이와 아버지 대신 자식들을 먹여 살려야 한다는 의

무감에 그만 검은 아이를 낳게 된 때문이다. 따라서 '까만 나비'는 전쟁의 파괴력보다 더 아픈 윤리적 파행이며, 파괴된 고향의 회복 과정보다 더 깊고 큰 자아의 파괴가 되는 셈이었다. 동네 아이들의 검은 아이에 대한 놀림과 수난을 간난이네가 받아들여야 했던 것은 이런 파괴된 순결성에 대한 자기 확인에 지나지 않는다. 임교순은 그 상처 아물기의 한 방편으로 단순히 '까만 나비'를 아버지의 나라로 날려보내는 주체적 선택을 취하지만, 그 윤리적 파행만은 그리 간단하게 해결되는 일은 아닐 것이다. 그 과정에는 도덕적 파탄과 윤리적 파행에 버금가는 새로운 가치관의 탐구를 위한 또 다른 각성이 잠재해 있어야 하기 때문이다. 결국 「날아간 까만 나비」는 우리 아동문학에 죄와 참회의 내면적 갈등을 다루었다는 점에서 자못 의의를 가져다 주지만, 그 안에 도덕적 파탄이라는 정신적 피폐함을 치유할 수 있는 윤리적 재생의 계기를 마련해야 한다는 문제를 내포하고 있다.

윤사섭은 임교순과는 다른 측면에서 상처 아물기를 시도한다. 늙은 부부의 목각인형 제작이 생존의 문제 해결에서가 아니라 일의 즐거움에서 비롯되어, 전쟁 중에 잃은 아들을 찾고자 하는 절대적 소망감으로 대치되어 있다.

전쟁 중에 폭격을 받고 기억상실증에 걸려 과거를 완전히 잃어버린 한 소년이 "전쟁터에서 알게 된 미군을 따라" 도미해 그 집 양아들이 된다. 그 소년의 부모는 아들을 찾다 못해 아들의 이름을 딴 '준목공예제작소'를 차리고 아들의 모습을 닮은 왼쪽 손가락이 하나 없는 목각인형을 만들며 낙으로 삼는다. 손가락이 하나 없는 그 특이한 목각인형이 화제가 되어 무척 인기있는 제품으로 팔려나가다 아들이 있는 미국에까지 수출된다. 윤사섭의 「목각인형」은 어느 날 백화점 앞을 지나가던 소년이 자신과 닮은 목각인형을 사게 되고, 그 목각인형으로 인해 차츰 기억을 회복해 감으로써 6·25의 상흔을 벗어나게 된다는 동화이다. 결국 특이한 목각인형은 그 부모에게 "못견디게 아들을 그리는 애틋한 바램의 표현"이며 "한스런 그들의 속마음을 대신한" 삶의 의지적 표상이다. 곧 「목각인형」은 부모의 눈물겨운 혈육애를 통해 6·25로 인한 한 가족의 아픔을 감동적으로 극복해낼 수 있었다는 것이다.

강원희와 이동태의 전쟁 상흔과 극복 과정에는 한결같이 맑고 아름다운 순수한 동심이 그대로 묻어 있다. 그것은 소년기적 순수한 항변이 어른 세계를 합리적으로 수용하면서 화해로 나아가는 아름다움이다.

강원희의 「할아버지의 훈장」과 이동태의 「조막손 아버지」는 모두 신체의 불구를 통해 6·25 참전이라는 상징성을 담고 있다. 6·25 동란 때 입은 부상으로 한 팔을 잃어 "허수아비 팔처럼 건성 널어진 채로" 있는 할아버지의 오른팔이나 학도의용군으로 참전해 오른쪽 손가락이 잘리고 없는 아버지의 조막손은 6·25 때 용감히 싸웠다는 비극의 흔적이며 상징들이다. 그 상징들은 결코 친구들에게 자랑할 만한 훈장이 아닌 대신 신체적 불구라고 친구들에게 놀림거리가 된다. 그 놀림거리는 이 땅의 현대사가 당면했던 역사적 비극으로 역사와 인간의 삶은 서로 떼어 놓을 수 없는 상호 관련성을 지니고 있음을 제시한 것일 뿐만 아니라 6·25의 전쟁 체험이 다음 세대 아이들의 삶에 어떠한 영향을 미치는가를 극명하게 제시해 준 것이기도 하다.

이 두 작품은 한 팔과 한 손에 상흔으로 남아 있는 민족의 비극이 "혼자의 가슴에 빛나는 흔적이 아니라 여러 사람들의 가슴마다 빛나는 자랑스런 훈장"임을 대유적으로 인식시켜 주는 과정에 동심을 교묘히 결합시켜 화해로 나아가는 아름다운 세계를 획득한다. 신체적 불구에도 좌절하지 않고 꿋꿋하게 살아가는 삶의 긍정적 자세가 교양적 이념 의식을 정서적으로 순화시켜 주고, 6·25의 상흔을 극복해 주는 힘이 되고 있다는 것이다. 다만 신체적 불구가 비극을 넘어 아름다운 화해로 나아가는 과정에 자부심으로 돌출되고 있어 교양적 이념의식이 강화된 결과를 빚었다.

이렇듯 6·25를 정서적으로 순화하고 이것을 통해 상처 아물기를 시도한 작품들은 삶과 역사를 결부시키는 일을 애당초 포기한다. 떠들썩한 목소리나 과장된 표현 없이 전쟁과 공포를 겪어낸 사람들만이 존재한다. 그것은 작가가 역사에 관심이 없다기보다 6·25의 상흔이 외상으로부터 더욱 내부 깊숙히 파고들어 근원 모를 아픔이 정서화되어 있기 때문이다. 따라서 6·25의 상흔을 정서적으로 제시한 동화들은 한결같이 복합적으로 얽혀가는 삶의 실질적 내용과 현실 세계나 역사적 과정을 에피소드적 삽화로 추상화시킴으로써 풍요로워야 할 삶과 문학적 공간을 협소화했다는 문제점을 공동으로 안게 된다.

### 3) 뿌리 찾기의 집요한 순결성

분단의 아픔을 직접적으로 와닿게 하는 것은 무엇보다 이산의 아픔일 터이다. 분단으로 인해 고향을 상실한 실향민의 아픔은 6·25로 파괴된 고향을 가진 사람의 아픔보다 더 클 수밖에 없다. 파괴된 고향은 재건의 희망이 남아 있지만, 고향의 상실은 뿌리뽑힌 삶 바로 그 자체이기 때문이다. 80년대 실향민의 아픔을 다룬 대표적인 장편 소년소설로는 임신행의「골목마다 뜨는 별」과 김상삼의「고향별」을 들 수 있다. 전자는 KBS에서 전개한 이산가족찾기 운동을 계기로, 그 문제가 우리 모두에게 커다란 충격을 던져 주며 거대한 민족사적 과제로 떠오르는 시기에 맞춰 씌어진 작품이고, 후자는 북한을 '민족동반자'라 규정한 7·7선언 이후에 나온 작품이다. 두 작품은 그만한 시간적 거리와 정치·사회적 변화가 현존해 있음에도 불구하고 모두 '별'로 표상되는 매우 순도 높은 상징을 통해 실향의 아픔이 똑같은 무게를 지니게 만

▲ 김상삼의 장편동화 『고향별』(아동문예사.
1988)

든다.

「골목마다 뜨는 별」의 정수명 노인은 사진 작가이고, 「고향별」의 식이 아버지는 화가이다. 그들이 사진을 찍고 그림을 그리는 예술적 표현행위는 뿌리찾기에의 집요한 순결성의 한 표현양식이다. 그러므로 정수명 노인은 고향 소식을 물고 올지도 모를 철새에 대한 애착을 보이며, "새와 고향이라는 철새를 주제로 하여 개인전을 두 번이나" 가졌을 뿐 아니라 철새의 발목에 편지를 매달아 날려보내는 일을 수없이 반복한다. "그리움의 울타리를 벗어나기 위해 그림을 그리게 됐을지도 모르는" 식이 아버지도 그의 고향에 해마다 피어나는 진달래를 남달리 좋아하며 화폭에 옮기는 일을 고집스럽게 보여준다. 그러한 집요한 순결성의 한 상징으로 표현된 것이 바로 '별'이다. 별은 그들에게 갈 수 없는 실향민의 답답한 상황과 의식을 객관화해 주는 고독한 선택이었던 것이다.

① 할아버지는 눈물 젖은 손으로 호주의 손을 꼬옥 잡아 주셨다.

"나는 언젠가는 고향에 갈 수 있겠지. 살구나무가 서 있는 골목에서 별을 바라볼 수 있겠지."

"그럼요."

호주는 자신 있게 큰 소리로 말씀드렸다. 하늘에는 그림처럼 기러기들이 줄 지어 날아가고 있었다.

기러기들은 별과 별 사이를 훨훨 날아가고 있었다. 할아버지의 눈동자에는 기러기 무리와 안개꽃 같은 별이 오롯이 담겨 있었다.

—임신행의 「골목마다 뜨는 별」 끝부분

② "식아, 저길 좀 봐라."

아버지는 북극성을 가리켰다. 구름 사이로 고향별이 얼굴을 내밀고 있었다.

"식아, 먼훗날 아빠가 없어도 넌 고향을 잊으면 안돼. 저 고향별을 향해 똑바로 가면 우리의 고향이 있으니까."

아버지의 말은 너무나 엄숙했다. 미친 사람의 말이 결코 아니었다. 할아버지가 머리를 끄덕이며 아버지의 손을 잡았다.

쿠웅 쿵

어둠 속에서도 대포소리는 여전히 들려오고 있었다.

—김상삼의 「고향별」 끝부분

호주 할아버지와 식이 아버지의 실향의식은 ① 에서의 "언젠가는 고향에 갈 수 있겠지"라는 자기 확인과 ② 에서의 "어둠 속에서도 여전히 들려오는 대포소리"의 확인에서 집요한 순결성은 더욱 고착될 수밖에 없다. 그것은 극한적인 분단상태에 대한 재확인이며 절망하는 과정이기 때문이다. 그러나 할아버지 눈동자에 비친 '안개꽃 같은 별'이나 구름 사이로 얼굴을 내민 '고향별'은 그들이 갖고 있는 집요한 순결성으로 인해 인식할 수 있는 절망 너머에 있는 희망의 빛인 셈이다. 즉 그 '별'은 단절과 깊은 연관을 지니고 있음으로써 근거를 잃어버린 실향민의 정신이나 의식 상태를 음성적으로 보여주고 있으면서도 다른 한편으로 방향 설정의 근거를 확인시켜 주는 지향성의 본질에 닿아 있다는 점에서이다. 결국 고향을 못잊어 철새의 발목에 편지를 달아 날려보내야 했던 부질없는 미련을 결코 버리지 못했던 정수명 노인이나 미친 사람처럼 변해 버린 식이 아버지에게 '별'의 의미는 실향의 아픔을 어루만져 주면서 또 통일에의 희망을 잃지 않으려는 통로가 되었던 상징인 것이다. 그러나 실향의식을 소재로 한 문학은 분단의 아픔과 고통을 드러내는데 기여한 것은 사실이지만, 분단 현실에 대한 냉정한 이해에 앞서 과거에의 지나친 집착과 감상적 회고나 통일이라는 정조에 취한다는 한계를 지니고 있다. 분단 극복은 실향에 대한 감정의 분출을 최소한으로 줄이고, 합리적이고 이성적인 사고로 대응하는 의지가 요구되기 때문이다.

### 4) 남과 북, 그 화해의 아름다움

아동문학에서 화해의 정신은 새로운 창조와 생성의 길을 모색하는 유일한 방법일 터이다. 더군다나 남과 북의 화해는 민족 동질성의 회복과 분단 극복에의 선행조건임은 물론이다. 김목의 단편동화 「다시 놓는 다리」는 우화정신을 통해 남과 북의 분열과 화해라는 문학관에 기초되어 민족 동질성의 회복을 시도한다.

사이좋게 지내던 두 마을 사람들은 전쟁으로 인해 강을 사이에 두고 서로 갈라지게 된다. 양쪽 마을은 강둑을 따라 철조망을 치고 고전압이 흐르도록 설치한다. 그리고 총을 든 병사들이 밤낮 없이 지킨다. 그런데 이상한 일이 생긴다. 옛날 두 마을 사람들이 건너다니던 다리에 매달 보름밤이 되면 흰 옷 입은 사람들이 다리 한 가운데에서 반갑게 인사를 나누고 이야기도 하는 것이다. 병사들이 총을 쏘지만 흰옷 입은 사람들의 옷자락 하나도 건드릴 수가 없었다. 그해 여름, 큰 물이 져서 다리가 떠내려 가고 만다. 다시 보름밤이 되었을 때 앙상한 뼈만 남은 다리 기둥에 흰옷 입은 사람들이 가득 매달려 서럽게 울고 있었다. 양쪽 병사들은 그 다음날 힘을 합쳐 다음 보름날이 되기 전까지 다시 다리를 놓아 갈라진 두 마을이 아름다운 화해를 이루게 된다.

이러한 구도로 그려진 김목의 「다시 놓은 다리」는 분명히 우리의 현실 세계가 아니라 우리가 지향해 나가야 할 세계를 이상적으로 제시한 동화이다. 강을 사이에 둔 마을이라는 기구한 출생 이력을 가진 사람들을 통해 분단이라는 비극을 실제로 구현시키면서 그들의 혈연적 유대감에 의지하여 남과 북의 대결에서 화해의 접점을 모색하고자 함을 우화로 제시하고 있다. 이것은 이데올로기에 눈 멀었던 과거시대를 청산하고, 민족 동질성에 바탕을 둔 통일시대를 열망하는 분단 극복 의지의 소산이다. 그러나 이 작품도 당대의 현실을 총체적으로 표현하면서 분단의 원인을 탐색하고 왜곡된 역사의 이면을 드러내려는 노력이 결여되어 있음으로써 단지 통일에의 당위성이나 신비화된 정신 세계만 보여주었을 뿐이다. 분단상황의 객관적 실체를 포착한 바탕 위에서 이룩된 남북 화해야말로 분단 극복의 진정한 동력이 될 수 있음을 철저히 인식하는 태도가 요구된다.


3


대체로 80년대 분단 문제를 다룬 아동문학은 소극적인 형태로나마 교육적 차원에 얽매이지 않고 현실성과 역사성을 주제화하려는 노력에 자못 주목하게 된다. 곧 전쟁 그 자체를 비인간성의 폭로로만 인식하지 않고, 팬터지의 기법을 통한 자기화의 실험이나 성장기의 각성으로 상기시키기도 하고, 실향의식을 뿌리찾기의 집요한 순결성으로, 또는 아름다운 화해 정신을 통한 6·25의 상흔 극복과 민족 동질성 회복에 이르기까지 분단상황에 대한 올바른 역사의식을 갖게 하는 다각적인 모색을 해왔음을 간과할 수 없다는 것이다. 그러나 분단의 원인과 이로 말미암은 불가피한 민족적 갈등과 모순 극복에 구체적으로 접근하는 방법론은 아직 자리잡지 못한 형편이다. 다만, 우리는 권정생의 「몽실언니」에서 분단이라는 비정상적 상황을 아프게 인지하고, 그것을 극복해내는 뚜렷한 시각을 구체적으로 찾아볼 수 있을 따름이다.

권정생의 「몽실언니」는 우리의 분단된 역사 현실과 의지적인 인간의 삶을 진지하게 검토하고 반성한 80년대 대표적인 장편 소년소설이다. 거기에는 거대한 허위로 분칠한 이데올로기에 맞서는 대담성과 몽실이라는 주인공에게 예속되어 있는 기구한 삶 자체가 우리 시대의 이야기성 회복이라는 문학적 의미를 동시에 지니고 있기 때문이다. 분단 현실의 온갖 고통스러움을 넘어서 현실 극복의지를 눈물겹게 담고 있는 이 「몽실언니」는 바로 분단 극복을 위한 한국아동문학의 한 전환점이 될 것으로 여겨진다.

우리 역사에 대한 권정생의 문학적 인식은 70년대 그의 문학적 출발이라 할 수 있는 「무명저고리와 엄마」에서부터 비롯되고 있다. 「무명저고리와 엄마」는 "순수 고치를 잣고, 베틀로 꽁꽁짜서 지은" 무명저고리에 묻어둔 마흔 해 전 일들을 추스리면서, 일곱 남매를 키우며 겪어야 했던 한 엄마의 비극적 생애를 통해 우리 민족의 수난사를 묵시적으로 진술한다. 그 엄마는 아빠를 3·1운동으로, 첫째 복돌이는 북간도 독립군으로, 차돌이는 징용에 끌려가 태평양 전쟁에서, 큰분이는 6·25로, 막내 무돌이는 월남전에서 각각 잃게 된다. 동경 유학을 다녀온 삼돌이는 일본 헌병이 되었다가 끝내 돌아오지 못하고, 막돌이는 6·25 피난길에서 폭격에 맞아 한쪽 다리를 잃게 되고, 또분이는 막돌이를 살리기 위해 양공주가 되어 몸을 감추고 사는 비극적인 일뿐이다.

이처럼 한 집안의 수난이 너무도 엄청나서 일체의 주체적 실감을 탈색당해 버린 채 순수한 추상의 공간으로 물러나 담담하게 진술되고 있는 이 「무명저고리와 엄마」는 가족들의 죽음을 공포나 절망 그 어느 것으로도 보지 않는다. 마치 엄마의 무명저고리가 일곱 남매를 키워오는 동안 다 헤져버린 채로 남아 있듯이 엄마가 겪어야 하는 현실은 가혹하지만 견디어야 하고 냉혹하지만 참을 수밖에 없는 현실이다. 이 엄청난 집안의 수난이 역사적 수난으로 인해 야기된 것이기보다 "자식들을 바르게 살피지 못한 엄마의 잘못"이라는 책임을 다하지 못한 엄마의 역할에 한정지어져 있기 때문이다. 이 기구한 무명저고리의 엄마는 자신에게 처해진 삶은 자신이 감당해야 한다는 사실을 스스로 깨닫고 있는 기층민의 전형적 모습으로 살고 있기에 우리에게 더 아픈 무게를 감당하게 만든다.

이런 기층민의 삶이 구체화되고 의지적으로 표상된 것이 「몽실언니」라 할 수 있다. 「몽실언니」는 어린 몽실이의 불행한 삶을 통해 우리 일상에 깊이 침잠해 있는 분단의 상처와 한의 근원을 추적하여 삶의 진실됨과 아픔의 성층을 보다 깊숙이 성찰해 나간다. "보통은 '일본 거지' '만주 거지' 라고 불리는" 귀국 동포로 아버지 고향에 돌아온 몽실이네 가족은 어느 농사꾼집 곁방살이로부터 삶을 시작한다. 그러나 날품팔이를 제대로 찾지 못한 아버지 정씨가 자주 집을 나갔고, 가난을 견디지 못한 어머니 밀양댁은 동네 사람들 몰래 몽실이를 데리고 댓골 김주사집으로 새 시집을 가면서 몽실이의 불행한 삶은 노정된다. 8·15 해방과 더

▼ 권정생의 장편 소년소설 『몽실 언니』(창작과비평사, 1984).

불어 시작된 좌우익의 정치싸움이 날로 가열해지면서 미구에 닥쳐올 동족상잔의 비극이 배양되어 가고 있을 무렵의 일이다. 어머니가 새로 시집 간 일 년 후, 몽실이는 영득이가 태어나자 귀찮은 자식으로 모진 구박을 감당해야 한다. 이 사실을 뒤늦게 안 아버지 정씨가 댓골에 찾아간 것이 화근이 되어 김주사와 어머니가 심하게 다투게 되고, 그 부부싸움 끝에 김주사에게 떠밀리어 몽실이는 한쪽 발목을 다쳐 그만 불구가 된다. 절름발이 몽실이는 다시 어머니와 헤어져 아버지 품으로 돌아오고, 아버지도 가슴앓이를 하는 북촌댁을 맞아 새 장가를 든다. 얼마 후 6·25 전쟁이 터져 아버지는 입대하게 되고, 새어머니는 난남이를 낳자마자 죽고 만다. 몽실이는 난리 중에 암죽과 동냥젖으로 난남이를 키운다. 드디어 전쟁이 끝나고 부상당해 돌아온 아버지를 몽실이가 부산자선병원에 데리고 가 치료를 받게 하지만, 병원에 온 지 열여섯 날을 줄곧 길바닥에서 기다리다 결국 아버지는 진찰도 받지 못한 채 숨진다. 이렇듯 어린 몽실이가 당해야 하는 불행은 예정된 듯 진척되어 왔다.

삼십 년이 지난 후, 몽실이는 구두수선장이 곱추와 결혼하여 두 형제의 엄마로 꿋꿋하게 살아가지만 몽실이의 눈물겨운 삶의 드라마는 이 소설의 전체를 이루고 있다. 굽이마다 온통 가난과 죽음으로 얼룩져 있는 그 속에 한가닥 가냘픈 희망과 따스한 정이 담겨 있을 뿐이다. 우리는 어린 몽실이가 견디어 나가는 이런 삶의 수난 과정 속에서 권정생의 분단 현실을 통찰하는 몇 가지의 문학적 인식을 만나게 된다.

그 하나는 인물의 개인적 심리를 통해서 인지할 수 있다.

① 댓골 김씨를 생각했다. 정씨와 비교해 보기도 했다. 어느 쪽이 김씨 아저씨인지 어느 쪽이 정씨 아버지인지 잘 가려내지 못할 때가 있었다. 어쩌면 둘이 닮은 데가 많았다.

어머니 밀양댁도 정씨 남편에게 죽도록 얻어 맞았었다. 술 취하고 때리는 것이 둘이 꼭 같았다. (52~53쪽)

② 몽실은 벌떡 일어나 앉아 인민군 여자의 얼굴을 내려다봤다. 어둠 속에 희미하게 보였지만 인민군 여자는 몹시 슬픈 표정이었다.

"왜 그러니?"

"국군하고 인민군하고 누가 더 나쁜 거예요? 그리고 누가 더 착한 거여요?"

"……"

"왜 인민군은 국군을 죽이고, 국군은 인민군을 죽이는 거여요?"

인민군 여자는 누운 채 말했다.

"몽실아, 정말은 다 나쁘고 다 착하다."

"그런 대답이 어디 있어요?"

"국군 중에도 나쁜 국군이 있고 착한 국군이 있지. 그리고 역시 인민군도 나쁜 사람이 있고 착한 사람이 있어."

"그래요, 아까 낮에 태극기를 불태워 준 인민군 아저씨는 착한 분이셨어요?"

몽실은 낮에 있었던 이야기를 들려 주었다.

"그런 거야, 몽실아. 사람은 누구나 처음 본 사람도 사람으로 만났을 땐 다 착하게 사귈 수 있어. 그러나 너에겐 좀 어려운 말이지만, 신분이나 지위나 이득을 생각해서 만나면 나쁘게 된단다. 국군이나 인민군이 서로 만나면 적이기 때문에 죽이려 하지만 사람으로 만나면 죽일 수 없단다."

몽실은 무슨 말인지 잘 알아듣지 못했다. 다만 사람으로 만나면 착하게 사귈 수 있다는 것만 얼마쯤 알 수 있었다. (114~115쪽)

이와 같이 몽실이의 개인 심리는 순수한 사유를 통해 현실의 대립을 규제하고 제어하는 성숙된 사고로 발전해 나간다. 이것은 단순한 어린 아이의 본능적 호기심에 의지된 것이 아니라 자신에게 예정된 듯한 불행이란 정신적 외상으로부터 벗어나려는 반사심리에 기인한다. 가정으로는 아버지와 어머니가 둘씩 있어야 하지만 그 어느 한쪽에서도 보호를 받을 수 없는 가정적 상황의 인식과, 또 같은 민족으로서 국군과 인민군이 동시에 존재해야 하는 민족적 불행을 감당하기 위해 반사적으로 그의 순수한 사유가 싹틀 수밖에 없었다. 그의 순수한 사유는 가족과 이웃으로부터 보호받으려는 심리와 보호하려는 이중적 심리로 작용되어 선택 불가능한 현실의 대립을 극소화하고, 올바른 이해 관계를 수긍하고자 한 것이다. 몽실이가 남에게 베푸는 사랑의 원천과 불행의 감수도 순수한 사유 경험을 통해 얻어질 수 있었다. 바로 몽실이의 개인심리는 개인과 민족의 아픔을 통찰해 나가는 한 방법일 뿐만 아니라 자신이 겪어야 하는 불행과 베풀어 나가는 온정을 한꺼번에 감당할 수 있었던 귀중한 요건이다.

다른 하나는 불구의식을 통한 의지적인 삶 인식이다. 어린 몽실이에게 처해 있는 불구의식은 「몽실언니」를 읽고 있는 동안 우리에게 끊임없이 압박해 오는 핵심적 모티프이다.

절뚝거리며 걸을 때마다 몽실은 온몸이 기우뚱기우뚱했다. 그렇게 위태로운 걸음으로 몽실은 여태까지 걸어온 것이다. 불쌍한 동생들을 등에 업고 가파르고 메마른 고갯길을 넘고 또 넘어온 몽실이었다.

아버지가 그를 버리고, 어머니가 버리고, 이웃들이 그리고 이 세상에 있는 모든 칼과 창이 가엾은 몽실을 끊임없이 괴롭혔다. (270쪽)

우리가 필연적으로 회피할 수 없는 시련을 치루어야 하는 상황과의 만남 속에서는 자신도 모르게 자아의 의미를 되묻기 마련이다. 온갖 시련을 '위태로운 걸음'으로 지탱해서 살아야만 했던 어린 몽실이야말로 필연적으로 자신의 의미를 깨닫지 않을 수 없게 된다. '기우뚱기우뚱'하면서 "불쌍한 동생들을 등에 업고 가파르고 메마른 고갯길을" 넘어야 하는 몽실이의 의지적 삶의 필연이 자신에게는 '팔자'라는 운명론적 입장에 맞닿아 있기 때문이다. 그러므로 몽실이에게 예속되어 있는 운명론적인 불구의식은 "자기의 길은 자기가 알아서 걸어가야 하는" 정신적 기초가 되었고, 어떠한 불행에도 "입술을 깨물고 울지 않으려는" 다짐으로 상정되어 현실을 극복해내는 힘이 될 수 있었다. 그뿐 아니라 자신에게 운명지워진 불구가 본인의 뜻에 있지 않고 타인에 의해 이루어졌듯이, 어떤 거대한 힘에 의해서 엉뚱하게 불구화되어 버린 우리의 분단 현실을 인식하고 또 극복해내고자 하는 원동력도 이 불구의식의 소산이라 할 수 있다.

이처럼 권정생의 「몽실언니」는 몽실이의 순수한 사유와 불구의식으로 민족의 생존 앞에 이데올로기가 얼마나 허황된 것인가를 보여줄 뿐 아니라 한 가족의 분리와 분단의 역사가 개인과 민족에게 그 삶이 어떻게 피폐되었고, 그 피폐함을 어떻게 극복해 가는가를 통찰할 수 있는 계기를 제시해 준다. 그런 의미에서 이 「몽실언니」는 우리의 분단상황을 비판적으로 성찰하려는 아동문학의 한 전기가 되는 작품이라 할 수 있다. 그것은 분단모순을 극복해 나아갈 90년대 아동문학이 남북으로 갈린 상황의식에서 한 걸음 나아가 분단체제를 가져오게 만든 국내외적 원인으로부터 분단이 빚은 사회적·정치적 모순과 경제적 갈등, 소외계층에 이르기까지 그 주제와 소재를 넓혀가야 한다는 계기를 마련해 주었다는 점에서이다. 다만 「몽실언니」는 비극적인 전쟁이 가져다 준 이데올로기의 허상, 자아와 민족의 발견이라는 큰 의미를 지니고 있으면서도 자기 앞에 놓인 운명론적인 삶을 꿋꿋하게 살아나가는 순응적 인간형을 보여줌으로써 어쩔 수 없이 휘몰리게 된 분단의 갇힌 현실만을 제기하고 있을 뿐이다. 분단 극복을 위한 미래의 설계나 꿈의 회복이라는 과제를 이 「몽실언니」는 남겨 놓았다고 할 수 있겠다.


## 4

우리는 이제까지 분단을 문제삼고 있는 80년대 아동문학을 통해서 분단상황에 대한 문학적 인식 방법을 살펴보았다. 그것은 국제 질서개편에 중요한 일면을 담당했던 동서화해와 공산국가의 민주화 개혁이 우리에게는 한소협력시대로 이어지고, 다시 남북화해의 열린시대를 준비하기 위하여 응당 우리 아동문학도 두터운 냉전이데올로기와 오랜 피해의식에서 벗어나 올바른 문학관을 모색해 나가야 한다는 점에 기초된 것이다. 이제 우리 아동문학이 분단 극복을 위해 역사의 흐름에 대응하는 문학적 자세를 가다듬고 분단상황에 대한 철저한 규명과 인식이 선행되어야 함을 새삼 강조할 필요는 없겠다. 다만 90년대 우리 아동문학이 분단 극복 문제를 보다 심화하고 확대하기 위해서 다음 몇 가지 과제의 실현이 요청된다.

첫째는 아동문학이 오랜 미학적 규범 앞에 가로놓여 왔던 역사와 현실의 배제론적 성향을 극복해야 한다는 점이다. 곧 우리 시대의 모순된 역사와 현실을 담으면 비순수한 경향성으로 보아온 편협한 사고에서 벗어나 민족 문제에 대한 역사적 시각을 확대시켜 나가야 한다는 인식이다. 우리 아동문학에 대한 편협한 사고의 극복은 보다 이데올로기와 분단 문제로부터 자유로워질 수 있고, 또 전진적인 역사 단계에 탄력적으로 적응하는 자세도 확립할 수 있도록 하는 일이다. 우리의 역사적 시각에 대한 배타성은 우리 아동문학을 공소하게 만들 뿐 아니라 아동문학사의 지속적인 발전 과정을 저해하는 요인으로 작용되어 왔기 때문이다. 오히려 우리 아동문학이 순수성과 더불어 현실성의 통합론적 관점을 확보함으로써 현실과 상상력과의 일정한 균형감각을 유지할 수 있고, 또 문학적 경향의 전체성을 획득할 수 있을 것이다.

둘째는 분단모순을 극복해 나가는 의지적인 인물의 창조에 관심을 기울여야 한다는 점이다. 사회와 타인과의 관계 속에서 숭고한 인간정신을 주고 받으며 스스로 극복해 나가는 인물을 통해서 지나간 시대의 아픔을, 특정인의 아픔이 아니라 민족의 아픔으로 승화시켜 나갈 수 있을 것이다. 이미 예정되어 있는 분단모순이나 계층적 차이 자체를 지나치게 절대시하면 의외로 주관성의 한계에 갇혀 진작 풍요로워야 할 문학적 공간을 폐쇄된 틀로 묶어 버릴 수 있는 역기능도 우리 아동문학은 경계해야 할 필요가 있다. 그러므로 분단 문제를 제시하는 아동문학은 등장인물에 대한 비판적 분석을 통해 분단 현실을 올바르게 규명하려는 태도를 창작상의 기본 요건으로 삼아야 할 것이다.

셋째는 월·납북 아동문학가의 작품 복원과 공산국가에 남아 있는 우리 교포의 아동문학 작품을 적극적으로 수용해야 한다는 점이다. 이것은 이른바 왜소한 우리 아동문학의 영토를 확장하는 역사적 작업이 될 것임에 틀림없다. 이 역사적 작업은 우리의 문학적 인식을 보다 개방시켜 줄 수 있고, 우리 민족사의 연장 속에서 한국 아동문학 확산의 한 범례로 받아들여질 수 있을 것이다. 한 걸음 더 나아가 북한을 '민족동반자'로 규정한 7·7선언에 입각하여 남북한 아동문화의 교류와 함께 북한 아동문학의 수용 가능성에 대한 논의도 조심스럽게 개진한다면, 남북관계 개선은 물론 민족 동질성의 회복 가능성에 성큼 다가설 것으로 여겨진다. 우리의 남북 통일은 정치적 공동체의 형성에 앞서 온갖 노력을 경주한 문화 교류를 통해서 앞당길 수 있을 것이기 때문이다.

끝으로 우리 아동문학이 이 분단시대를 통해 미래문학임을 실천해 나가야 하는 일이다. 그것은 우리 아동문학이 다음 세대를 위한 문학인 만큼 통일 이후 예상되는 갈등과 분열에 대비하기 위해 지금부터 통일시대를 문학으로 형상화하려는 노력도 기울여야 한다는 점이다. 오늘날까지 적대시해 왔고, 전혀 이질적인 체제 속에서 살아왔던 남북한의 상이한 체제가 통일이 된 후 순탄하게 하나로 접목된다는 것은 결코 쉬운 일이 아니다. 우리 아동문학은 이념적으로 다른 세계에서 오랫동안 생활해 온 남북한 아이들이 갈등 없이 한데 어울어질 수 있도록, 무한한 상상력으로 새로운 가치관을 형성시키는 일에 무관심하거나 인색해서는 안 된다. 미래를 설계하고 문학화한다는 것은 우리 아동문학이 지닌 고유한 문학적 기능이며 미학일 터이다.

우리 아이들은 현실 사회와 동떨어져 꿈과 환상만 좇아 살아가는 특정된 사람은 아니다. 우리 민족이 꾸려왔던 역사와 어른들이 만든 문화 환경 속에서 살아가는 사람들이다. 바로 오늘의 아이들은 우리 시대에 민족통일이 이루어지지 않으면 다음 시대에 통일의 문제를 인계받을 주역들인 것이다. 그들에게 역사의 긴 안목으로 현실과 미래의 삶을 다양하게 체험시키고 숭고한 인간정신을 심어주어야 하는 임무를 오늘의 아동문학은 떠맡고 있는 셈이다. 그러므로 그들에게 우리의 분단상황과 모순을 이해시키고, 이를 어떻게 극복해 갈 수 있는가를 올바르게 체험시키는 일과, 통일 이후의 새로운 가치관을 심어주는 일이 곧 분단 극복의 가장 커다란 문학적 과제에 속하는 일이라 하겠다. 결국 우리 아동문학은 지나간 역사는 객관적이고 진실되게 탐구되어야 하며 다가올 미래는 풍부한 상상력과 치밀한 응용으로 예비해야 하는 문학임이 자명해진다. 이것은 90년대 우리 아동문학이 감당해야 하는 문학적 책임으로 물려받았다고 할 수 있겠다. (1990)

제2부

## 새로운 삶의 발견

# 나날이 새로운 삶의 발견

신현득론

## 1. 나날이 새로운 삶의 모색

신현득(申鉉得 1933~ )은 여섯 번째 동시집 『통일이 되는 날의 교실』
(교음사, 1981) 출간 이후, 80년대 들어 한 권의 동시선집과 두 권의 동
시집을 더 상재했다. 동시선집 『참새네 말 참새네 글』(창작과비평사,
1982), 동시집 『해바라기 씨 하나』(진영출판사, 1984)와 『아버지 젖꼭
지』(대교문화, 1987)가 그것이다. 그의 끊임없는 동시 창작에의 열정은
주목할 만하다.

『참새네 말 참새네 글』은 초기 동시집 『아기 눈』(형설출판사, 1961)에
서 20편, 『고구려의 아이』(형설출판사, 1964)에서 30편, 『바다는 한 숟
갈씩』(배영사, 1968)에서 20편, 『엄마라는 나무』(일심사, 1973)에서 14
편, 『박꽃피는 시간에』(대학출판사, 1974)에서 19편, 『통일이 되는 날의
교실』(교음사, 1981)에서 12편을 각각 정선한 동시선집이다. 이 동시선
집은 신현득이 동시를 쓰기 시작한 이래 약 20여 년간 상재한 여섯 권

의 동시집에 대한 일종의 자기 정리
이며, 그 동안 그가 이룩한 시적 탐
구와 그 성과를 집약시켜 놓은 선집
이라는 점에 중요한 의미가 있다.
이 동시선집 한 권만으로도 그의 세
세한 동시관의 일모를 살피는 데 충
분하다.

그러나 우리의 관심은 자연 낯익
온 구작들보다는 최근작에 쏠리게
마련이다. 그것은 일단 자기 정리를
하고 난 시인의 시적 관심이 그 이

▲ 나날이 새로운 아이들의 삶을 발견해 온 시인
신현득.

후 어떻게 변모되었나 하는 면에서 그렇다. 동시선집『참새네 말 참새
네 글』이후 신현득은 일곱 번째 동시집『해바라기 씨 하나』와 여덟 번
째 동시집인『아버지 젖꼭지』를 새롭게 출간했다. 그 중 일곱 번째 동
시집『해바라기 씨 하나』는 구작들의 범주에 묶을 수 있는 성질의 동시
집이어서 그의 새로운 시적 변모를 살피는 데 그리 용이하지 않다. 하
지만 우리는 여덟 번째 동시집인『아버지 젖꼭지』가 신현득이 자기 정
리를 하고 난 이후, 새로운 시적 모색을 꾀한 첫번째 동시집이라는 점
에 특별히 유념하게 된다. 불과 몇 해의 시간차를 두고 출간된 이 두
동시집의 성격은 그렇게 확연히 다르다.

80년대 들어 출간된 이들 동시선집과 동시집은 신현득 동시 세계를
전체적으로 조망하고 또 지향적 관심을 추적하는 데 매우 유익한 단서
가 되고 있다. 순수한 자연의 세계에서 나날이 새로워지는 삶 인식에
이르기까지, 우리는 그의 지향적 관심 속에서 일관성있는 체험의 원형
들을 발견하게 된다. 그 체험의 원형이란 커 나가는 아이들의 성숙 과
정과 그 궤를 같이 하고 있는 중대한 삶의 문제이다. 곧 어린 화자를

통해 나날이 새로운 삶을 모색해 나가고 발견해 가는 눈뜸의 인식이다. 그야말로 아이들에게 삶이란 미지 세계에 대한 경험이라 할 수 있기 때문이다. 그들의 성숙 과정에 따라 삶에 대한 인식도 변화하듯이, 이것은 동시가 어느 한 국면에 치우치거나 하나의 세계 속에 갇히지 않으려는 시인의 부단한 삶의 문제와도 관련된 것이다. 그러므로 신현득에게 있어서 동시란 미지 세계에 대한 경험이라는 삶의 일종이며, 아이들에게 나날이 새로운 삶에의 눈뜸과 발견의 기쁨을 동시에 인지시켜 주는 열린 도정이다. 미지 세계의 경험으로 눈뜨는 아이들의 삶 속에는 언제나 새로움과 경이로움, 그리고 희망과 소망이 함께 내재해 있기 때문이다. 따라서 80년대 들어 새로 출간된 이 동시선집『참새네 말 참새네 글』과 여덟 번째 동시집『아버지 젖꼭지』에서 신현득은 아이들에게 당면한 현실적 삶의 문제들을 나날이 새롭게 모색하고 발견해내고자 하는 시적 지향성을 성실히 보여주고 있다.


## 2. 자연과의 대화법과 모성의 발견

동시선집『참새네 말 참새네 글』은 꿈을 잃지 않고 행복하게 커 나가야 하는 아이들에 대한 신현득의 시적 회원으로부터 출발한다.

빼꼼빼꼼
문구멍이
높아 간다.

아가 키가
큰다.

「문구멍」은 신현득에게 있어서 중요한 시적 의의를 갖는 동시이다. 이 동시는 1959년 조선일보 신춘문예에 입선되어 그의 시적 출발점이 되는 작품이기도 하려니와 『참새네 말 참새네 글』에 집약된 의식 세계의 한 양상을 열어 보여줌에서이다.

이 「문구멍」은 전체가 18자 5행 2연이라는 아주 단순한 구조로 이루어져 있다. 그것도 1연의 "문구멍이/높아 간다"와 2연의 "아가 키가/큰다"는 것은 동일한 의미 체계이다. "문구멍이/높아 간다"는 것은 걸음마를 배우는 '아가 키가' 조금씩 자라나는 표상을 선명히 부각시켜 놓은 실제의 행위이다. 그러므로 이 짧은 동시는 문구멍의 높이로 아가의 성장을 의미화하고 있다. 그러나 여기에는 단순한 표상만을 제시하고 있지는 않다. 그런 단순한 표상은 이 동시가 전달하려는 의미의 일부에 지나지 않는다. 단순 명쾌한 구조적 장치, 그 이면에는 감추어진 시인의 시선이 숨겨져 있다. 시인의 시적 희원, 즉 걸음마를 배우며 성장하는 '아가'를 바라보는 행복한 시선이 시적 대상인 '아가'와 일정한 거리를 두고 정위해 있다는 것이다. 첫 행에서 제시한 '빠꼼빠꼼'이란 부사어를 결코 간과하지 않는 데서 우리는 그것을 쉽게 읽을 수 있다.

부사어 '빠꼼빠꼼'은 동시라는 단순 구조에 재미성을 주고, '아가'의 짓시늉을 흉내내어 대상을 선명히 부각시키려 한 의도적인 시어 선택으로만 보아서는 안 된다. 이 짧은 동시에서 부사어 '빠꼼빠꼼'은 시인의 시적 희원과 하루하루 변화하는 대상을 기쁘게 바라보는 시인의 내부 감정을 집약적으로 수용한 중요한 시어이다. 아가의 입장에서 '빠꼼빠꼼'은 힘찬 약동감이며, 시인의 입장에서는 건강하게 성장해 주는 기특함의 표현이다. 곧 이 동시는 걸음마하는 아기의 본능적 행위와 시인의 시적 희원이 '빠꼼빠꼼'이라는 부사어 속에 함께 포용되어 「문구멍」의 진정한 의미를 드러낸다. 이 부사어 하나로 이 동시가 동시로서의 의의를 지닐 수 있게 된 것이다.

이와 같이 어린 대상의 성장과 그 변화의 속성을 통하여 앞으로 그들에게 부여될 삶에의 기대감을 신현득은 동시 창작의 근본 동기로 삼았고, 그 출발점이 되는 작품이 「문구멍」이다. 동시선집 『참새네 말 참새네 글』 도처에 '큰다', '자란다'는 시어들이 빈번하게 동원되고 있는 것도 이 같은 연장선상에서 이해될 수 있는 일이다.

옥중아 옥중아/너는 커서 뭐 할래?                    —「옥중이」

좁다란 엄마 배 안에서/아기가 싹이 터 자라고 있대.

                                             —「아들일까 딸일까」

머루밭이 있다는 뒷재 너머./어서 커서 앞산에 올라 봤으면.

                                             —「산골 아이」

나는 지금/그 때의 엄마보다 더 커서/외가에 왔다.      —「외가집」

예쁜 아가는/자꾸 큽니다.           —「셋방에 걸린 달력」
                                             (방점 필자)

이와 같이 '큰다', '자란다'라는 시어는 시인의 시적 희원과 아이들의 희망찬 약동감이 응집된 시어이다. "너는 커서 뭐 할래?"는 시인의 시적 희원이 되는 본원적인 물음이 되고, "어서 커서 앞산에 올라 봤으면"이라고 하는 것은 아이들에게 내재된 소망감의 표현이 될 것이다.

또한 "예쁜 아가는/자꾸 큽니다"라는 것은 화자의 희망찬 기대감이 감추어져 있는 표상이다. 『참새네 말 참새네 글』은 「문구멍」으로부터 출발하던 '큰다'라는 시적 사유가 아이들에게 당면하는 현실적 삶의 양태를 수용하고 새로운 삶을 구현하고자 한 동시선집이다. 그러므로 신현득의 시적 관심은 나닐이 커 나가는 아이가 어떻게 새로운 현실들과 만나야 하고, 그 만남에서 삶의 의미를 어떻게 도출시켜야 하는가라는 시적 모색에 모아질 수밖에 없다.

동시선집 『참새네 말 참새네 글』에서 신현득은 두 가지의 탐색을 통해 자신의 시적 세계를 구축하기에 이른다. 하나는 자연과의 대화법이며, 다른 하나는 모성에 집착된 애정적 감정이다. 곧 자연과의 대화법이 순수한 감수성을 밖으로 유도하는 것이라며, 모성에의 탐색은 내면에 작용된 것이라 할 수 있다. 막연하고 모호한 '큰다'라는 시어가 통찰력있는 삶의 예지로 전이되기 위해서는 이 둘에 대한 탐색이 그에게는 필연적이었을 것이다.

신현득에게 있어서 순수한 자연의 세계는 인격성의 범주에 속한다. 모든 가치의 대용으로 그런 자연이 위치한다. 생각하는 방법과 사물을 보는 관점을 모두 여기에 근거하여, 자연과의 거리를 아주 없앰으로써 관념적인 개념들을 선명하게 포용할 수 있다는 시적 판단 때문일 것이다. 신현득의 동시 세계는 아이들의 호기 본능과 기대심리가 이런 인격화된 자연과 교직되면서 비로소 시적 의미를 획득하게 된다.

가령, 그의 자연과의 대화법은

우리 집 앞에
새로 이층집 짓는데
이층집 지으면
혹이 하나 났다고 생각할까요?

―「지구는」 4연

처럼 호기 본능에 의해 발동된 물음이 되기도 하고,

> 아니 아니 그런 건 하도 작아서
> 땀띠가 하나 났다 생각하지요.

―「지구는」 5연

에서처럼 기대심리가 자신감으로 충만된 답변이 되기도 한다. 또한,

> 지금도
> 꽃이름
> 다 외고 있니?

―「나비 표본」 1연

에서처럼 나비의 생명이 사라지고, 표본이 되어 남은 존재의 껍데기를 인격화하여 대화를 유도하기도 한다. 이러한 자연과의 대화법은 아이들의 호기에 야합하는 행위가 물론 아니다. 어린 독자들에게 자연스럽게 미지의 세계에 대해 경험시키고, 삶을 인지하게 하는 방법론의 한 과정일 뿐이다. 그의 방법론은 대개의 경우, 되풀이와 의문의 탐구로 이루어져 있고, 이 되풀이와 의문의 탐구는 경험을 심어주고, 삶에 적응시키는 힘이 되어 준다.

> 참새네는 말하는 게
> '짹 짹' 뿐이야.
> 참새네 글자는

'쨱' 한 자뿐일 거야.

참새네 아기는
말 배우기 쉽겠다.
'쨱' 소리만 할 줄 알면 되겠다.
사투리도 하나 없고
참 쉽겠다.

참새네 학교는
글 배우기 쉽겠다.
국어책도 "쨱 쨱 쨱……"
산수책도 "쨱 쨱 쨱……"
참 재미나겠다.

—「참새네 말 참새네 글」전문

이 동시는 '쨱' 소리만 할 줄 아는 참새가 '쨱' 소리만 할 줄 알면 모든 표현과 의사소통이 이루어진다는 가정에서 비롯된 작품이다. 그것은 참새도 어린 아이와 똑같이 세계를 단순히 보고, 듣고, 느끼고, 판단한다는 단순성과 순수성에 근거한다. 이러한 사고는 되풀이와 의문의 탐구 과정에서 모색된, 재미있는 그의 동화적 상상력에 기인한다. 이 「참새네 말 참새네 글」은 자연과의 대화법으로부터 파급된 거리 없는 애기를 통해 참새의 삶과 아이들의 삶이 비교되고, 이런 비교로 인해 아이들 삶의 또 다른 모습을 인지시키려는 데 그 참뜻을 지닌 동시이다.

이처럼 자연과의 대화법이 되풀이와 의문의 탐구로 개진되어 있다는 것은 아이들의 삶의 모습을 바르게 제시하고, 그들에게 당면한 현실적 삶을 의미화하려는 시인의 의식 작용에 기인한 것이다. 이 과정에서 신현득은 필연적으로 모든 자연물에 인격화를 도입하고 동화적 상상력을 차용한 것으로 보인다. 인격화와 동화적 상상력이 어린 독자를 재미있고 친근하게 시의 세계 속으로 인도하는 힘을 지니고 있다는 믿음 때문이다. 결국 자연과의 대화법은 커나가는 아이가 현실 세계에 적응하는 능력을 예비하는 과정이며, 신현득이 동시를 빚어내는 시적 발상법이기도 하다. 신현득이 자연과의 대화법을 통해 이룩한 세계는 아이들 체험의 순수성과 단순성에 기초한 경이로움의 공간이 된다. 그의 동시는 이런 공간 안에 따뜻하고 포근한 모성, 즉 어머니가 각인되면서 한층 삶의 의미가 선명하게 부각된다.

『참새네 말 참새네 글』에서 모성은 생명, 혹은 살아 있음에 대한 확신과 아이들에게 실존의 무게를 감당할 수 있게 하는 데 아주 긴요한 대상이다. 모성은 커나가는 아이들에게 따뜻하고 포근함을 동시에 인지시켜 주는 주체일 뿐 아니라 만족과 안정의 쾌적한 상태를 공유한다. 그것은 모성의 사랑이 일방적이고 무조건적이라는 데 기인한다. 신현득에게 있어서 이런 모성에 대한 통찰은 인간 존재의 근원에 대한 물음이자, 삶의 근본에 대한 자기 점검이기도 하다. "엄마가 생각하는 대로/아기의 생각이 된다"(「아들일까 딸일까」)는 합일욕망에서 비롯된 결과이다.

　　아기의 표정만 보고도
　　"또 군감자가 먹고 싶지?"
　　알아맞힌다.

　　"어떻게 그걸 알아요?"
　　물으면

"엄마이기 때문이지."
엄마는 웃으신다.

—「엄마가 아시는 것」6~7연

엄마가
집을 나설 때는
언제나 빈손이다.

엄마가 돌아올 때는
빈손이 아니다.
아기 장난감
꼬까신
그리고……

〔…중략…〕

세상 엄마는 다 그렇다.
조밭을 숨던 엄마도
돌아올 땐
참외밭에 잠시 들른다.

있기야 있지.
정말 빈손으로 돌아올 수밖에 없는
엄마가 있지. 그러나,
이런 엄마일수록
더 무거운 걸 들고 온다.

"얘들아 나는 빈손으로 왔다."
그러나 그 손에서 쏟아지는 훈기.

엄마가 돌아오면
방이 환하다.

—「엄마 손에는」 일부분

　이와 같이 신현득에 있어서 모성은 "표정만 보고도" 알아맞히는 사
랑의 교감이며, 빈손으로 나갔다가도 언제나 빈손으로 돌아오지 않는
사랑의 권화이다. "빈손으로 돌아올 수밖에 없는" 날에는 더욱 묵직하
고 따뜻한 '훈기'를 쏟아놓는 모성의 발견을 통해서 비로소 '큰다'라는
시적 의미가 존재 가치를 지니게 되는 것이다. 그러나 신현득의 모성
에 대한 탐색은 무조건 사랑받고 있다는 단순한 자기 충족감에만 젖어
있지는 않다. 모성과의 합일욕망은 언제나 빈손으로 돌아오지 않는 사
랑의 권화로부터 다시 새로운 인식으로 창조적 변화를 보여줄 때 진정
한 시적 의미를 획득하게 되는 것이다. 이것은 사랑을 줌으로써 사랑
을 만들어내는 능력을 보다 많이 감득하기 위한 방법일 것이다. 이 능
력은 인간적 삶에 대한 계속적이고도 진지한 성찰에 기인한 것으로 보
인다.

엄마는
기지 많은 나무.

오빠의 일선 고지서
소총의 무게 절반을 오게 하여
가지에 단다.

오빠 대신
무거워 주고 싶다.

시집 간 언니 집에서
물동이 무게 절반을 오게 하여
가지에 단다.

그 무게는 무게대로
바람이 된다.
동생이 골목에서 울고 와도
그것이 엄마에겐
바람이 된다.

뼈마디를 에는 섣달 어느 밤
엄마는 오빠 대신 추워 주고 싶다.

그런 맘은 모두
폭풍이 된다.

엄마라는 나무
바람 잘 날이 없다.

　　　　　　　　　　　　　—「엄마라는 나무」전문


　모성에 대한 새로운 인식의 눈이란 「엄마라는 나무」에서 보여주는
것과 같이 우리를 키워내는 동안 모성이 겪어야 하는 아픔에 대한 눈
뜸이며 발견이다. 곧 "가지 많은" "엄마라는 나무"가 "바람 잘 날이 없

다"는 아픔의 인식에서 오는 발견이다. 그의 모성은 군복무에 고달픈 오빠와 시집살이에 시달리는 언니의 고통만큼 '바람'과 '폭풍'으로 각인된다. 그것은 고귀한 사랑으로서의 모성을 통한 삶의 소중함에 대한 인식이다.

바로 「엄마라는 나무」가 지니는 시적 미학은 2, 3연에 걸쳐 반복된 "무게 절반"이란 시어의 의미에 놓인다. '무게 절반'이란 고통의 질량을 어머니와 자식이 절반씩 나누어 가진다는 뜻일 것이다. 신현득은 왜 자식에게 부과된 고통의 '절반'만을 감당하려고 하였을까? 우리는 여기서 신현득의 진정한 시적 의미를 만날 수 있게 된다. 자식에게 부여된 고통의 '무게 절반'만을 덜어준다는 것은 이미 제시되었던 어머니와 자식이 하나가 되어야 한다는 합일 욕망의 다른 표현이다. 이 욕망은 "엄마의 생각대로/아이의 생각이" 화합되는 순간의 욕망이며 모성의 본능이기도 하다. 신현득의 모성에 대한 이러한 인식은 자식에게 부과된 아픔과 고통을 언제나 함께 인내하는 존재로 부여된 것이다. 이때 모성은 우리에게 또 다른 삶을 발견할 수 있도록 능력을 부여해 주는 존재자란 면에서 삶의 근본에 대한 통찰이라는 의미를 갖게 되는 것이다. 따라서 「엄마라는 나무」는 신현득 동시선집 『참새네 말 참새네 글』이 지니는 정신 편력의 한 정점이자, 시적 희원이 보여준 서정의 승화라 할 수 있다.


## 3. 삶에 대한 재인식과 부성의 발견

최근 출간된 여덟 번째 동시집 『아버지 젖꼭지』에 이르면, 신현득은 세계를 바라보는 시선을 「물구나무서기」로 새롭게 교정한다.

물구나무서서 보면
산봉우리는 땅에 매달려 있어요.
나무는 산에 달린 수염이어요.
해는 내 발 밑을 지나가지요.

곡식은 뿌리라는 작은 손으로
든든히 땅을 검잡고
줄을 서서 나부끼지요.
나부끼는 그 아래로 바람이 지나가지요.

물은 땅을 만지면서
천장 쪽으로 흐르고 있어요.

—「물구나무서기」전문

「물구나무서기」는 현실 세계를 보다 새롭게 재인식하기 위한 방법적 모색이다. 즉 물구나무서기는 세계를 거꾸로 보는 일이다. 거꾸로 보는 일은 일상성을 벗어난다는 뜻이다. 신현득은 세계를 거꾸로 봄으로써 "나무가 산에 달린 수염"처럼 보기도 하고, '뿌리'가 "작은 손"이 되어 "땅을 검잡고/줄을 서서" 있는 것처럼 보기도 한다. 이러한 거꾸로 본다는 것은 자연 반복되는 일상성을 거부하는 행위이다. 일상성을 거부한다는 것은 현실의 삶을 새롭게 재인식하고자 하는 일이 된다.

그러면, 왜 신현득은 동시선집 『참새네 말 참새네 글』로 자기 정리를 하고 난 다음 『아버지 젖꼭지』에 이르러 일상성을 거부하고 삶을 재인식하고자 했던 것일까? 물구나무서서 거꾸로 보는 행위는 오히려 현실을 바르게 인지하는 데 장애 요인이 되는 것은 아닐까? 그것은 신현득이 그 동안 자연과의 대화법을 통해 시도해 왔던 되풀이와 의문의 탐

▲ 신현득의 여덟 번째 동시집(대교문화, 1987).

구, 그리고 모성의 발견만으로는 다양한 세계로의 접근이 유보되고, 현실 세계란 주어진 세계에서 가능 세계라는 새롭게 만들어 갈 수 있는 의지의 세계로 나아가는 길이 차단된다는 가치 판단에 의거한 것일 수 있다. 신현득이 현실 세계를 거꾸로 놓고 보는 일은 그래서 일상성을 벗어나 다양성을 발견하고, 좀더 가능한 세계로 나아가고자 하는 시적 지향이라 아니할 수 없다. 이 다양성의 추구는 아이들에게 주어진 삶을 보다 진실되고 적극적으로 인식하게 하는 방법이 되고, 자신의 삶에 투철하고자 한 시인의 참모습이기도 하다.

이렇듯 신현득은 물구나무서기로 본 새로운 세계 인식을 통해서 대상의 본질을 보다 바르게 인지하고, 적극적으로 다양한 세계를 모색하고자 한다. 세계를 다양하게 인식한다는 것은 삶의 진실에 가깝게 접근하는 일이며, 적극적으로 삶에 대응하는 자세일 수 있기 때문이다. 이러한 적극적인 삶의 대응 자세는 동시 「추운 날은」에서 뚜렷이 나타나 있다.

추운 날은 뛰자 뛰자,
골목을 뛰자.
이웃 동무 모여 와서

골목을 뛰자.

골목을 스쳐가는
매운 찬 바람.
찬 바람을 따라잡자
땀이 솟는다.

추운 날은 뛰자 뛰자,
눈길을 뛰자.
어린이들 모두 나와
눈길을 뛰자.

하이얀 눈길에서
매운 찬 바람.
찬 바람을 이겨 내자
땀이 솟는다.

─「추운 날은」 전문

동시 「추운 날은」 1, 2연과 3, 4연이 반복된 대칭 구조로 이루어진
작품이다. "추운 날" "매운 찬 바람"이 부는 "하이얀 눈길"을 뛰는 행위
는 능동적으로 외적 여건에 대처하는 적극적인 자세이다. 추운 날을
슬기롭게 넘길 수 있는 방안 중 하나는 따뜻한 방안에 움츠리고 앉아
노는 방법일 것이다. 감기가 염려되는 추운 골목에 나와 있을 필요가
없다. 그러나 신현득은 추운 날일수록 "골목을 뛰자"고 한다. 그것도
그냥 뛰는 것이 아니다. "뛰자 뛰자"라고 두 번씩 반복해 강조하면서
뛰고, 또 "이웃 동무 모여 와서" "어린이들 모두 나와" 다 같이 뛰자고

한다. 거기다 "매운 찬바람"까지 "따라잡"고, "찬바람을 이겨 내자"고까지 한다. 가능한 세계로의 지향은 이처럼 현실에 직접 부딪히는 능동적이고 적극적인 자세 속에서만이 촉발될 수 있는 일이기 때문이다.

신현득은 현실 세계에 이와 같이 적극적으로 대응함으로써 가능 세계를 전망하고자 했던 것이다. 여덟 번째 동시집 『아버지 젖꼭지』에 '뛰자', '날자', '간다' 등의 행위 동사가 빈번히 동원되는 것도 여기에 연유된다. 그가 "구름을 타고/날아 보"(「구름을 타고」)며, "팔짝 팔짝 재미나는 돌다리"(「돌다리」)를 건너고, "산골길 요리조리 꼬부랑길"(「산골길」)을 들러야 했던 것도 적극적으로 현실적 삶에 대처하고, 가능 세계에로 의지적으로 나아가고자 할 때 필연적으로 거쳐야 할 여정이었던 셈이다. 그러므로 『아버지 젖꼭지』에서 우리가 만나는 가장 특이한 시적 현상 중의 하나가 바로 동시선집 『참새네 말 참새네 글』에서 탐색된 모성에 대한 모색이 부성의 발견으로 이동되고 전환되었다는 점이다. 이런 시적 중심의 이동은 '큰다', '자란다' 등 삶의 의미화로부터 '뛰자', '간다' 등 삶의 적극성으로 나아갔다는 것이 그 단적인 예가 될 것이다. 그런 삶의 적극성에 대한 또 다른 표현 양식을 신현득은 부성, 즉 아버지의 새로운 발견에서 찾고자 했기 때문이다.

이른 봄까지도 들판은 비어 있다.
누가 이 들판을 가득 채우나?
두엄을 덮어 흙을 달래고
그 속에 씨를 묻는 아버지의 손.
　　　　　　　　　　—「들을 가득 채우는 아버지의 손」 1연

"기계야, 베아링을 갈아주랴?"
"기름 쳐 주랴?"

아버지는 기계의 마음을 안다.

아버지 손이 쓰다듬고
만져 주면
콧노래 부르면서 돌아가는 기계.
                              ―「기계를 달래는 아버지의 손」 1~2연


바위는 갈라져
다시 선다.
아버지 손이 다시 살린다.
석수장이라는 아버지.
                              ―「돌을 새기는 아버지의 손」 1연


목숨으로 캐 올린
연탄이란 땔나무엔
아버지 검은 땀이 배어 있다.

이것이 우리, 겨울의
체온이 된다.
                              ―「땔나무를 대어 주는 아버지의 손」 7~8연


　위에 든 동시들은 아버지의 끈끈한 삶 인식을 뚜렷이 보여준 실례들이다. "두엄을 덮어 흙을 달래"는 일에서 "연탄이란 땔나무"를 캐 올리는 일에까지 '아버지의 손'은 고달프기 그지없다. 그러나 신현득은 이런 '아버지의 손'이 하나같이 삶의 생기를 앗아가고, 삶에 지친 자의 이미지로 떠올리게 하고 있지 않는다. "콧노래를 부르며 돌아가는 기계"에서, 바위를 "다시 살리"는 일에서, 혹은 "목숨으로 캐 올린 연탄이란 땔나무"가 "우리, 겨울의/체온이" 되게 하는 일에서 쉽게 간취되는 것처럼, 아버지의 손과 일은 현실적으로 고달픈 모습이 아닌, 바로 희망에 찬 삶의 모습들이다. 이처럼 '아버지의 손' 연작은 우리에게 가지각색의 직업을 소유한 아버지들이 자신의 삶에 투철함으로써 희망찬 미래를 건져 올리는 손으로 인지시켜 주고 있는 동시들이다.

이러한 신현득의 아버지는 강인한 생활인으로 현실에 적응하며 책임 있게 살아나가야 할 주체라는 부성의 이미지와 그 맥락이 닿아 있다. 그에게 아버지는 원초적인 삶에 대한 힘이자, 용기와 인내를 일깨워주는 그런 정신체가 된다. 그러므로 다양한 '아버지의 손' 연작은 시인의 삶의 양식과 관련지어져 있는 적극적인 삶에 대한 내면적 깊이이며 실현이라 할 수 있다.

> 아버지 가슴에 까만 젖꼭지
> 엄마가 될 수 있는 흔적이다.
> 그런데, 아버지는
> 왜 젖을 주지 않는가?
> 더 많은 사람 젖 주기 위해
> 한 아기에게는 젖 주지 않는다.
>
> 아침에 나가서 아버지는
> 종일 흙과 같이 산다.
> 기계를 쓰다듬어 엔진을 건다.
> 땀에 젖은 까만 젖꼭지.
>
> —「아버지 젖꼭지」 1~2연

이와 같이 신현득의 동시 세계에서 어머니가 삶에 대한 친근하고 따뜻한 애정적 정서의 모태가 되고 있다면, 아버지는 현실적인 삶에 대응하는 적극적인 힘이다. 어머니에게서 삶의 예지를 얻었다면, 아버지로부터 삶의 희망과 용기를 체득했다고 할 것이다. "아버지 가슴에 까만 젖꼭지"가 "엄마가 될 수 있는 흔적"임에도 왜 아버지는 엄마가 될 수 없는가라는 의문을 제기할 수 있었던 것도 그 때문이다. "땀에 젖은 까만 젖꼭지"에서 그는 아이들에게 아버지 삶에의 *끈끈한* 의지를 인지시켜 주고, "더 많은 사람 젖 주기 위해/한 아기에게는 젖주지 않는다"는 사실을 깨닫게 해주었던 것이다. 그러므로 아버지는 한 가정에 국한된 부분적인 사랑의 소유자가 아니라 아이들 삶의 전체성을 주관하는 포괄적으로 승화된 개념이다. 결국 신현득의 부성은 사회적·경제적 현실과 결부되어 있는, 우리 사회의 화해와 공동체적 삶 인식에로 나아갈 수 있는 근원이 되고 있다. 그의 동시 세계가 어머니에서 아버지로의 필연적인 이동은 적극적인 행동성의 실천으로 촉발되어 가능세계로 향하는 화해와 공동체적 삶 인식에로 표명된 삶의 의지라 할 수 있다. 부성 즉 아버지는 연대의식으로 화합하는 순간에 나타난, 모성과는 또 다른 사랑 양식의 표현이기 때문이다.

따라서 80년대 우리 사회의 가치관이 흔들리고, 시대의 불신이 만연되었을 때 동시선집 『참새네 말 참새네 글』로 자기 정리를 하고 난 신현득의 가치 지향이 아버지에게로 나아갈 수밖에 없었던 것은 결코 우연한 일이 아니다. 모성에서 부성으로의 시적 이동은 80년대 가치관이 상실된 혼돈의 시대에 안고 있었던 시대적 갈등과 필연적인 관계를 맺고 있던 그의 시적 각성이기도 한 때문이다.

## 4. 화해로운 세계로의 지향

　신현득이 모성과 부성의 시적 과정을 거치는 동안, 결국 그가 지향하고자 한 가능 세계라는 것은 모두가 한데 어울리는 화해로운 세계였다. 커 나가는 아이에 대한 시적 희원이 시대적 각성과 결부되어 갈등 없는 조화로운 삶의 공간을 공유하고자 했던 것이다. 이런 세계는 그가 일관성 있게 추구한 동화적 상상력과 맞물려 쉽게 포용할 수 있었던 공간이기도 하며, 80년대란 가치관이 상실된 혼돈의 시대에 꿈꾸는 시인의 욕망이기도 하다. 그의 동화적 상상력은 맑고 밝은 시선과 따뜻한 감성으로 모순없이 이어져 있는 지복의 공간을 형성해 주는 방법론이 될 수 있었기 때문이다. 바로 동화적 상상력과 화해로운 자연이 조화를 이루어 이룩된 세계가 산밭에다 일군 '수수밭'의 정경이다. 이런 정경은 신현득이 우리의 80년대란 시대를 예인하는 가능 세계이기도 할 것이다.

　　바람이 모이는 곳은
　　흔들 것이 많은 수수밭이다.

　　가으내 키가 자란 수수는
　　깃발같은 팔을 여럿 달았다.

　　바람이 겨드랑일 간지러 가면
　　이랑마다 흔들흔들 춤이 된다.

　　작은 키로 익은 강아지풀보다
　　종아리가 길어서 참 좋다.

목줄기가 무겁게 매달린 낟알
그것이 자랑스러워 춤이 된다.

바람과 수수가
산밭에서 어울렸다.

─「수수밭」 전문

  자연 현상의 섬세한 묘사와 동화적 상상력을 담은 시적 비유로 소묘
된 이「수수밭」은 한 폭의 산수화를 연상케 하기에 충분한 동시이다. 이
런「수수밭」은 삶에 대한 여러 형태의 접근을 가능하게 하는 상징적 표
상이 되고 있다. 이 동시는 전체가 각 2행으로 분절된 6연이 점층적으로
짜여져 하나의 완결된 장면을 연출하고 있다. 이런 완결된 장면은 바람
이 불어 흔들리는 수수밭의 율동미를 실감나게 전해 주기도 한다. 우리
동시에서 이처럼 시적 자아의 희원과 풍성한 자연과의 어울림이 충실히
반영되고 또 합일된 작품은 찾아보기 어렵다. 소묘를 통하여 제시한 사
물의 심상 안에 시인의 통찰력과 감흥을 잘 묘파하고 있기 때문이다.
  1연에는 두 개의 현상, 곧 바람과 수수가 제시된다. 바람의 심리적
근거는 흔듦이고, 수수의 심리적 근거는 흔들림(춤)이다. 그렇지만 '바
람'과 '수수밭'은 서로 다른 별개의 자연 현상은 아니다. 바람이 부는
순간 수수밭이 흔들리는 동적 현상을 각각 분리해 놓은 시인의 인식일
뿐이다. 이 인식의 배후에는 어떤 감추어진 정신적 작용이 내포되어
있다. 곧 사물에 대한 객관성에 시인의 주관적 인식이 한 순간에 포개
져 수수와 바람을 구별하는 변별성의 원리이다. 2연은 다시 바람이 불
기 전의 현상이 그대로 제시된다. 가을이라는 시간적 배경과 "깃발같
은 팔을 여럿 달았다"라는 것이 1연의 "흔들 것이 많"음을 암시해 주는

요인이 된다. 그것은 1연의 동적 현상에 대한 배경 제시인 동시에 흔들림의 재강조라 할 수 있다. 3연에 오면, 1연의 동적 현상이 구체화되고 객관화된다. 바람이 수수의 "겨드랑일 간지러" 간다는 표현과 "흔들흔들 춤이 된다"는 표현은 동화적 소묘이다. 4연은 키가 큰 수수가 작은 강아지풀보다 더 많이 흔들린다는 뜻을 의인화시킨 절묘한 시각적 묘사라 할 수 있다. 이 동화적 소묘와 절묘한 시각적 묘사가 한데 어울려 바람에 의해 흔들리는 수수밭의 정경을 신명나게 묘파해내고 있는 것이 3, 4연이다. 그러다 5연에 오면, 흔드는 주체와 흔들리는 객체가 바뀐다. 이제 바람이 수수를 흔드는 것이 아니라 수수가 스스로 제 흥에 겨워 몸을 흔든다는 것이다. 가으내 열매 맺은 낟알이 자랑스러워 제 몸을 스스로 흔들며, 그 흔듦이 바로 "춤이 된다"는 것이다. 이것은 흔듦과 흔들림의 상호 전이를 통하여 한데 어울림의 상태로 지향해 가고자 한 시인의 정신적 기저에 깔린 의식 작용이라 할 수 있다. 마지막 6연에 와서 "바람과 수수가/산밭에서" 갈등없이 하나로 어울려 합일에 이를 수 있었던 것은 그 때문이다. 우리는 이제 「수수밭」을 다 읽고 나서, 산밭에 모든 자연물이 어울려 있고, 또 산밭 전체가 바람에 의해 춤을 추고 있는 광경을 6연을 통해 유추해 볼 수 있게 되는 것이다.

이 「수수밭」은 단순한 바람과 수수의 만남을 넘어서 시인의 시적 희원이 조화롭게 표출된 동시이며, 흔듦과 흔들림의 관계가 합일에 이르는 과정을 변별적으로 제시해 놓은 동시이다. 무엇보다 이 동시에서 흔들고 흔들리는 주체와 객체가 서로 전이되면서 통일성을 지닌 하나의 세계를 조형한 신현득의 시적 능력이 우리의 상상력에까지 조응된다는 점에 주목하지 않을 수 없다. 수수밭에 바람이 이는 장면 제시를 신현득은 감정을 직설적으로 토로하지 않고 통어하는 지적 절제력까지 보여줌으로써 그만큼 수수의 흔들림과 바람의 흔듦을 자연스럽고 조화롭게 형상화시킬 수 있었다. 결국 「수수밭」은 한마디로 말해, '수

수'와 '바람'을 구별한다는 변별성의 원리로부터 조화롭게 어울림의 상태로 지향하여 '산밭'이라는 하나의 화해로움을 이루었다는 동시이다. 이 어울림의 세계는 신현득 동시가 융화와 화해, 조화와 화합으로 만나는 길이고, 언제나 단절을 거부하고 화해를 일구어 가는 공동체적 삶 의식으로 살아야 함을 의미화한 것이다.

이와 같이 우리는 80년대 들어 새롭게 출간된 동시선집『참새네 말 참새네 글』과 여덟 번째 동시집『아버지 젖꼭지』를 통해 그의 동시 세계에 나타난 시적 관심들을 살펴보았다. 그는『참새네 말 참새네 글』에서 아이들에게 필요한 삶의 공간과 세계를 인식하는 방법을 제시하고,『아버지 젖꼭지』에서 적극성을 띤 참된 삶의 구체성으로 나아가고자 했다. 참된 삶에 대한 그의 일관된 지향성은 나날이 새로운 삶의 모색과 발견에 있다. 그러므로 신현득이 추구해 온 삶의 현실과 시적 탐색은 언제나 미래 지향적이다. 그의 동시 세계는 커 나가는 아이들이 당면한 현실 세계란 주어진 공간에서 가능 세계를 만들어 갈 수 있는 의지의 공간으로 향하고자 하는 확고한 방향성에 근거한 시적 탐색 과정이었기 때문이다. 이런 인식으로 이루고자 한 세계가 모두 하나로 어울리는 조화와 화해의 세계이다. 마치 산밭에서 수수와 바람이 어울려 산밭 전체가 흥겨운 춤바다가 될 수 있듯이, 그것은 '큰다'라는 시인의 시적 희원이 '뛰자'라는 적극성으로 지향해, 모성과 부성이 조화롭게 어울려 하나의 완전한 화해로운 세계를 모색한 결과라 할 것이다. 그리고 우리는 신현득 시인이 80년대 들어 새롭게 간행한 동시선집과 동시집을 통해서 나날이 새로운 삶의 모색과 발견이라는 시적 가능성과 문학적 지평을 넓혀 주었다는 점을 말하지 않을 수 없다. 거기에 그의 시적 성숙과 사고의 깊이도 함께 개진되어 왔음은 자명한 일이다. (1988)

# 진솔한 삶 인식과 지적 서정성

윤부현론

## 1. 고독한 시인의 동심 끌어안기

우리의 현대시사를 살펴 보면, 동시에서 시 창작으로 그 영역을 확장시켜 나간 시인을 만나는 일은 그리 어렵지 않다. 그런 경우, 대체로 동시 쓰기로 습작기를 거친 연후에 시로 이행한 경우이거나 전적으로 시 창작을 하면서 어떤 필연성에 의해 간간이 동시를 써온 경우이다. 그러나 서로 다른 사유의 방법을 바꾸어 가며 동시와 시 쓰기를 습성으로 병행해 온 시인을 만나는 일은 그리 쉽지 않다. 분명히 동시는 엄연한 시이면서도 시와는 또 다른 형상미학을 갖춘 문학 작품이다. 동시의 주된 독자가 아이들이란 점에서 시인의 인식 작용과 관점이 그들의 사유와 맞닿아 있어야 하는 동일성에의 비밀 때문이다. 따라서 동시의 형상미학은 아이들의 의식 활동으로 기존의 사물을 새롭게 보아야 하는 재창조 과정과 동일성의 차원으로 승화되어야 하는 문제가 포괄된다. 사물을 새롭게 본다는 것은 단순히 보이는 것에 대한 지각이 아니라 보는 것에 대한 새로운 자각이며, 사물에 대한 어떠한 선입관도 개재되지 않는 순수한 인식행위이다. 동시는 결코 시인의 개인적 사유만을 담을 수 없는, 늘 어린 독자와 함께 보는 것과 보여지는 것의 뚜렷한 관계가 하나의 미적 체험으로 만나야 하는 까다로움이 시 창작 과정 속에 고통처럼 따라다닌다. 그러므로 어른과 아이의 서로 다른 관점과 체험을 내밀히 조절해 가며 동시와 시 쓰기를 습성으로 병행한다는 것은 생각처럼 쉬운 일은 아니다.

윤부현(尹富鉉 1927~1986)은 이례적인 시인이다. 그는 1927년 인천에서 태어나 1957년『한국일보』신춘문예에 시「제2의 휴식」이 입선하여 문단에 데뷔한 이래, 1986년 타개할 때까지 2권의 시집과 2권의 동시집을 상재했다.『꽃과 여인과 과목』(모음사, 1965)과『벚꽃 만개』(을지출판사, 1980)는 시집이고,『바닷가 게들』(배영사, 1968)과『장다리 꽃밭』(현대아동문학상 수상 기념 작품집, 1980)은 동시집이다. 그는 시로 출발해서 동시 쓰기를 습성으로 병행해 온 시인이다.

어린이를 가르치는 것만으로는 젊음의 심장부가 어딘가 허전해 시작을 해온 지 십오, 육 년, 신춘문예(한국일보)에 작품이 당선된 이후, 본격적인 시작을 한답시고 머리에 수건을 질근 동여 매고 내깐엔 장거리 마라톤식으로 힘차게 달려 보았다.

―「후기」(『꽃과 여인과 과목』)

그를 이례적인 시인이라고 한 것은 이처럼 그의 주도적인 관심이 시 쓰기에 매여 있었으면서도, 사유 세계가 동심에 머물러 있었던 점이다. 제1시집『꽃과 여인과 과목』이후 생전의 마지막 시집이 되는『벚꽃 만개』는 시와 동시가 혼재된 형태로 묶여진 작품집일 뿐더러, 표현은 시이면서도 그 내용은 분명 동심 세계에 머물러 있는 동시 작품들

◀ 아이들의 진솔한 삶의 현장
에서 동시를 구상하는 시인
윤부현.

을 쉽게 간취해 볼 수 있기 때문이다.

윤부현이 시에서 동시 쓰기로, 또 동시에서 시 쓰기로 자연스럽게 이
행할 수 있었던 중요한 연유는 30여 년간 초등학교 교사로 재직하며
아이들과 의무적인 만남을 지속할 수 있었던 사실을 간과할 수 없다.
아이들과의 만남이 생활의 일부가 되어 그들의 삶의 문제와 인식의 문
제를 누구보다 바르게 인지할 수 있었을 것이고, 누구보다 손쉽게 아
이들과 함께 보는 것과 보여지는 것의 뚜렷한 관계를 긍정적으로 설정
할 수 있었을 터이다. 게다가 그의 일관된 시적 관심사에도 영향이 있
다. 윤부현의 시 전체를 관류하는 주된 관심은 인간의 근원적 조건에
관여된 존재의 고뇌나 그 초극에 관련된 자기 인식에 속해 있는 것이
아니라 주어진 환경 속에서 인간과 자연 혹은 인간과 인간 사이에 관
계 맺는 삶 인식에 예속되어 있다. 그것도 그 안에 복잡하게 얽힌 이념
들에 관한 문제가 아니라 직관에 의해 충격되는 정직한 반응들이다.
윤부현에게 의무적으로 만나는 아이들의 삶은 늘상 그의 직관 안에 머
물러 변화무쌍하게 반응하는 존재태일 수밖에 없었다.

이렇듯 윤부현은 어려운 한자를 섞어 쓴 시 속에서도 동심을 수용할
수 있었던 이례적인 시인이었다. 그러면서도 동시는 '쉬운 시'여야 한

다는 신념만은 확고하다. 우리의 동시단에서, 그가 시를 쓰던 50~60년대는 다소 난해할지라도 사사로운 심상에 의존하며 '동시도 시'여야 한다는 시의 예술적 각성이 일고 있을 무렵이었다. 이런 시적 상황을 염두에 둔다면, 윤부현의 동시관은 재고할 만한 가치를 지닌다. 동시는 쉬운 시라는 일념은 그의 창작태도와 창작기법에서 여실히 증명된다. 쉬운 시와 시적 예술성 사이에 조화를 이루어내지 못한 동시는 아예 시로 개작해 버렸던 그의 별난 취향에서 잘 드러난다. 그것은 그가 시와 동시를 병행해 쓰면서 그 변별성을 뚜렷이 구별하려 했던 문학적 의식일 수도 있고, 초등학교에 몸담고 있으면서 직접 아이들과의 교육적 만남을 통해 경험한 시적 자각일 수도 있다. 그런 면에서 윤부현이 동시에 대한 유별난 관심은 자연히 쉬운 시 속에서의 예술적 형상화 문제에 놓여질 수밖에 없었다. 이 문제 앞에서 그의 창작태도는 자연스럽게 아이들의 진솔한 삶에 대한 인식에 모아졌을 것이고, 방법론으로 지적 서정성을 택했을 법한 일이다. 윤부현의 동시는 그런 의미에서 시적 예술성 문제와 아이들과의 교육적 만남에서 인식한 쉬운 시의 문제 사이에서 고뇌하던 결과물이기도 할 터이다.

그럼에도 윤부현은 살아 생전 시단이나 동시단 어디에서도 그에 대한 평가는 불행히 한번도 이루어진 일 없이 마라토너처럼 고독한 시 쓰기와 동시 쓰기에만 매달려 왔던 시인이다. 윤부현의 동시 세계를 살피는 일은 시로부터 동심을 끌어안는 과정을 일관성 있게 살펴볼 수 있는 일이어서, 우리의 50~60년대 '동시도 시'여야 한다는 예술성을 인지한 시적 수준 문제와 '동시는 동시다와야 한다'는 어린 독자의 수용 문제에 대한 고뇌를 한번쯤 되짚어볼 수 있는 길이기도 할 터이다.

## 2. 탄복과 탄식에 기초한 시적 성찰

윤부현의 시는 대개의 경우, 자신이 체험한 자연과 현실의 인식에서 비롯되는 탄복과 탄식에 기초되어 있다. 그것은 자연의 신비스러움에 대한 탄복이고, 현실의 비정함에 대한 탄식이다. 외부 세계의 직관적 인식에 의해 충격되는 정직한 반응이 그의 시적 기본원리였기 때문이다. 윤부현의 시에서 탄복과 탄식을 거둬들이고 나면, 시의 내용은 증발하고 대신 그 빈 자리에 상황의 분위기와 성찰의 여운이 남는다. 마치 그의 시 「과수원」에서, 자연의 신비로움이 거친 몸동작으로 공놀이 하듯 한동안 소란스럽게 이어지고 난 이후 과목은 종만한 열매를 달고,

소슬한 나뭇가지에 종만한 여운을 스스로 들다

라고 한 것처럼, 그의 시는 한 개의 살아 있는 작은 과실에 이르기까지 외부 세계에 대한 충격의 반응 뒤에 자연의 신비로움을 분위기와 여운으로 남겨두고 있다. 그의 시집 『꽃과 여인과 과목』이나 『벚꽃 만개』에 산재한 시편들에서 이런 상황의 분위기와 성찰의 여운을 통해 우리가 만나는 것은 바로 현장성이다. 윤부현은 탐스럽게 익은 과수원의 과목들을 지켜보면서, 또는 하염없이 내리는 눈발을 쳐다보면서, 혹은 만발한 꽃을 바라보면서 신비스런 자연에 곧잘 동요한다. 자연에 대한 마음의 동요는 그의 천성이다. 그는 그런 천성으로 다시 삶의 현실을 돌아보며 탄식하는 것이다. 곧 그의 탄식은 "쇠덩어리 전쟁의 하늘을 눈 역력히 보고 자라온"(「사과」) 6·25라는 전쟁의 비정함에 대한 탄식이다. 전쟁은 인간이 인간답게 살아가야 하는 환경을 파괴하고, 인간과 인간의 관계를 처절하게 상처 입히는 비극이다. 하지만 그의 탄식은 절규와는 구별된다. 절규는 전쟁의 절박하고 처절한 상황을 전해줄

뿐이지만, 그의 탄식은 분위기와 성찰의 여유를 남겨 두기 때문이다.

윤부현은 외부 세계에 대한 성찰의 자세로 눈을 감았다 뜨는 버릇을 익힌다. 눈을 감고 다시 뜨는 행위는 삶의 새로움에 대한 강한 충동이자 욕구이기도 하다.

화병이거나 항아리를 들고 섰었다.
하늘 높이 울리는 바다의 파도소리 같은 것을
온몸에 일고 있었다.

그것은 무한으로 휘어오른 계단을 밟고
바다 먼 노을 풍금소리 펴쳐 울리는
크낙한 하늘의 과실익는 작업이라는 것이다.

눈을 떴다.

땅을 딛고 발을 돋아 또 하나의
쓰러지는 육체를
포연속에 일으키고 있는 살덩어리,

그것은 적진앞에서 전방을 내다보는
해바라기의 눈망울인 자세다 아니겠는가.

그리고 오직 한번은 지둥쳐 올 날이
사뭇 있기를 바라고 섰는 발돋움이 아니겠는가,

가슴쭉지에서 파닥이던 날개들이 일제히

절정으로 날아 뛰고 있었다.

—「포풀러」전문

이 시는 그래도 시인의 탄복과 탄식을 어느 정도 묶어둔 편에 속한
다. 이 시는 3연의 눈을 뜨는 행위를 기점으로 상황이 반전된다. 눈을
감으면, "화병이거나 항아리를 들고 섰"는 화자가 온통 "하늘 높이 울
리는 바다의 파도소리 같"은 자연의 신비스러움이 "온몸에 일고", 그
소리가 무한으로 퍼져 "크낙한 하늘의 과실익는 작업"과 같은 탄복으
로 충격된다. 하지만 눈을 뜨면, "쓰러지는 육체를/포연 속에 일으키고
있는" '또 하나의' '살덩어리'를 내다보아야 하는 비정한 현장뿐이다.
이런 비정한 현장에서 그는 '아니겠는가'라는 영탄적 탄식을 반복하며
고뇌할 수밖에 없다. 눈을 뜨고 "눈 역역히 보고 자라온" 비정한 현실
에서 그의 성찰은 "적진앞에서 전방을 내려다보는/해바라기의 눈망울
인 자세"이자 "한번은 지동쳐 올 날이/사뭇 있기를 바라고 섰는 발돋
움"이 된다. 이것은 외부 세계의 충격에 대해 정직하게 반응하는 그의
천성일 것이다. 이러한 탄복과 탄식이 담긴 그의 시편들은 독백적이고
직설적일 수밖에 없다. 우리 민족이 평화롭게 살아가야 할 하나밖에
없는 환경 속에서 그가 체험한 것은 "쓰러지는 육체를/포연속에 일으
키는 살덩어리"임에서이다. 윤부현에게 있어서 이런 비정한 현장을 앞
에 두고 눈을 감고 뜨는 행위이야말로 인간이 살아오고 살아가는 역사
와 삶에 대한 성찰의 여유인 셈이다. 그러나 이미 그는 눈을 감고 뜨고
행위만으로 그 비정한 현장에서 벗어날 수 없음을 깨닫고 있었다. 윤
부현은 감았다 다시 뜬 눈으로 전망을 주시하면서 "가슴쭉지에서 파닥
이던 날개들이 일제히/절정으로 날아 뛰고 있었다"는 신비로운 체험을
새롭게 갈망해 보는 것이다. 절정은 사물이 치오른 극도를 의미하는
것이기 때문에 비극이기보다는 환희의 세계에 속한다. 탄식이 아니라

탄복의 감정이다. 이처럼 윤부현에게 눈을 뜨는 행위는 비정한 현장도 탄복으로 극복하는 초월의 신비로움을 담고 있다.

이렇듯 윤부현은 "절정으로 날아 뛰"어 변화를 바라는, 눈을 뜨고 감는 행위처럼 자유롭게 새로운 세계를 꿈꿀 수가 있었고, 자연스럽게 시 세계에서 동시의 세계로 이행할 수 있었던 것이다. 윤부현에게 있어서 이러한 과정은 다시 새로운 환경과 만나는 유일한 길이며, 눈을 감고 뜨는 성찰의 여유에서 비롯된 일이다. 혹은 또다시 절정을 향해 "지동쳐 올날이/사뭇 있기를 바라고 섰는 발돋움"이기도 한 일일 것이다. 그에게 동시로의 이행은 이제 눈을 뜨고도 엄연히 새로운 자연과 그 신비한 세계를 만나는 일이 된다.

윤부현에게 있어 동시로의 이행은 그래서 그의 중대한 시적 문제가 된다. 전쟁을 일으키고 하나밖에 없는 환경을 초토화시킨 현실을 보며, 탄식보다 경이의 눈으로 대하는 어린이의 눈을 통해서 세계를 재인식할 수 있었기 때문이다. 따라서 동시로의 이행은 성찰의 여유를 통해 복원하는 현실의 재창조이자 새로운 미래의 평화로운 열림을 고대하는 갈망이기도 한 일이다.


## 3. 동심을 끌어안는 일

동시의 중요성은 동심의 작용 반향에 달려 있다. 뚜렷한 동심관이 설정되어 있지 못하거나 그 관점이 불투명하다면 아무리 훌륭한 시인이 쓴 동시일지라도 시적 성과를 거두기가 어렵다. 그만큼 동시는 엄연한 시이면서도 시와는 또 다른 형상미학을 갖춘 문학인 것이다. 윤부현이 시에서 동시로의 이행은 그가 초등학교에 몸담고 있으면서 직접 아이들과의 만남을 통해 시적 체험을 쉽게 이룰 수 있는 일이었다고는 하지만, 그보다 그의 확고한 동심관에 의해 가능했던 일이다. 그의 확고한 동심관은 "절정으로 날아 뛰"고자 하는 초월의 신비로움과 성찰의 여유로 또 다른 새로움과의 만남을 이루려는, 눈을 감고 뜨는 행위에 다름 아니다.

윤부현이 아이들을 통해 만난 새로움은 '진솔'이란 내적 체험이다. 아직 손때 묻지 않은 진솔로 새롭게 거듭나는 이 변화야말로 그가 동심을 끌어안는 행복한 순간이다.

눈 내린 달밤은
옥양목에요.

진솔 하아얀
옥양목에요.

―「눈 내린 달밤」 제1~2연

눈이
저렇게
하아얄 수가 있어요.

때가 전혀 묻지 않은
차암
진솔로
새것.

―「흰꽃」 제2~3연

윤부현이 새롭게 성찰한 '진솔'이란 인식체는 인위적으로 더럽혀지

▲ 윤부현 동시집 『바닷가 게들』(배영사, 1968).

지 않고 인간의 "때가 전혀 묻지 않은" 말 그대로의 '새것'이란 환경이다. '흰눈'과 '흰꽃'은 해마다 똑같이 내리고 피는 사물이지만, 언제 보아도 '진솔로' '하아얀' '새것'이다. 윤부현은 동심을 이와 같이 인식한 것이고, 그의 동시는 이러한 생명체를 끌어안는 일이다. 그가 역사의 비극적인 현장으로부터 이 '진솔'한 환경으로 자리옮김은 역사에 대한 거부나 현실에 대한 포기를 의미하는 것이 아니다. 어디까지나 그의 전쟁 체험에서 비롯된 인간성이 붕괴되고 가치관이 상실된 삶에 기인해 있다. 인간성을 상실한 삶의 현장은 아무리 물질적으로 풍요로운 복구가 이루어진다 할지라도 우리에게 남는 것은 결국 불행임에서이다. 그가 새롭게 눈뜨고 바라본 진솔의 세계는 이런 불행한 삶을 안고 고뇌한 또 다른 현장인 셈이다.

진솔한 삶의 현장을 담은 두 권의 동시집 『바닷가 게들』과 『장다리 꽃밭』에 일관되어 흐르는 중심 이미지는 꽃, 눈, 나무, 바다, 계절, 힘 없고 작은 생명체(토끼, 새, 병아리, 금붕어 등)로 대표되는 자연이다. 그 것은 암담한 상실의 환경 속에서도 새롭게 개간하고 약자로부터 충일한 삶을 구현하고자 하는 의지로 시 전체 이미지를 통어한다. 윤부현의 동시에 나타난 진솔의 세계는 대체로 두 가지 관점으로 집약된다.

첫째는 긍정적인 세계관이다.

어쩌나 하얀지
눈이 부셔요.

눈보다 달빛이 더
하얗니까요.
　　　　　　　　　　　－「눈 내린 달밤」 제3~4연


　「눈 내린 달밤」에서 볼 수 있는 것처럼, 눈과 달빛 중 어느 것이 더 하얀지 분별을 못하던 어린 화자가 눈에 반사된 달빛을 보고 그 빛이 더 하얗다고 긍정적으로 받아들인다. '진솔 하아얀'은 눈이 하아얀 눈에 반사된 달빛을 되받아 더욱 하얗게 빛남을 강조한 말이다. 이것은 시각의 긍정적 인지이다.
　또 하나는 자기 반성의 수반이다.

　함박 눈에요
　함박눈,

　보는 내몸이 너무나
　구저분했어요.
　　　　　　　　　　　－「흰꽃」 제4~5연


　「흰꽃」은 흰꽃을 바라보던 어린 화자가 흰꽃을 함박눈에 비유하고, 또 자기의 몸과 대조해 보며 자기 반성을 유도하는 동시이다. 시인은 어린 화자를 통해 하나의 사물인 꽃을 보며 "함박 눈에요/함박눈"이라고 탄복하고 난 후 자신을 돌아보는 것이다. 자기를 돌아보는 일은 곧 눈을 감고 뜨는 행위로부터 몸에 익힌 성찰의 자세인 셈이다. 윤부현이 동심을 끌어안는 일은 이처럼 상황의 분위기나 성찰의 자세를 구체적으로 드러내주는 일이다. 「흰꽃」에서처럼, 동심을 '진솔 하얀'에 비유하여 자기 육신과의 구체적인 대비를 통해 새로운 환경과 만나고 새로운 세계를 재창조하고자 한 것이다.

이와 같이 윤부현은 동심의 세계와 동일화되는 진솔의 세계를 새롭게 각인하며, 시에서 동시로의 이행을 습성으로 바꾸었던 것이다. 그 과정에서 그는 독백적이고 직설적인 개인적 탄복과 탄식에서 벗어나 공동체적 삶에로 나아가는 길을 열고자 했다. '포도송이' 같은 세계가 윤부현이 갈망하는 진정한 동심의 세계이며, 아이들이 이루어 나가야 하는 공동체적 삶인 것이다.


다닥다닥
올망졸망.


언니 오빠 동생들이
부둥켜 안고,


서로 안 떨어지려고
다닥다닥 올망졸망.


포도 송아리들은
한 생일에 태어났는지


서로 얼굴을 맞대고
올망졸망.

논가 개구리 알처럼
모여 앉아서,

달밤 고운 얘기
별밤 총총
재밌는 얘기.

—「포도송이」 전문

　「포도송이」는 윤부현의 진술로 새롭게 거듭되는 동심의 세계이며, "전쟁의 하늘을 눈 역력히 보아온" 자가 구현하고자 갈망하는 새로운 삶의 세계이다. 곧 "가슴쭉지에서 파닥이던 날개들이 일제히/절정으로 날아뛰"며 도달하고자 했던 세계이다. 바로 인간과 자연의 관계 혹은 인간과 인간의 관계가 전쟁이 아닌 "다닥다닥 올망졸망" "서로 얼굴을 맞대고" 평화롭게 살아가는 것이어야 한다는 공동체적 삶에 대한 염원이다. 그뿐 아니라 이 「포도송이」는 정서의 객관화를 구현하며, 탄복과 탄식에 기초한 자신의 시와 구별하고자 한 동시의 전형이기도 하다. 여기서 정서의 객관화란 시인과 어린 독자가 똑같은 눈으로 기존의 사물을 새롭게 인식하는 창조 과정의 하나이며, 동일성의 차원으로 승화하고자 하는 윤부현 동시의 형상미학이다. 따라서 「포도송이」는 윤부현의 동시 세계가 지향하는 방향성을 묵시적으로 안내한 동시라 할 수 있다.


## 4. 동시의 형상미학과 지적 서정성

　윤부현의 동시를 통한 새로운 눈뜨기가 우리의 현대 동시문학에 얼마나 영향을 미쳤을까라는 의문은 50~60년대부터 새로운 시적 변화를 모색하던 우리의 동시문학사를 돌아볼 때 한번쯤 되짚고 넘어가야 할 물음이 아닌가 한다. 50~60년대뿐만 아니라 오늘날까지 줄기차게 동시는 시적 예술성의 고려와 더불어 파생된 난해성의 극복 문제를 선결과제로 남겨 두고 있었기 때문이다. 확실히 윤부현은 동시가 난해성을 극복하고 아이들의 미적 체험과 일치해야 한다는 신념을 지킨 시인이다. 그가 그런 신념으로 모색한 것이 서정의 객관화이다. 달리 말하면 지적 서정성일 터이다.

봄은
크래파스를 알맞게 칠한
그림 동산.

아무렇게나 마구 문대긴
개나리 울타리에

—「봄」1~2연

송편은 입을
꼭 다문
하얀 조개.

희다 못해
눈빛으로
푸르구나.

엄마와 누나가

소반 위에

가지런히 빚어 논 송편

─「추석 전날」1~3연

　이 동시들은 다 같이 시각적 이미지를 도입하여 정서의 객관화를 이루어 놓았다. 「봄」은 다분히 어린 화자가 갖가지 꽃이 만발한 봄 경치를 보며 탄복했음직한 서정을 이미지의 도입으로 감정을 배제한 뒤, 새롭게 어린 아이의 눈으로 인지되는 봄을 '그림 동산'이라는 미적 체험으로 창조해 놓았다. 크래파스는 아이들이 그림 그릴 때 사용하는 소도구이다. "개나리 울타리"를 노란 크래파스로 "아무렇게나 마구 문대긴" 표현도 그림 도구를 사용하는 아이들의 행동을 사실적으로 되살린 형상이 되어서, 아이들의 지각과 일치되는 동일성의 체험이 된다. 「추석 전날」도 추석을 맞이하기 위해 송편을 빚는 어린 화자의 충만된 기쁨과 흥분을, 이미지를 통해 절제해 놓고 있다. 이 절제된 어린 화자의 감정이 동시를 읽는 어린 독자에게는 추석 전날의 행복한 정감을 더욱 돋우어 준다. 거기에 시인은 "떡 시루에 김이/올라 잠이 못 온다"라고 어린 화자의 숨은 감정을 살짝 드러냄으로써 어린 독자들을 추석 전날의 정취에 들뜨게 만든다. 이렇듯 윤부현은 동시에 이미지를 적절히 도입하여 탄복과 탄식의 시와 구별되는 동심의 형상미학을 찾고자 했다.

불이

타들어 간다.

누가 불을 질렀나.

하느님이

해님과
단 둘이 짜고,

설악산
골짜기에
빨갛게
불을 질렀지.

—「단풍」 전문

　윤부현은 「봄」과 「송편」에서 보여주던 선명한 시각적 이미지에 가진
술을 첨가하여 기발함을 보여준다. 이미지에 객관적 진술을 보태어 표
현한 이 「단풍」은 기발한 동심 찾기의 일례가 되는 작품이다. 그 기발
함은 아이들의 건강한 생명력과도 통하는 동시의 가장 소중한 미덕의
하나이다. 이 동시는 '단풍은 산불'이라는 비유에 정당성을 주기 위하
여 가진술이 첨가되었다. 가진술은 우리가 보통으로 경험하는 상식을
뛰어넘으면서 시적 진실을 구현하려는 동시의 중요한 표현 수단의 하
나이다. 산에 불이 붙어 타들어 간다면 그건 산불이다. 동시에서 이런
산불처럼 그저 '단풍이 빨갛다'라든가 '산불처럼 빨갛게 단풍이 들었
다'고 산문적 말하기 방식으로 표현한다면 아무런 시적 감흥을 주지
못할 것이다. 그러나 윤부현은 탄복과 탄식으로 기초되었던 자신의 시
와 엄연한 구별을 위해서, 이처럼 '단풍은 산불'이라는 가진술의 방식
을 취하며 상식을 뒤엎는다. 그것도 "하나님이/해님과/단둘이 짜고"라
는 전제를 두어 황당함을 읽게 한다. 그 황당함은 자연이 빚어놓은 아
름다움이라는 정당성이 되어, 어린 독자에게 자연의 신비스러움과 시
적 묘미를 읽는 새로움을 줄 것이다. 그러면서 어린 독자에게 골짜기
마다 불 타듯 빨갛게 단풍이 든 설악산을 선명하게 떠오르게 만들 것

이다. 이처럼 동시에서 윤부현이 보여준 시적 진술은 유연하고도 밀도 있는 명료함에 이르고 있다.

> 밤이
> 펼쳤어요.
>
> 밤 하늘에
> 별이 총총 떴어요.
>
> 이때
> 별똥별이
> 찌익—
> 금 긋고
> 남쪽 하늘로
> 달아났어요.
>
> 그것은
> 좀전의
> 점심 시간에
>
> 진규가 금 긋고 달아난
> 칠판의
> 낙서 자국이었어요.

—「칠판」 전문

윤부현의 동시가 이미지의 도입으로 이룬 또 하나의 체험은 명쾌함이다.「칠판」은 점심 시간에 진규가 검은 칠판에 낙서하고 달아난 것을 어린 화자가 재미있게 고자질하고 있는 동시이다. 윤부현 동시의 명쾌함이란 어떠한 사실을 고자질하듯 진솔하게 진술하는 데서 얻어지는 명쾌함이다. 동시가 주는 그런 명쾌함은 동시를 읽는 독자에게 사실성을 더욱 높여 준다. 고자질이란 진술은 아이들의 심성을 그대로 담아 놓은 시적 진실이기 때문이다.

이렇듯 윤부현의 시에서 동시로의 이행은 시적 진술이 기발하면서도 명쾌함에 이르고 있다. 이 기발함과 명쾌함은 아이들의 심성과 맞닿는 시적 표현이어서 그의 동시에서 쉬운 시를 유도하면서도 시적 예술성을 높여주는 원리가 되었다. 따라서 윤부현은 '쉬운 시'와 '시다운 시'의 조화를 위해 가진술의 기법과 진솔한 표현법을 동시의 소중한 시적 원리로 삼아 어린 독자에게 동시를 읽는 재미를 한층 돋우고자 했다. 이러한 지적 서정성으로 아이들이 생각할 수 있는 능력을 보다 확장시킨 동시가「달걀」이다.

껄쭉껄쭉한
새 도화지

예쁘게
말아 논
그 안에는

푸른 바다가
하나 가득
출렁이고 있었다.

―「달걀」 전문

「달걀」은 전체가 35자 3연 8행의 단순한 구조로 이루어진 동시이다. 하지만 이 「달걀」은 비예술성이 갖는 언어 배열적 시의 평면성이 극복되고, 언어 형상적 시의 입체성이 부여되어 있다. 제1연과 제2연의 "껄쭉껄쭉한/새 도화지"를 '말아 논' 하얀 도화지의 표면은 달걀 표면의 껄쭉껄쭉한 면과 입체적으로 대비되어 있을 뿐만 아니라 아동의 지각으로도 인지할 수 있는 대비이다. 제3연은 달걀 속에 공기질로 남아 있는 빈 부분을 출렁거리는 청각현상으로 형상화한 것인데, '푸른 바다'로 연상되어 있다. 이것은 바다가 삶의 완성을 이루는 최초이자 최후의 세계로 인식되어졌기 때문이다. 따라서 이 동시는 달걀을 흔들어 출렁거리는 청각으로부터 밀려왔다 밀려가는 널푸른 파도와 입체적 대비를 이루는 새로운 세계와 더불어 하나의 달걀이 완제품 그대로 살아 있게 되었던 것이다. 먼저 시적 체험을 몸에 익힌 윤부현에게 이 동시는 우리 한국 동시문학사의 시적 모색에 많은 것을 시사한 동시라 할 만하다.

당시 50~60년대 우리 동시단의 시적 각성은 다양한 실험 의식으로부터 모색되어 왔다. 즉 동시가 지니는 언어의 한계를 형식적인 변혁과 기교의 개발이라는 측면으로 극복해내기 위해, 동화적 환상을 시에 적용시켜 보기도 하고, 시어의 단순성을 이미지의 선명성으로 드러내 보이기도 했다. 이미지를 도입하여 시적 언어 조형에 관심을 기울여 온 윤부현은 가급적 환상과 감정의 노출을 억제한다. 그것은 관념과 사물을 조화롭게 화합하고 정서를 객관화하려는 일념에 따른 것이다. 「달걀」은 이런 노력으로 생성된 지적 시징싱을 잘 느러낸 농시이다. 눈을 감고 뜨는 행위를 보다 '새롭게 뜬다'는 문제로 더욱 심화하여 아이들의 삶을 보다 내밀히 관찰한 결과이다. 윤부현의 지적 서정성은 50~60년대 우리의 동시문학이 모색해 왔던 실험적 양상과는 달리, 시와 동시와의 변별성과 자신의 삶의 문제에서 공동체적 삶의 인식으로 나아가는 새로운 환경의 요구로부터 비롯된 시적 원리이기도 하다. 이것은 윤부현이 유행에 민감하게 반응했던 시인이 아님을 새삼 일깨워 주는 것이기도 할 터이다.

결국 윤부현은 50~60년대부터 새로운 변혁을 모색하던 한국 동시문학사에 영향을 미친 시인임에 틀림없다. 그러나 그러한 그의 동시쓰기의 성과에도 불구하고, 그는 시 창작에의 집념을 끝내 버리지 못하고 타계한 시인이기도 하다. 제1시집 『꽃과 여인과 과목』 이후 동시에 집착하던 그가 제2시집 『벚꽃 만개』에서는 시에 대한 미련을 떨치지 못하는 갈등을 잘 드러내 놓고 있다. 그 시집 속에는 동시가 개작되어 시로 탈바꿈한 작품들이 산재해 있는 까닭이다. 그뿐 아니라 윤부현은 1968년 동시집 『바닷가의 게들』을 간행하고, 또 십여 년이 지나서야 겨우 『장다리 꽃밭』을 공동으로 간행한 이후, 더 이상 동시집을 발간하지 못하고 만다. 시에 대한 미련이 그의 동시 쓰기에 어떤 한계성을 가져다 주지는 않았는지, 혹은 그런 갈등이 시와 동시 쓰기의 양면적 한계에 한꺼번에 부딪히게 만들었던 것은 아니었는지 아쉬움을 남기게 한다.

하지만 못내 그가 그립고 애석한 것은 아직 수십 편의 미발표 동시 원고를 그대로 남겨둔 채 살아 생전 시단이나 동시단 어느 곳에서도 정당한 평가를 받아보지 못하고 쓸쓸히 타계했다는 점이다. 그의 동심 끌어안기가 더욱 고독해 보이는 이유도 여기에 있다고 하겠다. (1986)

# 푸르름의 세계에 이르는 꿈

## 노원호론

## 1. 시인의 삶 속에 육화된 자연

노원호(盧源浩 1946~ )는 동시도 우선 시가 되어야 한다는 믿음을 철저하게 지켜온 동시인이다. 동시를 아동이 읽는 시라는 선입관에 얽매여 그들의 취향에 맞추는 변형된 시형을 택하는 법 없이, 그는 일반 시의 시적 원리를 모범적으로 이행하면서 동시의 시형을 착실하게 구축해 왔다. 무엇보다 노원호는 이미지를 효과적으로 적절히 구사할 줄 아는 동시인이다. 그가 전달하고자 하는 관념이나 실제 경험 혹은 상상적 체험 등에서 수반되는 의미를 전달하는 기능으로 이미지를 유효하게 활용하며, 그것을 어린 독자들에게 선명하게 인지시켜 주고자 한다. 노원호는 자신의 과거로부터 재생된 기억들 속에서 아이들과 공유할 수 있는 삶의 편린을 어린 독자들에게 이미지로 재현시키려 한다. 그런 이미지들은 단순한 감각적·물질적 유사성에 따른 기억 경험의 재현이 아니라 아이들과의 경험적 유효성을 지닌 정신적·정서적 가치를

▲ 푸르름의 세계를 꿈꾸는 시인 노원호.

띠고 있는 상상력의 소산이다. 그가 1975년 등단 이후 20여 년 동안 상재한 6권의 동시집, 곧 제1동시집 『바다에 피는 꽃』(일지사, 1979), 제2동시집 『고향, 그 고향에』(열화당, 1984), 제3동시집 『아이가 그린 가을』(견지사, 1986), 제4동시집 『울릉도 사람들』(대교문화, 1988), 제5동시집 『내 가슴에 초인종 하나 있다면』(상서각, 1993), 제6동시집 『바다를 담은 일기장』(예림당, 1996) 등이 그러한 바탕 위에서 정결하게 쓰여진 소산물이다.

노원호의 동시 세계를 이루고 있는 근원은 자연이다. 자연은 동시문학이 추구하는 무구한 소재이자 무궁한 주제이다. 대부분의 동시인들은 자연을 자기 나름대로 변형 굴절시켜 동심을 표현한다. 얼핏보면 노원호 동시의 사유 원리가 되는 바다, 산, 숲, 바람, 강물, 나무, 풀꽃, 눈 등의 자연물은 질서 없이 나열된 듯이 비쳐지기도 하고, 6권의 동시집마다 아무런 변화 없이 일관된 태도로 자연을 소재 삼고, 그것과의 교감을 꾀한 듯이 보인다. 동시집마다 상당수의 중복되는 작품과 비슷한 동시집 체계에 의해 그러한 소지를 남긴다. 그러나 노원호에게 있어 자연은 아이들에게 친근한 소재라는 단순한 취향의 문제가 아니라 시인의 삶 속에 육화된 의식의 문제라는 점을 간과해서는 안 된다.

노원호의 동시 세계를 엄밀히 살펴보면, 그가 어떤 내밀한 의식의 지향에 의하여 시적인 질서와 변화를 꾀하고, 시적 긴장관계를 일정하게 유지하고 있다는 사실을 발견하게 된다. 곧 노원호의 동시 세계는 어떤 의식 밖으로 나아가고자 하는 경이로움과 내면 깊숙이 침잠하고자 하는 안위란 두 개의 의식이 공존하고 또 조화를 이루며 그의 독특한 동시 세계를 형성한다. 노원호의 동시가 어린 독자들에게 미지의 세계에 대한 새로움과 경이로움이라는 형상을 보여주면서, 심연에 침잠된 그리움과 아쉬움 같은 애틋한 향수의 추억으로 복귀되는 것도 이런 측면에 대한 반향이다. 즉 이상과 희망으로 나아가려는 에너지와 무언가 간절하면서도 좀처럼 잡히지 않는 애틋한 그리움을 내면 깊숙이 가둬 둔 두 개의 의식이 노원호 동시의 균형과 조화를 유지한다. 우리 인간이 이러한 양면적인 삶을 처연스럽게 살아가고 있듯이 노원호는 동시를 통해 우리 인간에 내재한 삶의 이중성을 자연스럽게 표현해낸다. 이것은 이미지를 효과적으로 적절히 구가하는 노원호의 시적 능력에서 비롯된 것일 터이다.

얼핏보아도, 이런 내밀한 시적 이중성은 그의 동시집 표제어에서부터 쉽게 간취되는 것이기도 하다. 곧 제1동시집『바다에 피는 꽃』에서 바다라는 경이의 공간을 지향하다, 제2동시집『고향, 그 고향에』와 제3동시집『아이가 그린 가을』에서 고향이란 그리움의 공간으로 복귀하고, 다시 제4동시집『울릉도 사람들』에서 바다로 지향되다 제5동시집『내 가슴에 초인종 하나 있다면』에서는 내면적 그리움의 공간으로 회귀한다. 그러다 무슨 연유에선지 선집 성격을 지닌 제6동시집『바다를 담은 일기장』에서는 다시 초기에 발표된 바다를 표제어로 삼고 있다. 의식적이든 그렇지 않든 간에 노원호 동시집의 지향성은 이렇듯 일정한 질서와 방향성에 기울어 있다.

노원호 동시 세계에 서로 다른 두 의식의 공존을 유지하고 조화와 통합을 이루게 하는 심상은 바로 물이다. 탈레스가 물을 우주의 근원적인 요소라고 지적했듯이, 물은 모든 자연의 생명을 유지시켜 주는 존재물이다. 노원호 동시도 물의 이미지에 편재되어 각기 다른 두 의식을 조절하며 생명력을 얻는다. 노원호가 특별히 애착한 그 물의 심상은 언제나 쉼 없이 움직이고 흐르는 바다와 강물이다. 제1·4·6동시집의 표제어에 잠재된 대표적 심상이 바다였다면, 제2·3·5동시집은 강물이다. 바다가 노원호의 의식 밖으로 지향하는 초월에의 의지를 꿈꾼 것이라면, 강물은 내밀히 추억되는 의식의 안을 형성한다. 끝없이 소리내며 움직이는 바다는 노원호에게 미지의 세계로 아득히 열린 공간이 되며, 계곡을 감싸안고 고요히 몸을 낮추어 흐르는 강물은 잠재된 추회의 공간이 되어 있기 때문이다. 이 상반된 두 성질의 물은 노원호에게 늘 변화하며 살아가는 삶의 흐름을 이어주면서 항상 새롭게 샘솟는 동심의 진원이 된다. 노원호는 의식적이든 무의식적이든 소리내며 움직이고 또 유유히 흐르는 물의 심상을 통해 동심을 드러내고, 의식을 확대해 나간다. 따라서 노원호 동시 세계의 이해는 바다와 강물이라는 두 심상의 양면적 실체를 온전히 파악하는 일로부터 이루어질 수 있는 것이다.

자연을 소재로 노래하고 자연을 사랑하는 일은 그리 어렵지 않다. 하지만 자연을 내면화하여 재발견하고, 시인의 깊은 사유물로 받아들이기는 쉽지 않다. 자연 속에 내재해 있는 질서와 가치 그리고 미학을 재발견하고 삶을 의미화하는 일, 그것은 자연의 공간에 몰입하여 인간과 자연이 일체화되어 늘 푸르름으로 초월을 꿈꾸고자 하는 시인의 의식에 기인하기 때문이다.


## 2. 바다, 그 외향화된 이상과 희망

바다는 노원호의 초기 동시 세계를 지배하는 대표적인 심상이다. 그가 동시인이 된 것도 바다에 대한 사유로부터 비롯된다. 그의 첫 동시집 『바다에 피는 꽃』의 표제어에서도 미루어 알 수 있듯이, 노원호에게 바다는 "꽃을 피우는" 경이로움과 새로움이 가득한 신천지와 같은 곳이다. 노원호는 1974년 대구 매일신문 신춘문예에 동시 「바다에는」, 그 이듬해 조선일보 신춘문예에 「바다를 담은 일기장」이 각각 당선되어, '바다'를 모티프로 문단에 등단한다. 바다의 심상은 그가 동시인의 꿈을 이루는 계기가 되었지만, 그 바다는 그가 태어나고 자란 고향이 아니다. 유년

▲ 노원호의 제1동시집 『바다에 피는 꽃』(일지사, 1979)

의 깊은 체험이 서려 있는 장소도 아니다. 실제 그의 고향은 바다와는 너무도 멀리 떨어진 산골 청도이다. 경북 청도 산골은 1946년 노원호가 태어나 어린 시절을 보낸 곳이다. 그후 그는 대구에서 학교를 마치고, 바다가 보이는 울진 부구초등학교에서 약 4년 동안 근무한다. 바다는 이때 4년간의 객지 생활에서 맺은 인연일 따름이다. 그후 그는 다시 청도 고향으로 근무지를 옮겨와 2년간 근무하다 이제까지 줄곧 서울에서 생활해 왔다. 바다를 배경으로 한 초기 동시들은 울진에서 고향 청도로 근무지를 옮겨올 무렵 쓰여진 것으로 보인다. 그렇다면, 바다가 있는 울진에서 보낸 4년간이 왜 그에게 고향보다 더욱 절실한 "마음 한껏 부푼 꿈다발"로 피어오르는 풍성한 시작의 공간이 되어 주었을까? 무엇이 산골에서 태어나 자란 그를 바다에 집착하게 만든 동인이 되었을까? 이런 의문의 출발은 노원호 동시 세계를 이해하고 또 시인의 지향하는 의식을 찾아나서는 중요한 일로 여겨진다.

① 햇살이 꽃잎 되어
떨어지네요.

수천의 꽃잎들이
파도에 퉁기어
눈부시도록 반짝이는
구슬이 되네요.

바다에는
꽃잎들이 누운 자리
파도의 층계마다
빛들이 고여

꽃다발 이루며
붉은 해가 오르네요.

마음 한껏 부푼
꿈다발이 오르네요.

—「바다에는」전문

② 지난 여름
해변을 다녀온 일기장에
동해의 퍼런
바다가 누워 있다.

깨알 같은 글씨

바다를 읽으면
골골이 담겨진
바다의 비린내

한 잎
갈피를 넘기면
확 치미는 파도 소리
갈매빛 바위에서
울어 대는 물새 소리

아
바다가 들어와
누운 그 자리

눈을 감아도
팽팽히 일어서는
파도 소리
우르르

장마다
미친 듯 신이 들려
파랗게 넘치는
바다의 살점들

이제는
바다를 멀리 두고서도

바다를 꺼안은 듯

일기장 구석구석
줄줄이 읽으면
바닷물이 어느새
몸에 와 찰싹인다.

—「바다를 담은 일기장」 전문

　이 두 동시는 노원호의 초기 동시를 대표하면서, 그의 지향하는 의식
세계를 살피는 중요한 단서가 되는 작품이다. ①은 서정적 자아가 뭍에
서 "붉은 해가 오르는" 일출의 장관을 보면서 느낀 소묘이다. 아침 햇
살이 "파도에 퉁기어/눈부시도록 반짝이는/구슬"이나 '꽃잎'이 되어,
"파도의 층계마다" 빛을 수놓으며 아침 해가 오르는 광경을 신비스러
움과 놀라움으로 바라보고 있다. 그리고 그 아침 바다 "파도의 층계"
위에 찬란한 "빛들이 고여" "꽃다발을 이루는"데에서 신비감은 한층
고조된다. 사실 화자는 아침 햇살이 파도에 퉁기면서 눈부시도록 반짝
이는 장관을 바라보며, 그 신비스러움과 황홀함에 입을 다물지 못하고
있는 지경이다. 그러나 이 동시는 신비한 감탄에만 머물러 있지는 않
다. 바다에 "붉은 해가 오"를 때 이루는 '꽃다발'이 '꿈다발'로 유추되
고 새롭게 재해석되는 연상의 이미지에서이다. "꿈다발로 오르는" 이
미지란 분명 희망의 상승적 상상력이다. 소리내며 살아 움직이는 바다
의 생명력에서 비롯된 이 상승적 상상력은 노원호가 어린 독자에게 심
어주고자 하는 이상이며 꿈인 것이다.
　②는 동해 해변을 다녀온 후 바다가 남긴 추억을 일기장에 골골이 메
우는 일에서 바다와 일체감을 표현하고 있는 작품이다. 이때의 바다는
추억의 공간으로 존재한다. 하지만 이 추억의 공간도 아쉬움과 그리움

으로 채워지기보다는 "바다를 멀리 두고서도/바다를 껴안은 듯" "바닷물이 어느새/몸에 와 찰싹"이는 듯 서정적 자아와 바다가 완전히 동화된 평온한 공간을 이룬다. 일기란 인간의 가장 진솔한 마음을 담는 기록이다. 일기는 단순히 생활을 기록하고 반성한다는 한면에 국한되지 않고, 보다 나은 미래를 향해 전진하기 위한 삶의 성찰이기도 하다. 다시 말하면, 노원호에게 그 바다는 비록 여름 해변을 잠깐 다녀올 정도의 바다일지라도 집으로 함께 데리고 와서, "일기장 구석구석" "바다가 들어와" 누워 새롭게 되살아나게 하는 성찰의 바다가 된다. 물심일여라 할까. 노원호는 바다로 인해 모든 것을 잊고 대신 바다와 일체가 되는 신비스런 체험을 새롭게 경험해 보는 것이다. 그런 바다는 일상으로부터 완전히 자유로워지고 평화와 안온함을 얻는 안식의 바다일 수 있다. 또 "눈을 감아도/팽팽히 일어서는/파도 소리"며 "갈매빛 바위에서/울어 대는 물새 소리"가 일기장에 "깨알 같은 글씨"로 되살아나 생명력을 얻은 살아 있는 바다로 새롭게 거듭난다.

이처럼 이 두 작품에서 핵심 이미지로 '바다'를 발견해내는 일은 용이하다. 그러나 문제는 그 바다가 전달하고자 하는 의미가 무엇인지에 달려 있다. 분명 노원호에게 바다는 육지에서 혹은 해변에서 '바라보는 바다'이다. 그래서 바다를 제재로 한 그의 동시는 대개의 경우, '바다에 가서 보면'이라는 전제가 깔리게 마련이다. 이들 동시도 예외는 아니다. 이렇듯 노원호의 바다는 생활의 터전으로 가꾸어온 삶의 장소가 아니라 바라보며 느껴온 감각의 공간이라는 점에 있다. 좀더 정확하게 말하면, 노원호의 바다는 삶의 현장으로서의 '목숨의 바다'가 아니라 사유하는 공간으로서 '관념의 바다'이다. 그가 바다를 시화한 것은 바다를 떠나온 뒤 의식 속에 남아 있는 관념인 것이다. 따라서 그가 그린 바다는 대부분 감각 체험이 재현된 추상의 바다일 수밖에 없다. 노원호의 바다는 이 추상의 바다에 옷을 입혀 구체화하고 새롭게 형상화시켜 어린 독자들에게 꿈과 이상을 전달하고자 한 것이라 여겨진다. 그러므로 그의 관념은 맑은 날 햇살에 반사되는 흰 파고의 아름다움이 '바다의 꽃'이 되고, 달빛을 안고 넘실거리는 바다는 '온통 금빛'으로 원시의 아름다움을 간직할 만한 것이 된다. 망망대해에서 삶을 이어가기 위해 거친 파도와 싸우며 살아야 하는 삶의 현장으로써 체험의 바다였다면, 그 바다는 그들에게는 또 하나의 일상이 될 뿐이기 때문이다.

분명 노원호의 바다는 직접적이고 구체적인 삶의 모습을 담은 '목숨의 바다'나 '생명의 바다' 혹은 '생존의 터'가 아니다. 그래서 그의 바다에서 우리는 삶의 현장에서 목격하는 고기잡이나 갈매기떼, 그물, 위험한 파도 등은 찾아볼 수가 없다. 무분별한 매립 현장으로 어장이 황폐화되어 어민들의 삶을 주름지게 만드는 비관적인 바다는 어디고 없다. 노원호의 바다는 우리에게 원시성의 아름다움만 경이롭게 전달해줄 뿐, 두려움과 공포와 비관이 뒤섞인 땀에 젖은 바다의 모습은 찾지 못한다. 우리가 만날 수 있는 모습은 바다를 바라보며 느낀, 눈부시게 아름다운 낭만적 동경이나 이상일 뿐이다. 바다로 나가 보면, 노원호의 신비한 바다는 "반짝반짝/꽃을 피"(「바다에 피는 꽃」)우기도 하고, "안으로만 들이 쉬는 숨가쁜 푸른 메아리"(「잠자는 바다」)만 남기고 깊은 잠을 자기도 한다. "수천 수만의 소리로/늘 깊은 얘기를"(「말하는 바다」) 하기도 하고, "파도의 층계는/푸릇이 빛나는/수많은 별들이"(「달빛 바다」) 되기도 하며, "귀를 간지럽히는/파도의 큰 얘기"(「말하는 바다」)를 들을 수도 있게 한다.

노원호는 이러한 신비의 바다로부터 동심을 건져올리는 어부가 된다. "파도는/젖줄을 기다리는 아이의 하얀 손"(「잠자는 바다」)이나 "통째로 삼켰던 해를/아침마다 떠올려"(「바다에 피는 꽃」) 바다가 피워대는 꽃을 줍는 아이들의 꿈과 마음을 짜는 어부의 일이 노원호가 바다를 통해 새롭게 구축한 작업들이다. 그에게 바다는 실존이나 실향의 공간 정위에 위치한다거나 삶을 이어 가야 하는 막연한 두려움과 고달픔의 대상이 아니었음으로 희망과 꿈을 담을 수 있었던 것이다. 이 일은 바다를 의미화하려는 노력의 결과이다. 노원호의 바다가 일기장 속에 담으려 한 관념의 바다이자 지각 경험에 의해 재현된 바다였기 때문에 그런 의미화는 가능했을 터이다.

노원호의 그런 집요한 바다 이미지에는 이상을 향한 신념도 담기게 마련이다.

칠월의 바다로 나가 보셔요.
우리들의 꿈이 깨지지 않도록
바다는 늘 기도하고 있어요.

—「기도하는 바다」 끝 연

「기도하는 바다」에서처럼, 노원호의 바다는 "우리들의 꿈이 깨지지 않도록" "입술 지긋이 물고 눈을 감고" '기도 하는' 기원의 대상이기도 하다. 그에게 바다가 삶의 긴장이 담긴 장소는 아니었다 하더라도 이상의 공간을 형성할 수 있었던 것은 이런 기도와 같은 간곡한 신념과 마력에 의해서이다.

이렇듯 그의 동시에서는 아직도 바다가 동심이란 순수한 시원의 몸짓으로 남아 있는 유일한 장소이며 꿈의 실현을 위한 간곡한 신념의 대상임을 알 수 있다. 인간으로부터 멀찌감치 떨어져 기도하는 자태를 보여준 노원호의 저 드넓은 바다는 그야말로 신비의 바다요, 동심의 심해라 아니할 수 없다. 그러나 초기 동시에서 보여온 신비스러움과 눈부신 아름다움을 간직한 노원호의 바다는 한편으로 인간의 생존적 삶에는 공소한 여백을 남기고 있다. 노원호는 생존적 삶의 현장이 떨

어져 나간 공소한 여백을 「울릉도 사람들」의 연작을 통해서 얼마간 극
복하고자 한다.

울릉도 사람들은 꿈이 많습니다.
독도를 곁에 두고
태평양을 향해 날마다 노를 젓습니다.

햇볕에 그을린 검은 얼굴이
고깃그물 걷어올리는 힘센 팔뚝이
경상도 사투리를 구수하게 만듭니다.

"어서 오이소."
"이 오징어 참 좋습니더."
텁텁한 목소리의 울릉도 사람들.

더러는 파도소리에 귀를 기울입니다.
별이 있는 밤에는 별을 헤아리고
달이 있는 밤에는 달빛을 따내리고
바다 같은 마음으로 닻을 올리는 사람들.

울릉도 사람들은 꿈이 많습니다.
벼랑에 붙은
울릉도 향나무 깊은 뿌리같이
태평양을 향해 파도를 힘차게 젓고 있습니다.

—「울릉도에서·9」 전문

「울릉도 사람들」은 제4동시집『울릉도 사람들』에 수록된 10편의 연작 동시이다. 우리는 여기서 노원호의 또 다른 바다를 만나게 된다. 울릉도라는 특정 지역에 한정되기는 했지만, 바로 뱃사람들의 공통된 체험적 삶의 모습이 담겨 있다. 이「울릉도 사람들」은 고속페리호를 타고 울릉도를 향하는 뱃길에서부터 울릉도를 떠나올 때까지의 여정과 시인의 눈으로 본 울릉도 풍경, 도동항·성인봉·봉래폭포 등의 정경과 울릉도 호박엿, 오징어 등 울릉도의 주산물, 또한 시인이 몸소 체험한 바닷사람들의 삶과 인정에 이르기까지 울릉도 기행을 동시로 형상화한 연작이다. 이 연작 동시에서는 우리가 제1동시집『바다에 피는 꽃』에서 인지하지 못한, 직접적이고 구체적인 '삶의 바다' '생존의 터'라는 바다의 의미를 새롭게 체험하게 된다. 구수한 경상도 사투리와 "고깃그물 걷어올리는 힘센 팔뚝"을 가진 텁텁한 바닷사람들, 쉰 목소리로 미숫가루를 파는 아주머니, 도동항을 깨우는 오징어 파는 아낙들 등 바닷사람들의 순수한 삶의 모습이 그것이다. 울릉도 사람들의 지순한 인심, 퀴퀴한 바다 비릿내, 성인봉 질경이의 끈질긴 생명력 등에 이르기까지 그야말로 살아 숨쉬는 바다이다. 이 살아 숨쉬는 바다에서도 노원호는 빼놓지 않고 한국의 뿌리를 만나고 태평양을 향해 메아리치는 한국인이란 자부심과 희망을 전해 주고자 한다. 다시 말하면, 노원호는 이 연작 동시를 통해 울릉도 사람들의 지순한 삶이 곧 우리 민족의 희망이라는 민족적 자부심을 일깨워 주고자 했던 것이다. 울릉도 사람들이 살아가는 이 현장의 바다는 노원호가 염원하는 꿈과 이상의 또 다른 모습인 셈이다. 따라서「울릉도 사람들」은 어린 독자들에게 노원호의 바다가 '지각의 바다' '관념의 바다'로부터 가식 없는 '삶의 바다'로 지향해 바닷사람들의 꿈을 직접적이고 현실적으로 체험시키며, 바다의 의미를 재인식시켜 준 연작 동시인 것이다.

노원호의 첫 동시집『바다에 피는 꽃』에서부터『울릉도 사람들』을 거쳐 제6동시집 『바다를 담은 일기장』에 이르기까지 산재된 바다 심상은 이런 반복적으로 순환하는 꿈의 상승적 이미지로 가득차 있다. 결국 바다로 지향하는 도정 끝에 노원호 동시 세계의 약속된 궁극은 꿈과 희망을 담은 이상 세계인 것이다.


## 3. 강물, 그 내면화된 향수

우리 인간의 마음 한 구석에는 귀소하고 싶은 절대적 욕망의 공간이 존재한다. 그런 의미에서 고향과 유년 시절은 동질이며 동심의 원형이다. 이 두 이미지는 귀소의 본능을 지닌 절대적 친화의 공간이 되기 때문이다. 고향은 유년의 기억을 고스란히 간직하고 있는 기억의 첫 군락지라는 면에서 향수를 동반한다. 노원호의 동시에서 유년의 기억을 고스란히 간직한 추억의 첫 군락지로 옮기는 데 중요한 매개 역할을 하는 심상은 강물이다. 노원호에게 바다가 현재와 미래가 결합된 심상이었다면, 강물은 현재에 과거가 연결된 심상이다. 고향을 주제로 한 52편의 연작 산문동시를 묶어 놓은 제2동시집 『고향, 그 고향에』에 이르면, 강물은 고향으로 인도하는 중심 이미지로 부각된다. 강물은 노원호 동시에서 바다와 대립되면서 고향의 정서를 회복하는 대표적인 이미지임에서이다. 노원호에게 바다는 끝없이 움직이며 햇살과 부딪쳐 수없이 찬란한 꽃을 피우는 곳이며, 미지의 심연으로 아득히 열린 공간이었다. 그러나 강물은 쉼 없이 가장 낮은 곳으로 몸을 낮추어 유유히 흐르는 속성으로, 계곡을 감싸안고 추억 속으로 자꾸만 자꾸만 침잠하는 회상의 기억 공간이 되었다. 그 공간은 의식 안으로 내면화된 향수를 함묵한다.

고향 마을 뒤에는 강물이 흐른다.

어머니가 빨래하던 빨래터도 남아 있고, 누나가 바지 가랑이를 둥둥 걷고 조개를 줍던 그 반질반질한 자갈도 있다.

강가에 늘어선 미루나무는 고향 마을 이야기를 아름드리 안고 강물을 지켜보고 있다.

아이들은 오늘도 이끼 낀 돌멩이를 뒤지며 꿈을 줍는데, 강물은 아이의 물그림자를 이끌고 끝도 없이 아래로 아래로 내려가고 있다.

하얀 구름이 둥둥, 고향 마을이 둥둥, 내마음도 둥둥─.

　　　　　　　　　　　　　　　　　　　　─「9. 강물」 전문

노원호에게 강물은 기억과 연상의 모티프이다. 그가 태어나 어린 시절을 뛰놀던 고향의 옛 기억을 되살리는 통로이다. 실제 고향 마을 뒤로 강물이 흐르는, 눈에 선한 고향 정경에 연유할 듯하다. 이 강물은 노원호의 의식 안의 내밀한 세계를 유영하는 기억의 실꼬리가 되어 현재와 과거를 자연스럽게 결합해 주는 각별한 심상이 된다. 고향 마을 뒤로 몸을 낮추어 흐르는 강물과 강가는 "어머니가 빨래하던 빨래터"와 "바지 가랑이를 둥둥 걷고" "반질반질한 자갈"을 주으며 놀던 '누나'의 놀이터이기도 하다. 이런 과거의 기억을 '둥둥'이란 부사어가 강물에 실려 떠올려 준다. 이처럼 「9. 강물」에서 우리는 '둥둥'이란 부사어가 갖는 의미에 유념할 필요가 있다. 둥둥은 큰 물건이 떠서 움직이는 모양을 나타내는 부사어이지만, 여기서는 강물이 고향 마을의 옛 기억을 둥둥 떠내려오게 하여 과거의 옛 추억을 그리움으로 되살리는 중요한 시적 표현이 되기 때문이다.

강물의 흐름은 언제나 현재이지만 강물로 반추되는 기억은 과거로부터 회생된다. 회생된 과거의 기억은 '빨래터도', '자갈도' 등 '도'라는 조사에서 더욱 강조된다. 고향 마을 이야기를 고스란히 간직하고 있는 미루나무도 과거의 옛 모습 그대로 현재에 남아 있다. 그러나 강물은 고향 마을의 추억을 둥둥 띄워 소리 없이 현재로 흘러들지만, 그 강물에 '오늘도 "이끼 낀 돌맹이를 뒤지며 꿈을" 줍는 아이들이 여전히 존재해 있을 가능성도 상정해 두고 있다. 세월은 끊임없이 흘러도 세월따라 강물에서 노는 아이들의 모습은 오늘도 마찬가지일 것이라는 화자의 과거 유년체험에서 오늘을 유추한 표현일 터이다. "강물은 아이의 물그림자를 이끌고/끝도 없이 아래로 내려가고 있다"는 싯구에서 그것을 읽게 한다. 다시 말하면 아래로 하강하는 강물은 과거 서정적 자아의 호기심 많고 모험심 많던 어린 시절의 기억에 유추된 상상력의 소산이다. 돌맹이를 뒤지는 아이는 회상하고 반추하는 서정적 자아의 또 다른 모습일 것이기 때문이다. 곧 '오늘도 "돌맹이를 뒤지며 꿈을 줍는" 아이는 과거의 기억으로 복귀한 현재의 화자일 따름이다. 그래서 노원호 동시에서 우리가 자주 만날 수 있는 것은 '고향에 가면', '강마을에 들어서면'이라는 가정 어법이다.

> 고향에 가면 내 어머니의 흙손을 만날 수 있다. 한줌의 흙을 보듬으며 푸른 보릿골에 앉은 어머니, 그 어머니의 따뜻한 마음을 만날 수 있다. 숱한 시간이 지나도 내 마음속에 괴어 있는 것은 고향의 흙냄새. 그 진한 냄새를 어머니의 치맛자락에서 맡을 수 있다.
>
> ―「52. 고향, 그 고향에」 3연

이미 지적한, 노원호에게 바다가 대개의 경우 뭍에서 혹은 해변에서 '바라보는 바다'였듯이, 강물로 이어지는 고향도 '~ 가면'이란 현재의 시점에서 그려보고 그리워하는 고향이다. 이러한 고향은 진정으로 가고 싶다는 강렬한 욕망이 전제된 표현법이기도 하다. 노원호에게 다시 돌아가고 싶은 고향 강마을에서는 갈숲을 흔드는 바람 소리와 낭랑한 새소리라는 꿈의 소리가 있고, 미루나무 숲과 하얀 풀꽃을 옛 그대로 만날 수 있다. 그보다 강마을은 "어머니의 삼베저고리를 생각하게 하는 젖은 땀내음"을 맡을 수 있어 더욱 간절하다. 그래서 강물은 먼저 삼베저고리를 입으신 어머니의 냄새를 둥둥 띄워 그리움으로 흘러온다. 고향의 흙냄새는 자신이 실제 농군으로 땅을 일구며 살아오면서 맡아온 냄새가 아니고, 어머니를 통해 맡을 수 있는 애절한 향수인 것이다. 그러므로 노원호에게 강물은 고향의 낯익은 서경과 어머니로 이어지는 연상 이미지의 공간을 만들어내는 표상이 된 것이다.

여기서 우리가 다시 한번 짚고 넘어가야 할 것은 노원호 동시에서 강물의 의미이다. 강물도 그가 땀 흘려 삶의 터전으로 일구어 온 생존의 근거지로서가 아니라 그리움으로 추회되는 어린 시절의 기억을 재생시켜주는 의미의 공간이라는 점이다. 좀더 구체적으로 말하면, 동시 속에 표출된 고향은 노원호 자신이 농군의 아들로서 농사를 짓고 살아온 삶의 현장이 아니라 고향을 지키며 농군으로 살아온 피붙이들에 대한 사무친 그리움의 공간으로, 바다와 같은 관념의 강물이 되어 있다는 점이다. 이런 관념의 고향은 화자에게 어린 시절 행복한 원형의 밭을 일구어내어 삶의 고달픈 현재에 위안과 평안을 얻는 회복의 시간을 가져다 준다. 이렇듯 강물은 고향의 향수를 건져올리는 관념이 되었던 것이다.

제2동시집 『고향, 그 고향에』에서 우리는 추상의 그리움을 실체화해 주는 자연물을 만나게 된다. 그 자연물은 연상을 구체화해 주는 매체로, 작으면서도 끈질기고 흔하면서도 한결같은 풀꽃이다.

   강마을에 들어서면 풀꽃들은 언제나 웃고 있다.         ─「강마을에」

노원호에게 고향의 모든 것들은 다 거룩하다. 강, 땅거미, 풀꽃, 반딧

불, 바람, 별, 맑게 노래하는 작은 온갖 벌레들에 이르기까지 다 그러하다. 이 모두가 어린 시절의 체험과 기억 속에 존재하는 것들이기 때문이다. 그 가운데 고향의 관념을 대표하는 것은 이름 없는 작은 풀꽃이다. 풀꽃은 강가나 들길 도처에서 언제나 만나는 흔한 꽃이다. 너무 흔하기 때문에 관심을 가져주지 않는 꽃, 그 흔한 것에까지 관심을 가져줄 여유가 없는 꽃, 노원호는 그 보잘 것 없는 흔한 꽃을 누구보다 사랑한다. 노원호에게 작은 것에 대한 애정, 더 엄밀히 말해 작은 것의 생명력에 대한 애정은 참으로 지고하다. 그것은 어린 시절의 기억이 가장 생생하게 묻어 있는 실제하는 자연물이면서, 어머니의 맑고 지순한 사랑을 가장 많이 닮은 존재물이라는 인식에서이다. "작은 것일수록 한 번 더 봐 주고 약한 것일수록 손을 더 많이 잡아주는" 일이 "엄마의 마음"이며 "엄마의 작은 약속"(「봄비의 약속」)이라는 고향에 대한 인식이 뿌리 깊이 남은 까닭이다. 따라서 노원호에게 풀꽃은,

그리움을 모르는 사람에겐
그리움을 안겨주고
마음이 비어 있는 사람에겐
별 하나를 심어주는 꽃

　　　　　　　　　　　　　　　　—「풀꽃」 일부분

이다. 개천가에서 만난 "하얀 들꽃은 자꾸 어머니 얼굴처럼 보이고"(「3. 실개천에서」) "들길에 늘어선 하얀 풀꽃/그 풀꽃은 꼭 누이를 닮"(「들길」)기도 한다. 이렇듯 풀꽃은 가장 소중한 피붙이에 대한 연민을 추회하는 꽃이다. 화자가 풀꽃을 통해 가장 소중한 피붙이를 회상하는 동안은 안위와 삶의 휴식을 얻는다. 그래서 노원호는 진정 알고 싶은 것이 "달무리지는 날/가슴에 별 하나를 달고/조용히 흔들리는 풀꽃/그

풀꽃이름 하나를/알고 싶어할 따름"(「내가 묻는 것은」)이라고 고백한다. 그는 풀꽃에 대한 연민과 추회에서 더 나아가 자신이 직접 한 포기 풀이고 싶은 욕망을 꿈꾸기도 한다.

그 하얀 풀꽃은 또 기억의 실꼬리가 되어 고향의 향수를 확산시킨다. 그것은 풀꽃의 '하얀' 색채 이미지에서이다. 하얀 색채는 노원호에게 고향의 그리움을 한층 짙게 물들이고 폭넓게 확산하는 정서적 이미지가 된다.

> 자고 일어나니
> 눈이 하얗게 쌓였다.
> 발자국마다 햇빛이 수북수북 괴어 있고
> 어머니는 싸리비로 마당을 쓸고 있다.
> 바둑이를 데리고
> 동구 밖 방죽으로 나갔다.
> 아무도 밟은 자국이 없는 눈밭
> 그 눈밭으로 내려선 나는
> 나도 모르게 하얗게 물들고 있었다.
> 〔…중략…〕
> 아, 눈 온 날 아침은
> 고향 땅을 한 번 더 가슴에 안고 싶다.
>
> —「눈 온 날」 일부분

화자는 눈이 온 세상을 하얗게 물들인 날 어머니가 아침 일찍 일어나 마당을 쓸 때, 바둑이를 데리고 방죽으로 나갔던 기억을 회상하며, 고향을 복받치게 "가슴에 안고" 싶어한다. 하얀 색채는 어린 시절의 정조가 되어 고향을 사무치게 그리움으로 물들이고, 향수를 더욱 내면화하게 만든다. 그리고 그것은 잠재된 의식을 또렷한 현실처럼 눈앞에 떠올리게 하는 매체가 된다.

> 가슴속 깊이 파고드는 누이의 그리움/하얀 찔레꽃으로 활짝 피고 있었다.
> —「찔레꽃」

> 오늘 내가 꺾었던 들국화는 누나의 얼굴/하얀 꽃눈이 되어 있었다.
> —「들국화」

> 가슴속 깊숙이 파고드는 보리 피리 소리에/누이의 하얀 얼굴이 떠오른다.
> —「보리 피리」

에서처럼 잠재된 의식이 하얀 색채 이미지로 되살아나게 한다. 노원호에게 그 하얀 색채 이미지는 누이에 대한 간절함과 어린 시절의 아련함을 추억하는 매체가 되었다. 그것은 실제 아버지를 일찍 여읜 노원호에게 있어 누이가 아버지의 몫을 도맡아야 하는 어머니 대신 자신을 돌보아준 고마운 존재였기 때문이다. 하얀 색채는 이런 집안 내력에 의한, 누이에 대한 고마움과 어린 시절의 아련함을 대신하는 의식의 심상인 셈이다.

이처럼 강물의 심상으로 대표되는 동시들은 화자가 실향민적 그리움으로 존재한다. 항상 안정과 휴식이 온전하게 보존되는 어머니가 계시고 누이가 함께 살고 있는 행복한 집에서는 그런 서정적 자아가 존재할 수는 없다. 화자가 이미 고향을 떠나 고향과 멀어졌다고 인식하는 순간, 서정적 자아의 그리움은 물 솟듯 돌출한다. 고향으로부터 멀리 떨어져 지내는 곳에서 그리움에 젖은 눈으로 그는 어렴풋하게 떠오르는 어린 시절의 세계를 유영할 것이다. 하지만 화자의 고향을 여전히 기억과 추억에만 의존할 수는 없다. 어디서나 흔하게 피어나는 하얀 풀꽃과 같은 낯익은 자연물을 통해 어린 시절의 체험을 되살리면, 그 기억이 어렴풋하게 붙잡히는 순간순간 고향은 더 가깝게 느낄 수가 있다. 그런 어린 시절이 하얀 빛깔로 또렷하게 개념화되면 화자는 자신으로부터 멀어져간 고향을 새롭게 되살려낼 수 있고, 그 순간 안온한 안위와 정서적 휴식을 찾을 수 있게 되는 것이다. 이러한 갈망에서 빚어진 것이 연작 산문동시집 『고향, 그 고향에』와 제5동시집 『내 가슴에 초인종 하나 있다면』이다. 결국 강물로 지향되는 도정 끝에 노원호 동시 세계의 약속된 궁극은 위안이며 정신적 휴식인 것이다.


## 4. 푸르름을 위하여

노원호의 동시 세계는 의식의 안으로 심연의 강물이 흐르고, 의식의 밖으로는 바다라는 미지의 꿈이 놓여 있다. 노원호에게 강물과 바다는 서로 대립되어 의식의 안과 밖을 형성한다. 이 의식의 안과 밖의 존재론적 구도는 그의 동시집에 나열된 자연물의 질서를 통어하는 원리가 되고, 동시 창작의 기법이 된다. 그러나 노원호의 동시 세계는 이 두 의식의 대립된 질서로만 이루어진 것은 아니다. 노원호가 진정으로 추구하고자 하는 것은 안과 밖이라는 이 두 의식이 대립의 원리에서 자아와 외부 세계 사이의 관계를 결속시키는 통합의 원리로 지향되는 것이다. 그것은 강물이 흘러흘러 바다와 필연적으로 만날 수밖에 없는 자연의 순리이며, 바다와 강물이 모두 물이라는 물질적 요소와 색채 이미지도 같은 이치이다. 곧 강과 바다란 그 둘의 대립은 '푸르름'이라는 하나의 이미지로 통합되고 일치된다. '푸르름'에로의 통합의 이치는 자칫 강물의 심상을 통해 기울기 쉬운 회고적 취향과 감상주의를,

또 바다의 심상을 통해 치우치기 쉬운 밑도끝도 없는 동경과 비현실적인 이상주의를 극복하게 만드는 중요한 요인이 되기도 한다. 다시 말하면, 낮은 곳으로 몸을 낮추어 흐르며 애틋한 과거의 추억으로 가라앉는 강물의 하강적 심상을, 이상적 공간을 형성하는 바다의 상승적 심상으로 제어하는 중요한 구실을 하게 된다는 뜻이다. 강물과 바다라는 서로 대립되는 심상을 통합하는 일은 자연스러운 자연의 섭리요 이치이면

▲ 1996년에 간행된 노원호의 제6동시집(예림당).

서, 그 섭리에 순응하고 육화하려는 노원호 시정신의 근간을 이룬다. 노원호의 동시가 그 푸르름의 세계로 지향될 때 건강한 동심의 세계를 이룩하는 새로운 전기가 마련된다.

바다가
꽃뱀이 되어
꿈틀거린다.

햇살로 허리띠를 푼
저 물이랑에
누가
푸른 빛깔을 던졌나.

—「봄 바다」 1~2연

가장 진한 빛깔로
가장 고운 목소리로
푸른 몸매를 가다듬은 바다는
여름내 아이들에게 들려 줄
파란 얘기를 만든다.

여름 바다는
언제 보아도
푸른 빛깔로 말한다.

—「여름 바다」 1~2연

겨울 바다에 가 보면
귓속 깊숙히
들려줄 듯 들려줄 듯하면서도
푸른 얼굴만 내미는 몸매가 있다.

—「겨울 바다」 2연

햇살이 살짝
나래를 펴면
더욱 힘이 차 부르는 소리
바다의 말소리

늘 푸른 깃발을 들고
푸른 목소리만 토하는 바다

　"누가/푸른 빛깔을 던졌"는지는 알 수 없는 일이지만, 계절마다 바다에 가보면 언제나 "푸른 얼굴만 내미는 몸매가" 있고, "여름내 아이들에게 들려 줄/파란 얘기를" 만들어내며, '푸른 빛깔로' 힘차게 말을 한다. 산은 같은 자연일지라도 철따라 다른 모습으로 단장하여 우리를 맞이하지만, 바다는 사계절 변함 없이 언제나 한결같은 푸른 빛깔로 우리를 대해 준다는 것은 자연의 이치이다. 이러한 바다의 한결같은 모습은 우리에게 믿음과 신념을 주는 장소가 될 터이다. 노원호는 그런 자연의 이치를 통해 통합의 원리를 상정하고, 바다와 같은 한결같은 마음으로 푸르른 동심을 가꾸어 나간다.

　겨울 바다는
　늘 보아도
　입을 다물고 있다.

　숱한 사람들의 발자국을 보고도
　가슴으로만 말을 남긴다.

　언짢은 일이 있어도
　그냥 그럴 뿐
　반가운 이를 만나도
　그냥 그대로
　그의 입은 늘 닫혀만 있다.

　그러나 그의 가슴은

잠자지 않는다.

천날 만날 푸른 몸으로
하고 싶은 말을 묻어 둘 뿐이다.

―「겨울 바다」 전문

「겨울 바다」는 늘 "입은 닫혀만 있"는 침묵의 바다이다. "언짢은 일"
이나 "반가운 이를 만나도/그냥 그대로" 묵직한 입을 다물고만 있다.
다만 "잠자지 않는" '가슴'만 열어둔 채, "하고 싶은 말은 묻어둘 뿐이
다". 여기서 '가슴'이란 진실의 다른 표현일 것이다. 그러므로 "가슴으
로만 말을 남긴다"는 것은 진실만을 말할 뿐이라는 의미가 숨겨져 있
다. 숱한 사람들이 겨울 바다에 와서 남기고 간 갖가지 추억들을 보고
도 침묵하는 바다야말로 바다의 가슴이라고 말할 수도 있겠지만, 노원
호가 말하고 싶은 겨울 바다의 가슴이란 "천날 만날 푸른 몸으로" 한결
같다는 표현에 담겨 있다. "천날 만날 푸른 몸"을 가진 겨울 바다는 가
슴이 좁은 사람에게는 가슴을 넓게 하는 법을 일러주고, 가식적인 마
음을 가진 사람에게는 한결같은 몸짓으로 진실이 무엇인가를 일깨워
준다는 것이다.

　이러한 겨울 바다와 같은 겨울 서정은 노원호에게는 진실을 가장 잘
표현할 수 있는 계절의 표상이 된다. 앙상한 잔가지를 드러내 놓고 있
는 겨울 나무와 같이 여름내 달고 있던 그 많고 많은 가식의 몸짓을 다
털어버리고 알몸의 진실 그 자체로만 서 있다는 인식에서이다. 그런
겨울 서정은 찬 바람만 달고 그저 겨울 바다처럼 침묵한다. 알몸을 드
러낸 겨울 서정은 하얀 종이 같은 순수한 몸짓으로 진실만을 가슴에
담는다. 그래서 노원호에게 겨울은 진실과 만나는 계절이 되고 순수한
기다림의 서정이 된다. 노원호의 「겨울 바다」는 관념의 바다여서 구체

적인 형상을 보여주지는 않지만, "천날 만날 푸른 몸"으로 희망을 안겨주는 순수한 생명의 바다인 것만은 분명하다. 그런 순수한 생명력은 '푸르름'이라는 희망과 생의 의욕이 용솟음치는 건강성을 의미한다.

노원호의 이와 같은 자연 순응의 시학은 바다의 의미를 확대하고 또 강의 의미도 변화시키면서 푸르름의 세계로 가는 길을 예비한다. 강물이 흘러흘러 바다와 만나는 자리, 곧 제6동시집 『바다를 담은 일기장』에서 우리는 노원호의 또 다른 「강물」을 만나게 된다.

> 강물이 흐른다
> 바람의 손목을 잡고 소곤거린다.
> 천날 만날 아래로만 흐를 줄 알았지
> 제 속을 들여다보지 못한 강물
> 이제야 알았나 보다.
> 제 가슴에 내린 하늘이
> 그렇게 파란 것인 줄을.
> 가을날 강물은
> 눈이 더 파래진다.
>
> ―「강물」 전문

"천날 만날 아래로만 흐를 줄 알았"던 강물이 자신도 바다와 같은 "천날 만날 푸른 몸"이 되었다는 사실을 새롭게 깨닫는다. 이것은 분명 바다와의 통합의 원리로 상정된 「강물」의 새로움이다. 허구한 날 자신의 몸을 낮추어 아래로만 흐를 줄 알았던 강물이 이제 제 속을 들여다볼 줄 알게 되고, 또 파란 하늘을 통해 제 자신도 바다와 같이 "파란 것인 줄"도 알아차린다. 이 새로운 「강물」에서 "제 가슴에 내린 하늘"이란 표면적으로는 드높은 가을 하늘이겠지만, 내면적으로는 바다의 심상과 일치된 푸른 자연이다. 이렇듯 바다와 강물이 만나는 노원호의 추구 과정은 또 하나의 새로움을 이룩하는 전기가 되었다. 결국 바다와 강물이라는 푸른 심상은 대립의 원리로서 개별적으로 의미가 부여된 것이 아니라 자연 섭리의 이치에 따른 자연스럽고 합리적인 원리의 통찰에서 비롯된 것이다. 그 통찰의 계기가 '푸르름'의 세계로 지향되고, 어린 독자들은 그 푸르름의 세계를 통해 늘푸른 동심을 만나게 된다.

> 푸르름을 위하여
> 강물은 수없이 곤두박질치고
> 미루나무 잎사귀는 쉴새없이 팟팟거리고
>
> 어쩌다 눈이 시려
> 고개를 들지 못하다가도
> 하늘에 풍덩 빠질 듯 소리친다.
>
> 저것 봐.
> 우리가 공부하는 것은 아무것도 아니잖아.
>
> 수많은 햇빛과
> 소리의 어울림
> 그것이 어우러져 차차 푸르러지는 것
> 강물과 미루나무는
> 푸르름을 위해 내내 아우성이다.
>
> ―「푸르름을 위하여」 전문

노원호의 강물과 바다의 만남은 자연의 순리에 따르는 시정신에 의거한다. 살아 있는 모든 자연은 푸르름으로 존재하고, 푸르름으로 가는 길은 모든 것들이 하나로 통합되는 경지에 이르른다. 노원호의 「푸르름을 위하여」도 모든 자연이 하나로 어우러져서 "차차 푸르러지는 것"임을 인지시키고자 한다. "푸르름을 위하여" 강물은 강물대로 "수없이 곤두박질"쳐야 하고, 미루나무 잎사귀는 미루나무 잎사귀대로 "쉴새없이 팟팟거리"며 끊임없이 운동을 해야 한다. 거기에다 "수많은 햇빛과/소리의 어울림"도 함께 곁들여져야 한다. 이 별개의 자연이 합일되어 어우러질 때 건강하고 아름다운 푸르름으로 거듭나게 된다는 것이다. 바로 푸르름은 함께 어우러 사는 자연의 섭리를 따를 때 얻을 수 있는 자연의 축복일 터이다. 그런 축복은 쉽게 획득될 수 있는 일은 아니다. "내내 아우성"을 쳐야 하는 수많은 고통과 인내가 따라야 한다는 것이다. 고통을 이겨내는 인내는 푸르름을 키워내는 힘이 되기 때문이다.

노원호에게 있어서 푸르름의 세계에 이르는 꿈은 그가 동시를 쓰는 중요한 덕목의 하나이다. 푸르름이 자연의 건강함을 의미하듯 푸르름의 세계는 진정으로 아이들의 건강한 이상이며 꿈인 까닭이다. 노원호는 진정 "오월 푸르름은/우리들의 꿈"(「오월 푸르름」)이라 했고, 자연의 싱그러운 푸르름을 보며 "이제는 저만치/더욱 높아진 하늘을/내 곁으로 가까이 끌어올 수 있을까"(「푸르름을 보며」 4연)라고 기원해 보기도 한다. 이렇듯 노원호가 추구하는 푸르름은 자연의 섭리에 따른 순응의 시정신이며 모든 자연의 합일되고 통합된 순수의 빛이다. 분명 이 순수의 빛을 받고 자라는 아이들은 건강한 동심을 가질 수 있는 축복일 터이다.

## 5. 별을 만나는 길

노원호는 푸르름의 세계를 지향하는 동시인이다. 그는 푸르름을 꿈
꾸는 정갈한 서정주의자이다. 강물이 바다와 만나는 과정 속에 약속된
도달은 바로 푸르름의 세계인 것이다. 그래서 그의 동시들은 바다와
강물, 미루나무 잎사귀와 같은 푸른 빛으로 향하는 도정을 노래한다.
그렇다면 노원호의 '푸르름의 세계'란 진정 무엇이며, 어떠한 마음 자
세에 놓일 때 도달될 수 있는 경지일까? 이런 의문의 해명이야말로 노
원호 동시 세계를 이해하는 궁극일 것이다. 마침 우리는 이런 의문의
해명을 위해 겨울의 길목에서 어쩔 수 없이 또 하나의 중요한 심상을
만나게 된다. 그것은 허허로운 텅 빈 겨울 공간을 지나가는 한 점 따사
로운 바람이다.

내가 가진 것은 바람이다
아무 곳이나 넘나들며
이웃과 어울릴 줄 아는 바람

지하철역 계단에서
바람은 잠시 걸음을 멈추었다

내가 살아가는 길이 무엇인가
엎드려 있는 사람 어깨 위에
햇살 한 줌을 내려놓는다

골목길을 지나다가
응달 구석진 곳에서

떨고 있는 마른 풀잎에게도
손을 잡아주었다

이 겨울 날
내가 가진 것이라곤 바람 한 점뿐이다

—「내가 가진 것」 전문

　　노원호에게 바람은 화합과 베풂의 따사로운 정신을 의미한다. "이웃
과 어울릴 줄" 알고, "응달 구석진 곳에서/떨고 있는 마른 풀잎에게도/
손을 잡아"줄 줄 아는 그런 아량과 베풂의 정신이다. 푸르름의 세계로
가는 길목에서 우리가 만나는 것은 이런 '바람 한 점'인 것이다. 이 바
람은 "지하철역 계단에서" "엎드려" 구걸하는 사람에게까지 비록 "햇
살 한 줌"일지라도 나누며 사는 사랑이며 "응달 구석진 곳에서/떨고
있는 마른 풀잎에게"까지도 "손을 잡아주는" 따뜻한 인정이다. 따뜻한
사랑과 인정으로 다 나누어 주고 결국 "내가 가진 것이라곤 바람 한 점
뿐"이라는 것이다. 이것을 우리는 무욕의 정신이라고 말할 수 있을 듯
하다. 이 무욕의 정신은 물질적 욕망 속에 갇힌 삶의 헛됨을 끊임없이
자각한 연후에 얻어지는 각성일 터이다. 또한 그것은 동심으로 들어가
는 한 과정일 것이다. 동시로써 아이들에게 '푸른' 무한한 가능성의
꿈을 심어주는 일이란 먼저 시인이 모범적으로 모든 욕망과 집착을 버
리고 이런 따사로운 바람의 정신으로 나아가는 길임을, 노원호는 "천
날 만날 푸른 몸으로/하고 싶은 말을 묻어"둔 겨울 바다의 가슴으로 말
하고 있는 것이다. 그래서 바람은 어디로든 갈 수 있는 존재의 자유로
움을 얻는 자의 정신이 된다. 노원호가 말한 '바람 한 점'만을 가지는
일은 동심의 시를 빚는 동시인들이 반드시 거쳐가야 할 과정이라 할
것이다. 철저하게 속된 욕망을 버리고, 그 집착으로부터 자유로움을

얻을 때 동심의 소유자가 될 수 있기 때문이다.

오직 푸르름으로 자라기만을 기원하는 우리 아이들에게 꿈의 바다로 나갔다 강물을 따라 고향의 정서를 회복하는 과정을 거쳐, 그들과 만남의 의식을 통과한 뒤에 새로운 시작 원리로 받아들인 것이 노원호의 '바람 한 점'이다. 그 '바람 한 점'은 여름의 풍성한 푸르름을 지나 겨울의 텅 빈 공간에 떨고 섰는 알몸의 자연물에 다시 푸르름의 꿈을 심어주고자 한 성찰의 결과이다. 그러한 성찰을 거친 시인이야말로 텅 빈 겨울 공간에서도 넉넉함과 충만함을 느낄 수 있을 것이다. '바람 한 점'과 같은 겨울 서정의 정신적 충만함이 노원호의 시정신인 것이다.

그렇다면, 결국 노원호 시정신의 궁극은 무엇일까. 그것은 노원호가 우리 아이들에게 소망하는 '푸르름의 세계'의 구체적인 모습일 터이다. 노원호에게 있어 그 세계는 푸르른 하늘에 떠 있는 별, 바로 그 별을 만나는 일이다. 푸르름이 무형의 꿈이라면, 별은 유형의 꿈이다. 그의 별은 우리가 가질 수 없는, 특별히 존재하는 불멸의 그 무엇이 아니다.

그래서 마음 한구석에 놓여 있는
작은 별을 만나는 일
그 일도 바로
우리들의 꿈이라는 것을 알아야지

꿈은 언제나
끝이 아니라 시작인 것을.

　　　　　　　　　　　　　　　　　　　—「우리들의 꿈」 4~5연

노원호가 「우리들의 꿈」에서 제시한 것처럼, 아이들에게 꿈을 심어주는 소박한 일이 곧 별을 만나는 일인 것이다. 노원호에게 별은 우리의 "마음 한구석에 놓여 있는" 그러면서도 "언제나/끝이 아니라 시작인" 꿈이다. 그런 지고한 가치를 만나는 일은 "비바람을 이겨내고/눈 덮인 벌판에 서서도/늘 가슴에 꽃 한송이를 꽂고 사는 일"(「우리들의 꿈」)이 선행되어야 하는 것이기도 하지만, 더욱 중요한 것은 '바람 한 점'이란 무욕의 정신을 가진 자만이 획득하는 순수의 정신일 따름이다. 욕망과 집착을 버린 자가 가질 수 있는 꿈, 그것이 바로 별이다. 따라서 노원호가 동시를 쓰는 일은 철저하게 자연인으로 돌아가 허망한 욕망의 집착을 넘어서 순수하게 아이들에게 꿈을 심어주는 일이기 때문에 보다 가치 있다.

이처럼 노원호의 별은 실재하는 하늘의 별만큼이나 많은, 진정으로 아이들의 가슴 속에 들어가 사는 마음의 별이자 아이들이 가슴 속에 묻어둔 꿈이라 할 수 있다. 노원호에게는 그런 별이 동심이면서 정신이 된다. 따라서 노원호는 "별이 그리운 날은 가슴 속 한쪽에 촛불을 켜 본다"(「별이 그리운 날」)라고 기도하듯 소박한 소망을 가슴 한켠에 간직해 두고 산다. 별은 "아주 먼 옛날부터 하늘에" 있어 "만나는 사람마다 빛과 꿈을 건네 주었"던 것처럼 우리들의 별이란 우리가 사는 세상에 꼭 필요한 존재로 살아가는 삶의 빛인 것이다. 별이 모든 이에게 꿈이 되고 소망이 되는 존재인 것처럼 우리 아이들도 모든 이에게 꼭 필요한 빛과 꿈을 건네 주는 존재가 되어야 할 것임을 시사하고 있는 것이다.

바로 별은 노원호의 동시 세계가 지향하는 궁극이자 의미의 결정체이다. 순결한 영혼을 가진 자가 얻을 수 있는 소망이며, 진정한 동심을 염원하는 자의 지고한 가치이다. 결국 푸르름으로 지향하는 도정 끝에 노원호 동시 세계의 약속된 도달은 바로 별인 셈이다.

만약

하늘에 별이 없다면
얼마나 쓸쓸할까.

별은 하늘에서 꼭 필요한 것
없어서는 안 될 아주 귀한 것으로
이 세상 모든 이의 꿈이 되고 있었지.

우리도 이젠
세상을 반짝일 별이 되어 보자.

만나는 사람마다
─별이 되었구나
─별이 되었구나
이 한마디 말을 들을 수 있도록
별이 되어 보자.

그래서 가슴마다 반짝이는
불씨를 보듬고
우리도 작은 별이 되어 보자.

─「별이 되어 보자」 3~7연

(1998)

# 동화적 상상력을 접목한 이야기 동시

이준관의 『우리 나라 아이들이 좋아서』
신현득의 『일억오천만년 그 때 아이에게』

## 1. 동시의 독특한 이야기 기법

　몇몇 동시인에 의해, 동화와의 양식적 차이를 무화시킬 만한 새로운 시관이 우리 동시에 정착되어 가고 있다. 이것은 동화의 기법을 시작법에 원용하여 동시를 노래하는 방식에서 이야기하는 방식으로 전환시켜 좀더 아동 독자와의 거리를 좁히려 한 결과이다. 노래하는 방식은 직접적인 울림을 주고 잔잔한 여운을 남기지만, 이야기하는 방식은 동화적 상상력을 통해 생각하는 능력을 갖게 한다. 그렇다고 이야기 방식이 서사적 구조를 갖추고 있다는 것은 물론 아니다. 이야기를 하되, 전적으로 시적인 방식으로 이야기할 뿐이다. 이 방식은 동시에 이야기를 담는다는 점에서 그보다 더 고도화된 시적인 여러 장치들에 적극적으로 의존하지 않으면 안 된다.

　시간성과 공간성은 이야기하는 방식에서 동화적 상상력을 발현하는 기본 요소들이다. 이야기하는 독특한 방식의 동시는 시간성과 공간성이라는 구성 요소를 적극적으로 활용하여 시어를 형성한다. 이야기하는 방식은 시간의 계기적 질서가 공간의 병치적 질서와 병합하여 상상력의 체계를 구조화하며, 작품의 심미적 가치와 의미를 드러내게 된다. 이때 독특한 이야기 동시에서 독자가 읽는 것은 시간과 공간 안에 놓인, 자유로운 상상력의 체계 속에 기능하는 생각하는 능력이다.

그러나 모든 존재하는 것들은 그가 존재하기 위해서 시간과 공간이라는 두 차원의 제약으로부터 자유로울 수만은 없다. 특히 이야기하는 동시에 수용된 시적 상상력은 아이들의 사유 세계와 결부된 제약이 엄연히 전제되어 있게 마련이어서, 자연히 아이들이 인식하는 시간 질서나 그들의 경험 범주에 국한된 공간성과 결합될 수밖에 없는 일이다. 결국, 동시에서의 독특한 이야기 기법이란 동화적 상상력으로 아이들의 일상에도 직접 관여하여 아이들의 삶을 함께 경험하며 아이들과의 거리를 극소화하는, 고도화된 시적 장치의 하나일 터이다.

이준관의 『우리 나라 아이들이 좋아서』(대교출판, 1993)와 신현득의 『일억오천만년 그 때 아이에게』(현암사, 1994)는 서로 체험 양상은 다르지만, 시간성과 공간성의 엄연한 인식으로부터 출발하고 있고, 독특한 이야기 기법의 한 전형들을 나름대로 제시하고 있는 동시집들이다. 이야기 기법을 능란히 구사하는 이 두 권의 동시집은 상상력의 폭이나 감각의 새로움에 있어서, 시인의 사유가 동시라는 제한된 범주 안에서도 얼마나 폭넓게 적용될 수 있는가를 새삼 헤아리게 한다. 이들 동시집은 우리의 현대 동시에 소재와 사유의 영역을 그만큼 확장시켜 주었다는 점에서 자못 그 의미가 크다.

## 2. 이준관의 어린이 마음으로 또 다른 세상 바라보기

『우리 나라 아이들이 좋아서』는 1987년 『씀바귀꽃』을 간행한 이래 약 6년 만에 묶여져 나온 이준관의 세 번째 동시집이다. 우선 이 동시집에서 우리는 그 이전의 동시에서는 느끼지 못한 또 다른 새로움을 만나게 된다. 그 동안 이준관의 시적 관심은 자연 공간 안에서 예민한 동심적 자아의 탁월한 서정에 의탁해 동심의 신비로움을 발견해 내거나 상실된 동심을 복원하는 데 있었다. 그러던 그가 『우리 나라 아이들이 좋아서』에 이르러 아이들의 일상성 속으로 깊숙이 발을 담그며, 아이들의 삶을 내면화하고 그들 체험을 자기화하고 있다는 점에서 사뭇 달라졌다.

사실 이준관은 두 번째 동시집 『씀바귀꽃』을 간행한 이후, 동시보다 시 창작에 더 많은 관심을 기울여 온 시인이다. 그 사이 그는 두 권의 시집, 『가을 떡갈나무 숲』(나남, 1991)과 『열 손가락에 달을 달고』(문학과지성사, 1992)를 간행하였고, 그 시적 성과로 김달진 문학상을 수상하기도 하였다. 그의 세 번째 동시집 『우리 나라 아이들이 좋아서』는 그런 시적 여정을 거친 뒤에 나온 것이어서 여간 예사롭지 않다. 그것은 그가 「책머리」에 밝힌, "나는 언제나 어린이 마음으로 살기를 원합니다. 어린이 마음으로 바라보면 세상은 뭔가 신나고 즐거운 일로 가득 차 있습니다"라는 말에 반하는 일이기도 하기 때문이다. 아마도 이 동시집 머리글이 진실을 담고 있다면, 어린이 마음으로 살기를 원하면서도 시 쓰기에 매달려 온 이준관이 그 동안 멀리했던 아이들에 대해 새로운 각성으로, 그 이전보다 더 아이들의 삶에 내밀히 밀착하는 체험의 육화에서 새로운 동시관을 찾으려 한 것이 아니었을까 한다. 또 한편으로 머리글에 담긴 의미를 꼼꼼히 되짚어보면, 허위와 모순으로 가득 찬 우리의 현실에서 두 권의 시집을 내는 동안 시 쓰기가 그에게 얼마나한 고통과 갈등으로 남았겠는가 하는 사실을 짐작하게 할 터이다. 그러니까 『우리 나라 아이들이 좋아서』는 그가 고통의 시 쓰기에서 벗어나 그의 말대로 "어린이 마음으로 세상을 바라보면서 뭔가 신나고 즐거운 일"을 발견해내고자 한 새로운 각성의 동시집이 되는 셈이다.

이준관이 '어린이 마음으로 세상 바라보기'를 통해 창작한 동시와 이전의 동시를 비교해 볼 때, 크게 달라진 점은 동화적 상상력을 접목한 독특한 이야기 기법의 적극적인 활용에 있다.

해질 무렵,
운동장을 가로질러 가다가
떨어진 단추 하나 보았지.

그래, 그래, 우리는
노는 일에 정신이 팔려
이렇게 단추 하나 떨어뜨리지.

그래, 그래, 우리는
노는 일에 정신이 팔려
서쪽 하늘에 깜빡, 해를 하나 떨어뜨리지.

—「떨어진 단추 하나」 전문

아이들에게 가장 친숙한 놀이 공간은 학교 운동장이 아니면 동네 골목 어귀이거나 아파트 단지내 놀이터일 것이다. 이 동시는 한마디로 그들에게 가장 친숙한 놀이 공간에서 "노는 일에 정신이 팔려" "단추 하나 떨어"지는 줄도 모르고 놀이에 몰입하는 아이들의 단면적 진정성을 간략하게 시화하고 있다. 또한 소재의 단순성을 피하기 위해 반복의 효과를 활용하고 있다. 그러나 놀이에 정신을 파는 아이들의 속성

을 단순히 나열해 놓은 것처럼 보
이는 이 동시의 반복성은 시간 의
식과 이미지의 연쇄 현상으로 확
대되는 공간의 인식으로부터 시
적 깊이를 더해 준다.

'떨어진 단추 하나'는 단순한
사물이 아니라 시간성과 공간성
을 함께 드러내는 중심적 심상이
다. 여기서 1연의 '가다가'와 2, 3
연의 '떨어뜨리지'는 시간의 지속
을 나타내는 현재형이다. 그 현재
시간의 지속성은 "해질 무렵,/운
동장"이라는 공간에 자연스럽게

▲ 이준관의 동시집 『우리 나라 아이들이 좋아서』(대
교출판, 1993).

연결되면서, 2연과 3연에 각각 병렬적으로 질서 있게 형성된다. 그러
면서 '떨어진 단추 하나'는 운동장이라는 넓은 공간에 떨어진 아주 작
은 사물인 '단추 하나'가 '깜빡'이라는 순간의 간격을 사이에 두고,
'서쪽 하늘에 떨어진 해'로 공간의 질량적 확대와 더불어 이미지가 시
간성으로 환기되면서, 이 동시의 의미를 확연히 드러내게 된다.

적어도 어른들에게 시간은 어디까지나 계량화된 시간의 단위로 인식
될 뿐이다. 하지만 아이들은 막연히 시간을 느낄 뿐 구체적으로 시간
을 의식하면서 살아가지 않는다. 이미 삶 속으로 녹아버린 시간을 지
낼 따름이다. 그래서 아이들은 삶과 밀착되어 버린 시간 속으로 빠르
게 몰입한다. 그들은 자신의 삶 속으로 몰입된 시간에 대한 경험을 "그
래, 그래."라고 독특한 대화 방식으로 순수하게 수긍하기까지 한다. 이
것은 '깜빡'하는 인식의 시간이 빠르면서 동시에 느리고, 느리면서 동
시에 빠른 아이들 자신의 시간관과 일치한다는 것을 알기 때문이다.

이때 '깜빡'이라는 부사어는 시간과 의식이 동일화된 시어로 환기된다. 이 동시는 그래서 아이들이 몰입한 '깜빡'이란 시간적 순간이 '떨어진 단추 하나'라는 의식의 자각으로 각인되고, 다시 서산에 해 넘어가는 시간의 자각으로 새롭게 각성시켜 주게 되는 것이다.

이처럼 이준관이 "어린이의 마음으로 세상을 바라본다"고 한 것은 아이들의 낯선 시간 속으로 침잠해 들어가 그들의 체험을 육화하는 경험의 시간과 공간을 동시에 인지하는 일이다. 이것은 시간성과 공간적 존재의 경계가 허물어져 서로 하나가 되고, 시인이 곧 아이가 되는 일원론적 감응론에 입각해 있다. 이런 일원론적 감응론은 이준관 동시에 놀라운 상상력의 변화를 가져다 준다.

낚시대를 어깨에 메고 강가에 섰다.

바둑아, 바둑아, 조용히 해.

올 여름에는 저 강을 낚을 테야.

이 세상에서 가장 큰
푸른 물고기를.

친구들도 너무 놀라워
게처럼 눈이 툭 튀어나올 거야.

—「여름 낚시」전문

우리들은 잠자리를 잡으러 갔다가
눈이 또롱또롱한 하늘만 잡아 가지고 온답니다.

우리들은 잠자리를 잡으러 갔다가
맴맴 맴을 도는 연못만 잡아 가지고 온답니다.

우리들은 잠자리를 잡으러 갔다가
볼록볼록 숨쉬는 가을해만 잡아 가지고 온답니다.
　　　　　　　　　　　　—「우리들은 잠자리를 잡으러 갔다가」 전문

일원론적 감응으로 사물을 보면 모든 사유와 행위 자체가 어른들의
그것과 사뭇 달라 보인다. 고기를 잡으러 여름 강가에 갔다가 크고 푸
른 "저 강을 낚을 테야"라는 사유나, "잠자리를 잡으러 갔다가" "눈이
또롱또롱한 하늘"이나 "맴맴 맴을 도는 연못"을, 또는 "볼록볼록 숨쉬
는 가을해만 잡아 가지고 온다"는 행위는 동화적 상상력에 입각한 천
진성의 표현이다. 거기다 "친구들도 너무 놀라워/게처럼 눈이 툭 튀어
나올 거야"라는 해조(諧調)는 감각적 새로움과 이야기성의 재미까지
획득하고 있다. 또 대화 형식의 도입과 형태의 모사성 등 다양한 시적
장치의 활용은 어린이의 마음으로 또 다른 세상을 바라보는 구체적 정
황 속으로 우리를 인도한다. 이런 기법은 가장 허구적이면서도 사실적
이다. 우리에게 환상적 가능성과 현실적 개연성을 동시에 생각하게 하
는 즐거움을 주기 때문이다.

나는 공과 함께 논단다.
공은 나와 함께 놀려고 온단다.

공은 콩콩콩 뛰어오를 생각만 하지.
공은 공공공 굴러갈 궁리만 하지.

공은 즐겁게 놀 궁리만 해서
온몸이 발, 발, 발뿐이야.
개구장이 발뿐이야.

내 공 못 봤니? 못 봤니?
아니 저런!
벌써 옆집으로 친구를 부르러 뽀르르 달려갔네.

─「나는 공과 함께」 전문

  이 동시는 공과 함께 노는 아이들의 행위를 순차적 질서와 감흥에 따라 이미지화한 것이다. 1연은 공과 함께 논다는 상황의 제시이다. 2연은 공이 높이 뛰어오르기도 하고 굴러가기도 하는 공의 속성과 역할을 표현하고 있다. 3연은 차면 달아나는 공과 공을 차겠다고 달려드는 개구장이 아이들의 상반되는 충동이 "즐겁게 놀 궁리"와 합일되어 깜빡 공놀이에 몰입된 광경을 제시하고 있다. 그러다 어느 개구장이의 발에 차인 줄은 몰라도 같이 놀던 공이 옆집 담을 넘어가게 되어, 4연은 그 공을 찾으러 달려가는 아이들을 비유한 것이다. 여기에서는 어쩔 수 없이 순차적인 시간과 공간에 대한 엄연한 자각에 따를 수밖에 없다. 그러나 「나는 공과 함께」라는 이 동시는 '나'와 '공' 사이에 동화적 상상력으로 시적 주체를 서로 교묘히 뒤바꿔 놓으면서, 단순한 동시에 생각하는 능력을 부여해 놓았다. '나'와 '공'은 객체와 주체 사이로 존재하는 것이 아니라 동일한 시적 화자의 양면이 된 것이다. 곧 놀이의 주체인 '나'와 놀이기구인 '공'이 일체가 되어 있다는 뜻이다. '나'가 놀이에 깊숙이 빠져들면서 놀이기구인 '공'이 '나'의 일부가 된 셈이다. 이것은 바로 「떨어진 단추 하나」에서의 '깜빡'이라는 시간 개념과도 통한다. 그래서 이 동시는 '나는 공과 함께' 되기도 하고 '공은 나와 함께' 되기도 하는 일원론적 감응의 즐거움을 새롭게 제공해 준다.

　우리는 여기서 이준관의 눈부신 감성의 눈길과 기발한 시적 재치를 동시에 읽게 된다. 가벼운 사색과 더불어 능숙한 언어 구사, 세련되고 지적인 시상의 처리 방식에 의해 구성된 참신한 이미지들, 결코 가볍게 읽을 수 없는 단순성, 순차적 감흥 뒤에 따라오는 경쾌함 등은 그가 '어린이 마음'으로 체험을 육화한 데다가 시 쓰기로 단련된 언어 구사 능력이 섬세한 직관 위에 포개져 이룩된 시적 성과라고 아니할 수 없다. 그러나 이 동시집의 존재 의미는 이준관이 아이들에 직면한 삶의 체험을 자기화하고 있다는 점에서 보다 두드러진다. 곧 '깜빡'이라는 시간 속으로 몰입되었던 즐거운 시간에서 다시 아이들 앞에 놓인 현실적인 삶의 공간으로 돌아와, 그들의 정신적 근원에 속한 내밀한 의식도 정면으로 받아들이고 있다는 점이다.

　　나 혼자 집에 있을 때는 참 심심하지.
　　그래서 공에게 부탁한단다.
　　공아, 나 혼자 두고 멀리 굴러가면 안 돼.
　　고양이에게 부탁한단다.
　　고양이야, 나 혼자 두고 깜빡 졸면 안 돼.
　　잎사귀에게 부탁한단다.
　　잎사귀야, 나 혼자 두고 바람따라 훌쩍 가면 안 돼.
　　나 혼자 집에 있을 때는 참 심심하지.
　　그래서 해에게 부탁한단다.
　　해야, 해야, 어서 가서 우리 엄마 데려와 다우.
　　　　　　　　　　　　　　　　　　　—「나 혼자 집에 있을 때는」 전문

『우리 나라 아이들이 좋아서』의 지배적 공간은 도시이다. 여기서 도시란 핵가족화되고 맞벌이 부부가 늘어나면서 모두 바쁜 생활을 영위해 나가는 오늘날의 현실 개념이다. 그래서 학교를 다녀온 아이들에게는 정겨운 어머니의 반겨줌 대신 생활에 쫓기는 가족을 기다리며 나 홀로 빈 집을 지켜야 하는 '심심한' 공간이 된다. 또 그곳은 "기차는 여름 방학을 싣고 가네./'얘, 나도 방학을 했어.'/손짓하며 따라오는 흰구름을 싣고 가네./옥수수 익어가는/푸른 들을 싣고 가네."(「여름 방학」)에서처럼 방학을 맞으면 기차를 타고 자연의 열린 공간으로 가고자 열망하는 닫힌 공간인 것이다.

이 동시집의 지배적 공간은 좀더 엄밀히 말하면, 시골과 상대되는 장소로서의 도시가 아니라 아이들이 자기 소외를 스스로 인정하고 고민하는 정신적 공간이다. 그래서 나 혼자 집을 지키고 있을 때는 공과 함께 놀자고 하고, 고양이도 함께 눈 뜨고 있어야 하고, 나무 잎사귀도 바람따라 가지 말라고 부탁하는 공허한 중얼거림만 남게 된다. 이때 '나'는 '해'밖에는 부탁할 길이 아무데도 없다. "참 심심하지"라는 표현은 공간에 대한 의식이다. 그러나 '해'는 시간성을 의미한다. "가서 우리 엄마 데려와 다우"라고 해밖에 부탁할 길이 없는 것은 어서 해가 기울어야 "참 심심하지"라는 공간 안으로 공, 고양이, 잎사귀보다 더 귀중한 가족들이 때 맞춰 돌아와 주기 때문이다.

또한 이준관은 "엄마가 쌀쌀맞게 대할 때"나 "형이 놀릴 때", "시험 점수가 형편 없을 때" 한번쯤 "집을 떠나고 싶은" 아이들의 정신적 충동감도 자기화한다.

집을 떠나고 싶을 때가 있지.
그런데, 그런데 내가 왜 이러지?
왜 자꾸자꾸 집으로만 가고 있지?

왜 대문 앞에서 머뭇머뭇거리고만 있지?

(······엄마, 문 좀 열어 줘)

—「집을 떠나고 싶을 때가 있지」 6연

    집을 떠났다가도 결국 늦을 무렵이면 다시 돌아와 나를 반겨줄 우리 집 "대문 앞에서 머뭇머뭇거리"지만, 순간순간 집을 떠나고 싶은 아이들 마음의 상처를 담담한 어조로 털어놓는다. 그는 남에게 어렵게 털어놓으면 고작 "애걔걔, 그것도 걱정거리니? 한심한 애야./모두들 그렇게 핀잔을 줄" 우리 아이들의 걱정거리에도 의식의 눈을 돌려, 혼자 "딸그락딸그락 내 필통 속에/넣어 갖고 다니는 걱정거리", "열 살에 딱 어울리는 많은 걱정거리"(「나는 걱정이 많아」)를 알아주고 다독여 준다. 이와 같은 일은 어린 시적 화자의 독백을 모두 시인 자신의 내면적 체험으로 자기화하고 있기에 가능한 것이다.

    그런 의미에서 『우리 나라 아이들이 좋아서』는 '어린이 마음으로 또 다른 세상 바라보기'를 통해 아이들의 소외 의식과 정신적 고독감을 치유하는 방법을 함께 모색한 동시집이라고 할 수 있다. 이런 모색을 위해 이준관은 제1, 2동시집에서 보여준 자연 공간의 정적인 정서로부터 도시의 닫힌 공간으로 돌아오게 되었고, 또 도시의 정신적으로 소외된 공간 안에서나마 아이들이 뛰어놀 골목 어귀, 혹은 학교 운동장, 아파트 단지내 놀이터 등의 동적 장소로 이동하여, 곧잘 '깜빡'하는 아이들의 삶을 실감나게 표현하게 되었던 것이다. 거기에 동화적 상상력에 의한 이야기 기법을 포개놓으며 미적 가치와 재미성까지 한껏 높여 놓았다. 결국 이준관의 세 번째 동시집 『우리 나라 아이들이 좋아서』는 어린이 마음으로 또 다른 세상을 바라보며 아이들의 내밀한 의식 세계에까지 파고들어가 그들에게 내재한 소외감의 치유와 시 쓰기에서 느끼지 못한 동시 쓰기의 즐거움에도 한껏 빠져드는 자기 치유의 한 방법으로 이룩한 동시집인 것이다.

## 3. 신현득의 초월적 시공간에서의 의미 찾기

신현득의 『일억오천만년 그 때 아이에게』는 그가 회갑을 기념하며, 1961년 『아기 눈』에서부터 1994년 『독도에 나무심기』까지 열 권의 동시집에서 가려 뽑은 동시선집이다. 이미 십여 년 전에 그는 여섯 권의 동시집에서 가려 뽑은 동시선집 『참새네 말 참새네 글』(창작과비평, 1982)을 선보인 적이 있다. 『일억오천만년 그 때 아이에게』는 그의 시작 생활 전모를 한눈에 보여준 그의 세 번째 선집이 될 뿐 아니라 그의 또 다른 시적 의미로 정선해 모은 동시선집이어서 여전히 새롭다.

이 동시선집에 담긴 이야기 기법은 이준관의 경우와는 사뭇 다르다. 이준관의 이야기 기법에 나타난 시간과 공간 의식은 경험 속에서 유추된 시공간을 토대로 한다. 그는 경험적으로 주어진 사실을 유일한 실제로 보고 그것을 자기화하여 아이들의 삶의 본질을 다양하게 쾌담하고 있는 것이다. 그러나 신현득의 경우는 생명으로서의 성장하는 시간 의식을 토대로 한다. 공간 개념도 초현실적인 공간까지 확장된다. 시간의 본질은 연속성이다. 그 시간의 연속성 위에 초현실적 공간이 놓여질 때, 시인의 의지에 따라 역사적 공간이 운행되기도 한다. 한 권, 한 권의 동시집 속에서는 잘 드러나지 않던 신현득의 역사적 공간의 운행이, 두 번째 동시선집 『일억오천만년 그 때 아이에게』서는 그런 시간 의식을 통해 일관성 있게 나타나 있다. 그것은 이 동시선집이 이미 발표되었던 동시들을 연대기적으로 나열한 데 그친 것이 아니라 시인의 의식에 의해 재구성되었음을 시사해 주는 일면이기도 하다.

먼저 신현득 동시의 이해를 위해, 여기서 그의 처녀작을 살펴볼 필요가 있다. 처녀작은 그의 기본 정조나 동시 세계의 지향성을 살피는 데 중요한 단서를 제공할 수 있기 때문이다.

> 빠꼼빠꼼
> 문구멍이
> 높아 간다.
>
> 아가 키가
> 큰다.
>
> —「문구멍」 전문

이 동시는 짧은 2연으로 구성되어 있다. 그나마도 1연과 2연이 병렬 관계에 놓여 한 개의 연으로 시상을 압축할 수도 있다. 1연의 "문구멍이/높아 간다"는 것은 2연의 "아기 키가/큰다"는 것과 동일한 의미를 지니기 때문이다. 창호지로 바른 문을 잘 모르는 요즘 도회지 아이들에게는 생소한 이야기로 들릴지 모르지만, 「문구멍」은 걸음마를 배우는 아기에 의해 뚫린 창호지 문구멍의 높이를 통해 하루하루가 다르게 커 나가는 아기의 성장을 이미지화한 동시이다. 여기서 우리는 신현득의 시간 의식을 감지하게 된다. '높아 간다'와 '큰다'라는 시어는 모두 현재의 시간성을 나타내는 시어이다. 그 시어는 성장해 가는 시간의 연속성을 내포한다. 바로 신현득의 시간 의식은 아기가 차츰차츰 자라나 성장해 가는 진행의 시간이며, 움직이는 생명의 시간이라는 것이다. 완료형은 인과적으로 결과의 시간이어서 시간 진행이 멈추게 마련이지만, 신현득의 시간 의식은 언제나 "엄마가/아가 장갑/짜서 놓으면//그 크기에 맞추어/아가 손이 크고//아가 손이 아가 손이/크고 있으면//아가 손에 맞추어/장갑을 짜고"(「아가 손에, 아가 발에」)와 같은 진행형이다. 그 속에는 늘 사랑과 관심이 내재해 있다.

"이것뿐이다."
아기가 손바닥을 펴 보였지.
손바닥에 까만 씨앗 하나.
버리면 쬐그만 쓰레기 될 것.

"이것뿐이야." 하고
아기가 씨앗을 땅에 꽂았지.
싹이 텄지.

햇빛이 입맞춰 주고
바람이 흔들어 얼러 주고
비가 물 먹여 주고
여럿이서 키운 초록 빛깔 아기.
씨앗은 큰 나무로 자랐지

새가 깃들어 둥지를 틀고
매미는 가슴에 붙어 노래했지.

가지마다 조롱조롱 매달린 열매.
"엄마, 내가 예쁘지?"
"내가 예쁘지?"
조르는 열매를 보고
씨앗은 엄마가 된 걸 알았지.

그 때,
들에 가던 한 농부가 나무를 안으며 말했지.
"많이도 컸구나.
내가 아기였을 때 땅에 꽂은 씨앗."

나무가 말했지.
"당신도 그 때는 씨앗이었죠.
지금은 큰 나무여요."

—「씨앗 하나」 전문

이 동시는 '까만 씨앗 하나'가 '큰 나무'로 성장하기까지 진행하는 시간 과정으로 이루어져 있다. 그 진행하는 시간 과정 속에는 또한 성장의 비밀이 잠재해 있다. 하나의 씨앗이 큰 나무가 되기까지 돌보아 준 자연의 사랑과 관심이다. 자연은 쬐그만 씨앗에게 "입맞춰" 주기도 하고, "흔들어 얼러" 주기도 하고, 빗물을 대주기도 한다. 그뿐 아니라, 한 아기가 자라 농부로 성장하기까지 사랑의 기다림도 생명의 비밀처럼 내재해 있는 것이다. 바로 이 동시는 나무와 더불어 한 아기의 대견스러운 성장에 대한 기쁜 정감이 공유되면서 심미적 가치와 의미를 드러낸다.

『일억오천만년 그 때 아이에게』에 담긴 동시선집의 의미는 이렇듯 시간 진행의 연속성에 관한 시적 탐구 과정에서 드러나고 있다. 신현득은 이 동시선집에서 만물의 시작은 어떻게 해서 생겼을까라는 근원에 대한 물음으로부터 일억오천만년 미래에 이르기까지 성장해 가는 생명의 연속성을 끈질기게 이야기한다. 그가 이야기하는 이런 역사적 탐구 과정에 필연적으로 차용해야 했던 시적 방식이 동화적 상상력이다. 이 동화적 상상력은 일상적 공간에서 초현실 공간으로 이동할 때

나 현재에서 과거로 역행하거나 혹은 미래에로 시간이 진행될 때, 이미지를 환기하고 긴축미를 조성해 가며 의식의 눈을 확장시켜 준다. 신현득만큼 이야기 기법을 미학적으로 적절히 원용했던 시인은 아마도 드물 것이다.

> 옛날 얘기의 시작은
> ―옛날 옛적에…….
>
> 할머니, 그 얘기
> 언제 들으셨수?
>
> 내가 너만 했을 때
> 할머니한테서 들었지.
>
> 그 할머닌, 언제
> 들으셨대유?
>
> 그 할머니, 너만 했을 때
> 그, 그 할머니한테서 들었지.
>
> 그, 그 할머닌 언제
> 들으셨대유?
>
> 그, 그 할머니 너만 했을 때
> 그, 그, 그 할머니한테서 들었지

옛날 얘기 시작은, 그 때도
—옛날 옛적에…….

—「옛날 얘기 시작은」 전문

　우리가 경험해 보지 못한 근원의 뿌리는 그야말로 밑도끝도 없다. '옛날 얘기의 시작은' 어디에서 비롯되었는지는 모르지만, 근원에의 탐색은 신현득에게 동심의 밑뿌리를 찾는 중요한 행위 그 자체인 것이다. 아이들은 꿈꾸는 존재이다. 끝도 모를 의문의 심연으로 빨려들어가 이렇듯 물음을 되풀이해 떠올리곤 한다. 신현득은 태초의 시간 속으로 유영해 들어가 그때에도 살고 있었을 생명의 비밀을 거슬러 탐구해내고자 한다. 이때의 시간은 현재의 시간을 초월해 진행함으로써 공간도 초월적으로 관장한다.

바다의 이 물은
비 오는 날
무궁화의 봉오리에서나
해바라기 모가지 같은 데서
시작되는 것이다.

군에서 오빠가 돌아오는
그런 밤이면
그 밤에 다 쏟아져버릴
엄마 눈 속, 눈물주머니에도
한 숟갈이나
반 숟갈씩
바다는 시작되고 있는 것이다.

바다는

처음 텅 빈 바다는

손바닥만한

웅덩이였을 게 아니냐?

—「바다는 한 숟갈씩」 1~3연

「바다는 한 숟갈씩」은 근원의 생성 과정에 처음으로 의미를 부여하고 있는 동시이다. 곧 오랜 옛날 처음엔 "텅 빈 손바닥만한 웅덩이"였을 바다의 생성 비밀은 "비 오는 날 무궁화의 봉우리에서나/해바라기 모가지"에 내린 빗물이 조금씩 흘러들어가 이루어졌거나, "한 숟갈이나/반 숟갈씩" 자식에 대한 모성의 끝없는 사랑의 눈물이 보태져 이루어졌다는 것이다. 이와 같은 근원에 대한 의미 부여는 모성애로부터 역사적 공간 위에서 민족에 대한 사랑으로 확대되면서 이 동시선집의 시적 의미를 부각시키게 되는 것이다.

따라서 이 동시선집 속에는 시공을 초월하는 '고구려의 아이'가 등장하고, "신라의 옷을 입은/그 때 아이들이 둘러서서"(「첨성대」) 첨성대 돌들을 다듬고 쌓는 일을 자랑스럽게 바라보기도 한다. 또한 "부소산 너머/절벽이 돼 서 있는 낙화암은/아직도/옛날을 더듬으며 운다"(「부여에서」)는 것을 느끼기도 한다. 신현득의 초월적 시간은 이렇듯 역사적 공간 위를 자유자재로 유영해 가며, 우리의 자랑스런 역사와 비운의 역사를 동시에 보듬어 안는다. 이야기 할아버지처럼 시공간을 자유자재로 넘나들면서 오늘이 존재하게 된 근원을 구수한 이야기로 들려주는 것이다. 그 이야기 속에는 '바가지 조각', '소금 종지', '부지깽이' 등 과거 속에 묻혀 사라져 가는 옛 물건들에 대해서도 소중히 의미를 되새긴다. 과거에 없어서는 안 되었던 착한 일을 한 물건들의 보람된 의미를

▶ 신현득의 동시선집 『일억오천만년 그 때 아이에게』(현암사, 1994).

찾아 오늘에 되살리자는 뜻이다.

서정적 자아인 신라의 어린이가 현재의 살아 있는 역사적 사실을 보고 놀라워하며 보고서 형식으로 형상화한 "신라 시대에 초등학교 어린이가 쓴 편지"라는 부제가 달린 동시 「선덕여왕님께」에서는 현재의 소중함을 반어적으로 제시하기도 한다. 이것은 과거의 소중함을 인식시키듯 현재의 소중함도 동시에 일깨워 주고자 한 시인의 안목인 것이다. 바로 신현득의 초월적 시공간에서의 의미 찾기란 현재에 대한 소중함의 인식에서 비롯되었다는 사실이다. 그에게 현재는 시작의 근원으로부터 연속되어 온 하나의 과정이라는 인식이어서 현재의 반성적 자아를 통해 우리의 미래를 자랑스럽게 열어갈 수 있다는 신념이 그것이다. 이렇듯 동시선집 『일억오천만년 그 때 아이에게』는 동화적 상상력으로 과거를 되짚어 보며 현실의 의미를 생각하게 하고자 하는 의도를 담고 있다.

우리 나라에
파란 하늘이 처음 열리던 날

이제 갓 생긴 땅에

〔…중략…〕

한울님 아들이 내려오셨대

백두산 박달나무 아래
우리들 할아버지가.

[…중략…]

대추나무는
할아버지가 가르쳐 주는 모양으로
대추가 열기 시작하고
도라지는
할아버지 가르치는 대로
남빛 꽃을 피우고
냇물은 흐르기 시작하고
새들은 노래하기 시작하고

우리 나라에 첫날이 저물어
첨으로, 첨으로
하얀 달이 뜰 적에.

할아버진 그런 것 생각하셨을까?
사천 몇 년 후에 있을 휴전선 같은 걸.

—「우리 나라 첫날」 일부분

　이제 우리는「문구멍」에서부터 지향되었던 신현득의 시간 의식의 의
미가 무엇인지를「우리 나라 첫날」에서 확인할 수 있게 된다.「우리 나
라 첫날」은 "한울님 아들"인 "우리 할아버지가" "백두산 박달나무 아
래"에 내려오셔서 창조한 만물이 할아버지의 가르침대로 잘 따르고 있

음을 말하고 있다. 여기에 우리 할아버지가 첫날 저녁 "하얀 달이 뜰 적에" "사천 몇 년 후에 있을 휴전선"을 생각이라도 하셨겠는가라는 반문을 제기하게 된다. 신현득의 초월하는 시간 의식은 바로 현실의 긴장된 공간 위에서 멈추고 만다. 그곳은 아직도 비극의 현장으로 남아 있는 휴전선이다. 이렇듯 이 동시선집은 반성적 자아를 통해 비극적인 역사 인식을 아이들에게 조심스럽게 이야기하고 있는 것이다. 책 머리에 밝혀 있듯이 "통일 조국을 이끌 사람은 바로 어린이 여러분"이란 시인의 믿음에 따른 것이다.

결국 『일억오천만년 그 때 아이에게』는 현재 우리 아이들에게 "동짓날에/새알 수제비를 넣고/팥죽 끓여 먹는 나라"(「우리 나라」)와 "거기 작은 반도에/삼 면 바닷물이 잔잔히 일고/휴전선은 있지만 아름다운 나라"(「별나라에서 새둥지까지」)가 "산과 산이 이어진/하나의 나라"(「하나의 나라」)로 될 수 있으리라는 미래의 희망적 의지를 심어주고자 한 동시선집인 것이다. 곧 이 동시선집은 시간의 연속성이란 본질을 근거로 하여 민족의 역사에 대한 근원에의 탐구 과정을 거쳐, 이처럼 우리 나라가 통일된 '하나의 나라'가 되리라는 확신과 꿈을 우리 아이들에게 전하고자 한 것이다.

신현득은 시간 속에 내재된 관념을 담으면서도 그가 이야기하는 것은 현장을 가진 구체적인 대상이자 현재의 문제를 떠안고 있는 현실이다. 그는 대상을 관념화해 두었다가 동화적 상상력으로 접목된 이야기 기법을 통해 다시 관념을 현실화한다. 이미 이준관의 동시에서 살펴본 바와 같이, 이런 기법은 환상적 가능성을 보여주면서도 현실적 개연성을 떠올리게 하는 엄연한 속성을 지닌다. 따라서 신현득의 이야기 동시 속에 부여된 오늘의 이야기가 작위적 찬미로 그치지 않고, 생각하게 하는 능력으로 살아 있게 하는 힘을 지닌 것은 그런 기법을 능란히 유용한 까닭이다. (1995)

# 살아 있는 시정신, 그 한계와 가능성

## 1

어느 때보다도 80년대 동시문학은 아이들의 삶과 일체감을 확인하고 확보하려는 높은 열기에 차 있음이 주목된다. 문학이 인간을 인간답게 한다는 의의를 지닌 만큼 그 열기는 동심지상주의가 아닌 진실된 인간주의에 뿌리내릴 새로운 동시문학에의 열정이자, 불가피한 사회 현실에 대한 문학적 대응일 수 있다. 즉 점점 동시문학이 설 자리를 박탈당하고 있다는 위기 의식과 함께 날로 거세어 가던 80년대란 시대의 불신과 가치관의 혼란, 경제적 편향 등 사회적 갈등과 필연적 관계를 맺고 있는 시적 각성인 셈이다.

80년대의 이러한 시적 각성은 동시문학에서 '살아 있는 시정신'이란 문학관으로 표면화되었다. 그 문학관은 동시가 그 나름의 필요성에 따라 존재하고자 하는 것이 아니라 아이들의 일과 삶에 직접 관계하고자 하는 친화력에의 강렬한 의지의 소산이라는 것이다. 동시에서 친화력이란 시인(성인)과 아이들의 서로 다른 정신 활동이 동심이라는 순수한 감수성으로 강하게 결속되는 힘이며, 시인이 아이들에게 지닌 힘의 무력함과 불능상태를 포용하는 힘이다. 아이들 삶과의 일체감의 확보는 이런 순진무구한 동심의 독특한 응집력을 작품으로써 체계화하고 구체화하는 일에서 비롯된다. 그러므로 '살아 있는 시정신'은 시적 친화력을 통해 동시문학이 점점 박탈당하고 있는 자리를 회복하고, 아이들을 둘러싸고 있는 시대 현실의 구조적 모순을 극복해 나가는 잠재적인 힘이 될 터이다. 또 그 힘은 우리 시대 현실의 모순 속에서 고통받고 있는 아이들의 구체적인 삶을 형상화함으로써 획득되는 것이 아니라 동심이라는 순수한 시선을 통해 그 모순들을 일깨워 주고, 나아가 인간다운 삶의 회복으로 지향해 갈 때 비로소 체득되는 생명력이라 하겠다.

80년대 '살아 있는 시정신'에의 문학관은 그래서 주목의 대상이기보다 80년대 시적 활력의 중대한 고비가 될 수밖에 없다. 단지 그 시적 열기가 아이들을 둘러싸고 있는 왜곡된 삶과 사회적 제 모순을 지적하는 것만으로 그친다면 그것은 아이들을 더욱 그 현실의 모순 속에 깊이 가둬두는 일이 되고 말 것임에서이다. 모순된 현실만을 표적으로 삼는 동시는 시인 자신의 특정한 이념을 사회적 쟁점으로 첨예하게 반영하기 위해 아이들을 목적물로 대치할 가능성도 없지 않다. 따라서 80년대 '살아 있는 시정신'에의 문학관은 아이들이 처해 있는 모순들을 어떻게 극복해내고, 인간다운 삶의 실현을 위해 어떠한 모습으로 전개되어야 하는가라는 물음이 시적 성과와 성패를 가늠하는 답변이 될 것으로 보인다. 아이들 삶과의 일체감을 확보하려는 친화력에의 의지는 시대 상황에 대응하는 구체적인 삶의 진실에 대한 물음인 동시에 아이들에게 참다운 미래를 가꾸어 나가게 하기 위한 방향성의 문제에 가로 놓인 시적 각성이어야 하기 때문이다.

이런 점에서 80년대 동시문학은 아이들에게 처한 삶의 현장성을 제시하고자 하는 『합동 작품집』[1]들에 의해 고무된 바 크다. 『합동 작품집』들이 아이들 삶과의 일체감을 확인하고자 하는 구체적인 움직임과 '살아 있는 시정신'이란 문학관을 표방하고 있다는 점에서, 우리에게 시적 친화력의 모색이라는 새로움과 또한 어떤 특정 이념을 쟁점화하여 시선을 끌려는 경향성이 아닌가 하는 염려스러움을 함께 노정하고 있기 때문이다.

오늘날 우리 아동문학에서 가장 큰 문제를 들어야 할 것이 주제의 상실과 말장난의 문장이다. 이것은 문학의 생명이 이미 시들어 버렸음을 말함이니 아무리 책의 겉모양을 야단스리 꾸며서 눈을 끌려고 한들 죽은 문학을 아이들이 돌보지 않을 것은 당연하다.

아동문학을 살리기 위해 여기 우리는 조그만 시도를 한다. 우리는 무엇보다도 아이들이 살고 있는 현장에서 문학창조의 무한한 원천을 찾아내려고 한다. 아이들의 삶을 보고 그 삶의 문제가 무엇인가를 깨달아야겠다고 생각한다. 살아 있는 마음에 호소하는 문학, 살아 있는 말로 씌여지는 문학, 살아 있는 정신으로 창조하는 문학만이 아이들과 어른들에게 감동을 주는 아동문학이 될 수 있을 것이다. 그리고 이런 문학만이 동심을 말로만 팔지 않는, 참된 동심의 문학이 될 수 있으리라 믿는다.

　　　　　　　　　　　　　　　　　　　—『살아 있는 아동문학』 머리글에서

이 『살아 있는 아동문학』의 머리글은 아동문학을 실리기 위한 '조그만 시도'와는 달리 분명 기존의 아동문학 방법론과 지향성을 자극하는

---

1) 여기서 말하는 『합동 작품집』이란 이오덕 편집으로 엮은 『황소 아저씨』(합동기획, 1982), 『까마귀 아저씨』(인간사, 1983)와 부정기 간행물 『살아 있는 아동문학』(인간사, 1983) 등을 지칭한 것이다. 이 글은 그 중 1983년에 간행된 『까마귀 아저씨』와 『살아 있는 아동문학』에 실린 최춘해와 김녹촌의 동시 작품만을 대상으로 하여 쓴 것이다.

새로움을 담고 있다. 그 새로
움이란 시적 상황의 각성을 통
한 뚜렷한 문학적 방향성의 제
시이다. 즉 기존의 아동문학을
'죽은 문학'으로 규정하고, '죽
은 문학'의 극복을 위한 새로
운 문학적 탐색으로 실제 아이
들의 삶 속으로 침투하여 그들
삶의 근원적 문제에 접근하고
자 하는 문학적 자세를 말한
다. 그런 문학적 자세의 중대
성은 바로 현장성에 놓여 있
다. "무엇보다 아이들이 살고
있는 현장에서 무한한 원천"을

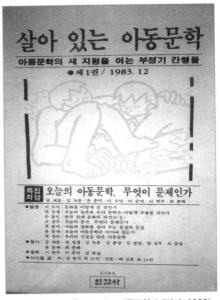

▲ 부정기 간행물 『살아 있는 아동문학』(인간사, 1983).

찾을 것과 "아이들의 삶을 보고 그 삶의 문제"를 깨닫자는 것이다. 이
것은 아이들을 동심의 소유자로 인식하여 아동문학의 대상으로 받아
들이려는 당위적 성찰이 아니라 그들을 둘러싸고 있는 모든 부당함과
아픔을 우리의 부당함과 아픔으로 받아들여야 한다는 인간적 각성에
의한다. 바로『합동 작품집』은 아이들의 현장을 있는 그대로 받아들여
문제화하려는 의지의 소산물인 것이다.

한편으로 그들에게 있어서 염려스러움이란 살아 있는 힘의 생성력이
현실에 대한 철저한 부정정신에 기초되어 있다는 점이다. 『살아 있는
아동문학』의 머리글에 의하면, 그 부정정신은 '주제의 상실과 말장난
의 문장'에 대한 부정이며, 아이들을 괴롭히고 있는 현실의 제 모순에
대한 부정이다. 그 동안 문학적으로 용인되어 왔던 형식을 부수고 새
로운 삶의 양식을 구축하려는 의식의 발로로 상정된 부정정신이라 하

겠다. 아동문학에 있어서 부정정신은 그야말로 아이들에게 명시된 모순들을 정당하게 파악하기 위한 기초인식이자 시대 현실을 투시하는 힘이며, 나아가 미래를 제시할 수 있는 안목이어야 한다. 안목 없는 부정정신은 기존 문학의 성과를 전적으로 무화시켜 버리려는 무모한 도전이 되기 쉽고, 현실의 현상에만 집착해 미래에의 지향을 포기하기 쉬운 위험성을 안게 된다. 그러므로 현실에 대한 부정만을 고집하는 정신은 편향성을 낳을 뿐만 아니라 상황을 절박하게 받아들인 나머지 극단화에 빠져들거나 현실을 조작할 작위성의 우려까지 내포한다. 이런 부정정신은 '창조의 원천'이 되기보다 문학적 허무주의에 빠져 기존문학과의 균열현상을 부채질할 우려만 여전히 남게 된다.

'살아 있는 시정신'이란 그야말로 시적 주체인 살아 숨쉬는 아이들에 의한, 그들 삶의 진실한 표명이자 아이들을 둘러싸고 있는 현실의 모순들을 극복해 나가는 힘이어야 한다. '죽은 문학'은 생명력이 없는 문학, 즉 시적 주체가 아이들이 아니라 시인, 혹은 그들의 행위를 관망하는 자인 객체가 주체로 위장된 문학일 것이다. 아이들의 행위가 시인의 눈에 비친 표적물이 되어, 아이들의 삶이 한갓 시인의 주관에 따라 좌우되는 대상물에 지나지 않을 것임에서이다. 아이들이 스스로 시적 주체가 되어 현실의 제 모순을 일깨우고 인간다운 삶의 회복으로 지향해 나갈 때 동시문학은 "살아 있는 마음에 호소하는 문학"이 될 수 있고, 시인은 "살아 있는 정신으로 창조하는 문학"을 이룩할 수 있을 터이다. 이처럼 '살아 있는 시정신'은 아이들의 삶과 문학이 상호 일체감으로 이룩되어야 하는 정신체인 만큼 현실 상황을 관찰하는 시각의 공정성과 엄밀성이 진실하게 요구된다.

그런 점에서 '살아 있는 시정신'의 문학관을 표방하고 있는 『합동 작품집』속에 수록된 동시들의 공과는 앞으로도 시적 활력의 중대한 고비에 놓여지게 마련이다. 그들의 공과를 면밀히 살피기 위해서는 마땅히 『합동 작품집』에 묶여 있는 모든 작품(동시, 동화, 동극)들을 대상으로 삼아야 옳겠지만, 일단 '살아 있는 시정신'의 일관성을 찾아보기 위해 동시 장르로 한정시켰다. 그것도 시정신에 대한 보다 구체적인 검토를 위해 최춘해와 김녹촌, 두 동시인의 작품으로 축소화했다. 그 많은 동시 작품 중에 유독 최춘해와 김녹촌의 작품으로 축소화한 것은 그들의 동시가 『살아 있는 아동문학』의 머리글에서 밝힌 방향성에 대한 한계와 가능성을 뚜렷이 담고 있기 때문이다. 다시 말하면 80년대 동시문학의 열망이 살아 있는 시정신에로 진실하게 나아가기 위해서는 이 『합동 작품집』 속에 내재된 부정정신의 다각적인 윤곽보다 특정 동시를 선정하여 살펴보는 편이 우선 그 한계성과 가능성을 면밀히 가늠해 볼 수 있다는 판단에 의해서이다. 이런 조그만 시도를 발판 삼아, 앞으로 『합동 작품집』 속의 모든 작품들에 대한 종합적인 검토가 이루어져 '살아 있는 시정신'이라는 문학관의 체계적인 이해와 적용이 가능하다면 우리 동시문학에 기여하는 바가 크리라 믿는다.


2


아이들의 삶과 일체감을 확인하고 확보하고자 하는 시적 공간은 대개의 경우 농촌이다. 그것은 우리 인식에 오래도록 뿌리박힌 농본주의적 사고에서 표백된 것이라기보다 도시에 비해 경제적 낙후성과 불균형에 입각된 그들의 문학관에 의한 현상이라 할 것이다. 즉 농촌은 산업화와 부수되어 나온 우리 현실의 구조적 모순을 구체성으로 드러내고 있는 삶의 현장이란 인식이 그것이다. 현실의 논리를 내세워 아이들을 사회적·경제적 편향의 개념에서 가치체계를 구축하려는 문학관에 있어서 농촌은 중요한 체험의 현장성을 제공하는 시적 공간이 되었

▲ 「물푸레나무」, 「그네」의 시인 최춘해.

던 셈이다. 거기에다 농촌의 자연이 동심과 근원이 맞닿아 있다는 문학관이 오래도록 아동문학에 잔존하고 있는 데에도 기인한다.

최춘해와 김녹촌은 이런 농촌이란 삶의 현장을 통해 우러나오는 서정성으로 우리 사회의 모순을 확인시키고자 한다. 그러므로 이들의 작품에 내재된 농촌의 자연은 시인의 어릴 적 추억이 투사된 이데아로서의 자연이 아니라 인간의 삶에 직접 관여하는 자연이며, 시인의 심성이 감정이입되어 의미를 부여받는 자연이 아니라 인간사에 의미를 부여하는 자연이다. 이들의 시적 노력은 그런 대상(자연)을 주관화하여 시적 의미를 표출해내고자 하는 데 있다. 이들의 동시가 농촌의 자연에서 우러나오는 서정에 의존한 듯하면서도 대상의 성격이 뚜렷하고 직접적인 주제의 노출에 의한 결과이다. 다만 최춘해가 고통스런 삶의 현장을 시화하는 과정에서 부정정신이 암유로 모색되었다면, 김녹촌은 서정을 바탕으로 목도하고 있다는 점에서 크게 다를 뿐이다.

물푸레나무는
남보다 일찍 꽃을 피웁니다.
참나무, 오리나무, 소나무, 싸리나무
잡목들 틈에서 노란 꽃을 피웁니다.
다른 나무가 눈 뜨기 전에
얼른 꽃을 피우는 건
어서 일이 하고 싶은 몸짓입니다.

보리 타작, 밀 타작을 하던
조상으로부터 물려 받은
다부진 몸매
이젠 할 일이 없습니다.
하릴없이 그냥 서 있기는
못 참을 일입니다.
콩 타작이라도 하고 싶습니다.

보리 타작은 탈곡기가 가로채서
도리깨도 못 되고
도끼 자루가 되기는 무섭고
껍질만 벗겨서 약이 되거나
불에 타서 물감이 되는 건 싫습니다.
총대가 되는 건 더욱 무섭습니다.
　　　　　　　　　　　—「물푸레나무」 전문(『까마귀 아저씨』)

　최춘해의 동시 「물푸레나무」가 제시하고 있는 것은 물푸레나무에서
우러나오는 서정성이 아니라 현실에 대한 부정이다. 즉 물푸레나무의
목소리를 빌어 화자가 말하고 있는 것은 조상대대로 보리 타작, 밀 타
작의 도구로 쓰이던 물푸레나무가 농기계에 밀려 제 할 일을 잃고 대
신 무서운 다른 용구로 대치되고 있다는 문명에 대한 우려이다. 오늘
날 인간의 문명이 자연을 마음대로 훼손하고 용도 변경시키고 있다는
시대 현실을 반영하고 있는 셈이다. 그러나 최춘해가 여기서 택하고
있는 것은 자연 현상을 통해 교묘한 서정의 우회적 방법으로 제시된
독특한 화법이다. 이 화법은 현실을 부정하는 힘이 억제된 듯하면서도
자연의 원모습을 되살리고자 하는 시인의 강렬한 사명감을 배로 증폭

시켜 주는 효과가 있다. 이 동시가 지니는 서정의 우회적 방법이란 물푸레나무가 현대 기계문명에 밀려 일하고 싶은 꿈이 좌절당한 것과 일자리를 빼앗긴 절망감을 그대로 표출시키지 않고, "어서 일이 하고 싶은 몸짓"의 생명감을 부정하는 힘의 장력으로 삼고 있다는 것이다. 그것은 이 동시가 설정하고 있는 정황이 꿈의 좌절과 절망감에 안착되어 있다기보다 무엇이 될 것인가에 대한 깊은 회의 쪽에 잠복되어 있음을 말해주는 요소가 된다. 물론 이것은 현실에 대응하는 물푸레나무의 삶의 자세일 수 있지만, 실은 이것은 시인의 의도 속에 구도화된 부정하는 힘의 강렬함이다. "어서 일이 하고 싶은 몸짓"은 "이제 할 일이 없습니다"라고 한 유보적 공간에서 다시 '못 되고', '싫습니다', '무섭습니다'라는 부정적 공간으로 점층적으로 확대되고 있기 때문이다. 1연에서 '일이 하고 싶은' 강렬한 몸짓이 2, 3연에 오면 '없습니다' '못 참을 일입니다', '싫습니다' 등과 같은 부정적 의사와 서술적 시어의 반복을 통해 강렬한 부정과 거부의 몸짓을 극명하게 드러내고 있는 것이다. 시인의 의도는 직접적이고 구체성으로 치닫고 있는 물푸레나무의 부정적 시선을 통해 현실의 문제성에 대한 강한 거부의 몸짓이 되고 있다.

「물푸레나무」는 이같이 자연 공간을 부정 공간으로 대체시켜 현실을 암유하는 동시이다. 그러나 이런 그의 노력에도 불구하고 이 동시는 우리에게 서정성과 사실성의 착종상태에 놓인 관념화된 자연만을 제공할 뿐이다. '못 참을 일입니다', '탈곡기가 가로채서', '도끼자루', '총대' 등의 부정적 시어가 지닌 의미에 대한 직접적인 거부로 말미암아 "어서 일이 하고 싶은 몸짓은" 시인의 의식적이고 의도화된 몸짓이 되고 말았다. 이 의도화된 시각은 아이들이 직접 생각하고 사유할 수 있는 선을 넘어서 아이로 위장된 어른의 생각과 사고가 반영된 것이기 때문이다. 그런 의도화된 사유는 아이의 현장 체험과 위배되어 '살아 있는 시정신'에 어긋나는 일이 된다. 현장 체험성을 띤 동시에서 의도화된 몸짓이란 서정성과 사실성 모두 다 와해시키는 요소가 된다. 이것은 그의 독특한 우회적 화법이란 형식이 주제 전달을 우위에 둔, 내용과의 불일치에서 온 시적 실패라 할 수 있다. 최춘해의 이런 시적 실패는 『합동 작품집』이 표방한 방향성에 집착한 결과가 아닌가 여겨진다. 그 방향성에의 집착은 서정성을 포기하지 않으면서도 사실성을 그려보려 한 최춘해의 시적 노력에 결점이 되고 있음은 물론이다. 이 둘이 융합되지 못한 부정정신은 어디까지나 비약이고 작위적임을 면할 수 없기 때문이다.

아이들의 삶과 일체감을 확보하려는 동시에서 비약과 작위성은 단순한 자기 연민에 불과하다. 그것은 현장을 주의깊은 관찰과 체험에 의하지 않고 단지 그럴듯한 상상력에 의존하였음을 알려주는 징표이기도 하다. 시인의 단순한 자기 연민으로 생성된 동시는 아이들의 삶과 일체감을 획득하지 못하는 대신 거리감만을 초래한다. 이런 거리감으로 인해 부정하는 힘도 표면적으로는 강렬하게 나타나 있지만, 독자의 의식을 깨우치게 하기에는 미약할 따름이다. 그것은 유보적 공간에서 부정적 공간으로 이행할 때 오는 비약에 의한 미약함이자 시 의식의 작위성에서 오는 미약함일 것이다. 결국 최춘해의 독특한 화법은 현실에 대한 단순한 자기 연민 안에서 의식적으로 그려진 자기 강변이 되고 만 것이어서 현실의 부정을 강조한 만큼 호소력을 얻지 못하고 말았다. 역설적이게도, 자기 강변은 강하면 강할수록 그만큼 호소력이 떨어지게 마련이다. 독자의 공감을 이끌어 내는 힘이 그만큼 미약해지기 때문이다.

김녹촌의 「송편」은 최춘해의 「물푸레나무」에서 보여준 이러한 자기 강변을, 서정에 감추고 있는 듯하면서도 보다 노골적으로 드러내 놓고 있다.

못 살아
막벌이 하러
사방으로 흩어졌던 식구들끼리
멍석을 깔고,

아직도 오지 않는
순이를 기다리며
열 나흘 흥건한 달빛 아래
송편을 빚는다.

누나의 손바닥에도
나의 서툰
손바닥에도
하얀 반달

어머니의 손바닥에도
보고픈 순이의
얼굴 같은
하얀 반달.

뜨락을 흔드는 풀벌레 소리는
달빛 타고 날아와
속고물 함께
송편 속에 들어가 박히고,

어머니의 낱품팔이 이야기며

누나의 직공살이 이야기가
돌고 돌아서
달빛도 이우는데,

서울로 식모살이 간 순이가
끝내 오지 못하는 설움을
어금니를 깨물어 감추는
어머니 어머니…….

푸른 달빛에 젖은
반달 송편
어머니 눈물로 얼룩진
햅쌀 송편.

—「송편」 전문(『살아 있는 아동문학』)


　김녹촌의 「송편」은 좁게는 가난으로 인한 한 가정의 해체를, 넓게는
농촌 사회의 해체를 말해 주고 있는 가슴 아픈 작품이다. 이 동시에는
가난을 제시하는 장치로 이중적 정황을 설정하고 있다. 하나는 "사방
으로 흩어졌던 식구들"이 한데 모여 "멍석을 깔고" 앉아 도란도란 이
야기를 나누며 송편을 빚는 아름다운 꿈의 정황이며, 다른 하나는 "서
울로 식모살이 간 순이가/끝내 오지 못하는" 현실적 정황이다. 전자는
우리에게 따뜻함과 정겨움을 제공해 주고, 후자는 서러움과 꿈의 좌절
감을 인식시켜 준다. 이 동시에서 시인이 의도한 의미망은 후자 쪽에
깊숙이 관여되어 있게 마련이다. 온 가족이 한데 모여 송편을 빚는 아
름다운 서정의 공간으로 완전하게 나아감을 제약하는 가난한 가정의
현재성에 의미망을 두고 있는 것이다. 이럴 때 전자는 슬픈 분위기를

북돋는 서정적 장치에 불과하다.

이 동시는 그 이중적 장치에도 불구하고 김녹촌의 부정정신이 두 가지 면에서 실패하고 있음을 보여준다. 하나는 '막벌이', '날품팔이', '직공살이', '식모살이' 등 소재의 상투성에 기인한다. 살아 있는 시정신에서 상투적인 소재란 생동감 있는 현장성을 제시하기는커녕 애써 일구어낸 서정적 분위기마저 와해시키고, 부정하는 힘을 무기력화시킨다. 무기력화된 부정정신은 현실의 제 모순을 일깨워 일체감으로 나아가지 못하고, 다만 회상적이며 비애 어린 시인의 관념적인 서정만이 남게 할 뿐이다. 그러므로 이 동시의 서정성은 감상적 작위임을 면치 못하게 한다. 감상성은 부정하는 힘의 포기이며, 시인의 문학적 성격을 모호하게 만드는 요소가 되기도 한다. 결국 「송편」은 살아 있는 시정신에 입각한 시적 안목이 명확히 설정되어 있지 않음을 시사해 주는 동시라 할 수 있다. 「송편」에 나타난 김녹촌의 시적 실패는 상투적인 소재에 의존해서 삶의 현장성을 제시하고자 하는 모든 동시의 실패됨을 대변해 준다. 소재의 상투성은 동시의 형식적 단순함에 자신의 현실 의식의 관념성과 단순성을 독자에게 노출시킨 격이 되고 말았기 때문이다.

또 하나는 문학적 이념의 불철저성에 의해서이다. 「송편」의 시적 정황은 "풀벌레 소리는/달빛 타고 날아와" "송편 속에 들어가 박히는" 철저한 서정성과 "날품팔이 이야기" "직공살이 이야기가/돌고" 도는 철저한 현실성 사이에 "서울로 식모살이"가서 "끝내 오지 못하는" 사랑하는 식구를 기다리며 "설움을" "깨물어 감추는" 어머니가 존재하고 있다. 두 개의 상반된 철서성 사이에 놓인 모성과 '송편'이라는 것은 가난으로 인해 아이들을 다 품에 두고 살지 못하고 객지로 뿔뿔이 흩어지게 해 고생시켜야 하고, 또 그로 인한 아픔을 드러내지도 못하고 "어금니를 깨물어 감추는" 모정과, 그의 눈물로 빚어진 송편을 의미한다. 곧 추석이란 명절의 시간적 배경과 달밤 "뜨락을 흔드는 풀벌레 소리"가 들리는 공간적 배경이 서정성을 북돋우어 흩어져 있던 가족을 기다리는 눈물어린 모정을 부각시키려 했다면 철저하게 그리로 나아 갔어야 했고, 아니면 "못 살아/막벌이 하러/사방으로 흩어진 식구들"을 진실하게 그렸어야 했다. 그러나 이 동시는 '살아 있는 시정신'의 문학관이 지향하는 진실에 호소하는 명쾌함이 모호해지고 말았다. 시적 주제가 철저한 서정성과 현실성 어디에도 없고 다만 그 중간에 위치해 있기 때문이다. '살아 있는 시정신'의 문학관에서 중간적 성격이란 그 문학관의 성격과도 위배되는 일이며, 문학적 이념의 불철저성을 의미하게 된다. 그 시정신의 불철저성은 농촌 현실의 심각성을 구체적으로 드러내 주질 못하고, 이처럼 관념화된 한의 응어리만을 노출시킬 뿐이다. 서정성에 의존하면서도 현실의 사실성을 버리지 못한 김녹촌이 택해야 했던 것은 그 중간밖에 없었던 것임에서이다. 그러므로 김녹촌의 「송편」은 현장성과는 동떨어진 관념적이고 피상적으로 그려낸 세계에 지나지 않음을 말해 준 것이라 하겠다. 엄격히 말해서, 그가 현장 체험의 문학관을 간직하고 있으면서도 그 방향성을 제대로 설정하지 못했음을 입증하는 것이라 할 만하다.

만일 김녹촌이 설정한 문학관이 '못살아', '막벌이', '날품팔이', '식모살이'에 관계된 것이라면 감상적 서정주의에서 벗어나야 하고, 그 구체성으로 나아가야 했다. '살아 있는 시정신'은 내용에 상응하는 형식에서 이룩되는 것이기 때문이다. 소재의 상투성은 문학관의 불철저성이 낳은 것으로 시인이 말하고자 하는 내용과 시인이 취하고자 하는 형식의 불균형을 억지로 일치시키고자 한 모순의 일종이다. 이 모순은 우리에게 시인의 획일화되고 정형화된 사상을 강요하는 것으로밖에 보이지 않는다. 따라서 소재의 상투성은 동시의 단순성으로 인해 주제 전달이 용이한 반면, "살아 있는 마음에 호소"하는 시적 감흥을 그만큼 사장시킨다. 이것은 '살아 있는 시정신'의 창조력과 자율성에 전면 배치되는 것이다. '일체감'이 위장된 획일주의의 욕구이기 때문이다. 따라서 최춘해의 「물푸레나무」와 김녹촌의 「송편」은 하나같이 '살아 있는 시정신'이 표방하는 문학관의 한계를 드러낸 동시가 된 셈이다. 그 한계는 작위성으로부터 온 것이며, 작위성은 '살아 있는 시정신'에 위반하는 부정정신인 것이다.


## 3


『합동작품집』에 수록된 최춘해와 김녹촌의 동시들이 그렇다고 모두 '살아 있는 시정신'의 한계성만을 보여주고 있는 것은 아니다. 최춘해의 「그네」와 김녹촌의 「우리 집」은 그 시정신의 가능성도 함께 거론해 볼 수 있게 하는 좋은 동시들이다. 「그네」는 시인의 의도를 겉으로 드러내지 않고 아이들의 삶의 현장만을 진실하게 포착함으로써 독자에게 감정의 동화를 이루어내고, 「우리 집」은 부정된 현실성을 내면화하여 완전한 서정주의로 나아감으로써 꿈꾸는 힘의 역동감이란 '살아 있는 시정신'의 가능성을 훌륭하게 보여준다. 이들 동시에는 아이들이 스스로 시적 주체가 되어 있어 가능했던 일이다.


부슬부슬 비가 오는데
올랐다 내렸다
분이 혼자
그네를 뛰네.

힘 센 돌이도, 철이도……

다들 집으로 돌아갔다.
배 좀 고파도
혼자 가기 쓸쓸해도
그네가 내 차지다.


오르락 내리락
분이 혼자 그네를 뛰네


주룩주룩
비는 그치지 않는데.

—「그네」 전문(『살아 있는 아동문학』)

이 동시는 최춘해의 「그네」이다. 처음 읽는 독자에게는 이 동시가 「물푸레나무」보다 시적 완성도 면에서 다소 떨어지는 듯한 느낌을 받을 수도 있고, 부정정신이 감상으로 기울었다는 인상도 갖게 될지 모른다. 그러나 「그네」는 시인이 무엇인가를 이야기하려는 의도화된 작위성을 독자에게 들키고 만 「물푸레나무」에서는 볼 수 없는, 독자와 정감의 동화를 이루어내는 힘을 지니고 있다. 그 힘이란 「물푸레나무」처럼 강변하지 않는, 순수한 동심의 진정성에서 우러나오는 정서이다.

이 동시는 비가 오지 않는 날은 '힘 센' 아이들의 차지가 되어 그네를 타볼 엄두조차 내지 못하는 한 아이의 서러운 그네 놀이를 이야기하고 있다. 시적 화자는 작품 밖에서 비 오는 날 그네 놀이에 열중하고 있는 고독한 한 아이를 엿보고 있다. 그리고 놀이터에서 일어난 사실을 담담한 어조로 꾸밈없이 진술한다. 이 동시는 비가 와서 힘 센 아이들이 모두 집으로 돌아간 사이 그제서야 '분이' 차지가 된 그네를, 주룩주룩 오는 비를 다 맞아가며 "배가 고파도" 참고, 집에 "혼자 가기 쓸쓸" 할지라도 마음껏 타본다는 내용이다. 이처럼 최춘해는 비가 오는 날만은 그네를 차지할 수 있었던 '분이'의 서러운 그네 타기를 담담한 어조로 과장하지 않고 체험하듯 진솔하게 진술한다. 그러면서도 설움의 감정을 드러낸다든지, 힘이 약하다고 마음대로 그네를 탈 수 없는 부당한 현실을 강변하지 않는다. 시인이 놀이터에서 체험한 사실만을 이야기하듯 꾸밈없이 담담하게 진술해 놓고 있을 뿐이다. 그렇지만 이 동시는 비 내리는 강도와 그네가 움직이는 속도감을 나타내 주는 두 개의 부사어에서, 그리고 마지막 연의 시적 여운을 통해서 한 아이의 그네 타기의 고독감을 잘 전달해 주고, 아이들의 부당한 그네 타기 놀이란 가슴 아픈 현실을 감지해 준다. 곧 1연에서 '부슬부슬' 가늘게 오던 비가 4연에 오면 '주룩주룩' 제법 굵은 빗줄기로 쏟아져 내린다. 또 1연에서 '올랐다 내렸다' 하는 표현과 3연에서 '오르락 내리락' 하는 표현으로 그네의 속도감을 구별해 놓고 있다. 이것은 1연에서 '올랐다 내렸다' 하며 끊어지듯 이어지던 그네의 느린 동작이 3연에 오면 '오르락 내리락' 빠른 템포로 이어져 그네 타기 놀이의 재미가 한창 무르익었음을 제시해 준 표현이다. 이 동시에서 두 개의 부사어는 전체 속에 유기적으로 연결되어 그 동안 힘 센 아이들에게 밀려 마음대로 탈 수 없었던 그네를 독차지해 보는 기쁨과 그렇게 비가 멈추지 않고 강도를 더하며 내려도 그네에서 내려오고 싶지 않은 순수한 동심을 포착해내고 있는 것이다. 이러한 순수한 동심은 진실성을 담게 마련이어서 독자에게 감정의 동화를 유발하며 가슴 아픈 현장성을 생생하게 목도하도록 도와준다.

다시 이 동시의 내용을 구체적으로 정리해 보면, 1연은 분이가 그네를 독차지해서 처음 그네를 탈 때에는 비가 '부슬부슬' 내릴 무렵이었음을 제시한다. '부슬부슬'은 비가 가늘고 성기게 하염없이 내리는 모양을 나타내는 부사어이다. 그리고 2연은 분이가 놀이터의 힘 센 아이들이 다 돌아갈 때까지 구경만 하고 기다리고 있다가, 마침 비가 와서 그들이 다 집으로 돌아간 후에야 그네를 탈 수 있게 되었다는 경위를 진술하고 있다. 그리고 1연의 4행을 다시 반복해 3연과 4연, 그 두 개의 연으로 각각 갈라 놓았다. 3연은 그네를 힘차게 타고 있는 현재의 상황을 제시하고, 4연은 비가 더욱 줄기차게 내리고 있어도 그네 타기를 계속하고 있다는 여운의 종결구조로 마무리짓고 있다. 그것은 빗속에서 혼자 그네를 타는 아이의 고독한 정경과 그런 사정 속에서만이 그네를 타볼 수 있다는 아이의 심경을 담담히 진술하기 위한 배려이다. 이 동시에서는 시인의 의도가 배제되고 그네 타기에 열중하고 있는 아이만을 진술하게 제시하고 있어, 그 아이가 얼마나 그네를 타고 싶어 애를 태웠나 하는 사실을 더욱 아프게 전달해 준다. 그것은 '부슬부슬' 내리던 비가 어느새 '주룩주룩' 장대같이 굵은 빗줄기로 변하여 내리고 있는데도 집으로 돌아갈 생각을 안 하고, '올랐다 내렸다' 하며 처음 시작하던 그네 타기가 '오르락 내리락' 하는 그네의 속도감으로 한창 그네에 몰입해 마음을 다 빼앗긴 아이의 순수한 동심을 읽는 데서 오는 감정일 터이다. 더구나 마지막 연의 "비가 그치지 않는데"라는 구절의 여운이 독자에게 '오죽했으면'이라는 감정의 동화를 불러오게끔 만든다. 바로 시인이 시작 의도를 배제하고 난 이후 한 아이의 마음을 가식 없이 전달하고 진술하게 표현하여 순진무구한 동심만을 보여주었을 때 오는 정감의 동화일 것이다. 이렇듯 무엇인가 이야기하려는 의도성을 겉으로 드러내지 않고 암시를 통해 아이들의 진실한 삶의 현장을 주의깊게 보여주고 있는 최춘해의 「그네」는 시적 완성도 면에서 다소 떨어진다 하더라도 참된 동심을 담은 현장성을 잘 표현해낸, 살아 있는 시정신에 입각한 동시 작품이라 할 만하다. 더 나아가 시인이 무엇인가 이야기하려는 의식적인 의도가 개입되어 있지 않고 순진무구한 아이들의 천성으로 나아감으로써 이 동시는 부당한 현실의 문제를 묵시적으로 깨닫게 해주기도 한다. '살아 있는 시정신'의 문학관은 "아이들의 현장에서" 직접 체험하고 목도한 소재거나 진실로 "아이들의 삶을 보고 그 삶이 무엇인가를 깨닫는" 일에서 생성되기 때문이다.

김녹촌의 「우리 집」도 이 같은 '살아 있는 시정신'의 가능성을 되짚어보게 하는 훌륭한 작품이다.

우리집은 외따로 떨어졌어요
파아란 보리밭에 묻혀 있어요.

보리밭 푸르름이 찰랑거리면
초록 바다 위에 뜬 배가 되지요.

앞을 보나 뒤를 보나 보리밭이라
종달새 노래 소리 가득 찼어요.

봄바람에 보리밭이 일렁거리면
우리집은 두둥실 떠다니지요.

—「우리 집」 전문(『까마귀 아저씨』)


김녹촌의 「우리 집」은 철저한 관찰과 상상력의 합일로 이룩된 건강한 동시이다. 이러한 동시의 건강성은 약동하는 생명력에서 생성되는 힘이다. 그것은 가난한 자의 응어리진 삶의 한을 승화시켜 감상성을 이겨내는 역동적인 힘이다. 그런 힘이야말로 서정주의의 승리라 할 수 있다. 김녹촌의 동시 「우리 집」에서, 그 힘은 어디서 생성되고 있는 것일까. 가난한 우리 집은 "외따로 떨어져" 있음에도 불구하고 외롭지 않음을 꿈꾸는 위안으로부터 온 것일 터이다.

▲ 「송편」, 「우리 집」의 시인 김녹촌.

"외따로 떨어져" 있어 외로워야 할 우리 집은 생각처럼 외롭지 않다. 우리 집이 외롭지 않은 것은 "파아란 보리밭에 묻혀 있어" "초록 바다 위에 뜬 배가 되"고, "종달새 노래 가득" 찬 집이 되기 때문이다. 이런 '우리 집'은 비약에 연유된 것처럼 보이지만, 실은 꿈과 이상을 간직한 집이다. 꿈과 이상은 외따로 떨어진 가난한 '우리 집'의 위안이 되어 준다. 그러므로 배가 되어 두둥실 떠다니는 '우리 집'은 그런 위안이 생성시킨 꿈의 내면화로 이룩된 생동감 넘치는 한의 승화라 할 수 있다. 어른의 시각으로 보면, 그의 「송편」에서 살펴본 바와 같이 가난한 우리 집은 가족들의 응어리진 한처럼 볼 수도 있겠지만, 건강한 아이들의 눈으로 보면, 가난한 '우리 집'은 "봄바람에 보리밭이 일렁거리면" "두둥실 떠 다니는" 행복한 배가 될 수 있는 것이다.

이 동시는 표면적으로는 부정정신이 전혀 개입되지 않고 천진난만한 동심만이 자리잡고 있는 듯이 보인다. 하지만, 이 동시의 시적 성과는 현실을 정당하게 파악하고 투시하여 미래를 제시하고 있는 부정정신의 건강한 안목이 만들어낸 성과이다. 그 부정정신은 눈에 비친 현실을 있는 그대로 투시한 것이 아니라 가려진 가난한 현실을 꿈꾸는 힘으로 생성해낸 안목이다. 바로 「우리 집」의 꿈꾸는 힘이란 가난한 농촌의 아픔과 상처를 나의 아픔과 상처로 받아들인 힘이자, 시인이 창조적이고 진취적으로 이룩한 열정이라 할 수 있다. 이처럼 김녹촌의 진취적인 열정이 이 동시를 현실의 현상에만 집착하는 의식의 폐쇄성에 머무르게 하지 않고, 인간다운 삶의 회복으로 진전시켜 진정한 생명력을 획득하게 했던 것이다. 그러므로 '우리 집'은 "보리밭 푸르름이 찰랑거리면/초록바다 위에 뜬 배가 될" 수도 있고, 보리밭에 "두둥실 떠다"닐 수도 있게 되었던 것이다. 이러한 시각은 독자와의 공감의 폭을 확장시키며, 생동감을 의미있게 전달해 준다. 이것은 시적 비약이 아니라 시인의 확고한 비전을 개입시킴으로써 이룩한 희망과 꿈이며, 위안과 이상이기 때문이다. 봄바람에 보리밭이 출렁이면 푸른 바다 위에 두둥실 떠갈 수 있다는 이「우리 집」이야말로 시인의 의지와 동심의 순수함이 하나로 응결된 힘으로 창조화된 꿈일 터이다. 동시가 지니는 형식의 단순함을 파격하는 유일한 길은 이처럼 꿈의 내면화에서 이룩될 수 있다는 논리이다. 역으로 말하면 단순한 동시에서의 부정하는 힘은 꿈꾸는 힘을 통한 상상력의 개방으로부터 그 단순성의 논리에 대응할 수 있는 것이기도 하다.

이렇듯 최춘해의「그네」와 김녹촌의「우리 집」이 다같이 '살아 있는 시정신'이란 문학관의 가능성을 보여주었던 점은 한결같이 참된 동심을 통한 리얼리티의 확보에 있다.「그네」가 현장성을 통한 아이들의 삶을 제대로 보고 그 삶의 문제가 무엇인가를 깨닫게 해 주었다면,「우리 집」은 아이들이 살고 있는 현장에서 문학 창조의 무한한 원천을 찾게 해주었다는 점이다. 이것은 아이들의 삶을 보고 그들과 함께 사유하고 체험하며 쾌담할 수 있는 현장성 안에서만이 '살아 있는 시정신'의 가능성을 만날 수 있음을 보여주는 소중한 증거가 될 터이다. (1987)

# 북한 아동시가문학의 일 고찰

## 1. 머리말

아직 풀어나가야 할 과제들을 많이 남겨두긴 했지만, 남북 교류는 접촉이 잦아질수록 서로의 입장을 조금씩 양보하며 상호 신뢰를 구축해 간다는 평범한 사실을 확인시켜 주는 사례가 몇 있었다. 지금까지 정치회담을 비롯해서 사회·경제·문화·예술·스포츠 분야에 이르기까지 꾸준히 확대 지속되어 오던 남북 교류는 '남북한 유엔시대'라는 새로운 전기를 맞게 되었고, 현저한 입장 차이를 내보이기는 했지만 최초의 '남북여성교류'가 이루어지는 수준에까지 도달하기도 했다. 또한 낙관도 비관도 할 수 없었던 제5차 남북고위급회담에서 예상외로 '남북 합의서'가 채택되고 또 '비핵화 선언'을 창출해내는 커다란 진전을 보이며, 급기야는 '남북정상회담'의 성사를 기대해 보는 현실에까지 이르기도 했다. 그것은 화해와 공존이라는 세계사적 준엄한 파고가 남북관계 개선에 실로 막대한 영향을 미치고 있었음을 실감하게 하는 일례들이다.

  그러나 무엇보다 남북한 신뢰 회복과 민족의 동질성 확인을 진정성의 차원에서 감격적으로 체험시켜 준 매개체는 다름 아닌 두 곡의 동요일 터이다. 남과 북이 만나는 만찬장에서, 혹은 헤어지는 거리에서 정치적 이념을 떠나 아무런 갈등 없이 화음되던 우리의 동요, 「고향의 봄」(이원수요, 홍난파곡)과 「우리의 소원」(안석주요, 안병원곡)이 바로 그것이다. 높고 높은 이념의 벽이 가로놓여 남과 북이 서로 다른 생각으로 만났을지라도 이제 이 두 곡의 동요는 낯설고 어색한 만남의 분위기를 환기시켜 주며, 우리가 한민족이라는 가장 보편적인 인식을 자연스럽게 새겨주는 상징물이 되었다. 남과 북이 만나 이 동요를 부르는 순간만은 분단의 벽은 허물어지고 진정한 민족적 화해가 이룩되는 열린 공간이 형성될 수 있었기 때문이다. 그만큼 동심의 정서는 이념으로 물들기 이전의 원초적 본성으로 되돌리는 강한 향수를 유발한다는 뜻일 것이다.

  이와 같이 동심의 정서는 곧 민족의 정서로 승화될 수 있다는 가정을 상정해 두고 북한의 아동시가문학을 고찰해 보는 일은 퍽 흥미로운 일이 아닐 수 없다. 그것은 아동문학에서까지 "우리 식 사회주의제도의 우월성에 대한 심오한 예술적 반영"[1]을 고집해 온 북한사회의 특수한 사정을 반드시 염두에 두어야 한다는 당면한 인식 때문이다. 곧 북한의 아동시가에서는 우리 동요와 같이 남과 북이 함께 노래하며 공통된 향수의 교감을 어우러내는 동심의 정서는 전혀 찾을 길이 없고, 단지 생경한 이질성만 확인할 수 있다는 사실이다.

  분명 우리에게 아동문학이란 장르는 아이들에게 내재된 인간상을 재확인하고, 그 인간성 탐구를 통한 인간 형성 과정에 도움을 주려는 적

---

1) 명일식, 「문학작품에서 우리 식 사회주의제도의 우월성에 대한 심오한 예술적 반영」, 『조선문학』 (1991. 5), pp.39~41 참조.

극적 의도로 출발한 문학이다. 반면에 북한의 아동문학은 그들의 『문학예술사전』(과학백과출판사, 1972)에 따르면 우리와는 원론적 정의부터 확연히 다르다. 북한의 아동문학은 '혁명적 아동문학'으로 규정되어 있고, 동요·동시는 "경애하는 어버이 수령 김일성 원수님의 위대한 혁명가적 풍모와 덕성을 노래하며" "새 세대들을 경애하는 수령 김일성 동지께 무한한 충직한 혁명전사로 키우는데 이바지하는" 아동시가문학임을 밝히고 있다. 다시 말하면, 북한의 아동시가문학에 나타난 동심의 정서란 민족의 정서로 승화될 수 없는 특정 개인의 사적 정서인 셈이다. 따라서 북한의 아이들은 김일성이 이룩했다는 혁명 과업을 계승해 나갈 미래의 주인공인 '꽃봉오리'로 상징되어, 주체의 위업을 완성하기 위한 후비대로 튼튼히 준비해야 하는 '조선소년단'에 조직되어 있다.

남북한 아동시가는 이처럼 문학적 인식 방법 이전에 가장 본원적인 아이들에 대한 인식 태도부터 확연히 다르다. 남북한 아동시가의 이질성이란 그러니까 아동 인식의 개념적 토대가 다른 문학적 반영이란 점에서부터 엄청난 간극을 벌려온 셈이다. 그러므로 가능한 범위내에서 북한의 아동시가문학을 살피는 일은 오늘날 당면한 북한 아이들의 실상을 올바르게 이해할 수 있다는 의미를 안게 된다.

이 글은 1980년대 이후 지금까지 발간된 북한의 월간문예지 『아동문학』에 수록된 아동시가 및 교육 현장에서 활용되는

▲ 당 중앙위에서 발행하는 북한의 유일한 월간 문예지 『아동문학』.

교과서인 『인민학교 국어』(교육도서출판사, 1987)와 기타 북한 간행물 등의 자료를 중심으로 북한 아동시가문학의 면모를 살펴보고자 한 것이다. 북한의 자료와 실상을 깊이 있게 접해 보지 못한 문외한인 필자가 논의의 오류에 대한 위험성을 감수하면서도 감히 이 글의 청탁을 떠맡을 용기를 낼 수 있었던 것은 남북한 아동시가문학의 생경한 이질성에도 불구하고, 일찍이 두 곡의 우리 동요를 통한 향수의 교감을 확인했던 벅찬 감회에 연유해 있음을 솔직히 고백하고자 한다.


## 2. 북한 아동시가문학의 여러 갈래와 특성

북한의 아동시가문학이 '어린이를 위한 문학'인 아동문학의 한 갈래에 속하기는 우리와 조금도 다를 바 없다. 주로 어린이들의 생활을 반영하며, 그것을 어린이들의 정서와 심리적 특성에 맞게 형상화하고 동심적 서정을 노래해야 한다는 아동시가문학이 갖는 원래의 본질 기능도 같다. 그러나 실제 내용에 있어서는 현격한 차이를 보인다.

북한의 문학예술이 당의 정책과 김일성의 교시에 의해서 확실하게 규정되어 있고, 작가들은 "당 문예노선의 철저한 옹호자, 철저한 관철자가 되어야 하는"[2] 북한사회에서 아동시가문학도 이미 당정책의 목적과 사명에 맞게 지향해 나가야 할 근본 원칙이 확고하게 정해져 있다. 그 수반 과정은 성인의 시가문학보다 더 당 문예노선을 따라 철저하게 계획되어 있을 것이다. "청소년은 우리 조국의 장래이며 우리 혁명위업의 계승자들입니다. 우리 조국의 장래 운명과 우리 혁명의 전도는 청소년들을 어떻게 키우는가 하는데 달려있습니다"[3]라고 한 김일성의

---

2)「머리글」, 『조선문학』(1991. 10), pp.4~5 참조.
3) 리준길, 「주체형의 새 세대들의 아름다운 희망을 그리고저」, 『아동문학』(1981. 1), p.46 재인용.

교시에 아동시가문학의 지향성은 충분히 내재해 있다. 북한의 아동시가문학은 이러한 특정한 제반 기능을 수반해야 하는 혁명적 아동문학의 하위 갈래에 속하며, 동요·동시 외에 당 정책 수행에 걸맞는 낯선 여러 갈래로 나누어진 것이 특징이다.

북한의 아동시가문학은 크게 서정적인 아동시가와 서사적인 아동시가로 대별된다. 그리고 시의 내용과 성격, 창작 의도와 방법에 따라 일반적으로 서정적인 아동시가는 동요, 동시, 구전동요, 풍자동요·동시, 송시, 벽시, 기행련시, 가사로 구분되고, 서사적인 아동시가는 서사시, 서정서사시, 담시로 나누어진다. 이밖에도 극적방식으로 그리는 동요극, 동시극, 유희동요 등이 있다.[4] 아동시가문학의 수용층은 유치원 원아에서부터 인민학교, 고등중학교 학생들까지 포괄한다. 북한『아동문학』지의 「글짓기교실」난에 발표되고 있는 학생들의 작품이 대부분 고등중학교 학생들인 점을 미루어, 남한으로 치면『아동문학』지는 주로 초등학교 고학년과 중학생 수준에 맞춘 아동잡지라 할 수 있다. 아동시가문학이 이처럼 복잡하게 분화되어 있어도 어린이나 청소년을 위한 시라면 보통 동요, 동시를 가리키는 것이 통례이다. 한 예로, 리영수 외 5인의 서정서사시를 모아 묶은『온나라 꽃봉오리 영광드려요』(금성청년출판사, 1986)라는 작품집이 각각의 작품마다 서정서사시란 장르 구분을 해놓고 있음에도, 표제에는 동요동시집이란 이름으로 간행한 점을 보면 그것을 쉽게 이해할 수 있을 성싶다.

"노래로 불리울 수 있게 씌여진 정형시"라고 정의된 동요는 구전동요와 창작동요로 나뉜다. 구전동요는 "과거 우리 조상들이 생활 과정에서 집체적으로 지어 부른 노래로 입으로 전해 오는 것을 말한다"[5]고 하나『아동문학』지에 발표된 구전동요는 계급적 각성을 불러일으키

---

4) 평양 제1사범대학 국어국문학강좌, 『창작의 벗』(사로청출판사, 1974), p.180.
5) 앞의 책, p.183.

는 내용이 대부분이다. 북한에서 주로 지면을 통해 발표하고 있는 동요는 음절수의 규칙적인 사용과 시행의 적절한 조직(대개 4행을 한 연으로 구성함)을 고려한 창작동요들이다. 이에 비해 동시는 자유로운 운율을 가지고 읊기 위하여 씌여진 자유시의 일종이다. 이 동요와 동시는 모두 김일성의 충직한 혁명전사로 키우고 아름다운 정서에 도움을 주는 작은 형식의 시이면서도, 생활을 보여줌에 있어서는 제한을 받을 점이 없으며 크고 심각한 사상을 담아야 한다고 지적하고 있다.[6]

송시는 말 그대로 송축의 감정을 담아 흠모와 환희에 찬 서정을 노래한 시이다. 김영수의 「영광스런 당 중앙을 우러러」(1981. 2), 문희서의 「아버지원수님께 드리는 꽃봉오리들의 노래」(1982. 4), 림철삼의 「지도자선생님 고맙습니다」(1989. 6) 등에서 보는 바와 같이 전부 당과 김일성, 김정일의 현명한 영도와 위업을 예찬한 노래들이다. 송시는 동요, 동시와 함께 북한에서 어린이다운 언어 표현에 맞게 널리 활용되는 높임의 '입말체 맺음토(아요/어요/여요)'[7]를 사용하여 정서의 흐름을 가볍고 밝게 표현해내고자 한다. 이것과는 대조적으로 풍자동요·동시는 대상을 조소 규탄하기 위해 쓰는 짧은 시이다. 풍자라는 말의 의미가 내포하듯이 부정적 현상과 부정 인물, 낡고 썩어빠진 생활과 도덕에 대한 증오와 분노의 감정을 조소와 멸시, 야유 등으로 비판하는 아동시가라고 보지만, 실제 발표되고 있는 것은 미국과 남한 정부를 원색적으로 비난하는 내용 일색이다. '~놈' '낯짝' '이마빡' '처박힌 놈' '살인마' '해골 바가지' '뒈질 때' '에퉤 더러워' 등 천박한 비어를 동원하여 아이들에게 남한 현실을 왜곡시키는 중요한 구실을 하는 목적시에 불과하다.

벽시는 글자 그대로 벽에 붙여서 아이들에게 보일 목적으로 쓰는 서

---

6) 앞의 책, p.180.
7) 리우진, 「아동시가 창작에서 입말체토의 사용」, 『문화어학습』(1985. 3), p.30.

◀『인민학교 국어』교과서로 학습받고 있는 북한의 어린 이들.

정시이나 "원수님과 당 중앙에 기쁨 드릴/영광의 그 날, 그 시각이/앞 당겨지는 충성의 시간!"(리정남의 「충성의 시간」, 1983. 6)이라는 구절에 서 감지할 수 있듯이 선전 선동력을 생명으로 삼는 구호의 일종이다. 교육 현장에서 당면한 현실적 문제를 해결하는 데 중요한 역할을 하는 이 벽시는 김일성의 혁명 사적지를 기행하며 쓴 기행련시와 같이 고무 추동을 목적으로 하는 사상 교양의 한 수단이 된다.

가사는 노래의 곡을 붙이기 위해 쓴 아동시가이다. 노래란 가사와 곡 의 유기적 결합에 의해 이루어지는 음악 예술의 한 형태인 만큼 가사 는 선율에 맞춰 노래를 이루는 음악 예술의 구성부분 중 하나이다. 북 한에서 노래는 "우리의 사업과 생활에서 인민들의 심장을 하나로 굳게 융합시키며 수령님의 교시와 그 구현인 당 정책 관철에로 힘있게 동원 하는 전투적 무기"[8]로 여긴 중요한 문학 예술 장르이다. 가사는 노래 와 인접성의 원리를 지니는 아동음악의 예속적 장르라 할 수 있다. 가 사의 내용은 대체로 김일성의 따사로운 품에서 행복하게 자라는 꽃봉 오리들의 사랑의 노래, 행복의 노래들로 가득 차 있다.

이와 같은 서정적인 아동시가들은 모두 시인의 주관적인 체험을 어 른의 입장에서 직접 토로하는 문학이기 때문에 시적 화자에 대한 문제 가 중요시되고 있다. 그러나 서사적인 아동시가는 시 속에 이야기와

8)『창작의 벗』, 앞의 책, p.196.

인물이 중시되어 시인이 아이들에게 이야기를 들려줄 수 있는 시적 정황, 생활의 사상 등 그 내면적 의의를 밝혀주는 형식을 취한다. 북한의 『아동문학』지에 발표되는 서사적인 아동시가는 주로 서정서사시와 담시이다. 서정서사시는 사건과 인물에 대한 서정적 평가를 강하게 드러내는 중소형식의 서사적인 아동시가이고, 담시는 극히 짧은 이야기 속에 한두 명의 인물에 대한 생활의 단면을 노래한 가장 작은 형식의 서정서사적인 아동시가이다.[9] 이들은 환상성이 중시되는 우리의 동화시와 내용면에서는 전혀 다르지만, 형식면에서는 비슷하게 줄거리를 가지고 있고 서정적 정서를 담고 있는 아동시가이다.

이처럼 북한 아동시가문학의 갈래는 독자적인 문학 장르를 구분하려는 낯설은 여러 형태로 나누어진다. 그러나 형태의 다양함에 비해 내용은 획일적인 점이 특징이다. 획일적인 내용을 여러 형태로 노래함으로써 문학적 목적을 다양하게 구축하려는 의도라 여겨진다. 북한 아동시가의 내용에 획일성을 가져다 준 주된 요인은 아동시가문학 창작의 기본적 실제인 언어형상 문제와 종자이론에 의한다.

북한의 아동시가문학에서 언어형상의 문제란 아이들의 나이와 심리적 특성을 고려한 배려라 할 수 있다. 북한에서는 아동시가에 어려운 표현, 아이들의 생활 정서를 떠난 현란한 미사여구, 까다롭고 애매한 암시적 표현, 멋을 부리는 현학적 취향 등의 시적 표현은 절대 금지되어 있다. 그것은 북한의 아동시가문학이 "어려서부터 수령과 지도자를 높이 받드는 언어 생활에 습관되도록 이끌어 주는 문제"와 "아직 생활 체험이 어리고 지능이 약한 아이들에게 수령과 지도자의 혁명사상과 이론, 고매한 덕성, 불멸의 업적과 영도의 현명성을 심어주는 문제"[10]를 제공하는 주된 기능을 하기 때문이다. 북한 아동시가에서 언어형상

---

9) 앞의 책, p.163.
10) 송순호, 「아동문학과 언어형상」, 『문화어학습』(1987. 2), p.31.

문제의 중요성이란 이러한 언어교양과 인식교양을 가르치는 데 있다. 이렇듯 북한 아동시가문학에서 난해하고 어두운 표현은 철저하게 배제되기 마련이다. 이해하기 쉽고, 발랄하고 경쾌한 것, 또한 밝고 귀여운 맛이 있으면서 기쁨과 환희에 넘치는 시어를 쓰도록 규정하고 있는 것이다.

시적 내용의 획일성을 가져다 주는 또 하나의 요인은 '종자이론'에 의한다. 종자란 '작품의 핵'이며, 작자가 말하려는 기본 문제가 있고 형상의 요소들이 뿌리내릴 바탕이 있는 생활의 사상적 알맹이라고 한다.[11] 종자이론이란 쉽게 말하면 당성에 충실할 것을 요구하는 이론이다. 아이들에게 동심적 서정을 심어주는 작품의 예술성과 당 정책 구현에 맞는 사상교양을 동시에 충족시켜 주는 결정적 요인이 이런 종자 잡기에 달려 있다. 종자잡기란 이미 정해져 있는 시적 계기 속에서 새롭게 포착해야 하는 시적 발견을 의미한다. 바로 북한 아동시가의 여러 갈래와 제 특성은 개성적이고 독창적인 북한 아동시가의 시적 특성이기보다는 혁명적 수령관을 핵으로 하고 거기에 뿌리내릴 혁명적 세계관을 형상화하는 기본적인 구조적 틀이라고 할 수 있다.


## 3. 북한 아동시가문학의 전개와 전형성

북한의 문학사가 그렇듯이, 아동문학사도 아동문학 자체의 전개과정보다 정치체계의 변화와 그에 따른 문학예술 정책의 연구 동향에 의해 기술되어 왔다. 그것도 북한사회의 이념적인 정비와 사상적 통일을 기도했던 당 정책에 의해 모든 문학적 연구 방향이 통제되어 왔음을 말해주는 것임은 두말 할 나위가 없다. 그러므로 북한의 아동문학사는

---

11) 『문화예술사전』, p.769.

시대 구분이나 연구대상의 선별, 평가 방법 등이 우리와는 전혀 다른 양상을 띨 수밖에 없다.

조선화의 글 「해방전 프로레타리아 아동문학의 발생발전에 대하여」 (『청년문학』, 1991.1)에 의하면, 북한의 아동문학사도 항일 혁명 문학의 전통계승을 내세워 아동문학 전개에 적용해 나가는 한 기준으로 설정하고 있다. 김일성이 1926년 10월 '타도제국주의 동맹'을 결성한 때부터 프로레타리아 아동문학이 본격적으로 발전하기 시작하여, 1932년 4월 조선인민 혁명군인 항일유격대를 창건한 이후부터는 김일성이 이끄는 항일혁명투쟁에 대한 공감과 가치를 반영하려는 지향이 나타나 새로운 단계로 접어들었다고 한다. 그러나 당시 일제의 발악적인 책동으로 이러한 지향은 원만하게 표현되지 못하고 단지 계급적 모순을 해부하고 지주 자본가에 대한 투쟁의식을 고취하는 정도에 머물렀다고 평가하고 있다. 그 평가는 정작 나아가야 할 조선혁명에 관한 주체적인 노선을 높이 받들고 반일 항전에 떨쳐나서는 참다운 혁명적 아동문학을 창출해내지 못했다는 반성이기도 한 셈이다. 이 평가는 1926년 안준식에 의해 창간된 계급주의적 경향을 띤 아동잡지『별나라』(1926. 6~1935. 2)와 1930년 이후 계급주의적 성격으로 변신한『신소년』 (1923. 10~1934. 5)만을 유일하게 선별하여 연구의 대상으로 삼고 있다.

이러한 프로레타리아아동문학은 해방 이후 1947년 7월 조선작가동맹 중앙위원회 기관지인『아동문학』이 창간되고부터 혁명적 아동문학으로 새롭게 전환된다. 북한의 새로운 혁명적 아동문학의 형성은 1954년 당시 인민학교에 입학해 있던 김정일이 쓴, 영원한 사상주체를 밝혀준 불멸의 고전적 명작으로 추앙받고 있는 「우리 교실」을『아동문학』(1954. 6)지에 발표하고부터이다.

아름다운 교실
언제나 재미나는 교실
앞에는 원수님 초상화
환하게 모셔져 있지요

오늘 아침도 기쁜 마음으로
우리 교실에 들어서니
언제든지 반가운 듯이
우리 보고 공부 잘하라고……

추운 겨울은 지나가고
봄바람에 실버들 푸르렀네
우렁찬 건설의 노래와 함께
원수님을 우리는 받드네

노래하자! 원수님을
우리는 승리하였네
행복한 민주의 터전은 건설되네
노래하자! 우리의 원수님을……

우리의 교실은 알뜰한 교실
언제든지 책상에 앉으면
너그럽게 웃으시며 말씀하시네
새 나라 착한 아이들 되라고……
우리는 언제나 받드네 원수님을……
원수님의 가르침을 따라

새 나라 일군이 되자!

항상 준비하자!

—김정일의 「우리 교실」 전문

　김종선의 글 「위대한 향도의 해발넘치는 「우리 교실」」(『문화어학습』 1982. 1)에 따르면 「우리 교실」은 1954년 4월 인민학교에 다니던 김정일이 작문시간에 친히 쓴 동시라고 한다. 당시 6·25사변이 끝난 지 얼마 되지 않아 나라 형편이 어려운, 북한에서 말하는 '전후복구건설시기'에 김정일이 다니던 토굴집 학교가 김일성에 의해 새로 지은 새 학교로 옮기게 되었다는 것이다. 이 작품은 새 교실에서 공부하게 된 기쁨으로 김일성이 베푼 은덕에 대한 충성심을 표현한 동시라 하겠다. 김정일의 「우리 교실」에 의하면, 우리 교실은 아름답고 재미나는 알뜰한 교실이다. 교단 위에 붙어 있는 김일성의 초상화가 기쁜 마음으로 공부하러 오는 아이들에게 공부 잘 하라고 반갑게 맞이할 뿐 아니라 새 나라 착한 아이들이 되라는 격려도 잊지 않아서 알뜰한 교실이라는 것이다. 이 「우리 교실」은 알뜰한 새 교실을 지어준 김일성을 높이 받들고 그의 가르침에 따라 새 나라 일꾼이 되도록 항상 준비하겠다는 굳은 결의가 효성을 넘어 충성심으로 표명되어 있다.

　북한에서는 이 동시를 두고 "위대한 수령님에 대한 뜨거운 존경과 흠모의 정이 시 전반에 투철하게 일관되어 시 줄마다, 어휘표현마다 맥맥히 흘러 넘치고 숭고한 사상이 풍만한 생활정서를 통하여 생동하게 안겨와 숭고함에 휩싸이게 하는 특기할 기념비적 작품"[12]이라고 극찬하고 있다. 이 동시는 수령의 형상창조를 시적 주제로 삼아 혁명적 아동문학이 나아갈 근본 방향을 설정해 주는 북한 아동시가문학의 전형적인 작품이 되었다. 따라서 「우리 교실」은 『인민학교 국어』(4학년

---

12) 김종선, 「위대한 향도의 해발 넘치는 「우리 교실」」, 『문화어학습』(1982. 1), p.3

용) 교과서에 수록되어 있고, 또 해마다 '우리 교실 문학상' 현상모집을 개최해서 아이들에게 어린 김정일의 전범을 따라 배워 혁명가적 품성을 키우도록 교양과제로 삼고 있다. 이러한 김정일의 「우리 교실」은 김정일을 통해 김일성의 혁명과업을 부각시키는 상관물로 대치시킨 의도의 하나이자 김정일의 인물됨을 반전 효과로 격상시키고자 한 의도물임을 알 수 있다. 결국 「우리 교실」은 혁명적 아동시가문학 형성단계에서 "문단의 새로운 출발을 알리는 력사적 선언"[13]인 동시에 항일혁명 전통의 계승이란 미명 아래 김일성·김정일 부자의 세습체제 이행 과정을 알리는 출발점이 된 셈이다.

## 4. 80년대 이후 북한 아동시가문학의 시적 경향

북한의 아동시가문학은 1954년 「우리 교실」 이후 지금까지 큰 변화 없이 일관된 정책에 따라 꾸준히 계속되어 오고 있다. 다만 그 동안에 어린 김정일이 내세운 김일성에 대한 충성의 사상정서가 본받을 만한 전형으로 각인되어 오던 수령 형상창조에서, 김정일이 성장함에 따라 김일성의 혁명정신과 현명한 영도력을 이어받은 대를 이은 지도자로 김일성과 함께 형상창조의 대상이 되어 왔다는 점이 변화라면 큰 변화일 터이다. 이처럼 「우리 교실」 이후 북한의 아동시가문학은 뚜렷한 변화없이 일관되게 김일성과 김정일 그 두 사람을 중심으로 흠모와 찬양되면서 오늘에 이르고 있는 실정이다.

대체로 월간 문예지인 『아동문학』을 통해 북한 아동시가문단에서 지속적으로 활동해 온 시인들로는 강승한, 김우철, 박세영, 윤동향, 윤복진 등의 중진들과 곽문철, 구희철, 김영선, 김영수, 김영심, 김옥형, 김

---

13) 김종선, 앞의 글, p.3.

용주, 김인철, 김정란, 김청일, 라병호, 리선갑, 리영남, 리재남, 리정남, 리종락, 리창수, 림금단, 림신철, 림철삼, 명준섭, 문병환, 문희서, 민병준, 박갑인, 방정강, 박희창, 백영수, 안갑성, 안병곤, 오필천, 오홍수, 장준범, 정신룡, 조무길, 조태룡, 차영도, 허광순, 허룡갑 등 많은 전후 세대들을 꼽을 수 있다. 『아동문학』지에 발표된 80년대 이후 북한 아동시가의 구체적인 시적 경향은 영웅들의 모범 따라 배우기의 일환인 김일성·김정일의 어린 시절 형상화, 사랑으로 베푸는 수령의 품에서 자라는 행복한 생활, 남한 현실과 통일에 대한 허구화 등으로 대별해 볼 수 있다.

### 1) 따라 배울 영웅의 어린 시절

80년대 들면서 북한 아동시가문학이 보여주는 가장 중요한 시적 경향은 1981년 "조선소년단 창립 35돌을 맞으며 전체 조선소년단원들에게 보내는 축하문"[14]이라는 제하로 『아동문학』지에 발표된 김일성의 성명문에 잘 드러나 있다. 김일성은 이 성명에서 혁명의 전도와 조국의 미래가 전적으로 소년단원들에게 달려 있다고 전제하고 '명예의 붉은기 학교', '명예의 붉은기 분단' 칭호 쟁취운동과 숨은 영웅들의 모범을 따라 배우는 운동에 적극 가담하여 모두 당과 혁명에 끝없이 충직한 아들 딸이 되어야 한다고 당부하고 있다. 김일성의 교시가 곧 정책이고 원칙임을 재삼 상기시키지 않는다 하더라도 이미 「우리 교실」 이후 지금까지 북한 아동시가문학의 가장 중요한 주제가 수령의 어린 시절 형상창조에 있다는 것은 주지의 사실이다. 김일성의 성명문에 제시된 '영웅들의 모범 따라 배우는 운동'이란 김일성·김정일의 어린 시절 형상화와 더불어 장차 조국의 투쟁 역군으로 자라나기를 고무 추동하는 획일성을 말하는 것이다.

14) 김일성 「소년단원들은 주체혁명위업의 후비대로 튼튼히 준비하자」, 『아동문학』(1981. 7), p.5.

아, 아버지원수님께서
미제의 멸망을
조선의 승리를
온 세상에 선포하신
위대한 연설터에
푸르싱싱 자라는 소나무들아

[…중략…]

다시 또 한 번
네 둥근 줄기에 볼을 비빈다
우리도 살련다
그 날의 전사들처럼
우리도 자라련다
그 날의 전사들처럼

이 땅에 깊이 뿌리 내리면
저 하늘에 푸른 가지 펼치며
우리 모두를 맞이하고 배웅하는
연설터의 푸른 소나무들아
우리도 그 날의 영웅전사 되련다
　　　　　　─김영수의 「우리도 영웅전사 되련다」 일부분(1981. 4)

　위의 인용 작품은 '미제의 멸망'과 '조선의 승리를 온 세상에 선포'
한 김일성과 그 승리를 위해 몸 바친 영웅전사들처럼 장차 아이들도
투쟁의 역군이 되어야 한다는 당위적 신념을 표명하고 있는 의도 외에

당의 문예정책을 철저히 따르고 옹호하는 시인의 결의에 찬 열정을 동시에 읽을 수 있게 한다. 바로 시인은 당 건설과 활동에서의 영원한 동행자이며 충실한 방조자이고 또 훌륭한 조언자들이기 때문이다. 다시 말하면, 이 인용 작품은 당의 정책에 철저히 따르고자 하는 시인의 결의에 찬 자세로 아이들에게 영웅의 모범 따라 배우기를 고무 추동하고 있는 것이다. 림철삼의 「우리도 영웅될래요」(1981. 5) 허광순의 「발걸음소리 더 높이 울려라」(1985. 6) 등의 동요·동시 외에 기행련시로 발표되는 아동시가들은 대부분 이와 같은 고무 추동의 전형적인 시형들이다.

역시 영웅의 모범적 전형 중 문학적 주제로 집요하게 등장하는 것은 김일성·김정일의 미화 예찬된 어린 시절의 상징성이다. 미화 예찬된 그들 어린 시절의 상징이란 불요불굴한 혁명정신의 위대성, 탁월한 영도력, 지도자 수양의 굳건한 인내력 등을 의미한다.

① 말바위 말바위
봉화산의 말바위
어린시절 원수님
타고 노신 말바위

장수칼을 번쩍
번개처럼 달렸네
우리대장 한번 몰면
산도 강도 획획

천군만마 나가는 듯
하늘 땅이 쿵쿵

왜놈군대 족치며
삼천리를 달리셨네
　　　　　　　　　―윤복진의 「봉화산의 말바위」 전문(1981. 4)


② 눈 내리는 이른 아침
학교갈 때면
마음속에 앞서가신
예쁜 발자욱

난로불 피울 나무
듬뿍 지고서
지도자선생님
눈길 가셨죠

동무동무 달려와
받으려 해도
멜바굳게 잡고서
걸으신 자욱

나무단 지워주신
아버지 장군님의 뜻
제 힘으로 가라신
원수님 큰 뜻
　　　　　　　　　―리창수의 「앞서가신 자욱」 전문(1985. 1)


인용 작품 ①은 '봉화산의 말바위'를 타고 놀던 김일성의 어린 시절을 형상화한 동요이다. 이 동요에 김일성의 어린 시절은 "왜놈군대 족치며" 조선 해방의 꿈을 키우고 자랐다는 혁명정신의 위대성이 각인되어 있다. 그런가 하면, 인용 작품 ❷는 남의 도움도 받지 않고 험한 눈길에서도 제 힘으로 무거운 '난로불 피울 나무'를 지고 학교로 가는 김정일의 어린 시절이 형상화된 동시이다. 이 김정일의 어린 시절은 김일성의 탁월한 영도력으로 시험된 인내력을 김정일이 묵묵히 참고 이겨낸다는 수양 과정이 의도화된 것이다. 여기서 동시의 제목이 상징하는 「앞서가신 자욱」이란 큰 사람이 되도록 자식을 교육시키는 김일성의 탁월한 영도력이라는 '큰 뜻'과 그 뜻을 참고 이겨내는 어린 김정일의 수련 능력이 모두 남보다 앞서 있다는 뜻이다. 이와 같은 김일성과 김정일의 어린 시절의 모범성은 혁명적 아동시가에서 가장 훌륭한 종자잡기인 것이다. 결국 영웅들의 어린 시절 모범 따라 배우기란 김일성과 김정일의 형상창조이자 우상창조인 셈이다.

김일성·김정일에 대한 우상창조는 남보다 이미 그들을 기다리고 있는 탄생의 전설에서 보다 잘 나타나 있다. "조선의 태양이 누리를 비친다/만경대가 얼싸둥둥/삼천리가 얼싸둥둥"으로 김일성의 탄생을 형상화한 림철삼의 「만경대의 전설」(1986. 4)이나 "지도자선생님/탄생하던 날/백두산은 천만년을/기다렸대요"라는 김정일 탄생을 노래한 리종락의 「기다린 백두산」(1985. 2)이 그 대표적인 예이다. 두 사람의 탄생의 비범함을 똑같이 노래함으로써 김정일을 김일성과 동등한 위치에 올려놓아 완전한 후계자임을 입증하고 있는 것이다. 이러한 후계자의 입증은 두 개 봉우리로 제시하고 있는 것으로 쉽게 확인할 수 있다. 김일성은 "일제를 쳐부신 혁명의 제일봉"인 「장군봉」(림철삼, 1989. 7)으로, 김정일은 "조선의 미래를 안고/빛나오른" 「정일봉」(림철삼, 1989. 7)으로 그들은 각각 북한 사람들이 의지할 현재와 미래의 두 정신 기둥인 것이다.

이들 부자 외에도 공산주의 혁명투사로 추앙받고 있는 김정숙과 김형직이 각각 어머니와 할아버지로 형상화되어 있다. 이러한 북한의 아동시가문학이 김일성 혈육들의 영웅적인 어린 시절의 모습을 형상화하고 있는 것은 아이들에게 장차 김일성 혈육을 위한 투쟁의 역군으로 자라나 충성할 것을 제일 덕목으로 삼았다는 것이라 하겠다.

### 2) 사랑의 품 안에서 행복한 생활

북한 아동시가문학에 나타난 또 하나의 유형은 김일성과 김정일의 사랑의 품에서 한없이 따뜻한 행복감을 느끼며 생활한다는 감격적인 내용들이다. 이것은 아이들에게 그들의 고매한 덕성을 각인시키는 사상 덕목의 하나이다.

잊을 수 없어요
따뜻한 그 봄날
아버지원수님
우리집에 오셨던 그 봄날

원수님을 반기며 향기 가득 터치던
뜨락의 복숭아 꽃
해마다 피고 피며
그날의 기쁨을 불러 오는 집

나의 머리 다정히 쓸어주시고
옷장도 이불장도 열어보시던
사랑의 그 손길
지금도 나를 포근히 안아 주시는 것 같아요

다정한 그 목소리
지금도 곁에서 듣는 것 같아요

  　　　　　　　—문희서 「봄날만 같아요」 일부분(1981. 7)


　이 인용 동시는 '아버지원수님'으로 표현된 김일성이 '우리 집'을 방
문해 준 그 사랑의 미침이 아직도 봄날만 같이 따뜻하게 남아 있다는
행복한 생활을 회고조로 노래하고 있다. 여기서 '따뜻한 그 봄날'이라
는 표현은 김일성이 방문한 날이 따뜻한 봄날이라는 뜻이 아니라 김일
성이 나의 머리를 다정히 쓸어준 그 자애로움이 봄날처럼 따뜻하다는
의미이다. 곧 '봄날'은 아이들을 한없이 사랑하는 김일성의 고매한 덕
성을 의미할 터이다. 이 같은 김일성에 대한 끝없는 찬미는 정신룡의
「잊지말래요」(1981. 8)에서처럼 "오늘의 이 행복 꽃 피워 주신/원수님
의 은덕을 잊지말래요"라는 당위성으로 드러나게 마련이다. 그 잊을
수 없는 김일성의 따뜻한 품은 곧 조국의 품이기 때문이다.


어머니, 어머니
조국은 무엇이나요

조국은 네가 태어난 곳
네가 늘 보는 들판
네가 늘 보는 푸른 하늘
아버지원수님의 품이란다

  　　　　　　　—명준섭의 「어머니, 조국은……」 일부분(1986. 9)


　이 인용 동시는 바로 '조국＝원수님의 품'이라는 등식관계가 어머니
와 아이의 문답형식으로 자연스럽게 유도되어 있다. 다시 말하면 "네

가 태어"나고, "네가 늘 보는 들판"과 "푸른 하늘"이 김일성의 품처럼 은혜롭다는 의미가 바로 내가 태어나 자라고 묻혀야 하는 조국이 김일성이 주관하는 세계라는 개념으로 함축되어 있다. 윤복진의 "원수님 손길따라/대동강은 흘러요"(「대동강을 따라서」, 1986. 4)에서처럼 조국은 김일성의 품이어서 그의 손길따라 조국의 모든 산천은 주관되고 조정되게 마련이다. 한마디로 말해서, 북한의 아동시가문학에서 김일성은 아이들의 행복과 기쁨을 안겨 주는 근원으로서 아이들에게 행복한 삶을 살아가도록 봄날 같은 빛을 내려주는 하늘이기도 하고, 삶의 터전을 마련해 주는 들판과 같은 존재이기도 한 것이다. 이러한 김일성의 사랑의 품은 가이없어서 "그 품이 얼마나 큰가를/내 아직은 다 알지 못해요"(문희서 「조국의 품, 사랑의 품」, 1981. 9)처럼 무한히 열려 있는 공간이다. 이 가이없는 사랑의 공간에서 자라난 북한 아이들은 "나는 조선아이"(서오기, 1987. 8)라는 자부심을 가지고 생활할 뿐 아니라 김일성이 태어난 만경대를 영원한 마음의 고향으로 새기며 살아가는 것이다. 결국 북한 아동시가문학에 나타난 행복한 생활의 표현법은 북한 아이들에게 김일성의 은혜로운 사랑에 감복하고, 무조건적인 충성심과 그에 따른 희생도 감수하는 인간으로 키우는 의도화된 교양덕목이라 할 수 있다.

### 3) 남한 현실과 분단의 허구화

북한 아동시가문학에 나타난 또 다른 유형은 남한 현실과 분단 고착화에 대한 허구성이다. 북한 아동시가에 의하면, 미국은 원한의 분계선을 갈라놓은 원흉이며 "밉고 미운" "원쑤놈"의 나라이다.

누가누가 우리 땅을
갈라 놓았나

지도를 그리자니
손이 떨린다.

원쑤놈들 철조망
늘여놨지만
콩크리트 장벽을
쌓아놨지만

밉고 미운 미국놈
안된다 안돼
우리나라 못다친다
조선은 하나!

그 누구도 못가른다
우리의 마음을
분계선 없는 지도
나는 그린다

―윤동향의 「내가 그린 지도」 전문(1988. 12)

이 인용 동시는 "조선은 하나"지만 "원쑤놈들"인 "밉고 미운 미국놈"들이 "철조망"과 "콩크리트 장벽을 쌓아" 분단을 고착화시킨 주범이라며 통탄하고 있다. 그 통탄은 다시 "밉고 미운 미국놈"에게 "안된다 안돼"라고 결연한 자세로 꾸짖으며, "분계선 없는 지도"를 그리겠다는 엄숙한 다짐을 표명하고 있다. 이와 같이 북한 아동시가에서 미국은 통한의 분계선을 갈라놓고 고착화시킨 끝없이 "밉고 미운" 원한의 나라이다.

북한 아동시가에서는 미국과 마찬가지로 남한 정부와 통치자들도 "밉고 미운" 증오와 경멸의 대상이다. 남한 정부의 통치자는 미국의 앞잡이이자 꼭두각시라는 인식 때문이다. 그 "밉고 미운 미국놈"과 그 앞잡이들로 인해 남조선 아이들은 배움의 권리를 잃고 식민지 파쇼통치 밑에서 온갖 천대와 멸시를 다 받으며 신음하고 있다는 것이다.[15] 「내가 그린 지도」는 바로 남조선 어린이를 구하기 위해서라면 "밉고 미운 미국놈"을 조선에서 몰아내어 "분계선 없는 지도"를 다시 그림으로써 가능해질 수 있다는 것을 전제한 동요이다. 북한 아동시가에서는 미국과 남조선의 통치자에 대해서 풍자동요·동시라는 시형을 통해 원색적으로 경멸하고 비난하기까지 한다.

> 우환거리 생겼다 조심들해라
> 두발 가진 미친 개 컹컹 짓는다
> 박정희놈 제 아비로 떠받들더니
> 미국놈의 졸개로 미쳐날뛴다
> 기껏해야 두 환짜리 미친 개에게
> 아차하면 물린다 때려 잡아라
> ─김옥형의 「두 환짜리 미친 개」 일부분(1981. 5)

위의 인용된 풍자동시는 남한 통치자를 전면 부정하고 경멸 조롱하는 선을 넘어서 혐오의 대상으로 삼고 있다. 남한 통치자인 전두환이란 이름을 "두 환짜리 미친 개"로 비꼬아서 "두 환짜리"라는 한낱 가치 없고 값싼 "미친 개"에 "아차하면" 물리니까 "때려잡아" 화근을 없애야 한다는 섬뜩한 느낌마저 들정도로 원색적인 비난을 퍼붓고 있다. 풍자동요·동시란 이름으로 발표되는 모든 북한 아동시가는 남한사회

---
15) 김일성, 앞의 글, p.4.

의 변화에 맞춰 그때 그때 경멸과 비난의 대상을 바꿔가며 힐난하는 시사적인 작품들이다. 예를 들면, 허룡갑의 「양코배기 철갑모」(1981. 6), 문희서의 「안간다 안가」(1984. 11), 김정란의 「야하 꼴봐라」(1985. 7) 등이 그것이다.

북한의 아동시가문학은 동요·동시를 통해 남한 정부를 허구화할 때 주로 통치자의 이름을 직접 등장시키는 것이 한 특례이다. 그것은 남한과 북한사회 모두에 기능하는 전술적 의미를 염두에 둔 시적 장치라 할 수 있다. 남한사회에 대해서는 통치자를 모두 남한 국민의 적으로 몰아붙임으로써 통치자와 국민들 사이에 첨예한 적대감을 형성하게 하여 남한사회에 화합을 분쇄하려는 의도화된 장치이고, 북한사회에 대해서는 선전 선동을 위한 사상교양의 수단으로 의도화된 장치인 것이다. 북한의 아동시가문학은 이같이 목적의식을 위해 남한 현실을 마음대로 왜곡하고, 마음대로 허구화하고 있다. 그 왜곡은 김일성의 품에서 한없는 은혜로움과 따뜻한 사랑을 받고 자라나는 북한 어린이들과 온갖 천대와 멸시를 당하며 사는 남한 어린이와 대조를 이루게 되어, 북한 아이들에게 우월감을 갖게 할 뿐만 아니라 분단 고착화의 원흉이라는 남한 통치자에 대한 증오심을 키워 주며 김일성의 투철한 혁명전사로서 남한을 해방시켜야 한다는 의무감을 심어주는 구실을 하는 것이다. 밝고 발랄하고 귀여운 맛을 주는 언어형상 문제를 남달리 강조해 온 북한 아동시가문학에서 풍자동요·동시에서의 천박한 비어 사용은 어떤 목적을 위해 수단과 방법을 가리지 않는다는 사실을 반어적으로 말해 준 것이라 하겠다.

결국 따라 배울 김일성·김정일의 어린 시절 형상화나 수령의 품에서 자라는 행복한 생활, 남한 현실에 대한 허구화 등 이 세 가지 시적 경향은 모두 북한 아이들에게 인식교양과 사상교양이라는 교육적 효용성을 염두에 둔 북한 아동시가문학의 특징인 것이다.

## 5. 맺음말

지금까지 이 글은 80년대 이후 북한에서 발간된 월간 『아동문학』지에 수록된 아동시가와 기타 북한 자료를 통해서 북한 아동시가문학의 세 특성을 살펴본 것이다. 그것은 북한 아동시가문학을 살피는 일이 곧 북한 아이들의 당면한 현실을 보다 바르게 이해할 수 있다는 점에 기초한 것이다.

오늘날 화해와 공존이라는 세계사적 준엄한 파고는 철벽 같기만 하던 우리 분단의 벽을 넘어서 우리에게도 화해와 공존의 기운을 북돋아 주고 있다. '남북 합의서' 채택, 비핵화 선언 등 실로 분단 극복을 향한 힘찬 발걸음을 한 걸음씩 내딛고 있는 현실이다. 이러한 시대적 현실에서 우리는 이미 남북한 신뢰 구축과 민족의 동질성 회복이라는 교감을 「고향의 봄」, 「우리의 소원」이라는 두 곡의 동요를 통해서 감격적으로 체험한 바가 있다. 그것은 분단 이래 가속화되어 왔던 남북 이질화 현상에 동심의 정서로 민족적 일체감을 체험시킨 일이라 할 만하다. 그만큼 동심의 정서는 남과 북의 이념적 대립도 초월하게 하는 강한 향수를 지닌다고 하겠다. 그러나 한편으로 북한의 아동시가문학은 모든 아이들이 공동으로 소유하고 있는 동심이란 고유정서도 그 사회의 체제에 따라 개인의 사적인 정서로 묶어 둔다는 사실을 새삼스럽게 깨닫게 해주고 있다.

남북한 아동시가문학의 이 같은 이질감은 문학적 인식 방법 이전에 아이들에 대한 인식 태도부터 달라서 파급된 현상이다. 그것은 북한의 주체사상이라는 특수한 문화현상이 "우리 식 사회주의제도의 예술적 반영"이라는 형태로 아동시가문학에 적용되면서 아이들의 동심이란 고유한 정서를 특정 개인의 사적 정서로 침윤시킨 결과이다. 북한이 아이들을 '조국의 미래'라고 아이들에 대한 인식을 남한과 똑같이 하면서도 북한 나름의 '주체위업의 계승자'라는 특정한 사명을 부과하여, 새 세대들에게 주체의 혁명관 수립이라는 목적 수행을 아동시가문학이 담당하게 했기 때문이다. 그 결과 북한 아동시가문학은 김일성·김정일의 어린 시절이 미화 예찬되어 아이들에게 따라 배울 전범으로 내세워지고, 북한사회는 그들의 따뜻한 품 속에서 행복한 생활을 꿈꾸는 이상 세계의 표본으로 제시되었다. 그와는 상대적으로 남한사회는 무참히 왜곡되어 어린이들이 미국과 그 앞잡이들의 파쇼통치 밑에서 배움의 권리를 잃고 온갖 천대와 멸시를 받고 사는 비참한 삶의 현장으로 비쳐지고 말았다. 이러한 획일성은 북한 아동시가문학의 성격과 창작 의도에 따라 낯설은 여러 갈래로 나누어짐으로써 우리에겐 더욱 생경한 이질감을 감득하게 해주었다. 남북 분단 이후 지금까지 우리식대로의 예술적 반영이라는 특정한 아동문학의 개별성이 엄청난 이질감을 초래하게 만든 것이다.

문학은 다양성을 생명으로 삼는 예술이다. 특히 동심을 소지한 아이들의 문학일수록 다양성의 추구를 절실하게 요구한다. 아이들에게는 끊임없이 무엇인가를 알고 싶어하는 욕망과 지향, 미지의 세계에 대한 호기심, 자기 나름대로 생각하고 판단하는 상상력, 그리고 순진무구한 천진성과 낭만성 같은 특유의 심적 특성이 있다는 사실에 연유한다. 그러므로 아동문학은 아이들이 우리의 미래라는 인식에서 비롯되어, 문학을 통한 새로운 가치관과 숭고한 인간정신을 심어주어야 하는, 고유한 문학적 기능을 가지고 있다.

아동문학이 그렇다고는 하더라도, 우리가 이미 남북 교류에서 동요를 통한 진정한 향수의 교감을 분명히 체험했듯이 이질화된 북한 아동시가문학을 살펴보는 일도 결국 동심의 교감을 이루어 민족적 화해를 촉발시키겠다는 작은 노력의 하나라고 할 수 있다. 동요를 통한 향수의 교감을 확인했다는 것은 이제 남북한 아동시가문학에서도 동심의 교감을 이루어 아동 특유의 고유한 정서를 북한 아이들에게 다시 되돌려 줄 수 있으리라는 확신을 심어주는 일이기 때문이다. (1992)

제3부

# 반성과 성찰

# 동화문학의 새로운 서사적 가능성

동화는 문학의 규범이다.
모든 문학적인 것은
동화이어야 한다.
—노발리스

## 1. 동화문학의 위기

'아동문학의 꽃'이자 '아동출판물의 왕자'로 여겨오던 동화문학이 후기 산업사회라 불리우는 오늘날에도 여전히 그 장래가 보장되고, 또 온전히 그 형태를 유지해 나갈 수 있는 문학 장르인가 하는 물음은 동화문학이 점점 독자의 관심으로부터 멀어지고 있다는 반성이 일 때마다 제기되는 문제의 하나이다. 그러나 이 물음은 반복된다 할지라도 동화문학의 종언을 예고하는 절망적 시각에 닿아 있기보디 오히려 동화문학의 새로운 도전적 장래를 예견하는 반성적 성찰일 때 여전히 가치 있다.

사실 지난 91년 한 해 동안 발간된 동화집 및 소년소설집은 약 300여 종에 이르고, 아동문학지, 아동신문·잡지, 문학단체 정기간행물,

지방 아동문학회지 등에 발표된 작품의 총수는 약 700여 편에 달한다. 월 평균 25종의 창작집과 약 50~60편이나 되는 작품 발표량은 아동문학 인구가 저변 확대되었음을 증명하는 자료임이 분명하다. 문제는 그 많은 작품을 생산해내는 작가들의 열정에 비해 어린 독자들에게 어느 정도의 영향을 주었는가 하는 효용론적 관점이다. 아마도 어린 독자는 대부분 그 많은 작품들이 실제 어디에 발표되는지조차 모를 법하기 때문이다. 이것은 오늘의 동화문학이 안고 있는 위기 상황을 한마디로 압축한 일례일 터이다.

우리 동화문학의 형성 과정은 세계 명작동화의 번안으로부터 시작되었다. 1920년대 초창기 동화집으로 발간된 것이라곤 고경상의 『금방울 턴원』(광익서관, 1921), 배위충의 『이솝 우언』(조선야소교서회, 1921), 오천석의 『금방울』(광익서관, 1921) 등을 비롯해 가장 대표적인 방정환의 『사랑의 선물』(개벽사, 1922)에 이르기까지 모두가 번안동화집이었다. 초창기 번안동화들은 우리 동화문학 형성 과정에 많은 영향을 끼쳤을 뿐만 아니라 그 다음 세대에까지 독서 욕구를 충족시켜 주는 문학적 풍토 조성에 놀라운 파급 효과를 가져다 주었다.

세계 명작 번안동화라는 것은 그 나라의 고유한 이야기의 배경 자체는 그리 중요하지 않아서 매번 바꾸어도 이야기 전체의 의미는 손상받지 않는다. 그것은 번안자가 원작자의 입장에서 충실하게 이야기를 옮기기보다 자기의 관점에서 그 이야기가 지닌 신성한 원리만을 전달하는 데 전념하기 때문이다. 그 결과 번안의 자유로움과 용이함으로 인해 그 이후 세계 명작 번안동화의 무절제와 무질서를 불러왔고, 우리 동화작가는 그런 번안동화가 지닌 고유의 신성한 원리를 차용한 채 '국적 없는 동화'를 양산해내기도 한 형편이다. 어린 독자는 번안동화의 원리를 차용한 우리의 창작동화보다 세계 명작 번안동화의 신비한 이야기를 더 선호하는 보편화된 독서 성향을 보이게 된 것이다.

특히 아이들이 좋아하는 세계 명작 번안동화라는 것은 대개가 모험과 탐험을 구가하는 흥미있는 것들이다. 아이들은 신비로운 모험 이야기를 통해 새로운 세계를 경험하고자 하고, 색다른 인간상을 발견하고자 한다. 뭔가 달라보이는 인물과 세계, 즉 비동일성(nonconformity)을 찾아서 자기의 호기 충동을 채워가며 점차 우리 창작동화와 결별하게 되었다.

오늘날과 같은 후기 산업사회에 들면서, 아이들의 독서 성향은 또 다시 바뀌게 되었다. 후기 산업사회는 소비와 문화라는 상업성과 오락성을 지향하는 대중문화의 시대이다. 문화가 현대의 눈부신 과학 기술과 야합함으로써 범속한 대중문화라는 개념을 낳고, 이 개념은 문화산업으로 발전하면서 상업주의와 오락성을 지향하게 된 것이다. 이미 우리 아이들은 텔레비전이란 대중 매체를 통해 동요보다 가요나 만화영화 주제가 혹은 상업광고 노래를 더 즐겨 부르고, 동화보다 오락성이 강한 만화영화나 저급한 비디오에 더 흥미를 느끼게 되었다. 이제 소박한 인쇄문화로부터 일상 속으로 깊숙히 파고드는 대중 매체, 영상문화, 전자오락 등 이른바 오락을 겸한 대용문화가 오늘의 아동문화를 대체하고 있는 실정이다. 소비와 문화는 어느 특정층의 전유물이 아니여서 막강한 침투력과 폭발적인 확산의 힘을 갖고 있다. 그 폭발적인 힘은 마침내 아동문화의 표준화와 획일성를 낳게 되었다.

어린 독자들은 신비한 탐험·모험 이야기에서 느끼지 못한 색다른 환상 세계를, 오락성이 강한 저급한 대용문화를 통해 맛보게 된 것이다. 그들을 끌어들인 색다른 환상의 세계란 무슨 일이건 다 할 수 있는 엄청난 초인간적 능력을 발휘하는 인물들의 활약상이다. 엄청난 초능력을 발휘하는 인물들에서 아이들은 환상을 순간적으로 갖게 되고, 자기들의 호기 충동을 만족시키며 스릴을 느끼고 갈채를 보내게 된 것이다. 이것은 그들이 가정과 학교로부터 강요 당하는 교육열이나 제한된 삶에서 그만큼 권태를 느끼고 있다는 증거이기도 할 터이다. 그러나 이 오락성이 강한 저급한 대용문화는 아이들에게 근원적인 문제에 대한 관심과 질문을 봉쇄하고, 우리 사회가 나아가야 할 공존의 의식보다 선과 악이 대결하는 세계라는 이분법적 사고를 경험시킨다. 초능력의 환상은 아이들의 경험과 의식의 확장을 초능력으로 보여주는 것이 아니라 도리어 우리의 현실과 동떨어진 왜곡된 경험을 미화하고 의식을 축소화한다. 아이들이 손쉬운 대용문화를 편식함으로써 정상 문화에 대한 허기를 불러왔고, 정신적 공동 상태를 부추겼다. 이런 아이들에게 정서를 되찾게 하고 정상 문화에 접근하게 해주는 환경이나 조건을 만들어 주는 중요한 아동문화의 하나라는 점에 바로 동화문학의 존재 의의가 있다.

후기 산업사회에 들면서, 이처럼 동화문학은 더욱 어린 독자들로부터 업신여김과 푸대접을 받게 되었고, 푸대접하는 독자를 강제로 문학 속으로 끌어들이려다보니 자연 편법이 생겨나게 되었다. 이 편법이란 우리 동화문학의 한계를 정상적으로 해결하려는 방편이 아니라 후기 산업사회가 지향하는 상업성과 야합한 비문학성의 추구이다. 곧 명랑동화, 생활동화, 철학동화, 성교육동화, 괴기과학동화 등의 이름을 지닌 비순수문학물로 이것들은 시대적 편법이 만들어낸 불가피한 산물이다. 비순수문학물은 참다운 인간 탐구나 깊이 있는 사고, 그리고 건전한 정서와 윤리성을 지향하기보다는 어떤 목적을 위해 어린 독자의 관심을 끌어 모으려는 일종의 군중 조작물이라는 점에서 저급한 대용문화에 지나지 않는다. 이것은 독자의 관심을 진지함보다 가벼운 읽을 거리 쪽으로, 사색적인 것보다 교양과 흥미가 절충된 쪽으로 모아가고 있는 시대상의 반영이라고 하겠다. 이러한 동화문학에서의 편법은 아이들 삶의 본질에 대한 탐구와 문학 양식에 대한 올바른 이해를 멈추었기 때문에 생겨난 어쩔 수 없는 한계인 셈이다.

오늘날 동화문학의 위기는 이처럼 문학 외적 상황과 맞물린 현상이어서 그 극복의 길은 보다 진지한 문학 내적 반성을 통해 문학 본연의 자세로 돌아오는 길에 있을 것이다. 그것은 무엇보다 순수 동화문학을 통한 독특한 재미성의 담보에 놓여 있음이 틀림없다. 아이들에게 순수성의 재미를 느끼게 해준다는 것은 신선한 감동을 맛보게 하고, 그들이 살아보지 못한 또 다른 어떤 유용한 삶과 세계를 경험시킨다는 의미를 지닌다. 동화문학의 위기 극복은 창작동화와 소년소설의 변별적 인식을 통한 바른 독법과 아울러 서로 다른 미학적 장점을 동화문학이란 서사적 양식으로 통합하여 하나의 동화문학으로서 새로운 정체성을 확립하는 길에 놓일 터이다.

## 2. 창작동화의 독창적 양식과 반성적 성찰

창작동화는 계기성과 인과성이란 서사적 진행 과정과 서정적 요소에 담긴 주관성이 함께 결합된 독특한 문학이다. 허구와 현상이 긴밀히 내통하여 시간적 초월성까지 조절해 가며 깨달음으로 이끌어가는 독창적인 예술 양식이다. 이러한 창작동화의 독창적 양식에는 진지한 삶의 성찰과 깨달음으로 향한 도정이 놓이게 된다. 창작동화의 세계는 현실과 거리감을 불러일으킬 정도로 사실적이지 않지만, 미적이고 주관적으로 파악되어진 상상의 세계 안에 아이들이 처한 삶의 세계와 진실되게 결합하려고 한다. 따라서 창작동화는 행위의 문제에 뚜렷한 관심을 제기하여, 행위에 대한 경험과 자각이 융합되어 나타나 현실을 다른 시각으로 제기한다. 이것은 창작동화가 공간과 시간 그리고 인물을 객관화하는 것이 아니라 행위의 사건을 위해 용인되었던 경험과 자각과 주제를 객관화하려는 것이다. 창작동화의 세계는 이미 예정된 유형적 형태에서보다 무한한 가능성을 내포한 무형의 세계로 지향될 때 재미와 감동을 동반한다. 따라서 창작동화의 미학은 서사적 진행 과정과 서정적 분위기가 비분리되어 창출해내는 감정의 순간적 포착과 무한한 변형을 동시에 교통하는 신성한 원리에 숨겨져 있게 마련이다.

우리 창작동화가 잃어버린 독특한 재미성은 아이들의 심리적 제 특성을 세계 명작 번안동화로부터 즉자적으로 받아들인 동화의 신성한 원리에 일치시키려고 한 인위적인 적응 과정에서 비롯되었다고 할 수 있다. 이때 인위적인 적응 과정에서 우리 동화작가들이 몇 가지 문학적 성찰을 간과했거나 혹은 미온적인 태도를 보임으로써 나타난 현상이다.

첫째는 우화의 정신이란 발화 양식에 대한 성찰이다. 우화란 이것을 이야기하면서 저것을 의미하는 발화 양식을 가진 알레고리 형식으로 현실에 대한 권선징악적 묘사나 풍자적 묘사를 통해 도덕적 교훈을 담고 있는 서사적 과정의 하나이다. 그런 의미에서 우화란 관념적이며 교육적이다. 관념적이라는 말은 비현실성이란 의미를 내포하고 있어서 추상성에 치우쳐 현실과 동떨어짐이란 뜻을 품고 있다. 또 교육적이라는 말은 비문학적이란 의미를 포괄하고 있어서 문학과 동떨어짐이란 뜻을 내포하게 된다. 추상적 관념보다 구체적 형상을 중시하고, 교육적 가치보다 문학적 가치를 부각시키려고 노력하는 동화작가들은 우화에 담겨 있는 관념적이고 교육적이란 의미에 대해 선입관을 갖게 마련이다. 그런 동화작가들은 추상적 관념을 구체화하는 문학화 과정에서 우화가 장애요인으로 작용한다고 보거나 체험을 형상화하는 데 부적절하다고 판단하고 있다. 그러나 동화에서 작중 인물이 지닌 본질의 형상을 부각시키거나 작품의 주제를 응축시키려면 필연적으로 관념의 개입이 요청된다. 이때 관념을 형상으로 인식시켜 주는 것이 우화의 정신이다. 우화의 정신은 한 작품에 일관된 의식의 호흡으로 작품이 지닌 상징적 의미성을 지니기 때문이다. 곧 우화의 정신이란 의식적이든 무의식적이든 현실을 보다 여실히 그려내려는 작가의 직관으로 작용된 적극적인 정신적 총체로써 작품 전체를 개괄하는 통찰 능력인 것이다. 그러므로 우화의 정신은 동화의 이야기 유형이 지니는 신성한 원리의 특수성을 분별하기 쉽게 시대성이나 사회성과 결합시키며, 작품의 내용과 주제를 응결하는 힘이 되어 어린 독자에게 이해의 편의와 함께 상상력을 구체적 영상으로 떠올리게 해준다. 따라서 우화의 정신은 현실을 관념으로 향하게 하는 것이 아니라 오히려 관념을 인식으로 바꾸어 주는 창조 활동인 것이다.

우리의 창작동화에서 우화의 정신을 동화의 미학으로 훌륭하게 형상화한 작품으로 정채봉의 『오세암』(창작과비평사, 1986)을 꼽을 수 있다. 오세암에 얽힌 전설을 제재로 설정한 이 창작동화는 단순히 설화의 신성한 세계를 동화로 허구화해 놓은 이야기가 아니다. 바로 우화의 정신을 통해 설화가 지닌 본질의 형상을 인식으로 새롭게 재창조해 주제를 응결하는 힘을 지니며 창작동화의 가능성을 열어준 대표적인 작품이다. 대체로 우리 창작동화는 이러한 관념을 다루는 일에 너무 소홀해서 종종 작가의 얼굴 내밀기, 개연성이 결여된 사건, 전체적 통일성의 결여, 결말 처리의 작위성, 우연성·획일성 등을 쉽게 노출시켜 왔다. 우화의 정신은 어느 시대 어느 사회에나 효용되는 초시간적 유효성을 지닌 가치임을 간과하지 말아야 할 것이다.

둘째는 팬터지의 성찰이다. 모든 사물의 현상은 현실적으로만 볼 수 없는 일이다. 하나의 실상으로 존재하는 것은 우리의 경험적 현실뿐이다. 그러므로 우리의 경험 속에는 꿈·환상과 같은 관념적 현실도 포함될 수 있다. 자기 감정과 욕망을 동일시하는 아이들의 꿈은 실제로 그들이 꿈을 갖고 자라는 존재인 한, 그것도 현실의 일부일 수밖에 없다. 참다운 창작동화는 현실의 경험적 세계만을 진실로 삼는 문학이 아니

라 꿈·환상과 같은 관념적 현실도 포함된 문학이어야 한다는 이유가
그 때문이다. 그래서 창작동화는 이런 관념적 현실을 보다 더 중요한
매재로 하여 문학화되기도 한다. 창작동화만이 갖는 특수성은 이 팬터
지를 예술적 창조 활동으로 유용하게 활용하는 데에 있다.

팬터지는 아이들의 경험적 현실과 관념적 현실을 내밀하게 내통하는
활동이며, 현실로 나타나지 못하는 상상력을 현실로 경험시켜 주는 창
조된 작품의 질서이다. 다시 말하면 꿈과 환상 등 상상의 극단적 전형
들을 질서화하여 사건 연결의 박진감이나 플롯의 짜임새를 그럴 듯하
게 하는 동기화 작용을 조절해 주는 초월적 능력이면서도 그것을 보편
화하는 질서 체계이기도 하다. 팬터지가 인간이 실제 할 수 없는 확장
된 의식의 세계를 독자에게 제시해 주어야 하는 것임에 틀림없지만 그
것이 체계적 질서를 이루어야 의미 기능을 가능하게 하기 때문이다.
따라서 훌륭한 팬터지는 경험적 현실을 약화시키는 것이 아니라 강화
시켜 주는 창조 활동이며, 현실성 자체를 무화시키기보다 승화시켜 주
는 한 방편이 된다. 우리의 창작동화는 너무 관념적 현실의 섬세한 표
현에 기울어 상대적으로 팬터지의 신성한 세계가 제한되고, 상상력을
응축시킨 결과를 가져왔다. 반대로 팬터지를 동화만이 갖는 초월적 능
력의 신성한 원리로만 파악해서 황당무계한 환상, 의도적 꾸밈이나 확
장, 그로 인한 에피소드의 왜곡 등을 불러왔다.

셋째는 전형적인 인물 창조이다. 등장 인물은 작품 속에서 사건의 담
당자이자 행위하는 주체이다. 전형적인 인물은 한 집단이나 계층을 대
표하며 어떤 구성집단원 전체의 보편성을 띤 가장 개성적인 인물이다.
한 작품에서 인물을 아무리 사실적으로 그렸다고 하더라도 그 인물은
일정한 조건에서 추상화되고 유형화된 인물일 따름이다. 창작동화에
등장하는 인물을 사실적으로 그린다며 일상에서 대하는 단조롭고 평
범한 생활을 제시한다면 아이들은 구태여 동화를 읽지 않을 것이다.

그들은 자기 생활의 단순한 반복도 권태로울 터인데 창작동화에서까지 그 권태로움을 확인하고 싶어하지 않을 것이기 때문이다. 아이들은 등장인물을 통해 자기와 비슷한 동일성의 추구와 자기와 전혀 다른 비동일성을 동시에 추구하고자 한다. 자신의 현재 상황과 비슷한 처지에 놓여 있는 인물이나 자신과는 전혀 다른 비범한 인물을 통해 어떤 정서적 체험을 체득하고자 한다. 아이들은 자신의 처지와 비슷한 상황을 스스로 극복하거나 혹은 어떤 고난과 대결하여 극복해 나가는 인물의 비범한 내면을 체험하는 과정에서 감동과 함께 대행 경험이란 값진 의미를 얻게 된다. 동화에서 대행 경험은 어떤 의미에서든 거시적 안목으로 삶을 내다볼 수 있게 하는 가치이자 점진적으로 삶을 이해해 나가는 과정의 하나이다. 따라서 전형적인 인물의 창조는 주인물의 특수한 체험으로 어린 독자들의 의식 속에 강한 인상을 심어주고, 의지력을 보다 강화시킨다. 문학성이 짙고 완성도가 높은 창작동화는 인물의 성격을 통해 아이들에게 근사한 연상 작용이나 상상력을 불러 일으켜 훌륭한 대행 경험은 물론, 자신의 생활 환경을 극복하게 하는 힘도 길러줄 수 있다.

우리의 창작동화는 인물의 성격 창조에 적극적이지 못해서 작가의 주관적인 동심 회억이나 특별한 환경에 처한 아이들의 생활, 혹은 일상의 타성을 허구화하여 무감동적인 작품을 낳는 결과를 가져왔다. 이제 우리 창작동화도 어떤 작품의 어떤 인물, 또는 서로 짝을 이루는 전형적 인물의 창조에 힘을 기울여 시대와 교류하는 인간형의 정립과 영원한 아이들 삶의 목표가 되는 인간형 창출에 온 정성을 기울여야 할 일이다.

## 3. 소년소설을 통한 이야기성의 회복

　동화문학도 문학인 이상, 동화가 지닌 독특한 구조 안에서 아이들의 삶을 양식화한 이야기이다. 이 말은 새롭게 성찰한 우화의 정신이나 판타지, 그리고 전형적 인물에 대한 창조 활동이 다 아이들에 대한 진실한 삶의 탐구로부터 이룩되어야 함을 의미한다. 그만큼 우리 동화문학의 지향성이 아이들의 삶과 존재에 대한 물음과 우리 사회의 근원적인 문제에 뿌리를 두어야 한다는 당위성을 내포하고 있다. 그러므로 우리 시대가 안고 있는 이야기성의 회복이야말로 동화문학이 실현해 나가야 할 현실이며 실제인 셈이다.

　그 동안 우리 사회는 쉴새없이 거대한 진통과 변혁기를 거쳐왔다. 오랫동안 급격한 변화가 계속되다 보니 정치적·사회적으로 혼돈된 것처럼 비쳐지고, 가치관이 흔들리는 위기 의식도 느껴왔다. 이런 시대일수록 동화문학은 보다 멀리 내다보고 깊이 통찰하는 시각이 절실해졌고, 바람직한 가치관 형성과 그것을 구체화하는 작업에 매달릴 필요성을 느끼게 되었다. 80년대 이후, 창작동화보다 소년소설 창작이 눈에 띄게 늘어난 것도 이런 사회 현상과 무관하지 않다.

　실로 지난 80년대 우리의 동화문학은 80년대란 거대한 격동적 시대에 대응한 실험기로 보아도 무방할 듯하다. 우리에게 80년대란 처절한 절망과 벅찬 기대가 겹쳐진 연속된 긴장의 시대였다. 우리는 80년대 벽두부터 5월의 충격과 절망을 맞았고, 끊임없는 시위와 거세어진 변혁의 소리를 들으며 6·29의 희망찬 기대감도 가져 보았다. 그 후 걷잡을 수 없이 분출된 과거 청산에의 의지로 우리의 인식이 놀랄 만큼 변화되어 갔고, 또 그만큼 혁신과 보수 사이에 갈등의 진폭도 넓혀 놓았다. 80년대 우리 동화문학은 이런 시대적 틈바구니 속에서 더욱 아이들에 대한 사랑으로 결속되어, 그들에게서 진실의 근원을 찾으려는 탐색의 과정이 한층 실험적으로 강화되었다. 그것은 의식의 개방성과 발상의 대담성으로 강화되기도 하고, 상상력의 다양화와 대형화로 나아가기도 했다. 그 결과 작가의 관심은 자연 창작동화보다 소년소설 쪽으로 기울어지고, 점차 단편에서 중·장편으로 과제의 성향을 넓혀갔다. 창작동화도 아름답고 고운 것을 전거하는 정적이고 개인적인 세계관에서 보다 극적이며 진보적인 세계관으로 나아갔다.

이렇듯 사회 구조와 제도에 대한 모순이라든지 경제적 빈부의 차이에서 빚어지는 계층간의 알력, 농촌 어린이와 이농 현상, 근로 소년 소녀, 부모 없는 어린이, 소외된 도시 어린이의 생활상과 공동체적 삶의 모색 등 이런 주제에 대한 심도 있는 관심은 시대적 변화 논리에 대한 민감한 문학적 대응이라 할 만하다. 적어도 현실적 주제의 변화된 의식은 허무한 환상이나 관념으로부터의 당연한 복귀를 불러왔다. 그러나 우리 동화문학이 현실적 문제만을 고집하여 지엽적인 현실까지 편향적으로 보려한다면 그것은 협소한 문학관에 지나지 않을 것이다. 그것은 동화문학이 단지 현실의 거울적 기능에 그칠 뿐 동화문학 자체가 또 하나의 현실이라는 점을 잊어버리는 일이 되기 때문이다. 소외된 아이들의 현실을 사회적·경제적 차원으로만 접근하려 할 때 가장 자유롭고 순수해야 할 아이들이 어느 특정 계층의 전유물이 되어 그들 가치관의 잣대로 아이들의 삶이 도식화·획일화될 수 있는 위험성이 뒤따르게 된다. 이런 점에서 소외된 아동을 등장시키는 동화문학일수록 보편적인 삶의 총체로서 전형성을 띠고 있어야만 지엽적인 이야기라는 약점에서 벗어날 수 있다.

예컨대, 80년대 우리의 인식 변화를 잘 반영하고 있고, 또 발상의 대담성과 우리 시대의 이야기성 회복이라는 점에서 아동문단과 독서계에 적잖은 파문을 던져 주었던 권정생의 두 권의 장편 소년소설 『몽실언니』(창작과비평사, 1984)와 『점득이네』(창작과비평사, 1990)가 그 적절한 사례가 될 듯하다. 이 두 작품은 모두 우리 민족사와 우리 사회에 복합적으로 얽힌 모순에 대한 시대의 아픔과 작가의 아픔을 드러내 놓고 있다는 공통점을 지니면서도 서로 다른 작품성을 보여주고 있다. 다시 말하면, 이 두 작품은 공히 거대한 허위로 분칠한 지배 체제와 이데올로기에 맞서는 개인의 끈질기고 기구한 삶을 형상화해 놓고 있지만 『몽실언니』에서는 주동인물이 한 시대를 대표하여 보편적인 삶의 총체로 확대되며 전형성을 띤 반면, 『점득이네』는 한 시대의 수난사라는 전형성이 작품의 인과적 과정 속에서 보편성으로 더 발전해 나가지 못하고 특수 집단의 삶터로 축소화된 지엽적 약점을 드러내 놓고 말았다. 그것은 작가의 개인적 아픔이 시대적 아픔을 넘어 보다 개별화되었다는 증거이다. 하지만 『몽실언니』는 몽실이란 주동인물이 보여주는 끈질기고 기구한 삶 자체가 특수 집단의 삶터로 축소화되지 않고, 우리의 한 시대를 증언하는 커다란 의의를 담고 있다.

이처럼 동화문학에서 중요한 인식의 변화는 현재에 국한된 아이들의 현실적 삶에만 놓여 있을 수 없다는 안목에 있다. 아이들이 현존하는 실존의 상황과 그 이후의 불확실한 미래에 대한 인식도 함께 병행되어질 때 비로소 한 인간의 삶의 현실에 대한 전체적 인식이 가능해지고, 그들도 하나의 인격체로 독립될 수 있는 까닭에서이다. 동화문학에서 전체적 인식이란 현실을 통해 미래를 보여주는 원리가 되는 전망적 인식이다. 이렇듯 우리 동화문학이 인간의 삶을 억압하는 원인에 대한 반성뿐만 아니라 인간의 삶을 인간답게 해주는 동인에 대한 깊은 통찰도 함께 요구되는 것이다. 또한 의식의 개방화와 다양성은 우리 동화문학도 현실과 상황에 대한 대응논리의 한 표현 방식이며, 시대정신을 수용한 시대의 문학임을 인식한 증거일 터이다. 이것을 소년소설의 몫으로 물려받은 셈이다.

결국 현실을 바라보는 인식, 그것을 보다 현실의 내면에 감추어진 진실을 캐내는 예지로 활용해 나갈 때 비로소 우리 동화문학의 장래는 밝아질 수 있다. 동화문학은 동심이란 영원 불변의 절대적 진리를 몽상하는 문학이 아니라 아이들의 영속적 삶의 가치를 부여해 주는 문학임이 자명하기 때문이다.

## 4. 동화문학의 새로운 서사적 가능성

오늘날 당면한 동화문학의 장래를 유보하는 가장 큰 결점은 창작동화와 소년소설의 변별성을 인식하기보다 엄격히 구별지으며 이항대립으로 보려 한 점이다. 우리 동화문학에서 계속되어 온 환상이냐 현실이냐, 혹은 예술성이냐 교육성이냐 하는 가치없는 논쟁도 여기에서 돌출된 강박관념이다.

실제 창작동화와 소년소설은 특유의 변별성을 지니고 있다. 창작동화가 보다 비유적이라면 소년소설은 산문적이고, 창작동화가 자주성과 창조성을 강조하고 있다면 소년소설은 현실성과 역사성을 추구한다. 창작동화가 관념에 접근한다면 소년소설은 인식에 가깝다. 창작동화가 관념을 통해 비현실도 한껏 자유롭게 끌어들일 수 있었지만, 소년소설은 아이들을 둘러싸고 있는 모순에 대처해야 함으로써 관념이 떠맡았던 짐을 새롭게 인식하게 된 것이다. 그것은 창작동화가 자연의 원리와 인간의 질서에 관심을 갖고 어린이의 관념 체계로서 세계를 이해하기 시작한 것이라면, 소년소설은 경험 세계와 인간의 변화된 새로운 관계를 반영한 것이어서 더 이상 동화의 신성한 원리에 의존하지 않고 아이들의 관점으로 세계를 인식하게 되었다는 것이다. 따라서 소년소설은 사회의 이념과 개인의 삶이 조화될 수 없다는 현실의 분열된 실상을 드러내면서 그 분열을 극복하려는 개인의 내면적 의지와 삶의 의미를 묻는 것이 중심 과제가 되었다. 상대적으로 창작동화는 현실을 있는 그대로 그리기보다 이상적 세계로 나아가는 모습으로 형상화하여, 자연의 섭리와 인간적 가치가 일치된 이상이나 현실을 그린다 하더라도 이상적 삶과 조화된 현실을 형상화하는 조화 양식으로 굳어졌다.

소년소설도 갈등을 극복하고 조화로운 이상적 사회나 개인으로 나아가려는 삶의 궁극적 목표를 지닌다는 점에서는 창작동화와 공통점을 지닌다. 이것들의 이상 세계 건설은 그냥 주어지는 것이 아니라 인물의 비범한 행동과 인식을 통해서 제시되기 때문에 창작동화나 소년소설 모두 주동인물의 전형성이 요구된다. 다만 주동인물의 전형성이 창작동화에서는 이상적 성격을 지닌 것이라면, 소년소설은 사회에 요구되는 현실을 성취하기 위해 신념으로 극복되는 현실적 성격으로 그려질 따름이다. 결국 창작동화와 소년소설이 갖는 변별성이란, 동화는 보다 관념적이기 때문에 어린 독자에게 세계를 이해시키는 힘이 되고, 소년소설은 보다 사실적이기 때문에 독자를 끌어들이는 힘을 지닌다는 점이다. 그러나 그 힘은 공히 어린 독자를 세계에 대한 깨달음의 길로 이끄는 장력이라는 점에서 공통점을 지닌다. 이처럼 창작동화와 소년소설은 서로 다른 인식으로 창조 활동을 추구하며 각기 다른 배경속에서 생성된 것처럼 보이지만, 이 둘을 동화문학이란 하나의 장르로묶음으로써 강력한 장점들을 직조하는 길이 열리게 되는 것이다.

이제 후기 산업사회에서 비롯된 동화문학이 당면한 새로운 도전의 의미성이란 다름 아닌 창작동화가 순수한 환상, 투명한 언어, 비유성, 풍자성, 창조성, 동심의 향수, 이상적 사회, 꿈 같은 우화, 공감력 등을 고집하거나 또 그것을 부정하는 것도 바람직한 일이 아님을 깨닫는 일이다. 또한 소년소설이 현실성, 모순 비판, 사회와 개인의 갈등과 분열, 급진성, 인간적 가치, 존엄성, 자아 반영, 합리성, 통속성 등을 고집하거나 또 부정하는 것도 능사가 아님을 깨닫는 일이다. 창작동화와 소년소설이 인식한 서로의 안티테제를 보완하고, 종합하고, 합리화하고 또 강화해 나감으로써 진정한 동화문학으로의 새로운 질서와 총체성을 회복할 수 있는 길이 열리게 되는 것이다. 여기서 총체성의 회복이란 서로 다른 두 인식이 서로 넘나드는 상호 보조적 관계를 갖는 고도로 복합적인 개념을 이르는 말이다. 우리 동화문학에서 환상이냐 현실이냐, 혹은 예술성이냐 교육성이냐 하는 양자 택일의 해묵은 이항대립이나 동화문학의 비순수성에 대한 논의도 이런 총체성의 회복으로 극복될 수 있을 터이다. 따라서 동화문학이 창작동화와 소년소설의 사소한 양식 논쟁을 벌이며 서로의 우위를 점유하고자 할 때, 어린 독자들을 획일적인 대용문화에 빼앗겨 버린 결과를 반성해야 할 것이다.

결국 후기 산업사회에서 동화문학이 지향해 나가야 할 새로운 서사적 가능성은 하나의 작품이 지극히 동화적이면서 또 지극히 소년소설적이어야 한다는 데에 있다. 그렇게 이룩된 동화문학의 영원한 주제는 인간 사랑이며 인간 회복이다. 인간 사랑과 인간 회복은 단순히 어른들에게 있어 과거의 회복이 아니라 아이들을 살아 있는 인격체로 남게 하는 인간의 해방이다. 1980년대를 대표하는 정채봉의 창작동화 『오세암』이나 권정생의 소년소설 『몽실언니』가 갖는 문학적 의의도 지극히 동화적이면서 소년소설적이라는 양식적 양면성과 인간 사랑, 인간 회복이라는 총체성을 충족시켜 주었다는 점에 있다. 이같이 창작동화와 소년소설의 상보적 관계를 유지하는 새로운 인식론적 움직임 안에서 1990년대 한국 동화문학은 새로운 돌파구를 찾을 수 있는 길이 열릴 것이고, 깨달음의 미학으로 거듭날 수 있을 것이다. (1992)

# 동시문학을 어떻게 볼 것인가

### 시적 형상화와 현실 수용의 문제

> 동심은 홀연히 문득 잃어 버린다.
> 대개 처음에는 문견(聞見)이 이목(耳目)을 따라 들어와서
> 그 마음 속에 주장을 하여 동심을 잃게 되고,
> 자라서는 도리(道理)가 문견을 따라 들어와서
> 그 마음 속에 주장을 하여 동심을 잃는 것이다.
> ―이 지

## 1. 동시문학의 시련

돌이켜 보면, 동시문학사는 장르의 허약성을 안고 고뇌하던 시련사로 기억된다. 여느 문학 장르보다 더 독자의 인식 능력과 사회 현상에 민감하게 반응해야 했기 때문일 것이다. 장르란 '문학의 존재양식'이요, '문학적 관습'이다. 시(詩)이기 전에 이미 요(謠)로 존재하던 동시문학이 문예비평의 탄탄한 이론적 토대 없이, 또한 아동문학적 견지에서 전래동요나 문헌기재동요 등이 뿌리 깊게 연구되지 못한 채 시로 지평을 넓히며 문학적 관습을 바꿔버린 뒤 감당해야 할 시적 형상화 문제와 시의 기능 문제에 대한 시련은 어쩌면 당연한 귀결일지 모른다.

바로 현대 동시는 '시'이면서도 '동시'라는 아이 '동(童)'자에 묶인

한계성과 그 한계를 벗어나려는 시적 충동이 걸핏하면 난해시라는 쟁점의 불씨가 되곤 하였다. 거기에 역사와 시대, 사회 현상이라는 현실적 문제를 어떻게 동시로 수용하고 어린 독자에게 제시해 줄 것인가라는 물음에 봉착하면, 그 문제는 곧 논쟁으로 비화되어 더욱 양분화된 미묘한 감정을 표출하게 된다. 동시문학의 모든 논쟁은 일차적으로 아동의 문제가 개입되고 부딪히면서 첨예화되기 마련이다. 동시문학에 있어서 장르의 허약성이란 그 '동' 자에 묶인 논쟁과 대립이 심화되어도 깊은 학문적 성찰 없이 주장만 반목해 왔다는 뜻일 터이다. 현대 동시문학은 이러한 터전 위에서 악전고투해 온 실로 대견스런 문학 양식인 셈이다.

저간의 사정이 그러한 만큼, 현대 동시문학사를 재조명하는 작업은 성급한 일반화와 독단화에 빠지기 쉬운 위험성을 충분히 내포한다. 다만 동시문학에 대한 시인의 인식구조 변천을 조심스럽게 점검하면서 현대 동시문학사의 흐름을 조망해 볼 필요성은 있을 성싶다. 성급한 일반화와 독단화를 피하는 방법은 먼저 동시문학의 발전사와 논쟁사를 분리하는 일로부터 비롯될 수 있기 때문이다. 또한 그러한 조망은 동시의 원형을 찾게 하고, 나아가 동시와 시를 구별하는 일이기도 하겠다. 동시와 시를 구별하는 일은 동시 나름의 독창성과 장르의 새로움을 인지하는 기초 행위이다. 동시가 지닌 장르의 허약성도 시인이 시적 대상(poetical object)을 어떻게 수용하고 어떠한 반응을 보여 왔으며, 또한 변천하고 발전하는 사회 현실에 어떻게 대처해 왔는가라는 시인의 인식구조 변천을 검토하는 일로부터 벗어날 가능성도 없지 않다.

## 2. 현대 동시문학의 원형

　현대 동시문학의 원형, 곧 본디의 모습은 어떤 것일까. 결론부터 말하면, 한국 현대 동시문학은 시적 속성보다 요적(謠的) 속성이 강한 동요로부터 시작되었다는 특수성[1]을 해명하는 일이 현대 동시문학의 원형을 찾아가는 길이라 할 수 있다. 1920년대 동시문학이 시문이기 이전에 먼저 노래로서 운율적 흥미와 더불어 집단 공동체적 공감의 정서를 함유한 창작동요로의 출발이 이른바 '사적(史的) 전통'을 계승 발전시킨 현대 동시의 본디 모습이며 특수성인 셈이다. 그러니까 현대 동시의 원형은 개인 감정과 집단 감정이 공존하는 원시예술적 맥락에 닿아 있다. 당시의 창작동요는 서사적인 이야기 요소를 갖추며, 자아와 세계가 일원화되고, 내재된 욕망이 실현되기를 갈망하는 염원의 정서를 담고 있는 노래이다. 그런 면에서 1920년대 창작동요가 신라 진평왕 때의 「서동요」로부터 구한말 「녹두새요」에 이르는 문헌기재동요나 전래동요들과 그 역사적 계보를 잇고 있다고 할 만하다. 곧 시대가 다르고 삶과 가치관이 달라져도 변함없이 이어져 내려온 요적 양식이 동시문학의 본디 모습이다. 현대 동시문학은 이런 사적 전통에 연계된 문학적 관습 안에서 변형 발전한 독자적인 문학 양식인 것이다.

　이렇듯 동시문학의 원형은 시인의 감정을 세계에 투사시키거나 어린이의 화법이나 시점으로 비인격물을 인격화한다거나 혹은 동화적 상상력과 시적 상상력을 동시에 수용하는 독창적인 양식이다. 시적 상상력 속에 잠재된 동화적 의미, 그것은 바로 동시문학이 독자적으로 살아남게 하는 독창적인 양식이 되는 힘이자 동시문학이 갖는 미학이다. 이처럼 현대 동시의 원형은 사상(事象)에 대한 순간의 포착

---

1) 이재철, 『한국아동문학연구』(개문사, 1983), p.104.

속에 동화적 상상력이 결합된 양식이며, 낭만적 요소와 사실적 요소를 조화롭게 결합한 화합의 문학이다. 그러므로 구조의 간결 명쾌함이란 단순성에 담긴 이야기성과 의미성을 동시에 공유한 정서를 소지한다. 단순성은 시적 진실성과 천진무구성에, 이야기의 의미성은 모든 사상에 인격적 존재로 부각시키는 의인관에 놓여 있을 터이다. 1920년대 동시문학은 이러한 문학적 관습 안에서 출발한 독창적인 문학인 것이다.

> 나의 살던 고향은 꽃 피는 산골
> 복숭아꽃 살구꽃 아기 진달래
> 울긋불긋 꽃대궐 차린 동네
> 그 속에서 놀던 때가 그립습니다.
>
> ―이원수의 「고향의 봄」 1연

> 날 저무는 하늘에
> 별이 삼형제
> 반짝반짝
> 정답게 지내더니,
> 웬일인지 별 하나
> 보이지 않고,
> 남은 별이 둘이서
> 눈물 흘리네.
>
> ―방정환의 「형제별」 전문

이들 창작동요는 1920년대를 대표하는 동시문학이자 이야기성을 갖추며 자아와 세계가 일원화되기를 갈망하는 동시사적 전통을 잘 보여주는 작품들이다. 이원수의 「고향의 봄」에서는 내가 살았던 고향은 "복숭아꽃 살구꽃 아기 진달래" 피어 "꽃대궐 차린" 세계이며, "그 속에서 놀던 때가 그"리워지는 양자간의 분열과 갈등이 없이 하나가 되어 있다. 이런 자아와 세계의 일원화는 우리 인간의 원초적 향수이며, 시인이 꿈꾸고 갈망하는 고향의 모습이다. 그러면서도 '그립습니다' 라는 서술어는 시인이 처한 당대 현실을 부정하는 준엄한 근거가 되기도 한다. 이러한 일원화의 갈망은 사상(事象)에 시인의 감정이 투여되어 대상과 동화된 의인화로 나타나기도 하고, 대상에 투사시켜 감정이입된 세계와 자아와의 일체감을 이루기도 한다. 방정환의 「형제별」은 시인이 대상(별)을 자신의 내부로 끌어들여 동일성을 이룩하고 있다. 대상인 별을 자신의 욕망과 의지에 따라 자아화한 것이 아니라 함께 공존하지 못하는 현실의 비애를 별의 눈물로 자신의 눈물을 대신하고 있는 것이다. 방정환이 존재하던 현실은 어떤 실제의 비애로 말미암아 눈물로 침묵되어 있다는 뜻일 수 있다. 「고향의 봄」과 「형제별」에 나타난 일원화의 갈망에는 바로 당대 현실에 대한 감추어진 감정어린 호소가 서사적 의미로 담겨 있는 것이다.

이처럼 1920년대 동시의 기법은 동심을 통해서 투과한 자아와 세계의 만남이 일원화된 위치에서, 세계를 긍정하는 시선과 그리움의 서정으로 현실을 묵시적으로 증언하고 있다. 바로 자아와 세계에 대한 일원화된 갈망의 뿌리가 현대 동시문학의 본디 모습이다. 그 원형 속에는 모든 대상이 의인화되고 유정화(有情化)되어 있다. 이것은 1920년대 동시가 지니는 특성이다. 그 특성은 시적 체험과 시적 속성을 첨가 보완한 현대 동시문학의 모색에 하나의 기준을 시사하고 있다고 하겠다.

## 3. 현대 동시문학의 실험적 모색

동시문학의 원형은 이렇듯 자아와 세계가 갈등없는 동일성에의 갈망이며, 대상이 의인화되고 유정화되어 동화적 요소를 내재하며 존재하던 양식이었다. 이것은 동시에 이단적인 것을 끌어들여 아동의 심리에 호소하고 공감의 폭을 강화해 보려 한 편법에서가 아니라 우리 동시문학이 지닌 숙명적 체질인 것이다. 어린 독자는 인식하는 자가 아니라 공감하는 자이기 때문이다. 동요시는 이런 체질을 새롭게 개척한 동시문학만이 가질 수 있는 독보적 양식이다.

그러나 동시도 언어를 매재로 한다는 점에서 시적 인식이 부가되어 1930년대 후반부터는 정형성의 틀을 깨는 자유동시 운동이 전개되었다. 1960년대에는 새로운 실험으로 그 지평을 보다 다양하게 넓혀 나갔다. 언어를 매재로 한다는 그 자체는 운율적 조건보다 의미에 충실하겠다는 의도가 숨겨져 있다. 실상 자유동시의 출현으로 1920년대 동시가 지닌 시적 표현의 한계성은 과감하게 벗어나게 되었고, 대신 심상미가 고려되었다. 심상미는 독자의 상상력이 미치는 선에까지 확장되기에 이르렀다. 곧 시적 형상화 문제에 그 비중을 두게 되었다는 것이다.

이러한 1930년대 후반 이후 1960년대에 이르는 현대 동시문학의 모색은 시인의 의식구조 변천에 따라 두 가지 현상으로 지향되었다. 그것은 동시의 '동'자에 담겨진 특수성에 의해서 이루어진 어쩔 수 없는 현상이다. 하나는 아동의 외형적 세계를 속성으로 하는 현상이며, 다른 하나는 내면의 세계를 속성으로 하는 현상이다. 전자는 화자가 곧 아동이고 그의 눈에 비친 대상을 그대로 관념화하여 표출한다. 후자는 시인이 아동의 사유 관념·심리적 현상·세계관 등을 자신의 사유 관념으로 유추하여 대상을 재구성하는 것이다.

그림자, 그림자,
그림자는 젖지 않지.
그림자로 옷해 입고
비 오는 날 다녔으면.

—윤석중의 「그림자」 1연


아가를 아가라
잘못 쓰고도,

아가 아가 우리 아가
소리쳐 읽고

—문삼석의 「일학년」 1~2연


  이들 동시는 가상한 재치와 기발함이 동시를 읽는 재미성을 한껏 높여준다. 이들 동시는 화자가 아동이며, 그의 눈에 비친 행위와 대상이 화자의 욕구에 따라 그대로 가식없이 표현된 특징을 지닌다. 이런 동시는 쉽고, 아름다움과 재치, 귀여움, 순수함, 솔직함 등을 미의 표상으로 삼는다. 반복을 통해 자아와 세계의 일원화를 획득하고자 한다.
  아동을 시적 화자로 삼았다고 다 그러한 것은 아니지만, 이런 동시류는 아동의 외형적 세계 인식에 행위의 흉내, 재미스런 말, 고운 말, 예쁜 말, 아동의 환심거리가 되는 놀이, 완구, 장소 등을 소재로 하면 모두 동시가 될 수 있다는 사고의 함정이 은연중 위협한다. 그 위협은 독자에게 세계를 인식시켜 주고 제시해 주는 비전을 상실한 동시를 배태하게 한다. 이런 동시는 시인의 주관적 인식이 그대로 아동의 행위로 전이될 수 있는 것처럼 느껴질 법하지만, 실제 어린 독자는 시인의 인식처럼 느끼지 못하여 공감과 감흥을 얻기 힘들 수도 있다. 또한 일반적인 진술에 시적인 모양만 갖추게 되고, 이미지도 감각적 심상으로 위장되어 동시 자체가 언어 배열적 시의 평면성을 면치 못한다. 거기에다 시인이 시적 대상을 주관적으로 파악하여 개인적 사변에 빠지기 쉬워진다. 이런 경우, 비시적인 것이 도처에 자리잡게 된다.

> 껄쭉껄쭉한
> 새 도화지
>
> 예쁘게
> 말아 논
> 그 안에는
>
> 푸른 바다가
> 하나 가득
> 출렁이고 있었다.
>
> ─윤부현의 「달걀」 전문

　윤부현의 「달걀」은 언어 배열적 시의 평면성이 극복되고, 언어 형상적 시의 입체성이 부여된 동시이다. 이 동시는 달걀 표면에서 하얀 도화지 표면과 껄쭉한 상태가 유사하다는 유추의 원리에 의해 시상이 출발한다. 제1연과 제2연의 "껄쭉껄쭉한/새 도화지"를 "말아 논" 하얀 도화지 표면은 달걀 표면의 껄쭉껄쭉한 면과 입체적으로 대비되어 있을 뿐만 아니라 아동의 지각으로도 인지할 수 있는 대치가 된다. 제3연은 달걀 속의 빈 공기질로 남아 있는 빈 부분을 '출렁거리는' 청각 현상으로 형상화한 것인데 '푸른 바다'로 연상되어 있다. 이것은 시인에게 있어 바다가 삶의 완성을 이루는 최후의 공간으로 인식되었기 때문이다. 그러므로 이 동시는 달걀을 흔들어 '출렁거리는' 청각으로부터 밀려왔다 밀려가는 널푸른 파도와 입체적 대비를 이루는 새로운 공간의 창조이며, 더불어 하나의 달걀은 완성된 완제품 그대로 살아 있게 되는 것이다.

이 같은 동시는 독자와 함께 사고하고 관찰하는 발견의 미를 표상으로 삼는다. 이해되는 동시, 깊이 있는 동시가 이런 경우이다. 화자가 '우리'이거나 혹은 객관화되어 비껴 서 있다. 여기서 객관화란 시인의 주관성을 재구성한 것, 즉 객관적 사물을 주관적으로 다시 구성한다는 뜻이다. 이러한 동시는 독자에게 세계를 인식시켜 주는 일이 가능하다. 세계를 인식하고 난 독자에게 맞아떨어짐의 쾌감과 감흥을 불어넣어 준다. 그 맞아떨어짐의 순간 속에는 무한한 상상의 세계가 얼마든지 자리잡고 있다. 하지만 비유들의 연합적 통합을 통해서 다양한 의미를 제시하고, 새로운 모습을 보이기 위해 지나친 비유와 암시가 첨가되기 쉽다. 난해시는 여기서 탄생한다. 난해시는 동시의 본디 모습으로부터 발전된 양상이 아니라 그 원형과 결별하는 것이다. 바로 난해시는 위동시(僞童詩)가 된다. 어린 독자가 유추할 수 없는, 시인 자신의 독자적인 개성의 깊이에까지 몰입되어 갔기 때문이다.

결국 1930년대 후반부터 1960년대까지 이르는 시인의 주된 인식은 시적 형상화 문제에 있었다. 무엇보다 현대 동시문학의 질적 차원을 높여준 시대는 이런 문제에 대해 깊이 고뇌하던 1960년대의 실험적 무대라 할 만하다. 1960년대의 실험적 모색은 바로 아동의 외형적 세계 인식에서 내면의 세계로 파고드는 과정이라 할 수 있다. 담시적 경향, 산문동시의 모색, 동시조의 실험 등을 통해 현대 동시문학의 영토를 확장해 보려했던 1960년대의 시적 의지도 이 같은 시적 형상화의 노력과 관련지을 수 있는 이 시대의 특징적 현상일 것이다.

## 4. 현대 동시문학의 현실 수용

사회가 변화와 변동을 보일 때 문학은 무엇보다 기민하게 반응한다. 오늘날 과학이 발달하고 빈부의 격차가 유심해짐에 따라 시인 자신도 여기에 동참해야 한다는 참여적 근거로서 현실이란 시대적 조류에 관심을 갖게 된 것이다. 시인의 인식구조가 시대성에 따라 변전한다는 것이기도 하다.

따라서 그들의 동시는 산업사회의 환경에서 비인간화 되어가는 문제들에 반응한다든지, 빈부의 현격한 차이와 산업사회의 온갖 부조리 현상을 고발하기도 한다. 또한 역사의식, 사상성이란 뚜렷한 주제의식으로 아동의 삶의 문제에 접근하기도 한다. 이렇듯 현실을 수용하고자 하는 문제는 1960년대 후반부터 고개를 들어, 1970년대 들어서는 새로운 모럴로 제시된다. 그러한 모럴의 제시는 몇 가지 양상으로 대별할 수 있게 된다.

첫째, 인위적인 산업사회의 환경에 대한 고발이다.

자동차 가스와
기름먼지에 그을려
병든 가로수.

그 아래
숨막혀 죽었구나.
봄꿈을 안고 찾아 왔던 꽃씨들.

계절 잃은 뜰 안엔 목마른 장미,
플라스틱으로 만든

표정 없는 꽃송이.

—김종상의 「공기 오염」 2~4연

이 동시는 '자동차 가스', '기름먼지' 등 심각한 도시의 공해로 '병든 가로수'와 '꽃씨'가 꿈을 펴지도 못하고 죽어가는 생명 현상에 대해 고발하고 있다. 또한 산업사회의 병폐는 "표정 없는 꽃송이" 같이 획일화되어 비전 없는 사회로 제시되기도 한다. 표정 없이 박제된 꽃송이는 물질 문명의 병든 사회를 연상시키고 있기 때문이다. 뿐만 아니라 거대한 자연 현상도 꽃송이를 "플라스틱으로 만든" 것처럼 인간의 기술에 의해 무엇이든 바꿀 수 있다는 논리는 자연의 순리가 외면되는 현대 기술 문명의 비정함을 어린 독자에게 무언으로 증언한다.

둘째는 역사적 인식이며, 사회 현상에서 소외된 대상에 대한 관심이다. '표정 없는' 산업사회는 또한 계층 간의 갈등과 소외를 야기시킨다. 여기서 계층이란 가진 자와 못가진 자의 분류이다. 못가진 자 즉 민중은 역사 발전의 주체이면서도 그들은 언제나 정치, 경제, 사회적으로 소외되어 왔다. 1970년대 시적 특성은 도시 변두리 아동이나 농촌의 아동 등을 시적 주제로 부상시키고, 사회적 주체로 복위시키고자 하는 움틀거림이라 할 수 있다. 이른바 서민아동문학으로 주창되기도 하였다. 이 주창자들은 서민성을 시적 전통으로 위안 삼고, 서민성을 소외 아동에 대한 신뢰와 애정이란 시대적 소명의식으로 여긴다. 1970년대 시대적 조류는 서민의 의식과 사상을 반영하고자 하며, 역사의 주체자로 상기시키고자 하는 노력으로 부상한다.

그러나 산업사회의 고발 의식과 함께 이 서민 아동을 문학적 가치로 부각시키고자 하는 노력은 동시라는 장르의 특수성을 무시한 채 현실의 과제만 부상되기 쉽고, 시적 개성의 부재를 가져올 위험성이 내재되어 있어 조심스럽게 접근해야 할 문제이다.

그런데 이것 봐라.

아무래도 좀

이상하다 했더니

요것들이 싸우는 게 아니고 장난을 치는군.

식이도 방우도 속아 넘어간 것이다.


〔…중략…〕


똥개들은 할 수 없어

싸울 줄도 모르니!


외국종 같으면

죽자 살자 싸울텐데!

—이오덕의 「개싸움」 일부분

이 동시의 특징은 대상(토종개들의 싸움)을 목격하는 목격자(식이와 방우)의 진술로 된 비양거림에 있다. 여기서 비양거림이란 현실의 풍자를 의미한다. 이 동시가 우리에게 주는 것은 풍자화된 현실에 대한 고집스런 주제의식이며 시인의 사상성이다. 그러나 이 경우, 외부적 상황을 전혀 고려하지 않고, 동시 자체에만 의미를 부여할 때 그 주제의식은 시인의 의도와는 전혀 달리 왜곡될 가능성이 충분히 내포되어 있다. 마지막 연이 토종개가 지니는 비리의 제시보다 외국 것을 찬양하는 사대주의 내지는 외래품 애용이라는 왜곡된 해석을 낳게 할 위험성이 도사리고 있다는 것이다.

동시의 타락은 경직되고 도식적인 현실관에서도 그대로 드러낸다. 경직되고 획일화된 동시는 1920년대 프로아동문학처럼 동시의 본디 모습에서 빗나가는 비시적(非詩的)인 것이기 때문이다. 우리 동시문학의 이상은 오직 동시의 본디 모습으로부터 계승 발전된 양식 안에서 시적 형상화와 현실 수용의 문제가 함께 용해된 동시일 것이다.

## 5. 동시문학사를 지탱하는 두 가지 태도

우리 동시문학사를 일별해 보면 크게 두 가지 태도를 상기시킨다. 하나는 사적 전통과 시적 회복을 위한 변화 있는 탐색을 보인 경우이고, 다른 하나는 역사적 사실 혹은 사회적 현상을 시적 현실로 끌어들이려 노력한 경우이다. 뚜렷한 이 두 양상에도 불구하고, 동시문학사가 장르의 허약성을 안고 고뇌했다는 것은 우리 동시가 '동'자로 수식된 특수성에 대해 본질적으로 고뇌한 것이기보다 시적 형상화와 현실 수용 문제에 더 많이 고뇌한, 문학성의 고려이기도 하다. 그보다 장르의 허약성은 시인 자신의 체험과 고통에서 형성된 세계관이 아닌 개인적 사변에 있다는 것이다. 단지 이들은 앞선 시인이 해온 대상을 파악하는 관습에다 나름의 조립 방법을 터득한 정도의 동시들을 가지고 전통인 양 논쟁으로 내세워지는 경우가 혼미하게 증폭되어 있다는 사실이다. 우리 동시문학의 전통 회복은 먼저 '동'자에 묶인 시적 기능문제의 해소로부터 찾아야 할 성질이다. 오늘날 1980년대 동시문학은 이런 1960~70년대가 극복해야 할 과제들을 넘겨 받았다고 할 수 있다.

그러나 1980년대 동시도 이미 그 나름대로 새로운 돌파구를 찾아 나선 점에 주목해야 한다. 그것은 우선 '연작동시'로 동시가 지닌 단편성을 극복하고 있다는 점이다. 1970년대 후반부터 실험해 오던 노원호의 「바다」 이미지를 비롯해 신현득의 「교실을 노래한 이야기 시」, 전원범의 「해」, 박용열의 「고요」 등 연작동시가 1980년대에는 정착될 수 있는 풍토를 마련하였다. 연작동시들은 한 사물을 깊이있게 천착함으로써 그 사물의 전체성을 구도하거나 혹은 가능한 한 사물의 다각적 형상화를 추구하려는 의도화된 산물이다. 이런 의도화된 산물은 박성만의 서사동시집『지금은 싸움이 한창 급하니』(아동문예사, 1985)가 나올 수 있는 배경적 지표가 되어 더욱 값진 것이다. 연작동시가 '서사적 비전'을 연상시키고 '연속적인 정체'를 제시해 줄 수 있는 근거이기 때문이다. 그 박성만의 서사동시집은 우리 동시문학의 흐름에 있어 장르의 허약성을 극복할 수 있는 가능성을 갖고 있는 1980년대 시적 성과 중의 하나이다. 왜냐하면 서정과 서사적 요소를 동시에 안고 있고, 아동의 인식 능력에 호소하지 않았던 우리 동시의 본디 모습을 갈망하는 또 다른 얼굴임에서이다.

그뿐 아니라, 1980년대는 동요 복권과 동화시로 직접 동시문학의 원형에 복귀하고자 하는 운동도 간과할 수 없다. 이런 복귀는 오늘날 동시가 본디 모습으로부터 현저하게 일탈된 현상을 반성하고, 그 본연의 얼굴을 찾아나선 운동으로 대변된다. 그러나 1980년대가 이런 얼굴찾기 운동만으로 지속된다면 그것도 발전 없는 양식의 복귀요, 의미없는 실현이 될 뿐이다. 이런 운동이 1960~70년대에 넘겨받은 시적 형상화 문제와 현실 수용의 문제를 교합하고, 1980년대 새롭게 모색한 가능성들을 조화롭게 개진해 나갈 때, 우리 동시문학은 이제 장르의 허약성에서 벗어나, 장르의 독창성으로 나아갈 수 있을 것이다. (1986)

# 90년대 아동문학의 새로운 징후

## 1. 90년대 아동문학의 새 징후

90년대 우리 아동문학은 장르 이탈, 전문성 해체, 상업성 등으로 창작 방향의 새로운 징후를 보이며 뚜렷한 변환기를 맞고 있다. 최근에는 한국문학을 대표하는 작가들이 동화 창작 대열에 뛰어드는 자기 변신이 확산되면서 상대적으로 기존의 아동문학가들은 설자리가 축소되고 정체성 찾기에 분주해지며 미학적 착종상태에 빠져들고 있다. 이러한 새 징후는 아동문학 수급의 확대와 동화 창작의 경쟁력을 강화해 준 반면 아동문학가들의 기득권 상실감에 따른 자기 성찰과 역할론의 문제 제기란 달갑잖은 새 조짐을 불러올 수밖에 없다.

이미 아동문학가들의 설자리에 대한 위협은 미국·일본 합작의 만화 로봇「파워레인저」등의 만화 상품과 전자 오락 등으로 어린 독자들을 빼앗기고부터 서서히 일기 시작한 현상이다. 그러던 것이 한국문학을 대표하는 유명작가들이 동화 창작에 참여하여 신선한 동화작품들을 대거 출간해내고, 그 동안 국내에 소개되지 않던 외국의 유명 창작동화들도 잇따라 번역되면서 아동도서 출판 시장의 판을 새롭게 짜고 있는 것이다. 거기에다 주부나 초등학교 어린이가 쓴 이야기책까지 상품화되어 독자들의 시선을 붙잡으면서 아동문학가들의 유일한 판촉장으로 여겨왔던 아동도서 출판시장은 전장을 방불케할 만큼 치열한 각축장으로 변모해 가고 있다. 그 일례로 지난 해 신간 발행부수에서 아동도서가 차지하는 양적 상승을 보면 쉽게 짐작할 수 있을 터이다.

지난 94년 한 해 출간된 신간도서는 모두 2만 9천5백64종에 총부수로는 1억 5천2백32만 6천1백3권이나 발행되었다고 한다. 하루에 평균 80종, 40여만 권의 책이 출간되었다. 대한출판문화협회가 문화체육부 납본도서를 기준으로 집계한 자료에 의하면, 전체의 57.7%를 차지하는 학습참고서 분야를 제외하고 발행부수가 가장 많은 도서를 꼽으면 11.6%를 차지하는 아동도서의 출판이 단연 으뜸이다. 무려 발행부수 1천7백6십4만 6천부에 달하는 아동도서의 급부상이야말로 아동물에 대한 관심도를 재는 물적인 증거이기도 하겠지만, 그만큼 아동도서 출판시장의 치열성을 말해 주는 것이기도 하다.

특히 최근 창작동화에 관심을 보인 일반문학 작가들의 출현은 독서계에 미치는 파급 파장이 높을 수밖에 없다. 이미 일반문학 작가의 창작물에 익숙해져 있는 부모가 그 작가의 명성 하나만 믿고 자신의 자녀에게 분별없이 그의 창작동화를 권하는 경우를 상정해 볼 수 있기 때문이다. 또 아동기 때 일반문학 작가의 동화작품을 읽고 자라난 아이들은 청·장년기에 이르러서도 자신이 어린 시절부터 친숙해져 있던 작가의 창작물에 보다 더 친근감과 애정을 갖게 마련일 것이다. 그런 면에서 일반문학 작가들의 아동물 창작 행위는 어찌보면, 아동문학가들에게 전문성에 대한 심대한 위기의식과 위상의 추락을 넘어 자칫 문학적 고사(枯死)를 안겨주는 일이 될 수도 있다.

한때 아동문학을 '가벼운 읽을거리' 혹은 '습작기의 문학' 쯤으로 내리깔고 보려는 세간의 푸대접받던 시절을 생각하면 이러한 90년대의 새 징후야말로 격세지감이 아닐 수 없다. 그러나 이런 새 징후들에 대해 우리 아동문학가들은 자신이 누려왔던 기득권에 대한 도전으로 생각하여 언제까지 "아동문학은 아동문학가들만의 전유물이다"라는 식의 해묵은 방어적 자기주의 타령에 빠져서는 안 될 일이다. 그렇다고 남이 내리깔고 보던 시대가 차라리 오손도손 행복하지 않았던가라며 열등 의식에 사로잡힌 회고적 상념에 잠겨서는 더더욱 안 될 것이다. 시와 소설이 일반문학 작가들만의 독점물이 아니듯이 창작동화라고 해서 아동문학가들만의 전유물일 수는 없다. 아동문학 작품 생산의 모든 업적과 평가는 단지 그 창작한 작가의 유일한 재능의 것이지 어느 누구의 것도 아니기 때문이다.

90년대 아동문학의 새 징후는 시대 변화에 따른 전반적인 문화현상의 재편 과정에서 이루어진 인식 변화의 한 흐름으로 읽어야 옳다. 그 과정에서 우리의 아동문학계는 은연중 두 개의 그룹으로 형성되어졌다는 사실을 확인할 수 있다. 바로 순수한 아동문학가 그룹과 동화창작 대열에 선 일반문학 작가 그룹이 그것이다. 그들 각각의 입론점이 전자는 아동이 지니고 있는 동심을 하나의 세계 내지는 전부로 파악한 동심주의에 서 있다면, 후자는 동심을 보다 온건한 문화적 측면에 놓고 있는 것이다. 또한 전자가 아동과 문학을 특수적 가치와 특수적 이해 관계로 파악했다면, 후자는 보편적 가치와 보편적 이해 관계로 보았던 것이다. 곧 90년대 아동문학에 있어서 아동의 문제는 동심주의로부터 문화주의로의 이행을 뜻하기도 하며, 그 동안 특수문학으로 받아들여 왔던 아동문학을 보편적인 문학으로 인식하기 시작했음을 의미하는 것이기도 하다. 그러므로 장르 이탈, 전문성 해체, 상업성 등으로 이해되는 90년대 아동문학의 새 징후는 90년대 우리 사회 문화적 특성의 한 반향인 셈이다.


## 2. 새 징후에 대한 사회 문화적 요인

80년대와 다른 90년대의 가장 큰 사회 문화적 특성은 이념의 약세와 대중문화의 득세일 것이다. 다양성, 내면성, 상업성 등으로 대표되는 90년대 문학의 특징도 따지고 보면 민중적 도식성, 사회성이라는 80년대 문학적 특징에 대한 상대적 평가일 것이다. 90년대 장르 이탈, 전문성 해체, 상업성 등으로 이해되는 아동문학 창작 향방의 새 징후도 90년대란 우리 사회 문화적 배경과 그에 따른 문학적 의식의 변화와 무관하지 않다. 90년대 아동문학의 인식 변화에 끼친 사회 문화적 요인으로 그 몇 가지를 지적해 볼 수 있다.

첫째는 90년대 들어 가장 뚜렷해진 가치나 이념의 혼재 현상이다.

90년대 들어, 우리는 두 가지 커다란 경험을 동시에 겪고 있다. 하나는 이념의 와해로 인한 세계적인 질서의 재편 현상이고, 다른 하나는 우루과이라운드 협정과 WTO(세계무역기구)체제의 국경 없는 세계경제에 대비하는 우리 사회 현실이다. 이 두 가지 대내외적인 엄청난 경험은 작가들의 인식적 지반을 크게 변화시켰다. 우선 전자는 세계적으로 이념의 대결이 와해되면서 체제 선택에 대한 편향적인 목소리들이 점차 줄어들게 되었다는 점이고, 후자는 우리 시장경제의 개방속도와 폭을 넓히면서 우리에게 개방화, 세계화에 대한 고창으로 환기시켜 주며, 우리 생활의 전역에 걸쳐 삶의 형질 변화를 요구하게 되었다는 점이다. 곧 이 두 가지 경험은 전세계를 우리의 삶의 공간으로 의식해야 되게끔 만들고 있는 셈이다.

그야말로 90년대는 80년대적인 사회의 대립항이 사라지고 이념은 현실 생활에서 그 힘을 잃어버리고 말았다. 현실 사회주의권의 몰락과 이념의 약화대신 고도의 자본주의 사회의 성립과 대중문화의 득세를 몰고 왔다. 그 결과 90년대는 작가의 창조적 재능을 상품적 가치로 추락시키고, 대중들의 욕구를 촉발시키는 데에만 온 힘을 기울이게끔 만들었다. 이러한 변화 속에서 우리의 삶은 탈이념, 개방경제 등과 맞물려 이질적인 가치와 이념의 혼재를 여지없이 드러내게 되었다. 이때 글을 통해 인간 생활의 모순됨을 밝히고 새로운 지향을 펼쳐내기 위해 노력하던 작가들은 그 중심을 잃을 수밖에 없다. 중심 잃은 작가들이 자연 창작동화라는 제2의 문학을 택함으로써 다시 세상을 읽고 그 중심을 회복하는 데 얼마간의 휴식과 안정을 취할 수 있었을 법하다. 즉 그들은 창작동화를 자기 여과의 한 방편으로 삼으면서 작가로서의 건재함도 동시에 누릴 수 있었을 것으로 보인다.

둘째는 전통적인 창작 개념의 혁신에 따른 우려 현상이다.

90년대는 탈이념, 중심해체, 다원화, 강한 자기 주장 등의 새로운 문학적 조짐들이 작가들에게 스스로 자기 변신을 꾀하도록 만들었다. 그런 속에 대중소설이 붐을 이루고 컴퓨터의 보급으로 인한 영상소설이 베스트셀러로 등장하는 등 전통적 창작 개념으로부터의 과감한 탈피가 90년대 글쓰기의 새 징후로 들어서게 되었다. 그들은 소위 제4세대 문학인이라고 자리매김되는 개성이 강한 순수 한글세대의 젊은 작가들로서 90년대 독서 문화환경에 새롭게 자기 목소리를 찾았다. 이런 전통적인 창작 개념의 혁신에 대한 기존 작가들의 우려 내지는 소외감이 동화 창작에의 관심으로 표출되었다. 그러므로 과거의 인기와 명성을 고스란히 간직하고 있는 시인·작가들을 중심으로 창작동화에의 깊은 관심을 기울이게 했던 것이다. 그것은 그들이 창작동화를 전통적인 글쓰기의 한 호재와 표본으로 삼았다는 뜻이기도 하다.

셋째는 우리 사회 전반에 걸쳐 야기된 도덕과 인간성 상실의 문제에 기인한다.

금세기 들어 폭증된 인구 증가와 극심한 환경 공해, 그로 인해 수세기 안에 맞이할지 모른다는 인류의 미증유의 재난에 대한 어두운 예감, 위험수위를 넘어선 우리 사회의 광신적 물신주의와 공동체의 존립을 위협하는 극단적인 이기주의 등 온갖 형태의 가치 전도현상이 우리 사회를 위기 의식으로 몰아 넣고 있다. 이런 사회 현상을 치유하고 회생시킬 수 있는 촉매로서의 관심이 아동문학을 전면에 떠오르게 한 것이다. 평화롭고 자유로운 세상에 대한 열망이 진실로 자유롭고 창조적인 인간의 육성으로 나아가 아이들에게 내재한 동심과 천진성에 대해 깊은 관심을 기울이게 되었던 것이다. 곧 도덕이 훼손되고 인간성이 상실된 시대에 그 회복의 근원으로 아직 때묻지 않은 아동 지향으로 나타나게 되고, 아동문학으로부터 그 탐구의 실마리를 찾으려 한 현상이다.

결국 도덕과 인간성 상실이란 반사회적 문제의식은 종전의 아동문학가들이 전담하던 동심주의의 문학적 인식에서 벗어나 우리 사회의 공통적인 문학적 주제로 깨닫게 했던 셈이다. 즉 그것은 우리 사회 모두가 공동으로 느끼는 위기의식으로 자리잡았고 또 공동으로 책임져야 할 보편적인 인식으로 확대되었다. 도덕과 인간성 회복의 한 방편으로써 천진성의 재발견이라는 것을 확신하게 된 이상, 동심은 어느 한 특정 문학가의 선택된 전유물이 아니라 이제 우리 모두에게 주어진 공동의 주제로 부각되었던 것이다. 그 결과 폭넓은 상상력과 직관을 통해서 우리의 미래 세계를 감당할 수 있는 주체가 바로 아이들이며, 그들과 관련된 아동문학이 중대한 문제로 부상하기에 이르렀던 것이다. 따라서 아동문학은 그 동안 전적으로 도맡아왔던 아동문학가에게만 맡겨 놓을 수 없는 중대한 문제란 인식이, 보다 뛰어난 문학 작가들을 영입하도록 하게 해주었다. 아동문학에 대한 새로운 인식을 확장시키는 계기가 바로 여기에 있다고 하겠다. 이와 같은 인식은 아동문학을 특수적 가치와 특수적 이해 관계에서 보편적 가치와 보편적 이해 관계로 나아가게 하는 결정적인 역할을 한 셈이다.

넷째는 대학입시 제도의 변화에 따른 제반 현상을 들 수 있다.

우리 사회에서 교육 문제처럼 국민 전체가 민감하게 반응하는 것도 없다. 엄청난 사교육비 문제가 사회에 큰 관심거리를 넘어서 걱정거리로 떠오르는 것을 보아도 그것을 쉽게 짐작할 수 있게 된다. 또한 우리 도서 출판물의 50% 이상을 차지하는 것이 학습참고서라는 점을 미루어 보아도 수긍이 간다. 그것은 학벌주의의 병폐란 우리 사회의 한 단면과 부모들의 자식에 대한 기대가 본능적이라는 사실을 실감시켜 주는 일례일 터이다. 결국 대학입시 제도의 변화는 읽기와 쓰기 교육의 강화로 작용되었다. 가시적인 입시 제도의 변화가 부모들에게 독서 교육의 중요성을 부각시키고, 아이들에게 책 읽기 분위기를 북돋았다. 한 걸음 더 나아가 초등학생들까지 글짓기 공부에 극성을 부리게 부추기고, 한편에서는 너도 나도 글짓기 학원을 내느라 부산을 떨어 한때 나라가 온통 독서 교육의 열기에 달아오른 적도 있었다.

책을 읽고 거기서 논리적 사고나 생각의 폭을 넓히는 교육은 어려서부터 마땅히 해야 할 기본적인 학습임은 물론이다. 그러나 우리는 대체로 입시 제도의 변화에 따라 학습의 방법이 바뀌어, 그 동안 도외시되던 읽기 교육이 강조되고 그에 따른 읽기 교재의 다양화를 불러왔다. 즉 입시 제도의 변화는 초등학생들에게도 미치어 아동문학가들에게 편중되다시피 한 아이들의 읽기 자료가 보다 더 다양해져야 한다는 현실적 욕구와 필요성을 가져왔다. 또한 대중정보지의 양산도 글쓰기 인력을 상당히 요구하게 만들었다. 따라서 출판인들은 쓸모있는 출판물의 수요 충족을 위해 글쓰기 인력을 아동문학가들의 편협한 창작물에서 과감히 벗어나 다양한 전문가나 새로운 인기작가들을 영입하려는 데 힘쓰게 되었던 것이다.

다섯째는 출판업자의 양식의 문제를 들 수 있다.

지난 해 말까지 우리 출판계가 '출판사 1만 개 시대' 돌파라는 경이적인 기록을 남겼다. 그에 따른 출판량의 증대도 미루어 헤아리게 한다. 국내 출판사의 폭발적인 증가 추세는 지난 87년 출판사 등록이 자유화되고부터라고 한다. 여기에 성인물 출판에 온 힘을 쏟았던 출판사들이 속속 재력을 바탕으로 아동물에 뛰어들면서 기존의 아동문학가를 배제한 대신 대중의 인기작가와 시인들을 내세워 아동물을 기획 출간하는 새 풍속도를 만들게 되었다. 그들은 낙후된 아동문학과 오염된 아동문학 사이를 당당히 비집고 들어서서 아동문학의 새로운 중심으로 부상하려는 권력에의 의지를 보여주었다. 거기다 매스컴도 한 몫을 거들어 유명작가나 시인이 동화 작품을 썼다는 사실 하나만을 매우 특이한 현상으로 흥미롭게 과잉 보도하면서 화제를 불러일으키기도 했다. 이런 요인이 아동물에 대한 출판사의 욕구와 부합되어 갖가지 아이디어 상품 경쟁으로 몰고 가 인기 작가와 시인들을 자극하고 주부나 초등학생들의 작품까지 출판에 동원하며 아동문학 시장을 치열한 판촉장으로 만든 한 요인이 되었다. 무엇보다 이런 과열 현상은 아동문학이 질적으로 다루어야 할 미학적 문제는 자칫 뒷전에 두고, 소위 유명인을 내세워 권위로 압도하려는 출판문화의 시험성을 낳기도 하고, 아동문학을 일과성 문학으로 빠뜨릴 위험성도 안고 있는 현상이다.

그 외에도 90년대 아동문학의 인식 변화에 끼친 사회적 요인으로 중산층이 확대되었다는 점과 아들 딸 구별 말고 둘만 낳기 운동의 산아제한 및 핵가족 제도가 일반화된 영향도 빼놓을 수 없다. 중산층의 확대는 먹고 사는 문제에서 어떻게 사는가의 문제로의 인식 전환을 꾀하게 만들어 주었고, 핵가족 제도의 산아 제한은 아이들의 양육 문제에 보다 깊은 관심을 가져오게 했다는 점이다. 그 결과 자연스럽게 아동문화 시장이 확대되고, 거기에 상업성이 가세할 수밖에 없었다. 이러한 상업적인 아동문학의 양적 범람은 예견된 질적 타락의 소지를 안고 있기도 하고, 상품성을 위해 고급화로 치닫게 되었다. 실제로 오늘날의 동화 작품은 창작과 일러스트레이션을 겸비한 그림동화가 상품적 가치를 판가름한다. 따라서 판매 전략을 기존의 창작동화책과 형질이 다른 고급 양장본을 택해 책값 인상을 유도하는 한 요인이 되기도 했다. 국민서관과 한양출판에서 발행한 시인·소설가들의 장편 창작동화나 삼성출판사에서 발행한 한국문학을 대표하는 작가 24명의 단편동화를 모은 『아인슈타인 창작 그림동화』 등은 그 대표적인 일례일 터이다. 이것은 바로 아동문학이 작품성을 상품성과 동일한 가치에 두었다는 증거이기도 하다. 유명인의 이름 값만큼이나 책값을 올린 출판업자의 상술도 90년대의 시대적 산물의 하나라면 하나이다.

그러나 한국문학 대표적 시인·작가들의 동화문학 참여나 외국의 유명 창작동화의 번역, 주부나 초등학생이 쓴 작품의 출간 등 이런 90년대 나타난 일련의 출판현상을 통한 아동문학의 평가 작업은 아직 이르다. 다만 그들의 참여로 분명해진 것은 90년대 아동문학의 양상이 과거와는 다르다고 하는 점을 분명히 해주면서, 아동문학의 고급화와 상업화를 동시에 충족시켜 주며, 동심주의에서부터 온건적인 문화주의로 나아가는 계기가 되었다는 점이다. 거기다 문학 수업이 충실한 일반문학 시인·작가들의 동화 창작에의 참여로 숙련된 언어에 대한 감각과 소양을 높여 줄 수 있었다. 아울러 아동문학가의 창작 경쟁심을 부추겨 주고, 아동문학가의 역할론에 대한 반성적 성찰을 마련해 준 계기도 되었다. 다만 그들의 참여가 극히 아동문학의 한 단면이며 일시적인 현상임에도 사회의 관심도를 전체화시킬 위험과 우려를 낳게 하기도 했다. 아동문학도 문학인 이상, 사회의 관심도보다 문학이라는 면에 강조점이 주어져야만 한다. 그러므로 아동문학 작품은 단지 시대의 한 흐름으로 대중성에 따라 읽히거나 상업성의 요구에 의해 창작되어서는 안 된다. 한국문학을 대표하는 작가가 동화 창작에 참여했기 때문에 화제가 되는 것이 아니라 아이들 삶의 진정성을 얼마나 심도 있게 다루었는가가 평가되어져야 할 일이다. 아동문학에 오랫동안 관행되어 온 '호화판 장식형'이나 '저질 환심형'의 양극화는 마땅히 탈피해야 할 앙금이다.

## 3. 아동문학가의 새로운 문학적 인식

분명 아동은 '우리의 미래'라는 인식이 자리잡고 있는 한 아동문학의 질높은 상품 경쟁과 판촉 경쟁이야말로 더없이 바람직한 일이다. 질높은 아동문학으로 다가오는 21세기 미래 사회에서 2세들의 올바른 삶을 유도해 나가고 우리 아이들을 이상적인 민주시민으로 키워내는 데 일익을 담당할 수 있다면, 우리 아동문학은 어느 누구의 작품이건 유입되어야 마땅한 아동문화의 하나이다. 그러므로 90년대란 시대적 상황이 우리 사회 문화적 배경과 그에 따른 문학적 의식의 변화를 가져온 이상, 이제라도 아동문학 작가들이 아동문학 작품에 대한 새로운 문학적 프로그램 개발을 강구하고 새로운 창작의 세목들을 재검토하여 문학성을 높이지 않으면 안 될 것이다.

사실 오늘날 우리 아동문학가들이 시대의 변화만큼 문학적 자기 변신을 발빠르게 이루어내지 못한 사실이 독자의 현실 정서와 작가의 문학적 정서와의 폭넓은 괴리감을 낳고, 좋은 작품을 생산해내지 못한 특별한 사유가 되었다. 70~80년대만 해도 아동문학가들은 자연에 대한 개인적 사상을 이야기로 조직해냄으로써 독자와의 갈등 외에 문화적 현상에 대한 근본적인 갈등은 염려하지 않아도 되었다. 작가의 창작 의욕과 독자의 정서 사이에는 양자 소통을 가능하게 하는 최소한 의지할 만한 공통적 정서 구조가 묵시적으로 유지되었기 때문이다. 그 것이 바로 '자연과의 교감'은 곧 '동심과의 교감'이라는 정서구조였다. 이 정서구조를 통해 아동문학가는 동심과 소통하고 상상력의 건강성 을 회복해내었다. 거기에다 독자와 작가 사이의 정서적인 현실적 간극 도 얼마간 위안받을 수 있었다. 동심이란 공감의 정서구조는 작가와 독자가 모두 동심으로부터 미적 정서의 공급을 보장받고, 또 양자 모 두 동심과의 관계에서 유일한 동반자 내지는 보조자로의 안정된 정서 체계를 확보할 수 있었다는 사실 때문에 가능했다. 보다 더 솔직하게 말해서, 아동문학가란 아동들에게 읽을거리를 제공하는 유일한 존재 라는 확신이 담보되어 있었던 것이다. 따라서 이 공감의 정서는 아동 문학을 내려깔고 보려는 세간의 인식에도 아랑곳없이 최소한 아동문 학가의 자부심을 심어주고, 전문성을 인정받게 했던 고유 권한에 해당 되었다.

그러나 이와 같은 공감의 정서구조는 90년대 들어 차츰 변혁된 시대 의 새로운 조짐들로 하루가 다르게 변해 갔다. 그것은 경쟁력 없이 동 심으로 운신하고자 한 아동문학가들에게 글쓰기의 참된 의미가 사회 문화적 측면으로 폭넓게 다루어지면서부터이다. 그리고 아동문학가들 도 시인·작가들과 동등하게 아동문학을 작품이란 질로써 맞서야 할 것임을 각성하게 해주었고, 아동문학 자체에 대한 인식도 새롭게 달라 지게 되었다.

아동문학은 아이들에게 문학을 가르쳐 이 다음에 훌륭한 문학가로 키우는 데 그 목적을 두고 있는 일과는 전혀 무관하다. 아동문학은 일 상생활과 동떨어진 환상이라는 별개의 세계만을 그리는 문학도 아니 다. 아동문학은 모든 아이들이 자신의 바람직한 인생관을 확립하는 밑 거름 역할을 해주는, 전적으로 교양으로서의 문학을 담당한다. 어렸을 때 모국어에 대한 인식은 단순한 말 이상의 의미를 지닌다. 아름다운 말이란 미화된 말이 아니라 바로 진실을 밝히는 언어 행위인 것이다. 아동문학이 아이들의 언어에 대한 감각과 소양을 높여줄 뿐 아니라 무엇이 진실인가를 밝혀주는 상징적 이정표 역할을 하고자 하는 것도 이 때문이다.

이제 아동문학가들은 우리 아이들이 21세기 세계의 보편적 질서에 친숙하게 되고, 공통의 가치관을 소화할 수 있도록 하는 새로운 문학관과 자발적 방향 찾기에 나서야 한다. 아니, 아동문학에 참여하는 아동문학가뿐만 아니라 모든 일반문학인들과 출판 관계자 모두는 우리 2세들의 미래를 책임진다는 사랑의 의식으로 아동문학에 관여해야만 한다. 아동문학은 우리 2세들이 미래 사회를 올바르게 살아가도록 하는 역사적 책임을 안고 있는 문학임에서이다. 그런 의미에서 우리 아동문학은 민족사의 장래와 관계된 중요한 관련학이자 우리의 내일에 대한 사명을 담은 미래학이라 할 만하다. (1995)

# 아동문학의 위기론에 탈출구는 없는가

### 비판의 도마 위에 오른 아동문학가

최근 우리 사회 일각에서 변화와 개혁의 소리가 드높다. 인격적으로 존경받아야 할 신성한 교육계와 종교계에까지 구석구석 개혁하지 않으면 안 된다는 자성의 소리도 자주 들린다. 그런 가운데 요즈음엔 과거 아동문화운동의 중심이 되어왔던 아동문학의 인기가 끝없이 추락하면서 아동문학가들이 자주 비판의 도마 위에 오른다.

이제 아동문학은 아동문화의 왕자 자리를 유지하지 못한다. 아동문학가들과 창작동화는 아동문화 전반에 과거와 같은 영향력을 행사할 수 없으며, 급변하는 사회환경 속에서 확고한 자기 정체성이나 아이들의 마음을 사로잡을 만한 비전을 제시하지 못하고 있다. 예전과 달라진 시대환경 속에서도 아동문학가들은 새로운 소재 발굴에 소홀히 하면서 대신 문학적 전략을 상업주의에 결탁해 오히려 저질적인 아동문화의 양산에 일조를 했다는 우려의 소리가 높다. 그래서 아동문학이 달라지려면 아동문학가부터 개혁되어야 한다는 소리가 호소력을 갖게 되었는지도 모른다.

얼마 전 어느 아동문학가 단체에서 발행된 회보에 자녀를 둔 한 주부가 기고한 「신춘문예 당선 동시를 읽고」라는 건의서의 전문이 게재된 적이 있었다. 신춘문예 당선 동시라면 그해의 응모작 중 가장 뛰어난 작품이 뽑혀야 하는데 모 일간지에 발표된 당선 동시는 감동은 물론 새로운 이해나 신선한 감각도 없이 상투적인 발상으로 치졸하기 짝이 없었다는 비난의 글이다. 그 주부는 이런 작품이 당선된 데에 대해 나름대로 요인을 지적해내고 있다. 하나는 우리 사회가 아직도 아동문학을 경시하고 있는 풍조를 반영한 아동문학에 대한 인식의 문제이고, 다른 하나는 동시집 한 권도 낸 바 없는 동화작가를 심사위원으로 위촉한 관계기관의 무성의한 태도와 그것을 수락한 작가의 안일한 작가 정신이다. 작품에 대한 가장 기본적인 조건인 산문과 운문 장르의 구분을 전혀 고려치 않고 정실에 얽혀 심사위원을 내정하고 수락하는 일은 곧 아동문학을 업신여기는 일이며 또 어린이를 업신여기는 일일 것이다. 오죽 답답했으면 자녀를 둔 어머니가 "어린이에게 양질의 아동문학이 공급되어야 한다는 생각"과 오직 "어린이들이 향기 짙은 아동문학을 접할 수 있게 되기를 희망"한다는 마음에서 그 건의서를 낸다고 했겠는가. 일반문학에서는 생각조차 할 수 없는 일이 아동문학에서는 예사로 일어나고 있다는 것을 생각하면 부끄럽기 그지없다.

### 동화문학의 문학적 전략

아동문학의 이와 같은 중증은 비단 어제 오늘의 이야기만은 아니지만, 분명 한 주부에 의해 제기된 아동문학의 일그러진 모습은 실추된 신춘문예의 권위보다 변화와 개혁의 시대 속에서도 아동문학만은 너무도 변화하지 않는 구태를 새삼 확인시켜 준 일례가 될 터이다. 그렇지 않아도 오늘날 전자 매체의 발달로 아이들의 독서 성향은 하루가 다르게 변하고 있다. 소위 후기 산업사회라고 일컫는 시대에 접어들면서 동화문학이 어린이들의 교양을 전적으로 담당하며 당당히 누려왔던 자리를 비문학적 교양·오락물들에게 양보하고 이제 뒷전에 앉아서 구겨진 자존심을 세워야 하는 형편이 되었다.

언제부턴가 우리 아이들은 골목 놀이터를 주차장으로 빼앗기고, 학교 갔다 돌아오면 시간에 맞추어 학원 가방을 챙겨들고 학원엘 가야 하는, 바쁜 일과표에 따라 움직여야 한다. 그러면서도 이원수나 강소천의 이름은 몰라도 「드레곤 볼」이나 「슈퍼 보드」의 줄거리는 줄줄 외워댄다. 시간만 나면 텔레비전 앞에 앉아 만화영화 「피구왕 통키」나 「무적 파워레인저」 등과 같은 저급한 비디오를 보며 즐기는가 하면, 가자미 눈을 하고 전자오락과 컴퓨터오락에 매달린다. 또 친구집에 놀러 갔다가 「맹구 시리즈」나 「만화일기 시리즈」 등을 보았다 하면 당장 그것을 사달라고 졸라댄다. 문방구점에 들르면 온통 만화영화 주인공 그림이 그려진 장난감으로 채워져 있다. 후기 산업사회의 병적 징후들을 일일이 열거하지 않더라도, 오늘날 우리 아이들은 집안의 귀여움과 사랑을 독차지하고 물질적 풍요로움을 만끽하며 미래에 대한 웅대한 꿈보다 일상의 세부사항들을 더 중요시 여기는 꿈을 잃은 시대를 살아가게 되었다. 일상 속으로 파고드는 대중 매체, 광고, 전자오락 등 이른바 대중들의 오락을 위한 대용문화가 동화문학이 그 동안 누려오던 자리를 대신하게 되었다는 것이다.

우리 아이들이 아동문학도 모방과 유행의 하나로 받아들여지는 달라진 시대환경 속에서 두고두고 새겨 읽어야 할 창작동화의 고전은 이미 사라졌다. 고전이란 단순히 지나간 시대의 작품이 아니라 현대를 살아가는 우리에게 자신의 삶을 되돌아보게 하는 지혜가 담겨 있는 책이다. 대중적 인기를 누리며 눈에 잘 띄는 대형서점 진열대에 즐비한 인기 있는 책들은 아동 교양물이란 이름의 각종 비문학적이고 반문학적인 독서

물이 대부분이다. 정말 마해송, 이원수, 강소천 등과 같은 아동문학을 대표하는 고전적 작가의 출현이나 권정생의 『몽실언니』와 같은 한 시대를 대표할 만한 화제작의 출현도 기대해 보기 힘든 시대가 되고 말았다. 다만 순수 창작동화로서 대중적 인기를 누리며 서점 한쪽 진열대에 얼굴을 자랑스럽게 내밀고 있는 정채봉의 창작동화에서나마 그 위안을 찾아야 할 따름이다. 그만큼 모방과 유행이란 것이 어느 특정층의 전유물이 아니어서 막강한 침투와 폭발적인 확산의 힘을 갖고 있다는 증거이다. 대신 아이들은 손쉽게 접하는 대중적인 오락문화를 편식함으로써 정서적 불균형을 불러왔다. 그래서 요즈음 아이들의 시선을 끌어당길 만한 순수 창작동화의 출현이 더욱 요망되는 이유도 여기에 있다.

· 분명 동화문학의 문학적 전략은 전과 같을 수만은 없다. 그러나 일부 동화작가들은, 진정한 문학인은 자신의 내부로부터 우러나오는 취향 외에는 누구의 비위도 맞추지 않는다는 자신의 고지식한 의지대로 동화의 세계에 심취해 있는 듯한 느낌이다. 더군다나 근엄한 동화작가들은 독자의 호기를 생각하려는 노력 자체를 비문학적 현상으로 치부해 버리기도 한다. 그러는 사이에 동화문학이 문학적인 것보다 비문학적인 것에 더 큰 호기심을 갖는 어린이들에게는 무용의 장물로까지 여김을 받는 시대가 되어 버리고 말았다. 그 한 실례로, 최근에 서울의 대형서점에서 집계한 어린이 도서 베스트셀러의 목록을 살펴보면 쉽게 알 수 있다. 베스트 10에 올라선 순수 아동문학 작품은 한 권도 찾아볼 수 없고 대개의 경우 논리물, 추리물, 명랑 소년소설물, 괴기물 등 비문학적인 도서들이 그 자리를 독차지하고 있기 때문이다.

문학이라는 존재를 놓고 볼 때 우리는 크게 세 가지 유형을 상정해 볼 수 있다. 첫째는 우리 현실 사회에서 일어나는 구체적이고 시사적인 사건들과 밀접한 연관성을 지닌 공시적 현장성을 문학화하는 경우, 둘째는 보다 거시적인 안목에서 거대한 역사의 흐름에 의식을 두고 통시적 역사성을 문학화하는 경우, 셋째는 동화문학 나름의 아이들 삶의 개별적이고 내면적인 깊이를 개성화하는 경우이다. 우리 동화문학의 융성함은 이 세 가지 유형을 다양화하여 성취하는 길에 있다. 그러나 지금의 우리 동화문학은 이들의 균형을 견지하지 못하고 기형적으로 전개되어 온 형편이다. 그 기형성은 사회의식, 역사의식, 내면적 깊이의 결여로 우리 어린 독자들에게 우리 사회를 바로 잡아가는 문제, 올바른 가치관을 심어주는 문제에 소홀하였다는 뜻이다. 그 소홀함의 문제는 여기서 그치지 않고 오늘날의 타락된 도덕성에 편승하여 아이들의 순수성과 취향이 상품화되기에 이르렀다. 그것은 80년대 들어 융성하게 일어났던 동화문학의 통속화 현상에서 일별할 수 있다.

우리 동화문학에서의 통속화는 묘한 특성을 보여준다. 외견상 교육적 상품성을 띠고 있다는 점이다. 예를 들면, 성교육동화, 괴기과학동화, 철학동화, 교육의 현장인 교실을 무대로 한 명랑소설 등 교육적 수식어가 그것이다. 이런 수식어가 붙어야 출판이 가능하고 출판이 가능하다는 것은 그만큼 상품성이 있다는 것과 통한다. 이런 현상을 두고 혹자는 독자를 끌어들이는 기술을 이런 데서 배워야 한다고 수긍하기도 한다. 자녀 교육을 중시하는 부모들에게는 교육적 수사가 현혹의 대상임은 두말할 나위도 없다. 우리 아이들이 학교에서나 집에서나 공부를 강요 당하고, 그 외 조기 교육, 컴퓨터 교육, 피아노 교육 등 교육 열기에 사로잡혀 있는 이런 사회현상의 반영이 아동문학을 기형적 문학으로 만들어내고, 부모들에게 지나친 교육적 기대감을 불어넣기에 합당하다는 말이다. 이것은 우리 사회 아동문화의 파행성을 단적으로 드러낸 현상일 것이다. 현실에 대한 긴장에서 문화가 새로워진다는 점을 고려한다면, 그 현혹은 긴장을 이완시키는 반문화적이며 반문학적인 행위가 될 것이다. 그러므로 우리 동화문학에서의 문학적 기형성은 우리 사회의 피폐한 문화의식에 우리 동화작가들이 끌려들어가는 듯한 인상을 준다는 점이다. 이런 전반적인 아동문화 현상을 보고, 이제 근엄한 동화작가들까지 창작하는 일에 소홀히 하고, 또 새로운 소재 발굴에 게을리하면서 상업주의와 야합해 비문학적인 요소를 끌어들였다는 비난을 함께 받기에 이르렀다. 그렇다면, 이러한 아동문화 변동의 가장 큰 이유는 어디에 있는 것일까? 우리 동화작가들이 숫적으로 열세하거나 혹은 그만한 능력이 없다는 것이 결코 아니다. 바로 전문성의 결여에서 온 결과일 터이다.

## 동화작가의 전문성 문제와 창작동화의 문학적 성과

현재 아동문학가의 수는 700명선을 넘는다. 그 중 동화작가가 가장 많아 삼분의 이나 차지한다. 그렇게 동화작가의 수가 많은 이유는 좀 더 유별나다.

먼저, 아동문학잡지들의 비정상적인 등용관문을 꼽을 수 있다. 유일한 신인 배출 창구였던 아동문학지들이 신인 발굴을 무분별하게 남발해 온 관행에서이다. 한때 3분파 되어 난립하던 아동문학 단체들이 경쟁 관계로, 문학상 공모에서조차 설익어 뽑은 가작 작가까지 자기의 단체에 가입시켜 기성작가 대우를 해준 적이 있었다. 그뿐 아니라 단체에서 발간하는 기관지에까지 신인 발굴이란 명분으로 습작 작품들도 당선시켜 신인을 양산한 경우까지 있었다. 제각기 아동문학 단체가 세를 불려 단체의 위상을 세우기 위해 신인들을 마구 끌어들이려 했던 결과이다. 그러니 자연 전문성이 그만큼 떨어질 수밖에 없다.

또 하나는 아동문학가라는 통칭의 문제에 있다. 일반문학은 장르에 대한 저마다의 고도화된 전문성이 있어 시문학과 소설문학의 엄연한 구분처럼 시인과 소설가의 명칭 구별이 명확하다. 특별한 재능이나 노력 없이는 아예 장르의 월경이란 예상도 못 할 형편이다. 자신이 한번 인정받은 장르에서 다른 장르로의 월경을 원할 경우에는 다시 등단 관문에 재도전해 정당하게 평가를 받는다. 그런데 아동문학계에서는 아동문학 사정을 잘 모르는 출판사나 신문사 편집인들이 동시인과 동화작가의 명칭을 구별 못 하고 아동문학가라는 통칭을 편의대로 사용해왔으며, 그 동안 작가들도 그런 호칭 사용에 길들여졌다. 아동문학가란 통칭명은 개별 징그에 내한 전문성을 둔화시킨 원인이 되었고, 동시에서 동화 창작으로 각별한 수련을 거치지 않고 거리낌 없이 자의적으로 넘나드는 월경행위를 묵인해 준 셈이 되었다. 동시인이나 동화작가는 얼마간 문단 연륜만 쌓이면 으레 넘어가는 것으로 생각하고, 또 그런 월경행위가 곧 문학적 재능으로 인정되어 은근히 자랑삼기도 한다. 이 같은 장르 월경에 대한 통용이 한 주부의 지적처럼 작가를 배출해내는 공인된 제도에서조차 용인되는 무법의 작태까지 연출하게 되었으니 실로 심각한 일이 아닐 수 없다.

그 외에도 일간지의 신춘문예에서 동시보다 창작동화를 선호할 뿐아니라 동화작가에 대한 물질적·지위적 우대 문제가 부가되었으니 당연히 동시인보다 동화작가의 수가 유별나게 많아질 수밖에 없었다. 동시인, 동화작가, 시인, 소설가 등을 비롯해 일반주부들까지 모두 동화창작을 선호하다 보니 자연 양적 범람은 질적 타락을 예견하듯 엇비슷한 소재에 작품의 수준도 따라서 저하될 수밖에 없다.

그 유별나게 많은 동화작가들이 1993년 한 해 동안 아동문학지, 아동신문·잡지, 단체 기관지, 지방문학회지를 비롯하여 소수의 일반 문예지 등에 발표한 창작동화와 소년소설은 통털어 약 600여 편에 달한다. 월 평균 50편이란 적지 않은 작품 발표량에 발표 작가수는 200여명을 조금 웃돈다. 그 중 창작동화를 5편 이상 발표한 작가는 강정규, 김병규, 김여울, 김자환, 박성배, 배용길, 소중애, 손춘익, 심후섭, 윤사섭, 이윤희, 이준연, 임신행, 장영주, 정진채 등 십여 명 선에 그칠 뿐, 대개의 경우 한두 편을 발표하며 작가로서의 체면치레나 하고 있는 형편이나, 결국 한 편도 발표하지 못하고 동화작가라는 명함만 내걸고 있는 작가들도 상당수이다. 거기에는 한정된 발표 지면과 청탁을 가리는 이유도 있겠지만, 아동문학지들이 본지 출신작가를 우대하는 배타적인 면도 강해 그나마 한두 편 발표 지면을 얻은 작가는 행운에 속한다.

그런 속에서도 꾸준히 작품집을 간행하며 자신의 문학적 깊이를 모색해 온 동화작가들은 다음과 같다. 강정규, 권태문, 김병규, 김자환, 김재창, 김학선, 박상재, 박성배, 배익천, 손춘익, 송재찬, 신동일, 신충행, 심후섭, 윤사섭, 윤수천, 이동렬, 이상배, 이슬기, 이영호, 이준연, 장문식, 정목일, 정진채, 정채봉, 조대현, 최영재 등 이미 확고한 자기 세계를 구축한 중견작가군과 박경선, 백승자, 서하원, 선안나, 이윤희, 최은섭, 홍기 등 새로 부상하는 신예작가군이 그들이다. 특히 근래 주목할 만한 것은 강원희, 강추애, 김은숙, 김은희, 김향이, 노경실, 문선희, 박경선, 박명희, 박숙희, 선안나, 소중애, 손수자, 원유순, 이가을, 이규희, 이금이, 이상교, 이윤희, 이인순, 임옥순, 전경련, 정영애, 조성자 등 많은 여류작가들이 활발한 활동을 보인 점이다. 여류작가들이 자신의 위치를 확고하게 다질 수 있었던 것은 주로 남성 문인들이 역사성과 시대성 혹은 사회성을 담은 거시 담론 쪽으로 추구하던 자리에 여류작가들이 아이들의 또 다른 사회를 관찰하며 자유분방함과 다양성을 구체화하는 미시 담론으로 창작동화의 다른 면을 메워주었기 때문이다. 즉 근엄한 교사와 엄격한 아버지의 입장보다 세심하게 관찰하고 다정하게 보살피는 어머니의 입장에 어린 독자들이 더 관심을 보였다는 뜻일 것이다. 그것은 요즘 아이들이 미래의 웅대한 꿈보다 일상에 얽힌 세부사항들을 보다 중요하게 여기는 시대를 살고 있다는 증거이기도 할 터이다.

## 시인 · 소설가들의 동화 창작과 아동문학가의 사기 저하

한국 창작동화의 내일은 몇몇 유능한 작가들이 한 시기에 발표한 작품에 의하여 이루어지는 집적물이 아니다. 많은 작가들의 왕성한 창작 활동 속에서 우리 창작동화의 내일이 가늠되는 것이다. 왜냐하면 창작동화의 내일이라는 것은 곧 우리 아이들의 내일과 직결되기 때문이다. 그럼에도 한국 창작동화는 등록된 많은 작가수에 비해 그 성과는 지극히 미온적이다. 실제로 발간되는 아동문학지의 월평이나 계평에서 다루어지는 작품의 질적 수준이 제한되어 있음에서도 실감할 수 있는 일이다. 거기다 자꾸 늘어나는 문학상에 비해 작품의 수준면이나 독서계에 끼친 영향력 역시 미세하다. 거기에는 우리 아동문학지들의 무작위한 신인 발굴과 3개 단체로 갈린 아동문학의 이해 관계와 결속력, 그리고 미약한 고료 문제가 원인일 수 있다.

오늘날 우리 아이들의 건전한 독서문화는 출판자본의 거대화와 발행 도서의 엄청난 양적 성장, 자꾸 불어나는 동화작가 수효와 발표량에도 불구하고 그 내적인 질과 독자의 반응도를 따져 볼 때 일종의 위기를 맞고 있다는 것은 이미 주지한 바이다. 이러한 현 상황 속에 자신의 분야에서 일정한 문학적 성과를 거두고 있던 시인 · 소설가들이 동화작가들의 고유한 몫이라고 굳게 믿어 왔던 동화 창작의 대열에 합세하고 나섰다. 순수 창작물의 대부분이 아이들에게 외면당해 온 저간의 사정에 비추어 보면, 시인 · 소설가들이 창작동화 대열에 뛰어든 현상은 어쩌면 당연한 귀결일지 모른다. 문학적 가치 그리고 재미성과 더불어 교육적 효용성을 지니면서도 아동의 현실과 정서에 알맞는 창작동화의 출현을 고대하고 있는 우리의 현실에 시인 · 소설가들의 참여는 동화문학의 확장이란 면에서 바람직한 일이 아닐 수 없다. 창작동화가 별개의 장르로 고착화되다시피 한 아동문학계에 시인 · 소설가들의 참여는 신선한 자극과 발전을 위한 반성의 계기가 될 수 있기 때문이다.

물론 일반 문학가들이 아동창작물을 쓴 전례가 없었던 것은 아니다. 이광수, 이태준, 이상, 황순원에서 최인호에 이르기까지 많은 작가들이 동화와 소년소설을 창작하였다. 그러나 본격적으로 출판사가 나서서 창작집을 기획하고 간행한 예는 90년대 들어선 최근의 일이다. 여기에는 민음사에서 창간한 『민음동화』지의 영향이 매우 컸다. 보통 아동문학지가 아동문학가와 그들이 소속해 있는 단체와의 관련 하에 발행한 것이라면, 『민음동화』지의 편집체계나 편집방향은 처음부터 그것과는 전혀 무관하게 출발하였다. 『민음동화』는 "어린이들에게 무한한 창조력을 일깨우고 표출시키는 데 어린이를 자녀로 가진 부모나 교사, 아동문학을 하는 사람들만의 장이 될 수 없음"을 선언하고, 기획위원과 필진도 시인, 소설가, 아동심리학자, 문학평론가를 중심으로 이루어졌다. 여기에 처음 발표되었던 시인·소설가들의 창작동화가 출판사의 요구에 따라 출간되면서 일반작가들의 동화 창작에의 붐을 조성하는 계기가 되었다. 시인 곽재구의 『아기참새 찌꾸』(국민서관)가 선을 보인 이후 시인 정호승의 『에밀레종의 슬픔』(한양출판)에 이르기까지 다양하게 간행되었다.

　초원의 개척자 아기참새 '찌꾸'의 성장과정을 통해 새로운 세계에 대한 탐구정신과 더불어 사랑과 용기의 소중한 의미를 담고 있는 곽재구의 『아기참새 찌꾸』는 출간 한 달여 만에 대형서점 집계 베스트셀러 10위권 안에 진입하여 화제를 뿌리기도 하였다. 그 책은 작가의 싸인북 판매도 곁들인 전략 판매와 일반작가들의 출판 붐을 형성하는 데 일조를 한 대표적인 창작동화이다. 또한 가장 최근에 출간된 정호승의 『에밀레종의 슬픔』은 일제하 일본인에 의해 자국으로 밀반출하려다 동해안에 버려진 에밀레종을 영희의 가족과 마을사람들의 노력으로 다시 경주로 되돌려 보낸다는 단순한 이야기이다. 그러나 종의 제작 과정에서 어린 딸을 끓는 물 속에 집어넣었다는 비극적인 전설이 베개로 환치된다. 곧 종에 담긴 전설과 일제시대라는 이중의 비극적 상징물을 전제해 두고 그려진 에밀레종의 슬픔을, 작가의 재창조 과정을 거치면서 동화다운 밝은 이미지로 바꾸어 놓았다는 뜻이다. 이처럼 이들 작품은 팬터지가 허황된 망상이 아닌, 세계를 보고 그 세계를 넘어선 다른 것까지를 보려는 폭넓은 의식의 작용임을 보여주었다는 점에서 동화나운 요소를 지닌다. 거기에다 매스컴의 적잖은 힘을 입어 독서계에 알리는 데도 성공한 작품들이다. 이처럼 끝없이 추락해 가던 창작동화의 인기가 비록 일시적인 현상이라 할지라도 시인·소설가들의 참여로 다소 회복되었다는 점과 우리 문학계에 동화 창작에 대한 관심이 일반화되며 고유 장르로 인정되고 있다는 점은 퍽 고무적인 일이다. 하지만 거기에도 문제가 없는 것은 아니다. 바로 시인·소설가들이 아동창작물을 집필하면 무언가 대단한 창작품을 찾아낸 양 떠들썩하게 보도하는 일간지들의 관행이다. 그 관행은 아동문학계에 시인·소설가들의 참여가 신선한 자극이나 자성의 계기가 되기보다는 아동문학가들의 사기 저하를 더욱 부추기는 일이 될 수도 있다. 일반작가가 동화를 창작하든 아동문학가가 하든 창작자와는 관계없이 일반문학처럼 좋은 작품이면 다투어 보도해 주는 관행으로 시정되어야 마땅하다.

## 동화작가의 영역 확대와 신중한 신예작가의 발굴

사실 창작동화는 문학 수용자의 특수한 삶의 조건과 미에 대한 관점의 차이를 고려하여 필연성에 의해 생겨난 문학 양식이다. 일반문학가들이 창작동화에 관심을 갖는 것이 어떤 필연성에 의한 것이라면, 동화작가들도 나름대로 주어진 필연성에 따라 청소년 독자층에까지 깊은 관심을 가져주어야만 할 일이다. 바로 성장소설이라는 정채봉의 『초승달과 밤배』(한국예술사, 1987)가 그 좋은 본보기가 될 터이다. 우리 동화작가들이 독자층을 청소년층까지 끌어올려 장르 영역을 확장시키는 일은 동화문학, 더 나아가 한국문학의 장래를 위해서도 아주

바람직한 일이어서 앞으로 동화작가들에게 새롭게 부과될 또 하나의 과제가 되어야 할 것이다.

또한 의욕 있게 출발한 신예 아동문학가들을 지속적으로 키워내는 일도 한국 아동문학의 발전을 위해 어느 때보다 중요한 과제 중의 과제가 된다. 그러기 위해서는 가장 먼저 문단 안에 병리적 현상으로 지배해 왔던 문단정치의 철폐와 정실에 얽힌 등단 관문의 철저한 규제가 시급한 실정이다. 우리 아동문학잡지, 우리의 아동문학 단체를 통해서 나온 별볼일 없는 신인작가들만 감싸준다면 제 울타리 안에서만 자족하는 문학으로 전락하여 전체 아동문학의 발전에 걸림돌이 될 것은 뻔한 일이기 때문이다. 아동문학 단체만 있고 읽을 만한 작품이 없는 현실이란 아동문학의 존폐뿐만 아니라 미래의 주역이 될 우리 아이들에게도 똑같이 악영향을 끼치고, 또 우리의 장래를 어둡게 만드는 위해가 될 따름이다. 동화작가는 우리의 장래를 소중히 가꾼다는 소명의식으로 창작에 임하고, 또 서로의 공동체적 사명감으로 신중하게 참신한 신예들을 발굴하고 키워내는 일에 사명을 다해야 할 것이다.

### 개혁의 출발선상에 선 아동문학

우리 아동문학계에 노출된 많은 문제점에도 불구하고 90년대 들어 나름대로 새로운 돌파구를 마련하려는 끊임없는 노력도 찾아 볼 수 있다. 그 하나는 세 분파로 갈라져 반목하던 아동문학 단체가 일부 통합하여 비생산적인 파벌 경쟁이 지양되면서 동일한 등단지의 출신자들이나 동일한 문학상 수상자들을 중심으로 소집단 그룹의 문학적 활동이 두드러졌다는 점이다. 이러한 움직임은 아동문학가들의 공동 권익 옹호를 대표하는 하나의 단체 안에서 작가들의 동료 의식과 문학적 열정을 보다 긴밀히 다지고자 하는 문학적 구성력에 대한 욕구가 소집단 활동으로 구체화되었다는 뜻이다. 다른 하나는 아동문학을 무슨 변두리 문학쯤으로 생각해 왔던 그간의 사회 인식에서 이제는 출판사들이 새로운 아동물을 다투어 기획하고, 시인·소설가들이 동화 창작에 뛰어들 만큼 아동문학에 대한 관심이 보편적으로 높아졌다는 점이다. 그것은 달리 말하면, 그만큼 아동문학가들의 활동 범위나 쓰임새가 넓어지고 바빠졌다는 것을 의미하기도 한다.

그 외에도 1990년 한국아동문학학회 주최로 21세기 아동문학과 아동도서의 방향성 모색을 주제로 한 서울아세아아동문학대회(대회장 이재철)가 추진되었던 점을 들 수 있다. 아동문학 단일 행사로 국내 처음으로 열린 이 국제행사는 그 동안 침체되고 분열되었던 우리 아동문학계뿐만 아니라 아시아 아동문학계에까지 반성과 화합의 계기를 마련하고, 더불어 우리의 좁은 아동문학 시각을 넓히는 전기가 되었다는 점에서 그 의의를 찾을 수 있을 것이다.

아동문학의 발전을 위해 한 가지 덧붙인다면, 아동문학 작품에 대해 평가하는 자세와 평가받는 자세의 진지함이다. 이론적 토대가 확립되지 못한 아동문학계에 이젠 정실비평이 완전히 사라져야 할 일이다. 그와 더불어 아동문학비평이 횡포를 부려서도 안 되지만, 아동문학가들이 자신의 작품에 대한 평가를 겸허히 받아들이려는 자세도 절실하다. 일반적으로 문학의 역사는 비평의 역사와 더불어 병행되어 왔다. 문학비평은 독자와 작품 사이에 매개 역할을 감당하며 긍정적이든 부정적이든 그 중요성을 인정받아 왔다. 근엄한 자세로 구겨진 자존심을 세워 온 아동문학에서는 그 동안 자기 작품에 대한 비판적 평가를 겸허하게 받아들이려는 자세에 길들어 있지 않았다. 아동문학이 점점 우리 사회의 고조되는 관심에도 불구하고 제자리 걸음을 해야 하는 정체 현상과 아직도 작가의 친일행각 등에 대한 역사적 평가가 제대로 이루어지지 못하는 것도 다 이런 연유에 의한다고 하겠다. 비평을 겸허하게 수용하려는 자세, 이것이 바로 어린이 문학을 담당하는 작가의 양식이며 전문성에 대한 의식 수준이다. 그러한 자세는 이제 아동문학가들에게 직면한 개혁의 출발선상이며, 위기에 선 아동문학의 탈출구가 될 터이다. (1994)

## 생물권 정치학시대에서의 정치와 교육

등 록  1994.7.1 제1-1071
3쇄 발행  2015년 3월 31일


지은이  이은선
펴낸이  박길수
편집인  소경희
편  집  조영준
디자인  이주향
펴낸곳  도서출판 모시는사람들
         110-775 서울시 종로구 삼일대로 457(경운동 88번지 수운회관) 1207호
전  화  02-735-7173, 02-737-7173 / 팩스 02-730-7173

인  쇄  (주)상지사P&B(031-955-3636)
배  본  문화유통북스(031-937-6100)
홈페이지 http://modl.tistory.com

값은 뒤표지에 있습니다.
ISBN 978-89-97472-29-1  93300

이 도서의 국립중앙도서관 출판시도서목록(CIP)은 e-CIP 홈페이지
(http://www.nl.go.kr/ecip)에서 이용하실 수 있습니다.
(CIP제어번호:2013000258)